火災と建築

日本火災学会 編

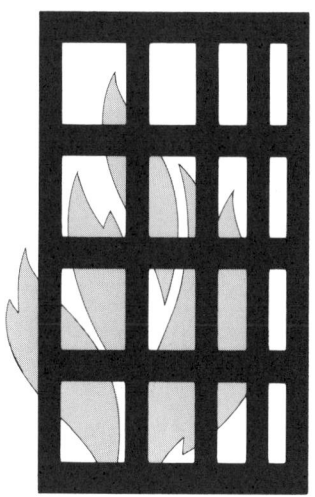

共立出版株式会社

編集委員（五十音順）

上杉　英樹　千葉大学　工学部建築系
大宮　喜文　東京理科大学　理工学部
佐藤　研二　東邦大学　理学部
須川　修身　諏訪東京理科大学　システム工学部
関　　勝久　能美防災（株）

執筆者（五十音順）

池畠　由華　大成建設（株）　技術研究所
岩田　安弘　能美防災（株）
上杉　英樹　千葉大学　工学部建築系
上原　茂男　（株）竹中工務店　技術研究所
海老原　学　東京大学　大学院工学研究科
大宮　喜文　東京理科大学　理工学部
折原　武男　東京消防庁
掛川　秀史　清水建設（株）　技術研究所
北村　芳嗣　東京消防庁
久保田勝明　（独）消防研究所
古平　章夫　（株）竹中工務店　技術研究所
佐藤　研二　東邦大学　理学部
佐藤　博臣　（株）イー・アール・エス
須川　修身　諏訪東京理科大学　システム工学部
管原　進一　東京理科大学　専門職大学院総合科学技術研究科
鈴木　和男　危険物保安技術協会
関沢　　愛　（独）消防研究所

高橋　　太　消防試験研究センター
高橋　　済　アイエヌジー（株）
塚越　　功　慶応義塾大学　名誉教授
辻本　　誠　東京理科大学　総合研究所
仲谷　一郎　（財）建材試験センター
野竹　宏彰　清水建設（株）
萩原　一郎　（独）建築研究所
長谷川晃一　能美防災（株）
長谷見雄二　早稲田大学　理工学部
原田　和典　京都大学　大学院工学研究科
広田　正之　清水建設（株）　技術研究所
松下　敬幸　神戸大学　工学部
水野　雅之　東京理科大学　総合研究所
矢代　嘉郎　清水建設（株）　技術研究所
山内　幸雄　ホーチキ（株）　開発研究所
山田　　誠　（財）日本住宅・木材技術センター

まえがき

　人が火を使うようになり，雨・露を防ぎ，寒さをしのぐ住み家を造るようになったのは先史の時代であり，以来，人類は火と建物のはざまで苦楽を共にしてきた．現代も同じであり，日本では年に3万件を超す建物火災が発生しており，それに対し様々な対策がなされてきている．まずは，火事を起こしにくくすることから始まり，延焼・類焼を防ぎ，人命と財産の保全を図るために，消防体制の確立と火災安全設計の整備がなされてきている．また，このような対策を論理づけるため，火災性状と建築物の相互の関係が研究されてきた．その範囲は，火災統計，火災リスク，ものの燃え方，煙の発生と移動，熱の伝わり方，建築構造の熱膨脹など，極めて広い学問分野にわたっている．

　日本火災学会では，1976年に「建築防火教材」を出版し，数回の改訂・改版を行い，多くの研究者や実務家に親しまれてきた．しかしながら1984年の改訂を最後にして版が途絶えている．

　近年における建築物の高層化・複合化は著しく，総合的な防耐火性能が建物には求められるようになり，火災科学の新しい知見が蓄積されてきた．このような社会的変化に対応し，蓄積された知見を活用するためには，火災と建築について多くの人に興味を持ってもらい，参画してもらうことがなにより大切である．そのためにはわかりやすい案内書が必要である．このような実情を踏まえ，次のような編集方針の下に本書を企画した．

　①必要な基礎知識をできるだけ簡明に記述する．
　②章または節の後にはなるべく例題・問題を設ける．
　③最終章に総合的な設計例を記述する．

　このような方針の下に30余名の方々に執筆を依頼したのは1998年7月であった．その後，建築基準法の大幅な改定が行われ，その様子を見定める必要にせまられ今日に至った．現行規定との差異が所々みられるが，息の永い書として，執筆者の意向を尊重した．また，簡明な記述を志したが，各分野の専門用語を日常の言葉に置き換えるまでには至らなかった．学術用語がわかりやすい言葉に変わりつつある昨今なので，この点は今後改善されていくものと思う．さらには読者諸兄の叱声を待って，今後より良い内容にしていきたい．

　「火災と建築」と題して本書を世に送ることができるのは，執筆者の大変な努力のお蔭であるのは言うまでもないが，火災科学を先導された在天・在世の先達の導きによるものと思っている．また，3年余りにわたり編集を努められた共立出版担当者のお蔭でもある．ここに深く御礼を申し上げる次第である．

2002年2月

日本火災学会刊行委員会

目　次

1章　建築防火概論

1.1　防火の概念 ……………………………………………………………………………… 1
　1.1.1　建築防火の意義 ……………………………………………………………………… 2
　1.1.2　建築の要件と防火 …………………………………………………………………… 2
　1.1.3　火災事例と防火 ……………………………………………………………………… 3
　1.1.4　防火の工学・技術 …………………………………………………………………… 4
1.2　防災計画と損害保険 …………………………………………………………………… 5
　1.2.1　はじめに ……………………………………………………………………………… 5
　1.2.2　リスクマネジメントの概要 ………………………………………………………… 7
　1.2.3　火災リスク …………………………………………………………………………… 8
　1.2.4　損害保険と火災安全設計の将来 …………………………………………………… 9

2章　火災安全指針

2.1　建築基準法の性能規定の考え方 ……………………………………………………… 11
　2.1.1　防火規定の意味 ……………………………………………………………………… 11
　2.1.2　性能規定へ至る過程 ………………………………………………………………… 12
　2.1.3　火災安全性能評価の基本形 ………………………………………………………… 13
2.2　消防法の性能規定の考え方 …………………………………………………………… 16
　2.2.1　社会的要請 …………………………………………………………………………… 16
　2.2.2　消防法と建築基準法の関連性 ……………………………………………………… 16
　2.2.3　消防用設備等の技術基準の体系 …………………………………………………… 16
　2.2.4　技術上の基準の仕様書的規定と性能規定 ………………………………………… 18
　2.2.5　消防用設備等に係る技術上の基準の性能規定化 ………………………………… 18

3章　火災実態

3.1　国内外の火災統計と火災史 …………………………………………………………… 21
　3.1.1　火災統計 ……………………………………………………………………………… 21
　3.1.2　日本の火災 …………………………………………………………………………… 22
　3.1.3　外国の火災 …………………………………………………………………………… 27
3.2　火災の実態 ……………………………………………………………………………… 31
　3.2.1　火災の実態の概説 …………………………………………………………………… 31
　3.2.2　火災原因 ……………………………………………………………………………… 34
　3.2.3　火災の進展 …………………………………………………………………………… 38

3.2.4 避難と人的被害 ··· 43
3.2.5 防火管理と消防用設備 ·· 47
3.3 都市大火 ·· 51
3.3.1 都市大火の定義 ·· 51
3.3.2 強風大火とその対策 ··· 52
3.3.3 地震都市大火 ·· 56
3.3.4 地震都市火災の被害予測 ··· 58

4章 燃焼と火炎性状

4.1 燃焼現象の概要 ·· 63
4.1.1 燃焼の分類 ··· 63
4.1.2 燃焼反応と発熱 ·· 64
4.1.3 燃焼現象における基礎方程式 ··· 67
4.1.4 予混合火炎と拡散火炎 ·· 68
4.1.5 着火の概念 ··· 72
4.1.6 可燃物の性質と燃焼現象 ··· 73
4.2 消火の基礎 ··· 77
4.3 火 炎 ··· 80
4.3.1 火炎長さ ··· 80
4.3.2 火炎の温度・流速分布 ·· 85
4.3.3 現実的な条件での火炎性状 ·· 88
4.4 区画火災 ·· 93
4.4.1 区画火災性状 ·· 93
4.4.2 初期火災 ··· 93
4.4.3 火災成長期 ··· 96
4.4.4 盛期火災 ··· 96

5章 煙

5.1 煙 ··· 102
5.1.1 煙 ··· 102
5.1.2 組 成 ··· 102
5.1.3 煙中の見通し ··· 102
5.1.4 煙の発生 ·· 105
5.1.5 煙中の歩行速度 ·· 107
5.2 煙流動 ·· 109
5.2.1 煙層降下 ·· 109
5.3 初期状態での区画天井流の気流温度, 速度および煙濃度モデル ········· 111

6章 伝　　熱

- 6.1 対流熱伝達 ··· *117*
  - 6.1.1 対流熱伝達の基礎事項 ··· *117*
  - 6.1.2 強制対流と自然対流 ··· *119*
  - 6.1.3 無次元数 ·· *119*
  - 6.1.4 強制対流における熱伝達 ··· *121*
  - 6.1.5 自然対流における熱伝達 ··· *123*
  - 6.1.6 ヌッセルト数の算定式 ··· *125*
- 6.2 放射熱伝達 ··· *127*
  - 6.2.1 放射とは ·· *127*
  - 6.2.2 黒体放射とプランクの式 ··· *127*
  - 6.2.3 実在の固体表面からの放射 ··· *128*
  - 6.2.4 ガス塊からの放射 ··· *129*
  - 6.2.5 吸収率,反射率,透過率 ··· *131*
  - 6.2.6 固体表面から別の表面への放射熱伝達 ··· *132*
  - 6.2.7 相互反射連立方程式 ··· *136*
- 6.3 熱 伝 導 ··· *137*
  - 6.3.1 熱伝導方程式 ··· *137*
  - 6.3.2 1次元定常の温度分布 ··· *140*
  - 6.3.3 1次元非定常の温度分布 ··· *141*
  - 6.3.4 数値解法 ·· *143*
  - 6.3.5 熱伝導に関わる火災工学上の諸問題 ··· *144*

7章　内・外装設計

- 7.1 内装設計の考え方 ··· *146*
  - 7.1.1 出火防止のための内装設計 ··· *146*
  - 7.1.2 出火室の避難安全のための内装設計 ··· *147*
  - 7.1.3 出火階避難安全のための内装設計 ··· *148*
  - 7.1.4 消防活動拠点確保のための内装設計 ··· *149*
  - 7.1.5 内装防火性能の評価 ··· *149*
- 7.2 外装設計の考え方 ··· *150*
  - 7.2.1 隣棟火災からの受害防止のための外装設計 ··· *150*
  - 7.2.2 上階への延焼防止のための外装設計 ··· *151*
- 7.3 評価基準 ··· *151*
  - 7.3.1 評価基準 ·· *151*
  - 7.3.2 火炎伝播モデル ··· *151*
  - 7.3.3 簡易評価法 ·· *153*

8章　消防設備設計

8.1　消防設備設計の考え方 *157*
8.2　自動火災報知設備 *159*
　8.2.1　自動火災報知設備の基本機能 *159*
　8.2.2　火災感知器の作動時間の予測 *161*
　8.2.3　煙感知器の作動時間の予測 *163*
　8.2.4　*RTI–C* モデルによる熱感知器の作動時間の予測 *164*
8.3　消火設備 *166*
　8.3.1　ガス系消火設備 *166*
　8.3.2　水系消火設備 *172*
8.4　消防活動の拠点 *175*
　8.4.1　消防活動の実態 *175*
　8.4.2　消防活動拠点 *177*
　8.4.3　消火活動上必要な設備 *178*

9章　防排煙設計

9.1　防排煙設計の考え方 *181*
9.2　自然排煙 *185*
9.3　機械排煙 *187*
9.4　加圧防排煙 *189*
　9.4.1　加圧防煙における圧力差の制御方式 *190*
　9.4.2　加圧給気量の決定方法 *191*
　9.4.3　性能の確認 *196*

10章　避難設計

10.1　避難設計の概念 *198*
　10.1.1　避難計画を考える *198*
　10.1.2　避難安全性能の目的と機能的要件 *198*
10.2　避難計画の考え方 *200*
　10.2.1　避難計画の基本原則 *200*
　10.2.2　避難特性 *201*
　10.2.3　避難施設 *205*
10.3　避難設計の手順と方法 *207*
　10.3.1　避難設計の方法 *208*
　10.3.2　避難予測計算 *210*
10.4　用途ごとに見る避難設計の留意点 *214*

	10.4.1	事　務　所	214
	10.4.2	大規模物販店舗	215
	10.4.3	病　　　院	216
	10.4.4	宿泊施設	216
	10.4.5	共同住宅	217
	10.4.6	集会施設	218

11 章　耐火設計

11.1	耐火設計の考え方	222
11.2	火災荷重	223
11.3	火災温度と火災継続時間	226
11.4	部材の内部温度	229
11.5	構造材料の高温性状	230
	11.5.1　鋼の力学的性質	230
	11.5.2　コンクリートの力学的性質	233
11.6	構造部材の火災時の熱応力変形性状	235
	11.6.1　鋼構造部材の火災時の熱応力変形性状	235
	11.6.2　鉄筋コンクリート構造部材の火災時の熱応力変形性状	238
11.7	架構骨組の火災時挙動	244
	11.7.1　解析手法	244
	11.7.2　超高層鉄骨架構への適用	247
11.8	架構骨組の崩壊温度	251
	11.8.1　部材の塑性耐力	251
	11.8.2　崩壊温度	252
11.9	耐火性能の評価基準	253

12 章　住宅防火設計

12.1	住宅火災の実態	257
	12.1.1　住宅火災の件数と死者数	257
	12.1.2　住宅における典型的な出火パターン	258
	12.1.3　住宅火災による死者の実態	259
12.2	住宅防火の基礎	260
	12.2.1　火災性状に及ぼす諸要因	260
	12.2.2　住宅構造と火災性状	260
	12.2.3　生活形態と火災性状	262
	12.2.4　木造住宅の可燃物の実態と燃焼速度	263
	12.2.5　各種材料の燃焼特性など	264

12.3　住宅火災実験 ·· 266
12.4　住宅火災と対策 ·· 269
　12.4.1　住宅用防災機器や安全な火気器具 ·· 269
　12.4.2　木造の防火基準と構造 ·· 271
　12.4.3　木造の防火性能と仕様 ·· 274
12.5　共同住宅（主として耐火構造）の火災安全設計 ···································· 277
　12.5.1　戸建て住宅と共同住宅の火災の違い ·· 277
　12.5.2　南砂構高層住宅火災と広島基町構高層住宅火災からの教訓 ·········· 277

13章　火災安全設計の例

13.1　火災安全設計の概要 ·· 280
　13.1.1　設計例の概要 ·· 280
　13.1.2　火災安全設計のプロセス ·· 281
　13.1.3　防火設計による建築物の特徴 ·· 282
13.2　事務所ビルの煙制御設計 ·· 283
　13.2.1　防火設計の要点 ·· 283
　13.2.2　対象とするモデル建築物の概要 ·· 284
　13.2.3　避難安全性の確認 ·· 285
13.3　大型物品販売店舗 ·· 288
　13.3.1　設計事例の概要 ·· 289
　13.3.2　避難計画に対する安全性評価の方法 ·· 290
　13.3.3　避難安全性の評価結果 ·· 291
　13.3.4　物販店舗の避難計画・安全性評価に関する今後の課題 ·········· 294
13.4　アトリウムなどの大空間 ·· 294
　13.4.1　工学的手法に基づく防災設計 ·· 295
　13.4.2　安全性の検証 ·· 298
13.5　耐火設計 ·· 304
　13.5.1　耐火設計の概要 ·· 304
　13.5.2　対象建築物の概要 ·· 305
　13.5.3　耐火の性能検証法による耐火設計 ·· 307
　13.5.4　詳細な耐火設計 ·· 313
　13.5.5　まとめ ·· 316

付録1　単位と単位換算 ·· 317
付録2　関連規格一覧 ·· 326
問題解答 ·· 332
索　　引 ·· 334

1章　建築防火概論

1.1　防火の概念

　防火（fire protection）の対象となる火災は，山火事，市街地火災，建物火災，危険物火災などである．「災」という字は，上が川，下が火であり，圧倒的自然の中で暮らした昔の人たちは洪水や山火事が大きな関心事であった（図1.1）．人口が増え都市が形成されるようになると，市街地大火や工場火災が多発する時代をむかえる．最近は，高層ビルや産業施設における潜在的火災危険度の予測も重要なテーマとなり，大規模・複合施設に対する防火・防災対策のシステム化が不可欠となっている．また，建物などの安全性の水準は時代の潮流や人々の安心感を考慮して決める必要があり，今後は性能設計をベースにしてリスクマネージメントを行い建物を維持することが建築防災の本筋となろう．

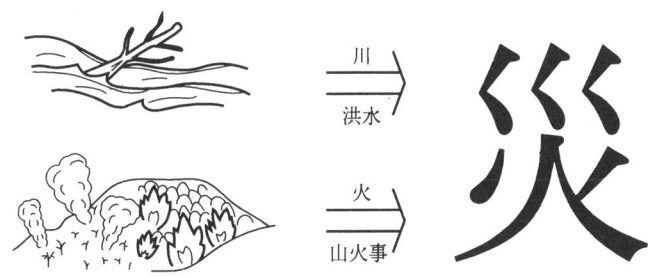

図 1.1　災の字の成り立ち

　リスクは，ある災害の発生頻度とその災害による損害規模の組合わせ（掛け算）で表される．図1.2は各種災害のリスクの特徴をベクトル化したもので，安全マップの一種である．住宅火災や自動車などの事故と原子力災害や航空機などの事故とは異なった領域を占める．この図で見ると前者は，損害額が余り大きくはないがよく起こる事故で，後者はその逆であり社会に与えるインパクトは大きい．また，宇宙や深海など特殊空間における火災は，一端発生すれば重大な結果をもたらす可能性があり，通常の火災とは異なる対策が必要となろう．近未来では，高齢者比率の増加や建築物の老朽化に伴う火災

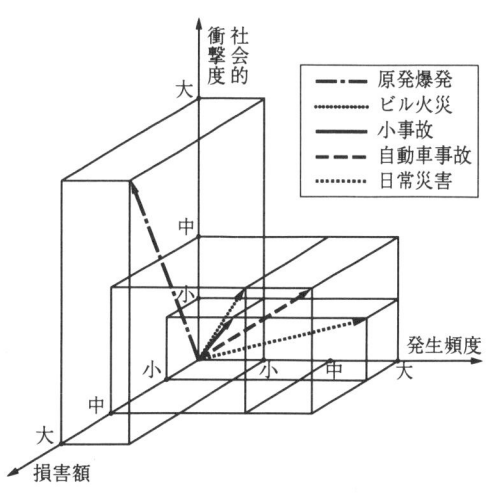

図 1.2　業態別リスクベクトル

被害の増大が懸念されている．したがって，防火の意義を対象別に的確に捉えて問題の解決を図っていく必要がある．

1.1.1 建築防火の意義

建築防火（fire protection of buildings）の意味は次の2つに分けられる．広義では建物火災から人命および財産を守ること，狭義では耐火構造や防火材料で避難ルートや防火区画を構成して火災被害を低減することである．なかでも人命を守ることが防火の基本目的であり，物損は金銭で代替しているのが現実である．実務的には，建築基準法と消防法に基づき建築物の火災安全性が確認されるが，両者を総合して実効を期す必要がある．一般に建築基準法は，火災の拡大および倒壊の防止と在館者の避難安全を図ることが目的であり，消防法は火災の予防・感知通報・初期消火，避難誘導，防火管理，消火・救助活動を的確に実施して人命と財産を守ることを目的としている．そのための消防力は，消防組織法に基づき人員・装備・水利として確保される．建築火災安全工学（fire safety engineering of buildings）では，その内容を建築防火と消防防災に分け，建築防火の方は建築物の防・耐火的措置および避難安全計画に関する工学技術として体系化されている．図1.3は建築防火の定義および実務の枠組を示した例である．また，現実的な問題解決策として保険制度の存在も欠かせない．

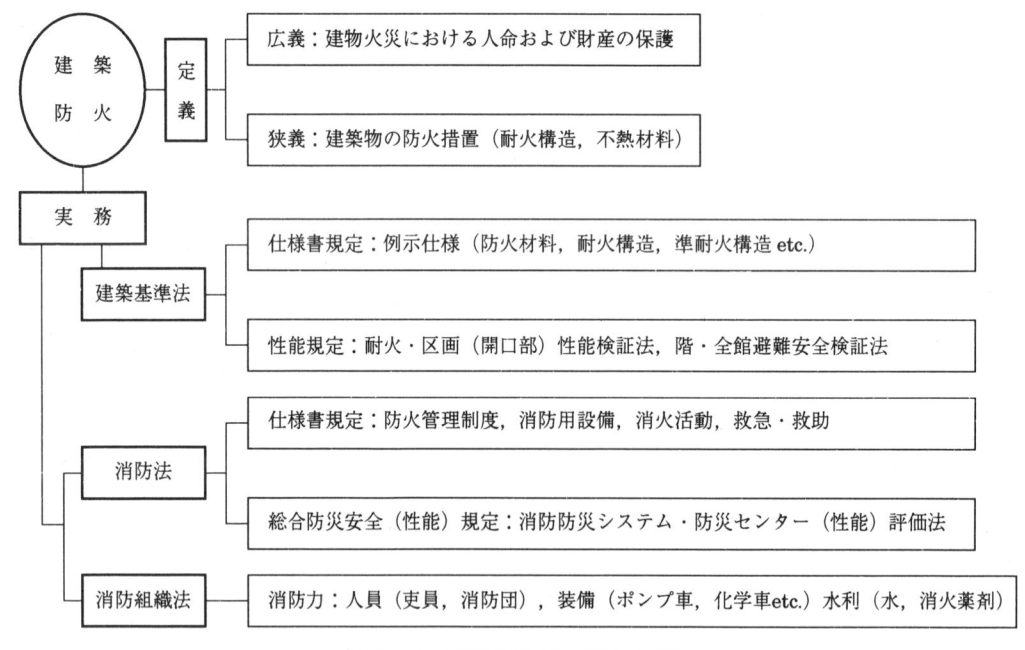

図 1.3 建築防火の実務の枠組み

1.1.2 建築の要件と防火

建築は豊かでインパクトのある空間を創出することであり，利用者はその空間から建築家の意図を感取している．豊かさとは，ゆとり・調和・多彩・意志が感じられること，インパクトは未来への叡

智を鋭く反映していることであり，こうした建築物は，在館者にとって日常的にも快適でアイデンティティーを育め，防災コンセプトも的確だと考えられる．建築行為を支える基本要件は，空間・人間・時間であり，どの言葉にも「間」という字が入っている（図 1.4）．間は表意文字で，門を日（太陽）が通過する状況を示している．昔は日の替わりに月を入れた表現もあった．つまり，時（事）の推移を表す文字である．空間は空（気）域を仕

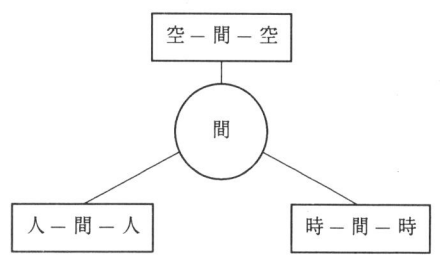

図 1.4　建築における「間」の概念

切った場であり，空と空とのつながり，つまり，間合いが建築の良否に関係する．人間も同様で，人と人との連関が人の本姿である．時間はもっと直截的で過去・現在・未来という時刻の連続を示す．未来を切り捨ててきたこれまでの建設行為が環境問題を生んだ．防火の観点において避難しやすい建物は，居室・廊下（第一次安全区画）・付室（第二次安全区画）・階段へ至る動線が軽快に仕上がっていて，各空間が巧みな「間」取りとなっている．つまり，間（interface）が建築防火の要（かなめ）であることを示唆している．

1.1.3　火災事例と防火

これまでの火災事例をみると，図 1.3 に示す建築要件に関わる多くの問題点を指摘することができる．いくつかの火災について整理したのが表 1.1 である．最初の本格的ビル火災といわれる白木屋デパート火災（昭和 7 年 12 月）の例を見ると，建築法規の基盤が建築の禁止にあるという理由が理解できる．すなわち，このデパートは煙突の中で人々がショッピングをするという危険な空間構成であった．つまり，階段室に防火区画がないのが致命的で，下方階で火災が成長すれば上方にいる人は逃げ場がない．人は 3 階以上の窓から無事では飛び降りられないから，このようなビルは建ててはならないのが原則である．階と階をつなぐ階段などの竪穴に火煙を入れないように区画することが建築防火の第一歩である．

菊富士ホテル火災（昭和 41 年 3 月）では，旧館と新館の間のシャッターが閉鎖されず，これが新館への主な延焼経路となり，さらに多くの避難者が外階段へのドア・ラッチを開けられず死に至った．建築物の増改築と防災設備の機能劣化とに関わる管理の方法に欠陥があった例である．過去最大の犠牲者を出した千日ビル火災（昭和 47 年 5 月）では 3 階での出火が 7 階のキャバレーへ伝えられなかった．業態が異なると情報の相互伝達がスムーズに行かないことが多いため，共同防火管理体制が不可欠なことを警鐘した例である．多くの火災事例は空間・人間・時間に関わる「間」の不都合が悲惨な結果を生むことを示唆している．

住宅の「間」取りは，住まいの安全性や快適性を確保するための設計行為として周知であり，ビル防災における区画計画にも通じる事項が多い．ビルの管理責任の面では所掌領域相互の間に存する部分の取り扱い方に十分配慮する必要がある．また，多くの放火火災は善意に基づき構築した火災安全システムを意図的に破壊するものであり，社会心理分野などのコンセプトも導入してこれに対処して

表 1.1 重大ビル火災にみる「間」の欠陥例

火災名称	構造階数	発生年月日覚知時間	出火階,原因	焼損率(%)	発生階数-死者数	「間」の欠陥 空間	「間」の欠陥 人間	「間」の欠陥 時間
白木屋	耐火 8/2	S7.12.16 9:18	4F,飾り電球短絡	38	3F-1,4F-1 5F-6,6F-6	竪穴区画なし	防火管理なし	自火報なし
金井ビル	耐火 6/1	S41.1.9 1:07	3F,煙草(?)	49	6F-12	竪穴区画なし	防火管理3,4Fのみ	自火報OFF
菊富士ホテル	木耐 3/1	S41.3.11 3:40	耐1F,警備室ストーブ	35	2F-14 3F-16	新-旧館シャッタ開	訓練なし 高齢者	非常ベル鳴動,無理解
池坊満月城	木耐 6/0	S43.11.2 2:30	木2F,サービスルーム	62	1F-1,2F-17,3F-12	新-旧館シャッタ開	訓練あり	新館鳴動旧館なし
磐光ホテル	耐火 4/0	S44.3.29 21:15	1F大広間ステージ裏,タイマツ	92	1F-30	ステージと背後控室区画なし,防火シャッター不使用	訓練あり,従業員役割未熟知	警報器主ベル,地区ベル切
千日ビル	耐火 7/1	S47.5.13 22:27	3F婦人服,マッチ(?)	34	7F-118 (飛降22)	区画不全	防火管理良好 共同防火管理なし	改修頻繁
済生会八幡病院	防耐 5/1	S48.3.8 3:21	1F診察室,カーテン	14	4F-13	区画埋戻	防火管理良好 高齢患者	鳴動後OFF
大洋デパート	耐火 9/1	S48.11.29 13:15	2F階段,ダンボール	66	3F-1,4F-40 5F-1,6F-31 7F29,8F1	シャッタ7/23のみ閉鎖	訓練なし	工事中営業
らくらく酒場	耐火 3/0	S51.12.26 1:30	1F階段,放火疑	69	1F-1,2F-14	非常口前タンス	防火管理未整備	自火報対象外
川治プリンスホテル	防火木造・耐火 4/0	S55.11.20 15:34	新館1F西側天井付近,不明	100	1F-7,2F-4,3F-5,4F-29	新館と本館間に防火戸なし,階段竪穴区画なし	発見遅れ,消防計画未届,訓練なし,高齢者	ベル鳴動をテストと感違い,屋内消火栓使用失敗
ホテルニュージャパン	耐火 10/2	S57.2.8 3:39	9F客室,タバコ	9	9F-25(墜落10),10F-7(墜落3)	区画不全,スプリンクラー不備	訓練不徹底,外国人多く不慣れ	通報遅れ,自火報不鳴動
特別養護老人ホーム松寿園	耐火 3/0	S62.6.6 23:23	2Fリネン室,防火疑い	23	2F-16,3F-1	各室木製戸	消火器不効奏	自火報停止後火災発見
明星56ビル	耐火 4/2	H13.9.1 1:01	3Fエレベーターホール付近	33	3F-17,4F-27	防火戸開,窓塞いである	共同防火管理不履行,管理者短期に替わる	用途変更頻繁

いく必要がある.

1.1.4 防火の工学・技術

A. 大火防止の時代（～1960年）

戦時における防空研究を経て建築基準法に規定された「延焼の恐れのある部分」および木造モルタ

ル塗り防火構造は，市街地の大部分を占める小規模住宅に適用され類焼防止に効果を発揮した．昭和35年代までは市街地大火の撲滅が主な防火目的とされ，街から木造を追放して可燃物の総量規制を行い，都市の不燃化を達成することが時代の要請であった．経済の高度成長期に入ると市街地の幹線道路沿いにビルが建ち並ぶようになり，政策面でも耐火建築促進法（昭和27年）・防災街区造成法（昭和36年）・都市再開発法（昭和44年）など大火防止関連法が順次施行され市街地大火の発生件数は低減していった．ただし，平成7年1月に発生した兵庫県南部地震でも明らかなように，在来木造あるいは老朽木造が密集している市街地では，今日でも大地震時に大火が発生する可能性が高い．

B. 防火工学の進展（〜2000年）

ビルの耐火性や防煙・避難安全に関する研究は，建築研究所を中心に進められた建設省総合技術開発プロジェクト「建築物の総合防火設計法の開発（防火総プロ）」（1982.4〜1987.3）で進展した．昭和50年代になると耐熱ガラス・耐火シートなどの新素材が登場し，それらを使用したビルが建築基準法第38条に基づく建設大臣の特認を受けて多数建築された．その際，火災安全性を検証するためのツールとして防火総プロの成果が活用された．特認の事例を見ると，防火・防煙・竪穴などの区画規定の緩和に関する案件が目立つ（図1.5）．また，鋼構造の耐火被覆を低減するために耐火鋼を利用した例も多い．

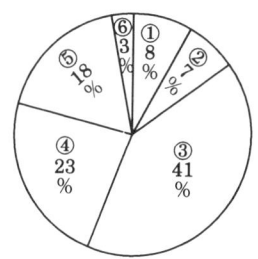

図 1.5 特認（旧法38条）申請割合の調査例

C. 性能設計の普及（2000年〜）

平成10年の建築基準法改正により条文の性能規定化が進展し，大筋では従来の「もの」（仕様）規定から「こと」（性能）規定へと法体系が改められた．前者に基づく仕様書設計は，建築物の構造を構成する材料工法を法定メニューから選定する方法であるが，後者に基づく性能設計は，外力を設定し，それに所定の水準で適合する材料構法を検討し建築物の構造を決定する方法である．例えば，耐火建築物の主要構造部に関しては，建築基準法施行令第108条の3第一項あるいは第二項に従って耐火性能を検証する技術的基準が規定され，平成12年建設省告示第1433号に具体的な計算式が提示された．また，告示に準じて架構全体あるいは架構部分に関してより高度な検証を行うことも法的には可能である．開口部については，耐火性能を検証した壁あるいは床に設置するものについて防火区画としての検証を行い，遮炎性能保有時間が火災継続時間以上であることを確かめることになっている．建築物の避難安全性に関しては，主要構造部が準耐火構造または不燃材料で造られた建築物について，建築基準法施行令第129条の2第三項に基づく階避難安全性の検証方法，あるいは同施行令第

129条の2の2第三項に基づく全館避難安全性の検証方法が新たに規定された．前者の検証で，直通階段までの歩行距離，廊下幅，内装制限，排煙設備などの規定が，後者の検証ではこれらに加え防火区画・階段などの規定が各々適用除外可能となる．ただし，消防活動などに関わる規定は除外されない．一般的な避難安全性の検証法は自力避難が可能な在館者を対象とし，階避難関係は平成12年建設省告示第1441号に，全館避難関係は同告示第1442号に各々示されている．また，法的には告示規定以外の検証法を採用することもできる．

建築物の火災安全性検証に関する技術的基準は，今後さらにその合理化や精緻化が進展し，既存建築物へも普及していくものと期待されている．

1.2 防災計画と損害保険

1.2.1 はじめに

人間社会において発生する事故は，それをいかに防ごうとしても，人間の生活がある以上は絶対的には防ぎうるものではない．火災についても同様であり，防火設計の上にさらに火の用心を重ねても，火災は発生する．現実に，年間4万件超の建築物火災が発生している．いわば，社会的な見方をすれば火災は確率的な社会現象でもある．ただ，いかに火災による損害，被害を少なくするかが防災計画の目的になる．

事故を零にできないとしても，極力発生確率を小さくはできるが，そのための安全対策のためのコストは限りなく大になることは明らかである．ここに，対策への費用のかけ方に対する妥当な水準の考え方がうまれ，事故発生率に対する受忍限度が社会的に認められる．エミール・ボレルにより「人間的尺度において無視できる確率」として 10^{-6} のリスクが提唱され，許容リスク論の考え方のベースになっている（表1.2）[1]．そして，1年当たりの死亡リスクにおいて，10^{-5} では社会はほとんどリスクに関心を示さず，10^{-4} では社会としてリスク低減を行う場合があり，10^{-3} 程度では一般に危険を感

表1.2 確率と行動[1]

無視できる確率および実生活上の確率		
人間的尺度において無視できる確率	10^{-6}	個人の行動として
地上的尺度において無視できる確率	10^{-15}	社会生活している集団として
宇宙的尺度において無視できる確率	10^{-50}	

じ，社会としてリスク低減にむけて対策するという[2]．このことは個人にもあてはまり，火災のように 10^{-5} ではもしかしたら自分にも起きると思い，安全を確認する人もいる．自動車事故のように 10^{-4} では自分に発生するものとして対策のみでなく，損害を転嫁する．10^{-3} では行動を控える，あるいは危険を覚悟で行動する．

なお，建築物火災についての受忍限度の特徴は，住宅を除いては建築物が個人で使われ，他に影響を与えないというものではないことである．そのため建築主以外の一般の人も使う建築物では，社会的に許容される受忍限度として建築基準法で最低限の対策が規定されている．

火災は絶対的には防ぎえないこと，社会的に最低限の基準は満たすこと，防火対策は日常は機能せず投資には限度があること，万が一の火災による直接的被害のみならず，間接的被害が大きいこと，これらの理由で残される危険性に対して損害保険によって保障するという考え方が安全計画に必要になってくる．

2000年6月に建築基準法施行令が改正され，また，損害保険の料率も自由化され2000年8月より実質的に運用されるようになった．こうした背景から，建築物の火災安全設計では火災リスクを捉えて防火設計することが重要になる．これがリスクマネジメントの基本である．

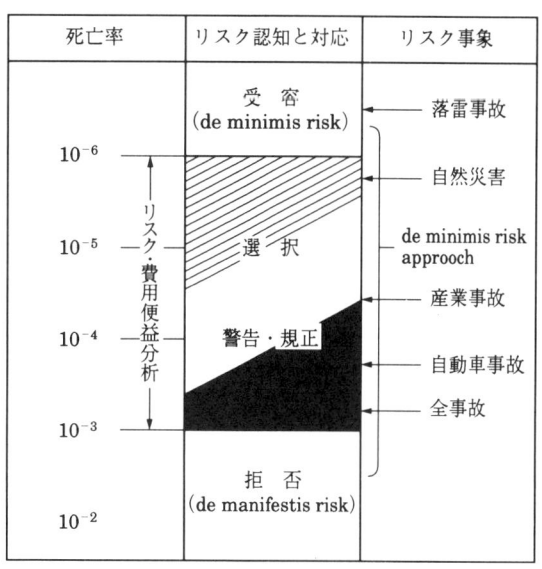

図 1.6 リスクの社会的受容レベルによる経験的規制のアプローチ[3]

1.2.2 リスクマネジメントの概要

リスクとは一般には「危険」と訳されているが，もう少し厳密にいうと，「行動の結果を予測できない状態，あるいは行動に伴って不測の事態が発生する可能性がある状態」といわれる．安全工学の分野では，ある事態の被害とその発生確率の積で定義している．これはハザードにあたる事象の被害度とその事象の発生確率の積によるリスク指標であり，総合的には各種の事象に対して積和をとって損害の期待値で表す考え方である．

$$R = \sum_{i=1}^{n}(L_i \times P_i)$$

R：リスク，L_i：事象iの被害，P_i：事象iの発生確率

リスクマネジメントは，このリスクを建築物の設計段階で捉えて対策し，維持管理段階で災害が起きないようにコントロールし，さらには災害発生時の損害の転嫁というリスクのヘッジを行うことで

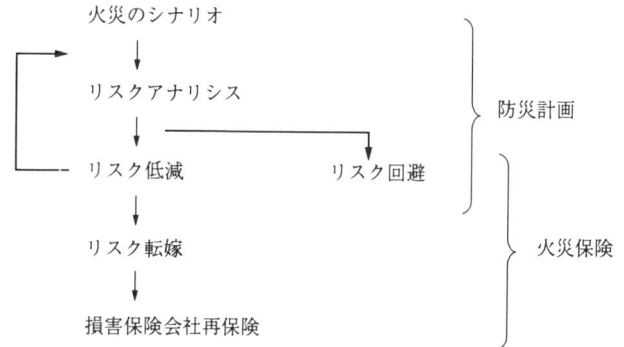

図 1.7 火災保険を考慮した防災計画の流れ

ある（図1.7）．損害保険はこのリスクを転嫁する手法である．

　住宅のように多くの対象物がある場合，一火災当たりの損害は平均して捉えられるので，損害期待値を基にして料率が決められる．これが**大数の原理**という損害保険がビジネスとして成り立つ基盤である．しかし，住宅以外の特殊な建物となると大数の原理からはずれる．そのため，火災保険の保険金は，可能性のある最大の被害額（PML：Probable Maximum Loss）による再調達価格に対して，ある料率（危険度と相関する）に基づいて決められる．

　基本的な考え方として，十分な防火設計，耐火設計したものはリスクが小さいわけで，保険金も小さくなるべきであり，逆にリスクが大きい建築物，すなわち防火投資が小さい建物には保険金も大きいのが原則である．また，維持管理段階でも事故が起きないように管理運営し，診断していくこともリスクを制御する上で重要なことである．建築物の生涯を考慮して，火災の発生確率をも考慮して安全性計画することが**リスクエンジニアリング**といえるであろう．

1.2.3　火災リスク

　建築物のリスクは実際のところは建築物のみにより決まるのではない．出火率は建築物用途や使い方などに影響し，維持管理の仕方，非常時の対応により火災の被害は大きく異なることは論を待たない．しかし，複雑になるため，大きくみて被害に影響を与える要素を限定して火災の拡大過程を予測し，リスクを検討する．なお，個別の対象のリスクを評価する方法にシステム解析手法によるリスク分析がある[5]．

　火災拡大を左右する防火対策は，その成否によって異なった火災のケースになる．その過程を非常に簡単に消火設備と防火区画の組み合わせのみで示すと図1.8のようなイベントツリーになる．

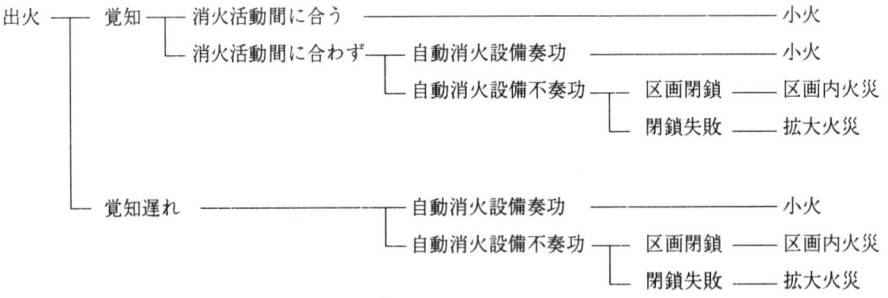

図1.8　火災拡大の簡略イベントツリー

　このイベントツリーのそれぞれのケースの発生確率（各項目の確率の積）と各ケースの火災規模との積和をとると損害期待値（リスク）が求められる．

　このイベントツリーでみると，自動消火設備（スプリンクラー設備）は火災覚知時間やその後の対応行動によらず火災規模を決定する手段となっている．また，消火に失敗した場合，防火区画が被害を限定する機能として位置付けられている．つまり，スプリンクラー設備の作動確率が0.96程度であることを考えると，スプリンクラーにより大部分が決まることがわかる．また，スプリンクラーによ

る消火に失敗した場合，防火区画ならびに耐火構造により被害が一定規模以下に守られる．損害の期待値でみると，結果としてスプリンクラーの有無，防火区画面積の大小が最も影響することになる．

一方，PMLについてはどうか．スプリンクラー設備による消火が奏効しない場合を考えなければならない．そうすると，防火区画面積と防火区画の成功率により火災拡大の範囲が決まる．それぞれの区画部位の構成（直列システム，並列システム）により，焼損面積期待値は求められる．また，防火区画が突破されるかどうかは区画の耐火性と火災継続時間によって評価できる．PMLとしてはこの区画の信頼性をどう定義するかにより決まるもので，その定義は損害保険側のリスクの取り方により異なる．

防火設計では平均的な損害期待値は同じであってもリスクに対する対策のポリシーの違いがある．すなわち，小さな事故は許容するが，大きな被害に及ぶことがないようにするというポリシーと，事故の発生を極力おさえるが，しかし一度火災拡大になれば大きな被害を生むようなポリシー，などである．一般に，建築防火対策を主にして設計されているものは前者であり，パッシブ対策が主体といえる．一方，後者は初期消火にウェイトがおかれているアクティブ対策であるといえる．PMLとしてはパッシブ型が小さくなる．

1.2.4 損害保険と火災安全設計の将来

従来の火災保険は，大数の原理に基づく期待値ベースのリスクヘッジである．統計的に出火率や被害がだされ，これに基づいて保険料率が決められてきた．防火対策との関係では，用途別の保険料率から構造種別，スプリンクラー設備の有無，自動火災報知設備の有無，防火区画などにより一定の割引をしていくシステムになっていた．工場などを除いて固有のリスクは評価しなくとも，大数の原理の上では成り立っていた．

しかし，建築物の性能規定や，2000年8月からの損害保険料率の自由化によって，リスクにより料率が変わる保険商品がでてくる可能性がある．建築物の大規模複合化や，各種の特徴を持った工場，性能設計によって新たな防火対策の設置などの個別性の高い建築物，リスクに対する対策の多様化から防火設計者に安全性の説明責任が求められるようになるであろう．今後は防火設計が経済原理にのる方向になるものと考えられる．

なお，火災による損害は焼損による被害のみでなく，消火水による被害，煙による被害もあり，むしろ焼損面積の被害よりも大きくなるケースがある．さらに，事業所においてはこうした直接的被害よりも，営業停止などの間接的被害がずっと大きいのが一般である．また，民事上の賠償責任も問われる可能性もないわけではない．こうしたことから，米国では多様な損害保険があり，防火設計が保険との関わりで発達してきた理由でもある．日本においても一律の防火規定と一律の保険料率から，リスクマネジメント，ならびにリスクコントロールが必要になってくるであろう．

性能設計は，従来みられたような最低限を規定した法的基準を単に満たしていれば良しとする段階から，火災のリスクを認識し，それに対して最適な建築投資をしようとするもので，建築主の自己責任の原則に基づいた意思決定がベースになっている．

損害保険を考慮した設計には，今後は，法的基準を満たした上で，建築物の供用期間中（例えば50年）最小リスクになるような防災投資の計画方法も現実化してくるであろう．また，リスクが大きいことは建築物としての価値が低いとみなされ，貸し事務所などでは建築物から予定される収入が得られないという事業リスクも生じる．このように，設計の自由度が増すに従い，防火設計も経済的リスクにも影響してくる．火災問題も単に工学的な課題から社会科学的な課題になってくるであろう．

固有のリスクをかかえる建築物に的確なリスクマネジメントを行うには，工学的なリスクアナリシスが必要であり，出火率や防火対策の信頼性など一層のデータの蓄積が必要である．

文　献

1) エミール・ボレル：確率と生活，白水社（1967）
2) 日本リスク学研究会編：リスク学事典，TBSブリタニカ（2000）
3) 池田三郎：環境リスク管理への政策化学─リスクの規制と選択について─，日本リスク研究学会誌，Vol. 8, No. 1
4) 安田火災海上保険（株）：火災保険の理論と実務，海文堂（1991）
5) 東京消防庁・火災予防審議会：建築物の管理形態の多様化に伴う防火安全対策のあり方，東京消防庁（1997）

2章　火災安全指針

2.1　建築基準法の性能規定の考え方

　この章で扱う性能規定の対象となる法とは，建築基準法の防火規定（主に法第二章に関わる部分）である．

　まず，防火規定のような技術的な裏付けを基礎とする**社会的規制**[1]が，何を目的に，どのように成立したか，その法的な役割を含めて説明する．

　次に，1970年代の，主に公害の発生を押さえるためにできた種々の新しい規制との間での整合性を図る等の理由で，性能規定が求められるようになった背景を説明する．

　最後に，1999年時点での**性能規定化**作業の基本的な部分を概説する．

2.1.1　防火規定の意味

　有史以前，人間が火を道具として使い始めたと同時に，住居の火災事故が発生するようになり，これを防ぐための工夫も時代時代で選択されている．縄文から弥生時代での竪穴式住居においても①戸外での焼石を住居内に持ち込む，②簡単な炉が住居中央に，③壁面近傍に竃（かまど）が作られる，というようにかなりの時間をかけて防火上の工夫が技術的に発展している[2]．また，集落内での延焼を防ぐ意味があったかどうかは不明であるが，文献[3]によれば屋根に土がのっていた可能性が指摘されていて，これらの技術的選択が，防火規定の始まりということもできる．

　法の実効性を含めて，実質的に防火規定が成立するのは，近代に入ってであり，ここでの社会的規制の意味としては，ロスコウ・パウンド（1919）のいう

　　「文明社会においては，人々は他人が自分に対して故意の侵害を行なわないということを期待できるようでなければならない．」[4]

がわかりやすい．

　建築に関連する事例でいえば，予想される外力が働けば容易に倒れるような塀を施工することは，道を歩く不特定多数の人に故意の侵害をしていることになる（裁判例として，民法第717条の土地工作物責任による損害賠償請求の判断基準として，建築基準法第62条の8の補強コンクリートブロック塀の構造基準が用いられているものがある[5]）．また，不特定多数が利用する用途の建築物で，管理者が当然払うべき「火の用心」的行為が行われなかった結果として，火災に伴う人身事故が起これば，消防法での防火管理上の注意義務違反をもとに，傷害罪が適用された例[6]がある．

　このような文脈で，ここで対象としている建築基準法の防火規定は，「他人が自分に対して故意の侵害を行わない」ことを実現するための基本的な法である民法（不法行為：故意あるいは過失によって，

他人の利益を害する違法な行為のことをいい，加害者は被害者に対し損害を賠償しなければならない），刑法（多くの場合，業務上過失致死傷罪）が適用されるかどうかの判断基準を与えるものであるといえる．

2.1.2 性能規定へ至る過程

さて，前段で防火規定が基本的には，「他人が自分に対して故意の侵害を行わないことを期待できる」社会のシステムのための判断基準であることを説明した．

では，防火規定で想定される他人による「故意の侵害」とはどんなものだろうか．これに対して，建築基準法は施行時には明確な回答をもっていなかった．その理由は簡単で建築基準法が，第二次世界大戦後の民主化の過程で，新しい省庁が，それぞれ対象とする「物」に関する法律－例えば，建設省でいえば，河川法，海岸法，都市計画法，消防庁でいえば，消防法，危険物取扱法－の一つであり，過去の規範の寄せ合めであったためである．これに対して，1970年前後には，主に都市，工場周辺における環境の悪化と，権利意識の向上を背景に，「他人による故意の侵害」を明確に定義する一連の規制が成立する．

1970年前後に相次いで成立した，大気汚染防止法，悪臭防止法，振動規制法などである（日影規制もこの中に入る）．ここでは，「**故意の侵害**」と判断される環境因子を特定し，その因子に暴露される人間の側の**受忍限度**を定め，これを規制している[7]（法的根拠が必ずしも受忍限度説で統一されているわけではないことに留意）．これらの新しい規制では，騒音のエネルギーなり，汚染物質の濃度なり，「侵害」について明確な定義と判断基準が示されている．一方，これらと比べると，防火規定には，侵害となる「火災」が明確に定義されているわけでもないし，規制内容が仕様で示されていることが多いために判断基準も明確ではない．これが法制面から性能規定化が促された理由である．

上述の法制面での理由とは別の動きとして，平成10年6月の建築基準法の改正に至る経緯について主に工学サイドから概説する．

改正に至る要因の一つは，新技術の開発である．

新技術が，改正に至る経緯の中でどのように開発されたかの視点でみると，まず，1969年に**建築基準法38条**（「予想しない特殊の建築材料又は構造方法を用いる建築物については，建設大臣がその建築材料又は構造方法がこれらの規定によるものと同等以上の効力があると認める場合においては，適用しない」）のいう新技術に対応すべく，建築センターにおいて防災性能委員会が設置されたが，初期にはそれほどの実績がなかった．図2.1で見るように，1982～87年の防火総プロの成果のもとに**総合防火設計法**が提案され，普及するに従い，38条認定を求める申請件数が増加し，耐火鋼の利用やアトリウム空間における蓄煙等の新しい考え方が用いられるようになった．このように，具体的な案件でいくつもの新しいアイデアが提案され，実際の建築物として実現したことにより，いわゆる性能的安全設計への気運が高まった．ただし，38条認定はあくまで従来の仕様的法規と「同等以上の効力」であることを判断基準としているため，総合的な性能評価とは区別されるべきものであった．

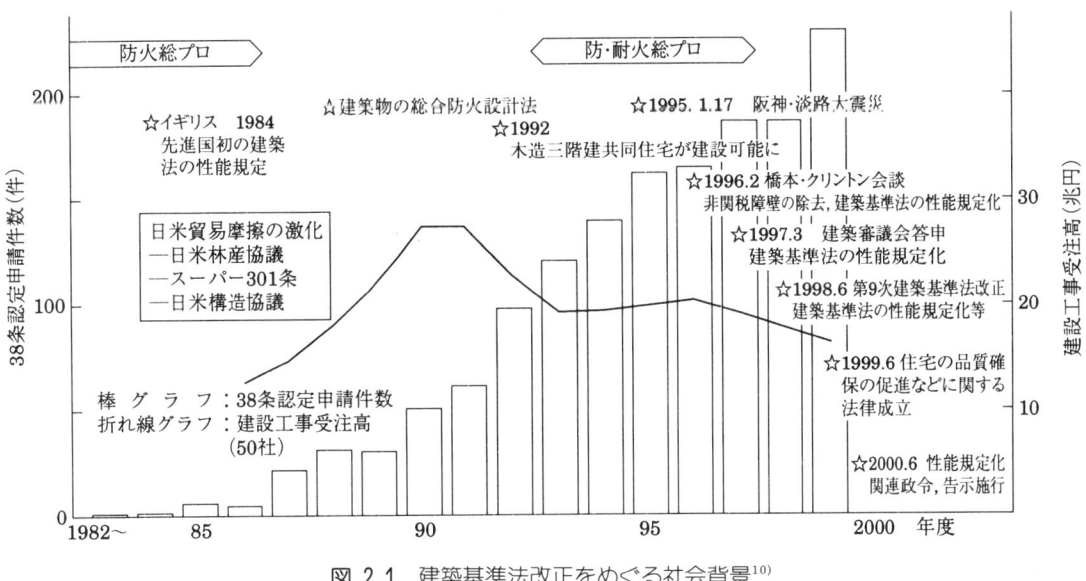

図 2.1 建築基準法改正をめぐる社会背景[10]

一方，世界の動向として図2.1に示されるように，
① 1984年に英国が Building Act で行った仕様的規制（目標性能を示さずに構法・材料を指定する）からの脱皮の動き，ならびにこれに続く性能規定への世界的潮流に合わせること，
② 非関税障壁除去の1項目として木造3階建許可を求めるアメリカ・カナダを中心とする海外からの経済面での圧力が長く続いており，これらに合理的に対応すること，
③ 防火規定を性能的規定に置き換えることで，それまでの新しい技術開発を法的に位置づけることを目的に基準法の性能規定化が実施されることとなった．

2.1.3 火災安全性能評価の基本形

前段の最初に述べた法制面からの要請から判断して明らかなように，防火法規の性能規定化において求められたのは，火災の定義とこれにより生ずる「侵害」の明確化とそれぞれの侵害に対する受忍限度の判断基準である．これを火災安全設計の言葉に言い換えれば，火源の設定方法と，対象とする安全性能の把え方となる．

火源の設定方法で採用された考え方は，基本的には，建築物の耐震設計における想定地震入力と同じである．これに対しては，

「火災は人災だから注意さえすれば防ぐことができる．なのに地震の加速度のように最初から出火があることを前提に話を始めるのは正しくない」

という意見がある．確かに家庭での出火原因の第1位は調理中の天ぷら油の過熱によるもので，これは不注意が大半であろうから，注意深い人には起こる可能性が低い．しかし，大規模な集合住宅を例にすれば，火災の発生確率は各住戸に対してほぼ均一で住戸の位置（階数）や規模には依存しないことが統計上明らかである[9]．住宅が売買されることや公共性を持つ建築物が多いことを考えれば，頻

度はかなり低いが地震と同じように,想定火源という一定の入力を考えることは妥当であろう.ただし,火災の発生頻度が用途や規模に影響を受けないわけではなく,用途が違えば床面積当たりの出火頻度は一桁ぐらい簡単に変化するし,事務所用途などでは建物が大規模になるほど単位面積当たりでいえば出火頻度が下がる傾向があり[9],これは維持管理の差とも判断できる.現状では出火頻度まで切り込んだアプローチは考えられていない.

　提案されている**設計火源**は,確認申請時に明らかになる情報を用いるということで,用途と内装から可燃物の情報,図面から空間の幾何学的情報と区画(壁・床・開口部等)の耐火性能を入力に,発熱量の時間変化(at^2 火源)とフラッシュ・オーバーの有無を出力する仕組みになっている.出力結果として,火災は条件により①区画内全面が燃焼するもの,②区画内で燃焼がある限定された範囲で終了するもの,③区画内で燃焼は継続するが,ある特定の可燃物に特有の発熱量を越えずに終了するものの3種に分類される.

　次は,上記でモデル化した火災により生ずる「侵害」とその判断基準である.これについては,建築物の火災安全上の要件として,平成9年度に終了した建設省総合技術開発プロジェクト「防・耐火性能評価技術の開発[8]」において,図2.2に示すフレームワークが提案されている.すなわち,建築の火災安全として備えるべき機能としては,

①日常火気に対する出火防止
②安全に逃げられること
③建物の一部/全部が崩壊しないこと
④消防活動が容易なこと
⑤容易に延焼しないこと

の5つがあり,この機能項目それぞれに性能尺度(判断基準)が決まればいいわけである.2000年6月の性能規定化では,その第一弾と考え,具体的な作業として,図2.2中の②,③の項目について,両者とも「設計火源(設計用入力火源)」を導入し,その物理的影響に対して避難安全または構造耐火性能を検証する仕組みとしている.

　ただし,ここで,言及しておきたいのは,現時点での工学知識の範囲では,2以上の層にわたる火災に対処し,これを合理的に制御する方法論が技術的に未確立である.それゆえ,この評価法にも制約が生じる.すなわち,火災の燃焼範囲が層をまたがってはならず,外部開口,竪穴などを通じた上階への延焼拡大防止は常に要求される.また,階段等の人の利用する竪穴は煙から保護されていることを前提としており,それに伴う(半)仕様的制約が課せられている.

　以上の2つの評価法の概要,また現行の法規との整合性がどのように取られるか,というような現実面については文献8)を参照されたい.

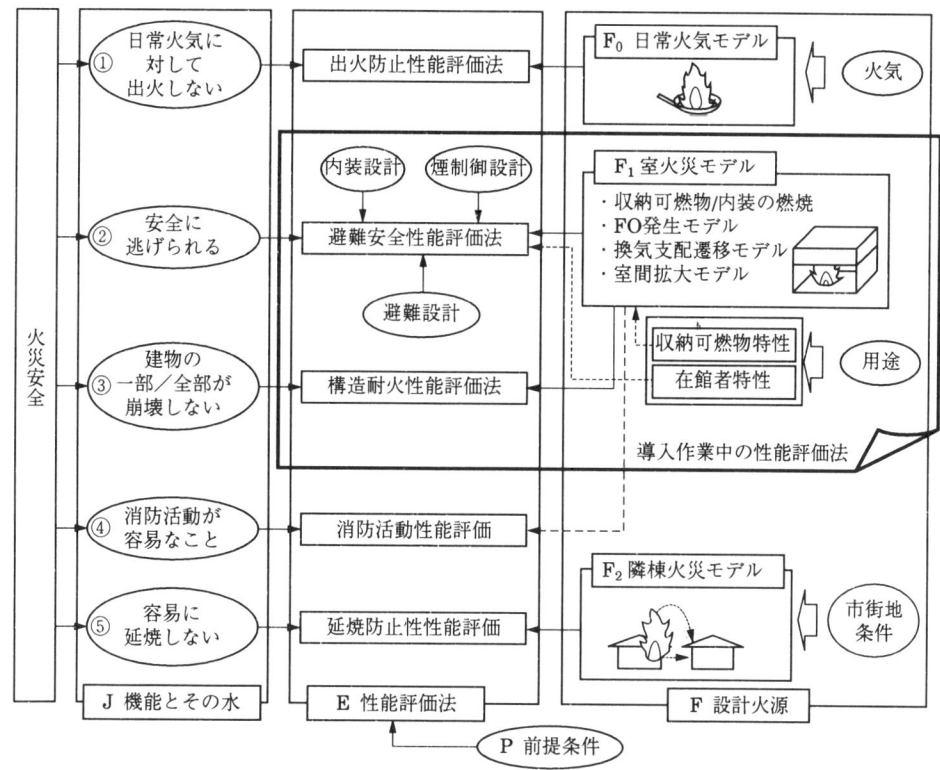

図 2.2 火災安全性能評価のフレームワーク

文　献

1) 植草　益：社会的規制の経済学，NTT 出版（1997）
2) 宮本長二郎：日本原始古代の住居建築，中央公論美術出版（1996）
3) 高田和徳：縄文時代の火災住居，考古学ジャーナル，No. 447（1999）
4) 碧海純一：法と社会，中公新書（1967）
5) 宮城県沖地震損害賠償事件第一審判決，判例時報 1007 号
6) 刑法判例百選 I，別冊ジュリスト No. 142，有斐閣（1997. 4）
7) 公害・環境判例百選，別冊ジュリスト，No. 126，有斐閣（1994. 4）
8) 辻本　誠，萩原一郎，原田和典，高橋　済，竹市尚広：建築基準法の防火・避難規定における性能評価法，火災，Vol. 49, No. 1（1999）
9) 朴　哲也，辻本　誠：「データベースを利用した非常用照明設備の故障率と出火率の解析」，日本建築学会構造系論文報告集，第 418 号（1990. 12）
10) 辻本　誠：基準法改正―防火規定の性能規定化―，建築雑誌，Vol. 115, No. 1462,（2000）

2.2 消防法の性能規定の考え方

2.2.1 社会的要請

規制改革推進3か年計画（平成13年3月30日閣議決定）の別紙（基準・認証等の見直し）において，基準の国際整合化・性能規定化が求められている．特に，「基準の内容が，技術革新に対して柔軟に対応できるものとなるよう，現在仕様規定となっている基準については，原則としてこれをすべて性能規定化するよう検討を行う．」とされている．

また，「新技術等による消防用設備等の性能に応じた設置方法の弾力化」および「設備等に関する新技術や新素材の円滑な導入」が求められており，これらに的確に対応するためには，技術上の基準について性能規定化を図ることが必要とされている．

さらに，平成10年6月に性能規定化等を骨子とする建築基準法が改正され，技術上の基準の性能規定化に関する部分については平成12年6月に施行された．これに伴い，建築物に対する防火安全対策について，消防法令においても，建築基準法の性能規定化と整合が図られた，基準の性能規定化が求められている．

2.2.2 消防法と建築基準法の関連性

建築物の火災等に対する防火安全対策については，建築基準法および消防法により所要の規制をすることにより，建築物全体の防火安全が確保されている．

建築基準法では，防火（耐火構造等建築構造，外壁・屋根その他の構造，開口部の防火措置，防火区画，防火壁）および避難（避難経路，非常用の照明装置，排煙設備，非常用エレベータ等）の観点から規制しているのに対し，消防法では建築基準法令により防火および避難に係る構造等の防火安全が確保されていることを前提に，消防用設備等の設置，防炎物品の使用，防火管理について規制している．特に，建築物の竣工後の防火安全は，当該建築物のハード面である位置，構造，設備等による防火安全対策に加え，ソフト面である維持管理としての防火管理が重要な位置づけを占めている．この防火管理には，日常における火気等の管理と火災発生時の対応が主たる内容となっている．

2.2.3 消防用設備等の技術基準の体系

防火対象物の防火安全を確保するために必要な消防用設備等に係る技術上の基準については，昭和36年に全国統一的に最低限の防火安全性を確保するものとして，消防法第17条が改正され，同条第1項において防火対象物の用途に応じ，消防用設備等に係る技術上の基準に従って，設置しおよび維持しなければならないものとして規定された．また，消防法第17条第2項においては，消防法の制定時における地方自治の思想が踏襲され，気候風土等の特殊性に応じて，市町村条例において，防火対象物に係る消防用設備等の設置の強化ができることとされている．

A. 消防用設備等に係る技術上の基準の体系

防火対象物の用途，規模等に応じて，消防用設備等の設置および維持の義務付けがされているが，

これらに係る技術上の基準の体系については，次のようになっている．
  (a) 防火対象物に対する消防用設備等の設置及び維持の義務付け（消防法第17条関係）
・防火対象物の防火安全性を確保するために，必要最小限のものとして規定している．
・気候風土等の特殊性に応じ，市町村の条例で附加することができる（法第17条第2項関係）．
  (b) 消防用設備等に係る設置及び維持の技術上の基準（消防法施行令第2章第3節関係）
・技術上の基準については，消防法施行令の他，消防法施行規則，消防庁告示等において具体的に規定されている．
・消防用機械器具等に係る技術上の規格については，当該消防用機械器具等が消防用設備等の全部又は一部として使用される場合があることから，その技術上の規格が設置及び維持基準として引用されている（令第30条第1項関係）．
・基準の特例として，次の事項が規定されている．
  ①防火対象物の用途又は部分の特殊性に着目して，技術上の基準の特例が規定されている（令第31条関係）．
  ②防火対象物の消防用設備等について，「消防長又は消防署長は次の事情がある場合には，技術上の基準の適用について特例を認めることができる」とされている（令第32条関係）．
    ・防火対象物の位置，構造及び設備の状況から判断して火災の発生及び延焼のおそれが少なく，かつ，火災等の災害による被害を最小限度に止めることができると認めるとき
    ・予想しない特殊の消防用設備等その他の設備を用いることにより，施行令第2章第3節の規定による消防用設備等の基準による場合と同等以上の効力があると認めるとき

B. 技術上の基準の区分

消防用設備等に係る技術上の基準は，その規定の内容，趣旨等から，次に掲げる3区分に整理することができる．
  ①消防用設備等の設置の義務付けに係る基準
  消防用設備等の種別毎に，防火対象物の用途，規模（延べ面積・床面積・階数・高さ），収容人員等に対応して，設置すべき基準を規定している．
  → 確保すべき防火安全のレベルに直接関わる．
  昭和36年以前の主たる都市の条例の規定を踏襲するとともに，火災等の事故を踏まえ，人命安全の確保を図るため，必要最小限の範囲内において，充実強化してきている．
  ②消防用設備等の設置方法等に係る基準
  設置の義務付けの生じた消防用設備等を設置する場合の基準を規定している．
  → 消防用設備等の性能・機能等に応じた設置方法を規定している．
  新たな技術開発に係るもの等を弾力的に受け入れることのできる基準として整備することが求められており，このため消防用設備等の性能機能等に応じた設置方法への整備，いわゆる性能に主眼をおいた規定（性能規定）への整備が行われることとなる．
  ③消防用設備等又はその構成品に係る性能・機能等に係る基準

消防用設備等の目的に添った性能・機能等を確保するための基準を規定している．
→ 新技術・新素材等を円滑に導入できる基準として整備することが求められている．
・技術上の規格省令における総務大臣の特例（基準の特例）→ 制度として既に規定
・性能に主眼をおいた基準として規定（性能規定）→ 今後の検討課題

2.2.4 技術上の基準の仕様書的規定と性能規定

A. 仕様書的規定

技術上の基準において，具体的に使用できる材料，寸法，板厚，構造など具体的な物に着目して規定されているものをいう．これらの規定は，わかりやすい，判断レベルが明らかであり，個人差が生じにくい等の特徴がある．一方では，同様な効果を期待できる新たなものが出現した場合に，必ずしも当該基準に適合しないことから，これらを導入するためには基準の改正または特例により対応することが必要となり，迅速，かつ，円滑に導入することができない面がある．

B. 性能に主眼をおいた規定（性能規定）

技術上の基準において，当該規定の目的，趣旨等に応じた確保すべき性能項目や性能水準等を明らかにするとともに，併せて確保すべき性能を確認するための試験方法，測定方法，計算方法，判断基準等を規定することをいう．これらの規定は，要求水準等を満たすことができることを確認することのできるものをすべて網羅しておくことが必要となり，その基準の規定レベルが課題とされる．

また，この基準への適合性の確認については，客観・公平に判断することが必要であり，統一された方法，状況等により試験等を行うことが必要である．このため，誰でも利用可能な試験・検査機関等が必要とされる．さらに，基準に適合すると判断されたものについては，それらを利用，使用等する人に対し情報提供等を行う必要がある．

2.2.5 消防用設備等に係る技術上の基準の性能規定化

消防用設備等に係る技術上の基準の性能規定化に当たっては，次のように整理することができる．
① 技術上の基準において，性能に主眼をおいた規定となるように整備する意義としては，新技術によるもの・新素材等を円滑・迅速に導入することができるとともに，当該性能機能等に応じた最適な設置方法を選択することができることを目指すものである．
　→ 基準の特例制度を適用しなくても，本則基準で判断することができる．
② 消防用設備等及び消防の用に供する機械器具等に係る技術上の基準（設置方法に係る基準及び物に係る性能機能等に係る基準）については，性能に主眼をおいた規定となるように整備されている．ただし，一部の規定において，仕様書的規定があり，これらの規定について，性能に主眼をおいた規定となるように整備を進める．
③ 今後の技術上の基準の整備に当たっては，次によることとなる．
・具体的な基準である仕様書的規定については，原則として例示規定として残す．
・選択できる手段として，性能に主眼をおいた規定を追加する．

2.2.6 防火対象物の火災危険性に応じた総合防火安全対策手法の開発に関する調査検討

消防用設備等に係る技術上の基準について，体系的な性能規定化を図るために，総務省消防庁を中心に平成11年度から3か年計画で「防火対象物の火災危険性に応じた総合防火安全対策手法の開発に関する調査検討」（略称：消防総合プロジェクト）が実施されている．

A. 背景・趣旨

近年における規制緩和の要請，技術の進展等を踏まえた，新技術の円滑な導入や技術基準の性能規定化が一般的に要請されている．また，これに合わせて，技術上の基準についても，その合理化が求められている．一方において，技術上の基準には，防火安全のレベルを確保するために必要不可欠なものがあり，その防火安全のレベルを維持することが不可欠である．

今までに消防の分野においても，新しい機能・性能を有する消防設備・機器の開発や，火災危険性に応じた防火安全対策（消防用設備等，防火管理，建築構造等）を講じることを目的とした研究等が進められている．

しかしながら，これらの研究等については，限定した専門的事項についてのみ行われ，これまでに得られている知見のレベル，相互の関連，応用可能性，問題点がわかりにくく体系的に整理・分析されていない傾向にあり，防火安全対策を検討する場合において，活用することができない．

さらに，消防法令に規定されている防火安全対策は，消防法施行令別表第1に掲げる用途区分に防火対象物の規模，構造等を加味して義務づけがなされるものであり，経験的に必要最小限の防火安全性を確保できるものとして機能している．しかしながら，その設置を要する設備・機器の種類，性能等に係る技術上の基準の体系については，根拠が明解でない部分が存するなど，火災危険性に応じた防火安全対策としての整理が不十分である．

このような状況に鑑み，技術の進展を踏まえた防火対象物の火災危険性の評価および防火安全対策のあり方に係る技術的観点からの体系的検討，その有効性に係る検証を実施して，防火対象物の火災危険性に応じて消防用設備等，防火管理，建築構造等を総合的に勘案した防火安全対策手法の開発に関する調査検討を行うものである．

B. 調査検討事項等

具体的には，学識経験者等から構成される委員会が設置され，次に掲げる事項について調査検討が行われている．

a. 実態調査　防火対象物の火災危険性の評価および防火安全対策に関する研究・開発に係る実態調査（文献調査およびアンケート調査）を行い，分野別に体系的に整理する．
①文献等について，防火安全対策毎に整理し，データーベースを構築する．
②文献等において，明らかになっている部分，課題等を整理する．

b. 問題点の整理・分析　消防法令等による防火安全対策として導入すべき事項の選別および当該事項の有する問題点の整理・分析を行う．

c. 検証　消火，避難等の分野別に，前項 b. で抽出した問題点に係る改善策の検討を行う．また，コンピュータによるシミュレーション，実大規模の実験等を実施してその有効性に係る検証を行

う.

d. 実大規模の実験と検証　　防火対象物の火災危険性の評価および防火安全対策のあり方について個別分野を通じた体系的検討を行い，防火対象物の火災危険性に応じた合理的な防火安全対策を講ずることのできる総合防火安全対策手法の構築を図る．また，コンピュータによるシミュレーション，実大規模の実験等を実施してその有効性について検証を行う．

3章 火災実態

3.1 国内外の火災統計と火災史

3.1.1 火災統計
A. 火災統計の社会との関係

　火災統計には，その目的や必要性が違うため，種々のタイプが存在する．その多くは，火災を後世に残すための記録書とするものおよび火災件数の増減等の動向をみるものが主であった．しかしながら，昭和23年の消防法の成立以降，火災の調査は，それまでの犯罪捜査一辺倒から，火災予防を主とした調査に変わった．もちろん，消火戦術を練るための，警防面，火災防御面からの調査および記録を旨としたものは当然必要であり，継続されている．火災予防に資することを目的とするための火災の調査とは，火災全体を把握することであり，火災の発見，消防機関への通報，初期消火，避難行動の調査も必須項目になってくる．さらに今日の調査には，その使用目的も多様化しているのに鑑み，より詳細に，より専門的な調査結果が求められるようになっている．特に平成7年に施行された，製造物責任法（PL法）との関係で，出火原因調査の重要性が増大している．なぜなら，それまで責任追及はもっぱら不法行為制度（民法第709条）における過失責任主義であったのに対して，PL法では過失の存在でなく，製品そのものの欠陥の存在および欠陥と損害との間の因果関係の存在を被害者が証明しさえすれば，製造業者の責任が認められることとされた．即欠陥の有無の判定が製造者等の責任を追及する上で大きなポイントとなった．

　ところで，PL法上の「欠陥」とは，「当該製造物の特性，その通常予見される使用形態，その製造者等が当該製造物を引き渡した時期，その他の当該製造物に係る事情を考慮して，当該製造物が通常有すべき安全性を欠いていることをいう（第2条2項）」とされている．したがって，争いとなっている火災が，製品の欠陥が原因で火災が発生した可能性が大のときは，消防機関による火災原因調査によって収集された情報が，被害者にとって製造業者等の責任追及に大きな役割を果たすことになる．

B. 統計処理の方法

　火災に対する全国規模の統計はあまり多くない．この理由の一つは，現在の自治体消防が発足したのは，第二次大戦後であり，まだ50年しか経てないので全国一律の統計は必ずしも十分でないためと考えられる．またそれ以前の統計は火災の記録が主であり，また今日の火災の定義と同一でないため，全火災を収録しているとはいい難い．

　これらの目的，精度の違う統計データを扱う時のスタンスについて考えてみたい．

　前述したように，統計資料の要求が多くなっていることに鑑み，データから現象の意味づけをしたり，得られたデータにどんな特徴・性質があるか，特性量（項目）の間にどんな関係が成り立ってい

るかを見つけ出すこと，また逆に対象集団（人または物）に確かにそのような性質や関係があるかを立証する方法を検討せねばならない．

ところで，近年ではデータ処理にパーソナルコンピュータを手軽に使えるようになった．いろいろのデータ解析の方法がプログラム・パッケージとして用意されているので，データさえ入力すれば解析の結果を簡単に得ることができてしまう．しかし最新のコンピュータの優れたプログラムにより計算結果は出力するが，データの計算前処理，後処理に，分析者の豊富な経験・知識が生かされなければ，求める真の結果は得られない．もとより，あいまいなデータからは，当該現象解明の結論は何も出てこない．それゆえ，統計的にデータ解析を行うにあたっては，あいまいなデータをあいまいな処理態度ですまさず，また通り一遍の解析結果から結論するのではなく，いろいろな方法を試みて情報の縮約を計らねばならない[1]．

3.1.2 日本の火災
A. 日本の火災史

a. 太古の火災[2]　人類が火を利用し始めると同時に火災も発生したと思われるが，太古の時代は，その貴重さおよび実用の点から，消火方法より燃焼を継続する方法に心を砕いたはずである．例えば，横浜の三殿台遺跡（弥生時代）から火つぼ，いろり跡が発掘されている．時代が下がって農耕生活の広がり，住まいの定住化が進むにつれ，住居の構造材が可燃性であることに起因した火災が発生し，住民生活に多大な損害を与えるようになった結果，消火方法についても検討するに至ったと思われる．このことは住居跡から焼けて炭化した棟木や梁が発掘され，さらに同地に住居が再建されていること，またこの集落には雨水か湧き水を集めていたと思われる大きな岩穴がつくられており，これらは日常に使う以外に火災にも備えたものと推量されている．

b. 中世の火災　推古天皇の時代になって中国との国交が盛んになり，中国の文化や政治の影響を受けて都が大規模につくられるようになった．このように都市が形成されるにつれて大きな火災も起こるようになってきたが，火災のほとんどが皇居や役所，寺院などであった．

京都に遷都の後も大火が相次ぎ，また，戦火によって焼け野原となるなど大火に見舞われ続けた．室町中期以降，鎌倉，大阪，名古屋などの城下町や，堺，長崎などが港町として発展するに従って，これらの都市も大火に見舞われるようになった．当時は消防もなく，紙と木と草からできた家屋が多かったので大火に至ったものと思われる．

c. 江戸時代の火災　江戸時代の記録の多くは，江戸の大火（火元から風下焼け止まりまで直線距離にして15町（1635 m）以上にわたって焼失した火災）についてのものである（表3.1）[3,4]．

この表によると当該大火は，明暦3（1657）年～明治14（1881）年の224年間において93件発生している．また，7，8月は大火が1件もなく，1月より増加し，春3月に極大となり，それから漸次減少して，7月に至っては全くなくなる．一方，風向は北または北西が74％で大部分を占めている．

このような大火に対して「火事は江戸の華」などと無策でいられなくなり，①幕府直轄の定火消，

表 3.1 江戸・東京における月別・風向き別大火発生数[4]

月＼風向	東	北東	北	北西	西	南西	南	南東	計
1	0	0	6	7	0	0	0	0	13
2	0	0	7	6	0	3	0	0	16
3	0	0	14	10	0	4	1	0	29
4	0	0	3	3	0	3	3	0	12
5	0	0	0	2	0	2	3	1	8
6	0	0	0	0	0	0	1	0	1
7	0	0	0	0	0	0	0	0	0
8	0	0	0	0	0	0	0	0	0
9	0	0	0	0	0	1	0	0	1
10	0	0	0	0	0	0	2	0	2
11	0	0	3	1	0	0	0	0	4
12	0	0	4	3	0	0	0	0	7
今年	0	0	37	32	0	13	10	1	93

②大名が組織する所々火消，方角火消等，③旗本が組合をつくって運営した飛び火防組合，④町人が組織した町火消，町内火消などを組織し，防火にあたった．

d. 明治以降の火災[5] 明治時代における火災の原因を詳細に統計処理したものはほとんどなく，東京に偏るが警視庁調べを基に次に述べる．

火災原因の第一は，放火であり，全火災の20％～30％を占めていた．次に洋灯（石油ランプ），わら灰，取り灰などによるものが多くみられた．石油ランプの火災は，取り扱いのよくわからない人が多かったためと考えられる．また，炊事用かまど，火鉢，消炭からの出火も多く往時の生活様式をうかがうことができる．このほかで目を引くのは，煙突，銭湯からの出火である．煙突からの火災は，開放式いろり，かまどが減少し，密閉式台所器具が増えてきたことを示している．銭湯からの出火は，明治中期に多くなり，その後減少し，逆に自家用風呂場からの火災が後期から漸増している．これも様式の変化によるものと思われる．特異なものでは，汽車の煙突というのがある．明治34（1901）年ころから統計表に現れ，明治40（1907）年をピークにまた減少している．これは，煙突の火の粉によるものと思われ，当時はまだ沿線に藁や茅葺き，板葺きの家屋が多かったためと思われる．

大正時代の出火原因も放火，不審火が多いが，タバコによる出火が漸増している．その他では，電気，揮発油等石油類，ガスによる火災が増加し，取り灰，わら灰，汽車の煙突，火消し壺からの火災が減少している．なお，ガス関係火災のうち，40％がガス漏れ火災であり，当時の安全装置のレベルが低かったことを示唆している．

昭和時代（第二次大戦前）で特徴的なのは放火件数の推移である．出火原因のトップを占めていたが，時代が下るにつれて減少している．特に第二次大戦中は，極端に減っている．一般に放火は社会不安が大きくなると多くなるといわれているが戦時中には不平，不満を上回る緊張感と連帯感があり，それによる相互監視および警察力の強化が放火を減少させたのかもしれない．

第二次大戦後の火災調査は消防機関が行うことになった．終戦直後は，物不足，エネルギー不足に

より，電力が不足し，かつ電熱器具の安全装置不備，電気工事の粗雑等により，これらの電気器具等からの出火が多く，昭和30（1955）年ころを境に薪かまど，取り灰，七輪こんろ，炭こたつからの出火はすっかり姿を消した．

B. 火災史からの教訓

昭和30（1955）年以降の火災の調査より，多くの教訓が得られた．それらを基に火災の工学的研究が進展し，消防および建築関係法令の改正が図られてきた．以下に代表的な火災と法令改正の関係等を略記する[6]．

①東京宝塚劇場火災

 出火日時：昭和33年12月1日16時09分ごろ

 場　　所：東京都千代田区有楽町

 建物概要：耐火5/1，劇場，延面積15,718 m^2

 被害状況：半焼1棟3,718 m^2 焼損，死者3人，傷者25人

 概　　要：この火災は吹きボヤの火の粉が緞帳等に燃え移って急速に拡大したものである．

 対　　策：劇場等の内装制限を強化し，この種用途における防火管理の実行性を挙げるため，防火管理者制度を政令で定め，資格や職務内容を明確にした．

②神戸市有馬温泉，池之坊満月城火災

 出火日時：昭和43年11月2日2時30分ごろ

 場　　所：神戸市有馬町

 建　　物：耐火一部木造2/4，旅館，延面積11,258 m^2

 被害状況：半焼1棟6,950 m^2，死者30人，傷者44人

 概　　要：この火災は，昭和18年に建築した旅館と買収した周辺の建物を，渡り廊下などで接続したため長大化した建物から出火したものである．出火場所付近に自動火災報知設備が未設置だったことおよび従業員が各階に分散して就寝していたことなどにより，火災の発見，宿泊客への報知や組織だった火災対応，通報などが遅れ，さらに，初期消火はバケツを利用して行ったため効果がなく，多数の死傷者が発生した．

 対　　策：この当時の相次ぐ旅館・ホテル等の火災で多数の犠牲者が発生したことに鑑み，火災の早期発見，早期避難対策用の消防設備の設置強化が図られた．すなわち，旅館，ホテル，病院等での自動火災報知設備，非常警報設備，誘導灯の設置強化および，防炎規制の対象となる防火対象物の指定および防炎性能基準を定めた．

③大阪市，千日デパート火災

 出火日時：昭和47年5月13日22時27分ごろ

 場　　所：大阪市南区

 建　　物：耐火7/1，複合用途，延面積25,923 m^2

 被害状況：半焼8,763 m^2，死者118人，傷者81人

 概　　要：この火災は，雑居ビルとして戦前戦後を通じて最大規模の火災である．百貨店3階か

ら出火し，2～4階へ延焼するとともに，噴出した濃煙が，ダクトやエレベータシャフト等から7階のキャバレーへ噴出したものである．この濃煙および避難誘導の不適切により煙に巻かれ96人が，飛び下りて22人が死亡，傷者81人が発生した．

対　　策：複合用途防火対象物は用途ごと防火管理がバラバラで，避難等の問題が顕在化したので，防火管理体制の拡充，消防用設備の強化および常時閉鎖式煙感知器連動等の防火戸設置，防火ダンパー，避難階段，特別避難階段の防火戸，3階以上の内装規制の強化等を行った．

④栃木県，川治プリンスホテル雅苑火災

出火日時：昭和55年11月20日15時15分ごろ

場　　所：栃木県藤原町

建　　物：耐火5/0，ホテル，延面積3,582 m^2

被害状況：全焼1棟3,582 m^2 焼損，死者45人，傷者22人

概　　要：当該ホテルは，3回にわたって増築を重ね階段や廊下が迷路のようになっており，しかも避難誘導がなされなかったこと，また，屋内消火栓設備が使用できなかったことが被害を大きくした．

対　　策：当該ホテルでは，避難訓練や従業員に対する防災教育を怠っていたため，多くの死者が発生した．この火災を契機として，防火管理体制や，消防用設備の設置状況などについて，ある一定の基準を設けて1年ごとにその情報を住民に公開し，「表示」を行うことにした．これにより関係者の防災意識を高め，防火管理業務の適正化，消防用設備の設置促進および法令違反の是正促進を図ることを目的として，「防火基準適合表示制度」通称マル適制度が発足した（昭和56年5月）．

C. 火災年表[7]

西暦	日本暦	月．日	火災（事故）概要
552	欽明天皇13	11.16	大極殿火災
670	天智天皇9	5.27	落雷で**法隆寺火災**
680	天武天皇8	5.17	橘寺火災，尼房失火10房を焼く
686	持統天皇1	2.15	難波宮火災，大蔵省失火
		8.7	民部省火災
1177	治承1年	6.3	京都大火，公家民家多数焼失，焼死者数千人
1249	建長1年	5.14	京都大火，京中大焼失，死者数知れず
1521	大永1年	3.30	高野山金剛峯寺火災，大塔金坊等3,900余ことごとく焼失
1657	明暦3年	3.2	江戸大火，本郷本妙寺より出火，湯島，浅草，鎌倉河岸，京橋，八丁堀，鉄砲州，佃島，深川に延焼し鎮火（**振袖火事**）
		3.3	小石川伝通院前新鷹匠町より出火，江戸城焼失，夜，番町麹町7丁目より出火，半蔵門，芝愛宕下，札の辻，海辺に至る．2日間の大火で当時の市街地の約60%を焼失，死者10万人以上，うち焼死者37,000人 3月2日～4日の火災を総称し，**明暦の大火**という
1682	天和2年	12.28	江戸大火，本郷駒込より出火，焼死者3,500人，**八百屋お七の火事**

西暦	日本暦	月.日	火災（事故）概要
1772	明和9年	4.1	江戸大火，目黒行人坂大円寺より出火，630町最高幅1里，長さ6里を焼失，死者数知れず，**明和大火（目黒行人坂大火）**
1806	文化3年	4.22	江戸大火，武家屋敷ほとんど焼失，町屋530余，表町屋16,096戸，裏町屋11,000戸焼失，焼死1,210人，**丙寅火事**
1834	天保5年	3.16	江戸大火，神田佐久間町より出火，霊岸島まで焼失2,000余町焼失，焼死4,000人，**甲午火事**
1855	安政2年	11.11	江戸地震大火，50余個所より出火，焼死推定6,641人
1881	明治14年	1.26	東京神田松枝町より出火，日本橋，本所深川に延焼52ヵ町15,221戸焼失
1891	〃 24年	1.20	東京市麹町区国会議事堂焼失
		10.28	**濃尾地震**，岐阜，愛知両県にわたり大地震火災2,900戸焼失．岐阜県大垣市1,000戸焼失
1909	〃 42年	7.31	大阪市北区空心町より出火，51ヵ町17,365戸焼失，大阪北部ほとんど焼失，焼死6人，負傷69人
1923	大正12年	9.1～	**関東大地震**，東京，神奈川，静岡，千葉，埼玉，山梨，茨城の1府6県にわたり，東京は全市の約2分の1，横浜は全市ほとんど焼失，東京においては死者59,593人，負傷28,972人，行方不明10,904人，神奈川県下の死者29,614人，負傷19,523人，行方不明2,295人
1927	昭和2年	3.7	**京都府奥丹後地方地震**により出火，峰山村882戸，網野村247戸，市場村200戸，島津村160戸，浜詰村116戸など4,999戸焼失，京都府下の死者2,275人，傷者4,101人，行方不明81人
1932	〃 7年	12.16	東京市日本橋区の**白木屋百貨店**より出火，4階～7階まで焼失，死者14人
1938	〃 13年	8.24	東京市大森区の上空で日本飛行学校と日本航空輸送会社の両飛行機が空中衝突し民家に墜落，搭乗員5人，墜落現場の職工12人が即死，さらに発生した火災により重軽傷者多数にて病院収容後死亡51人の計68人の犠牲者を出した
1939	〃 14年	5.9	東京市板橋区小豆沢町**大日本セルロイド工場**前でトラックに満載のセルロイド屑に運転手のたばこの火が引火，外に干してあった衣服に飛火し同工場の火薬庫に引火，爆発62棟焼失，死者19人，負傷197人
1940	〃 15年	1.29	大阪市安治川口駅にて省線西成線**ガソリンカー転覆出火**，死者183人，負傷57人
1943	〃 18年	3.6	北海道倶知安の**映画館布袋座の火災**で死者208人
1949	〃 24年	1.26	奈良県斑鳩町**法隆寺金堂**より出火，全焼
		2.20	秋田県能代市大火，2,238棟全焼，焼死3人，負傷874人
1950	〃 25年	7.2	京都市上京区衣笠**金閣寺**町臨済宗鹿苑寺通称金閣寺1棟焼失
1951	〃 26年	4.24	神奈川県横浜市国電桜木町駅付近進行中の**電車火災**，焼死107人，，負傷81人
1952	〃 27年	4.17	鳥取県**鳥取大火**，7,240棟焼失，焼死3人，負傷3,963人，**機関車の飛火**によるもの
1955	昭和30年	2.17	神奈川県横浜市北の養老院聖母の園（木造）1階出火，死者99人，傷者9人
1964	〃 39年	7.14	東京都品川区**勝島宝組倉庫爆発火災**，死者19人，負傷114人
1966	〃 41年	3.4	東京都大田区東京羽田国際空港カナダ航空機ダグラスDC8型旅客機防潮堤に激突炎上，死者51人，負傷8人
1970	〃 45年	4.8	大阪大淀区，地下鉄線天六駅工事現場でガス爆発火災，死者78人，負傷者411人，31棟焼損
1972	〃 47年	5.13	大阪市南区難波新地千日デパート1棟焼損，死者118人，負傷81人
		11.6	福井県敦賀市深山寺北陸トンネル内進行中の列車の食堂車より出火，食堂車1両焼損，死者30人，負傷715人
1973	〃 48年	11.29	熊本県熊本市下通り株式会社大洋，通称**大洋デパート出火**，3～9階焼損，死者103人，負傷124人
1979	〃 54年	7.11	静岡県内の**東名高速道日本坂トンネル**内で自動車が衝突，189台焼失，死者7人，負傷2人
1980	〃 55年	8.16	静岡県静岡市紺屋町ゴールデン街第一ビル爆発火災，1棟焼損，死者14人，負傷223人

西暦	日本暦	月.日	火災(事故)概要
		11.20	栃木県塩谷郡藤原町川治プリンスホテル雅苑1棟焼失，死者45人，負傷22人
1982	〃 57年	2.8	東京都千代田区永田町**ホテルニュージャパン**地上10階地下2階建の9階より出火，32人死亡，34人負傷，原因は宿泊客の寝たばこ
1984	〃 59年	11.16	東京都世田谷区の**電話局管内の洞道内から出火**，管内の電話回線9万回線等に障害発生
1987	〃 62年	6.6	東京都東村山市の**特別養護老人ホーム**「松寿園」から出火，17人死亡，25人負傷，原因は放火の疑い
1988	〃 63年	5.18	大阪市でソ連船プリアムーリエ号の船舶火災，11人死亡，35人負傷
1990	平成2年	3.18	兵庫県の尼崎市の百貨店長崎屋火災，15人死亡，6人負傷，損害額1億7404万7千円
1995	〃 7年	1.17	1月17日午前5時46分淡路島を震源とするマグニチュード7.2の**兵庫県南部地震（阪神大震災）**が発生，神戸市三宮，淡路島北部で震度7を記録，死者6,432人，行方不明3人，負傷者43,792人，住家被害512,882棟，出火件数285件，焼損床面積834,663 m^2，り災世帯9,017世帯．なお，神戸市内では地震後10日間に火災175件発生，焼損棟数7,386棟，焼損床面積819,108 m^2，り災人員18,109人，焼損区域から遺体または遺骨で529人が発見された
		11.20	埼玉県吉見町の東洋製缶埼玉工場火災，コンピュータ制御倉庫ラック部分から出火，消防隊員ら3名死亡
1997	平成9年	3.11	茨城県東海村の動燃で使用済み核燃料再処理工場のアスファルト固化処理施設から出火，被爆者は37名
		7.8	大阪府岸和田市「サンシャイン紡績岸和田工場」から出火，3棟約5,025 m^2 全焼，死者1名
1998	平成10年	2.7	東京京新宿駅西口地下街のダンボールハウス火災 670 m^2 消失，3人死亡
1999	平成11年	7.30	大阪府豊中市アパート出火，約580 m^2 全焼，9名死亡
		9.30	茨城県東海村の核燃料製造メーカー，ジェーシーオーのウラン加工施設で，国内初の臨界事故が発生，作業中の作業員3人（内2名死亡）など43名が被爆
2001	平成13年	5.5	千葉県四街道市で建設会社の作業員宿舎約500 m^2 全焼，11人死亡
		9.1	東京都新宿区歌舞伎町の雑居ビル（地上4階地下2階建）3〜4階焼損，死者44人，傷者3人

3.1.3 外国の火災

A. 外国の火災統計

わが国と諸外国との火災統計を比較するのは，わが国の火災予防に対する新たな切口を模索するためである．しかしながらそれらのデータを収集する場合は，それぞれのデータの単位，定義が各国においてまちまちであることを念頭におかなければならない．例えば火災の定義が違えば，件数を始め，あらゆるデータの比較がちぐはぐになる（アメリカの火災件数は日本の30倍以上）．したがって，そのような場合は，同一国のデータの比較のみが意味を有し，他国との比較には細心の注意が必要である．

前者の一例として，アメリカにおける出火件数の推進をみたのが図3.1である．1970年代より急激に減少し，1980年代で約半減している．これは1973年に出された報告書 America Burning のもと，10年間で火災を半減するキャンペーンの行政効果として有名なものである．

一方，火災危険については，対人口焼死者数等が一般性があり，比較に有効と考えられるので，前

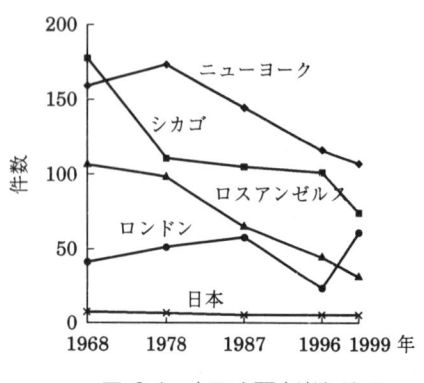

図 3.1 人口1万人当たりの火災件数

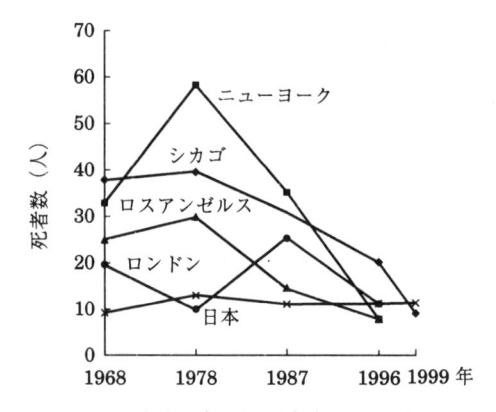

図 3.2 人口百万人当たりの火災による死者数

表 3.2 諸外国の火災状況 (1992)[8]

国　名	出火件数	人口一万人当たりの出火件数	火災による死者数	人口百万人当たりの死者数	火災千件当たりの死者数	損害額(億円)	火災1件当たりの損害額(千円)
日　　　本	54,762	4.4	1,882	15.2	34.4	1,569	2,865
アメリカ	1,964,500	77.0	4,730	18.5	2.4	10,506	535
イギリス	425,804	73.6	807	13.9	1.9	1,889	444
イタリア	160,996	28.4	198	3.5	1.2	―	―
大韓民国	17,458	4.0	510	11.7	29.2	84	483
ニュージーランド	21,821	64.0	31	9.1	2.4	―	―
ノルウェー	12,039	28.1	72	16.8	6.0	390	3,242
デンマーク	64,972	125.7	87	16.8	1.3	400	615

＊本表は消防白書（平成6年度版）より作成

表 3.3 世界十カ国の火災統計（1990年代半ばのデータ）[9]

No.	国　名	人口(百万)	年間火災数(1000)	年間死者数	1000人当たりの火災数	百万人当たりの死者数
1	中　　国	1,203.0	45	2,300	0.04	1.9
2	インド	936.5	200	170,000	0.21	18.2
3	アメリカ	263.8	2,000	4,600	7.58	17.4
4	ロシア	148.3	300	15,000	2.02	101.1
5	日　　本	125.5	58	1,900	0.46	15.1
6	ドイツ	81.7	215	700	2.63	8.6
7	イギリス	58.3	460	850	7.89	14.6
8	フランス	58.1	290	600	4.99	10.3
9	オーストラリア	18.3	80	160	4.37	8.7
10	アイルランド	3.6	32	45	8.89	12.5
合　　計		2,897.1	3,680	43,155	1.27	14.9

記各市で比較したのが図3.2で，確かに極端な差違は認められない．その他の比較値を表3.2，表3.3に示す．この2表より，火災の定義の違いによるデータのバラツキが良くわかり，それぞれの国による火災に対する注目点の違いも推測できる．なお，この種火災の統計データで信頼性の高いものは非常に少ない．

B. 火災年表[10)]

西暦	月．日	国　名（場所）	火災（事故）概要
BC480		ギリシア（アテネ）	ペルシャ軍進入，放火のため焦土と化す
206		中国（陝西省）	西安の西方阿房村，秦の始皇帝が建てたといわれる阿房宮の火事
17		イタリア（ローマ）	ローマ帝国の初代皇帝アウグストゥスが消防隊を組織（世界最古の消防隊といわれている）
AD64		イタリア（ローマ）	8日間延焼，14区のうち10区を焼失，**ネロの火災**として史上に有名
899		イギリス（ロンドン）	消灯令を制定，毎晩一定の時間に合図の鐘を鳴らして寝ることを命じ，その時に残り火の始末をさせた
1666	9.2～6	イギリス（ロンドン）	英国で最も著名な大火で，いわゆる**"偉大なる火事"**である．死者はわずかに6名に過ぎなかったが，その焼失住宅13,200棟，400街，焼失面積436エーカーに及び聖ポール寺院をはじめ，教会堂86，礼拝堂6，市役所，国立取引所，税関，多数の病院，図書館，組合事務所52，その他多くの公設建物を焼き，市門3，石橋4，刑務所，艦隊，家禽および並木道まで焼いた．この火災はプディング小路の木造家屋に発し，ロンドン塔から寺院の礼拝堂へ延焼し，また東北門からホルボーン橋まで延焼したもので，2日から6日まで5日間焼け続けた．本火災以後，木造厳禁の制が定められ，建物の外壁には木材を使用することを禁止した
1679		アメリカ（ボストン）	**アメリカ最初の常設消防設置**
1684		イギリス（ロンドン）	**火災保険会社**が設立された．各社私設消防隊を設け，もっぱら被保険財産の消火にあたった
1780	6.2	イギリス（ロンドン）	**ジョージゴルドン暴動**，監獄等を焼き，300名の囚人を開放，死傷者500人，夜間の放火36個所に及んだ
1812		ソ連（モスクワ）	市民が**ナポレオン軍**を追い払うため，市中に火を放った有名な大火で，前後5日間延焼し，全市の9/10が焼失した．焼失家屋30,800
1829		イギリス	イギリスで初めて蒸気ポンプが発明された
1842	5.4	ドイツ（ハンブルグ）	この火災は3日間にわたり，100時間延焼した．教会や公共建物等4,219と住宅2,000を焼失，全市民の1/5はその住家を失い，焼死者100人を出した．この火災の翌年，オペラハウスの火災を機会に，消防器具上水道を改革し，ドイツで最初の常設消防隊がベルリンに誕生した
1852		アメリカ（ボストン）	**電信火災警報器**が設置された
1871	10.8	アメリカ（シカゴ）	**シカゴ大火**，3日間延焼し，焼失建物17,430棟，焼死者300名，焼失面積860ヘクタール
1904	6.15	アメリカ（ニューヨーク）	**大木造蒸気客船**ゼネラルスローカム号，イースト河で炎上，死者1,000人
1906		イギリス（ロンドン）	消防隊，ガソリン自動車，はしご車を採用
1937	5.6	アメリカ（ニュージャージー州）	**飛行船**，"ヒンデンブルグ号"（全長803フィート）炎上，36人死亡
1971	12.25	韓国（ソウル）	**大然閣ホテル火災**，死者163名

西暦	月.日	国名（場所）	火災（事故）概要
1972	2.24	ブラジル（サンパウロ）	アンドラウスビル（31/1）3階出火，全館火の海，死者16人，屋上からヘリコプターで400人救出
1977	12.22	アメリカ（ルイジアナ州）	穀物倉庫（コンチネンタルグレイン社）の**サイロの粉塵爆発火災**，損害250億円
1985	5.11	イギリス（ブラッドフォード）	**サッカー競技場**の観客席の火災，死者54人
1986	4.26	ソ連（チェルノブイリ）	**チェルノブイリ原子力発電所**の原子炉事故，死者少なくとも26人
1987	11.18	イギリス（ロンドン）	**地下鉄キングスクロス駅の火災**，死者30人
1989	6.3	ソ連（ウファ近郊）	シベリア鉄道沿いの天然ガスパイプラインから漏れたガスに鉄道の火花が引火，爆発，死者少なくとも645人
1994	11.28	中国（遼寧省阜新市）	ダンスホールから出火，233人死亡，5人負傷
	12.8	中国（新僑ウィグル自治区カラマイ市）	映画館の火災，死者（児童ら）310人以上
1995	2.15	台湾（台中市）	レストラン火災，死者67人
	4.19	アメリカ（オクラホマシティー）	米連邦ビルが爆被され，死者168人死亡，米国史上，最悪の爆弾テロ
	4.28	韓国（大邱市）	地下鉄工事現場でガス爆発事故死者83人
	10.28	アゼルバイジャン（バグー）	地下鉄で走行中車両から出火，死者少なくとも289人
	11.22	インド（タブワリ）	学芸会中の火災，小中学生と父母約400人死亡
1996	3.19	フィリピン（マニラ首都圏ケソン市）	ディスコ出火150人死亡
	4〜5月	モンゴル	4月始めからの草原と森林火災の焼失面積は，北海道の広さ以上になっている．
1997	4.15	サウジアラビア（メッカ郊外）	巡礼者用テント火災で死者343名，負傷者1,290名，約7万人のテントが焼失
	6.13	インド（ニューデリー）	映画館で火災，約60名死亡
	7.11	タイ（パタヤ）	ロイヤル・リゾートホテル1階出火，70名死亡
	12.8	インドネシア（ジャカルタ）	インドネシア中央銀行24階出火，15名死亡
1998	3月	ブラジル（ロライマ州アマゾン川支流）	森林原野火災37,000 km^2（九州の面積に匹敵）焼失
	10.18	ナイジェリア	産油地帯で石油パイプライン炎上，住民500人以上死亡
	10.28	スウェーデン（イェーテボリ）	ダンスホール火災，10代若者63人死亡
	11.4	インドネシア	インドネシア環境影響調査局によると，前年夏から今年始めにかけての山林火災で352万ヘクタールを焼失し，2,000万人の呼吸器系に障害発生．
1999	11.6	インド（リニパット）	商店街で火災，49名死亡
2000	3.29	中国（河南省焦作市）	ビデオ映画館から出火，74名死亡
	7.10	ナイジェリア（アジェジ村）	石油パイプライン爆発，付近住民250人余死亡
	8.27	ロシア（モスクワ）	オスタンキノ・テレビ塔の地上460 m付近で火災発生，消防士ら4名死亡
	11.11	オーストラリア（キッツシュタインホルン山）	ケーブルカーがトンネル内で火災，155人死亡，上部駅でも3人死亡
	12.25	中国（洛陽市）	4階建商業ビル出火，4階のディスコを中心に少なくとも309人死亡
2001	5.21	チリ（イケキ）	刑務所で受刑者の暴動により出火，囚人26人死亡
	9.11	アメリカ（ニューヨーク）	**世界貿易センタービル飛行機テロ爆破火災**，死者，行方不明5,000人以上

文　　献

1) 日本火災学会編：火災便覧　新版，p.193，共立出版（1984）
2) 日本火災学会編：火災便覧　第3版，p.326，共立出版（1997）
3) 日本火災学会編：火災便覧　第3版，p.328，共立出版（1997）
4) 竹内吉平：火との斗い（江戸時代編），p.107，全国加除法令出版（1992）
5) 高橋　太：予防時報，122号，p.24-29（1980）
6) 火災から学ぶ（法令改正編），東京消防庁（1991）
7) 日本火災学会編：火災便覧　第3版，p.1535，共立出版（1997）
8) 日本火災学会編：火災便覧　第3版，p.297，共立出版（1997）
9) ファイア・インターナショナル誌1997年10/11月号，p.26～28
10) 日本火災学会編：火災便覧 第3版，p.1560，共立出版（1997）

3.2　火災の実態

3.2.1　火災の実態の概説

　火災は，火災原因となる"発火源（ignition source）"があり，その熱源等が何らかの"経過"を経て，燃焼物となる可燃物"着火物"に燃え移って，延焼拡大し火災となる．そして，火災となった炎が，襖・タンス等の立ち上がり材を経由して室内火災（区画内火災）へと拡がり，さらに上階等の区画外へと拡大し，さらに隣棟建物へと類焼していく．図3.3および図3.4は，建物火災の延焼中の状況である．建築物は，耐火建物であってもいったん火炎が襖やタンスに沿って立ち上がり室内火災にまで拡大すると容易に消火できなくなり，人的・物的な被害を大きくする．

図3.3　防火構造の作業所併用住宅の建物火災延焼状況
　　　　（スレート瓦が落下して上部に噴炎し，二階右から左へ拡大）

図 3.4 耐火造の共同住宅の建物火災延焼状況
（左を吸気側として右側に噴炎）

　建築物は，火災という現象と切り離すことができないものであり，火災に対する認識と対策が恒久的な意味での建物の安全性を担保するものであるともいえる．そこで，建築物と火災の関係を被害実態の視点から捉えると「出火危険性，延焼危険性，人命危険性」の3つ"負の要因"が基本的な対象となっていることに気づく．その危険性に対する対策には，建築物の構造や設備に関するハード面と建築物を管理運営するソフト面の両面の対策が必要不可欠となる．

　ハード面からの検討と建築された建築物がどのように利用されるのかを考察したうえでのソフト面からの検討から建築物の安全性が議論され，基礎地盤から建築後の維持管理にわたる長いスパンで建築物をとらえて設計する思想が一般化しつつある．その基本となる建物と火災との関係を「火災の実態」として学習しておくことはきわめて重要であり，建築物が安全性と快適性の"性能"を有する人の利用空間として位置づけられ，"内装，防火戸，避難階段，防火区画，消火・警報設備・避難動線・二方向避難"等の用語が実態を踏まえた言葉として理解されるものとなる．

　火災統計の例として，平成10年中の全国と東京消防庁の火災状況を表3.4に示した．この表3.4が火災の全般を表記している．火災は，火災損害程度の区分から次の種別に分けて集計される．

- **建物火災**は，建物又はその収容物が焼損した火災．
- **車両火災**は，車両及び被けん引車又はその積載物が焼損した火災．
- **船舶火災**は，船舶又はその積載物が焼損した火災．
- **航空機火災**は，航空機又はその積載物が焼損した火災．
- **林野火災**は，森林，原野又は牧野の樹木，雑草，飼料，敷料等が焼損した火災．
- **その他の火災**，前各号以外の物が焼損した火災．

　この6分類に区分する以外の火災種別は日本の公式な統計にはなく，産業火災，山林火災，化学火災，百貨店火災などの分類は正確には存在しない．

3.2 火災の実態

表 3.4 平成10年中の日本全国と東京消防庁管内の火災

		全　　国	東京消防庁管内
火災件数	建　物　火　災	32,519（件）	3,855（件）
	車　両　火　災	7,459	755
	船　舶　火　災	133	2
	航 空 機 火 災	3	1
	林　野　火　災	1,913	13
	そ の 他 の 火 災	12,487	1,929
	合　　　　　計	54,514	6,555
火災損害	建物の焼損棟数	43,782（棟）	4,903（棟）
	全　　　　　焼	9,711	308
	半　　　　　焼	3,470	262
	部　　分　　焼	14,358	1,186
	ぼ　　　　　や	16,243	3,147
	焼 損 床 面 積	1,553,153（m^2）	48,934（m^2）
	焼 損 表 面 積	159,613（m^2）	16,687（m^2）
	林 野 焼 損 面 積	80,820（a）	672（a）
	死　　　　　者	2,062（人）	143（人）
	負　　傷　　者	7,309	964
	り　災　人　員	80,745（人）	9,023（人）
	り　災　世　帯	29,558（世帯）	3,946（世帯）
	損害額（百万円）	146,049 円	11,422 円

　火災種別は燃えた物の対象と損害によって決定されている．建物火災では建築物内にある収容された物だけが焼損した火災や車両火災では車両本体に何の影響もなく積載されているダンボール箱のみが焼損した場合などもそれぞれ当該火災種別に分類される．

　表3.4中の全焼，半焼，部分焼，ぼやの区分は，建築物全体に対する割合に係わる分類で，マンションの一住戸内がすべて焼損しても，部分焼（建物全体の20％未満）として扱われる．また，火災による死者は，火災現場で火傷，転落等を受けて負傷し，48時間以内に亡くなった負傷者を「火災による死者」としている．

　ここで注意しなければならないことは火災統計上の火災とは"火事"があったかどうかではなく，火事の事実を消防機関が火災として認知し，公的な手続きをとることにより初めて"火災"として扱われることである．例えば，山間の河原で落雷等により廃屋が燃えてそのまま燃え尽きてしまえば，火災通報がなされない限り統計的には火災としては集計されない．

　しかし，地下街の通路でダンボール1箱が燃えると，通行人は避難等を含め消火行動や消防への通報をすることによって消防機関の認知するところとなり，"火災"として扱われる．

　焼損した物件やその時の関係者の思い入れとは異なり，焼損の事実が公的に取り扱われ，り災証明等を含め関係法令が発動された条件下にあって初めて消防機関が認知する"火災"が成立する．同時に火災は，社会的な事件性を有し，刑法上の放火・失火罪，行政上の労働安全や消防法違反等を形成

することにもなる．そのため消防機関は，消防法に基づき火災調査に関わる行政権限を有し，国内のすべての火災を調査し，細かい厳格な分類方法や報告書の作成を義務づけられている．

3.2.2 火災原因[†]

A. 火災原因の考え方

国内における火災原因の分類は，総務省消防庁が定めている火災報告取扱要領に基づき，「発火源，経過，着火物」の3要素により構成される仕組みとなっている．この統計法は火災の原因をシステムとして解析できるようにした手法である．例えば，石油ストーブの火災なら，ストーブの上に干した洗濯物が落下したのか，給油した際に灯油があふれて着火したのか，などいろいろなケースが考えられる．これを，3要素による表記方法だと，［石油ストーブ，可燃物落下，衣類］［石油ストーブ，着火物漏洩，第二石油類］として表記される．このように多様な火災原因の分類を3つの要素「発火源，経過，着火物」から分析する方法を国内では採用している（世界的には統一されていない）．

ここで，火災の原因としては，どの程度の種類があるかを見ると"発火源"としては，テレビなどの電気器具，ガス設備，タバコ，花火，雷など565種にも及び，"経過"は過熱，電気短絡，火遊びなど71種，"着火物"は布団，紙屑等178種の項目がある．発火源と経過が組み合わさって，火災原因を構成すると考えると約780組の原因が現在統計上存在する．組み合わせの数が［発火源×経過数］とならないのは，火災原因が発火源の性質により経過も拘束されるため800程度となる．その原因を火災の現象面，状態面，人の行為面に分類してみると図3.5となり，「人の行為」に関係する火災が60％を占めている．このように火災原因は「人」に絡む事象が主なものとなるだけに火災の発生を抑止するには人の行動パターンを捉えた対策が最も効果的となる．

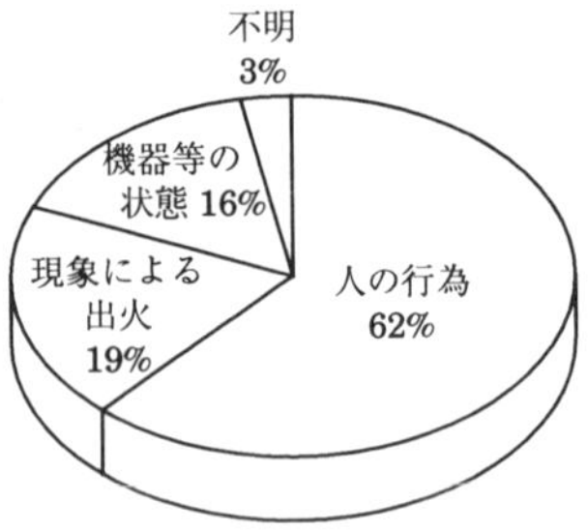

図 3.5 火災の要因分類割合

- 人の行為 62%
- 現象による出火 19%
- 機器等の状態 16%
- 不明 3%

B. 発火源から見た火災原因

火災の原因には，表3.5のような出火原因がある．"発火源"から捉えた主な火災原因の特性を述べる．

a. タバコ タバコは人の不注意に関係する火災として最も大きいウェイトを占め，その経過は「タバコが消えていないままゴミ箱等に捨てた」「布団等の上に先端の火種等が落ちた」などである．タバコは，中心部の温度が800℃前後，外周部で300℃前後の温度を持った"火種"と考えた方がよく，また，屋外では風により炎が出るときがあり，枯れ草等に直接に着火する．

表 3.5 主な出火原因別火災件数（平成10年 東京消防庁管内）

火災原因	件数	火災原因	件数
放火・放火の疑い	2,676	ろうそく	65
タバコ	922	溶接器	63
ガステーブル等	573	電柱の配電線等	50
火遊び	213	石油ストーブ	47
たき火	102	花火	37
ライター	80	大型ガスコンロ	37
電気ストーブ	79	ガスストーブ	32
電気コンロ	75	蛍光灯	22
延長コード類	70	その他	1,412
		総件数	6,555

[†] 本項における統計数字等はすべて東京消防庁管内のもの．

屋内では，他の可燃物と接触してくん焼（smoldering）の形態となって出火の経緯をたどる．出火箇所は表 3.6 のとおりで，屋外より屋内からの火災が多い傾向を示し，居室からの出火では"寝タバコ"の火災が 20% を占め，平成 10 年中の統計では火災による死者 7 名，負傷者 16 名が発生している．

表 3.6 タバコ火災の出火箇所

出火箇所		件数(%)	出火箇所		件数(%)
建物火災件数 (531 件)	居　　　室	287 (54)	屋外の火災件数 (379 件)	敷　地　内	69 (18)
	台　　　所	47 (9)		道　　　路	57 (15)
	店　舗　等	29 (5)		ごみ置場	54 (14)
	物　置　等	23 (4)		河　川　敷	48 (13)
	ベランダ	15 (3)		空　　　地	31 (8)
	そ　の　他	130 (25)		そ　の　他	120 (32)
総　　件　　数					910 件

b．たき火　たき火には，採暖を目的としたケースと廃材等の焼却を目的としたケースがあり，どちらも似た行為であるが，焼却を目的とした件数が多数を占める．しかし，ダイオキシン等の環境問題から全体として減少しつつある．たき火は，その経過が「付近の落葉等に接炎する」「火の粉が散る」「消火が不十分で再燃する」などである．このことから火災の発生には湿度と風速が影響し相関関係を有している．乾燥，強風の注意報や警報が発令されているときの火災発生率は高くなっている．行為者の特徴として 9 割以上が消火準備がない状態でたき火をして火災となっており，またそのうち半分がその場に人がいなかったケースである．

c．花　火　花火は火の粉状，打ち上げ，飛翔，回転などの種類に分けられる．小学生では線香花火等の火の粉状のもの，中・高学生では打ち上げや飛翔などの花火を用いて火災となっている．発生した月は必ずしも夏に限らず年間を通して発生しているが，6，7，8 月に全体の 70% が該当する．

d．電気設備機器類　電気設備機器類からの火災は，発火源と経過別の発生件数が表 3.7 のようになる．電気的要因（70%）と人的要因（30%）があり，電気ストーブなどでは熱源が可燃物と接触して火災となるような人的要因が多くを占め，テレビなどではフライバックトランスや基板から出火する電気的要因が多くなる．最近は全火災件数の 15% を電気火災が占めるようになっている．

e．ガス設備機器類　ガス設備機器類からの火災は，発火源と経過別の発生件数が表 3.8 のようになる．ガス設備機器も機器の据えつけ状態などの構造上の要因と人的要因があるが，火を使う器具であることから人的な要因が多くを占める．特に，ガステーブル等を発火源とし，経過が「放置・忘れる」となる"天ぷら油火災"はガス設備器具からの火災の過半を占めている．構造的な原因としては，ガス器具の周囲の壁体の遮熱構造が不適で，ガス器具を使用中に壁内の間柱が輻射熱により蓄熱して出火するケース（低温着火現象）などである．

f．石油設備機器類　石油設備機器類からの火災は機器や据えつけ状態などの構造上の要因と人的要因があり，全国で見ると北と南の地方では地域差が著しく異なり，また，年々減少傾向にある．最近では石油機器類に組み込まれている電気部品類から出火する電気的要因によるケースも見られる．火

表 3.7 電気火災の発火源と経過の件数（平成10年）

発火源＼火災の出火経過	電気的要因 接触部の過熱	電線が短絡する	トラッキング現象	半断線による	その他	人的要因 可燃物が接触する	誤ってスイッチが入る	放置・忘れる	その他	総件数
電熱器類	9	12	4	11	1	48	35	21	96	237
電気ストーブ	—	1	—	2	—	33	3	—	36	75
クッキングヒータ	—	—	1	—	—	—	29	10	9	49
その他	9	11	3	9	1	15	3	11	51	113
電気機器	16	39	18	12	57	19	1	2	52	216
テレビ	—	5	4	2	10	—	—	—	—	21
冷蔵庫	2	4	1	1	2	—	—	—	1	11
その他	14	30	13	9	45	19	1	2	51	184
配線・配線器具等	136	86	43	31	65	—	1	—	9	371
延長コード類	3	46	—	18	2	—	—	—	—	69
屋内線	4	11	—	2	3	—	—	—	—	20
コンセント	31	1	6	—	5	—	—	—	—	43
漏電遮断器	43	1	—	—	—	—	—	—	—	44
その他	55	27	37	11	55	—	1	—	9	195
電気装置	4	13	2	—	27	—	—	—	—	46
上記以外の電気関係	—	—	—	—	13	—	—	—	—	13
小　　計	165	150	67	54	163	67	37	23	157	883

表 3.8 ガス燃焼器具火災の発火源と経過

発火源＼火災の出火経過	器具的な要因 引火する	過熱する	伝導過熱する	防射熱で発火する	蓄積過熱する	その他	人的要因 放置・忘れる	接炎する	可燃物が接触する	可燃物が落下する	考え違いで使用誤	その他	総件数
厨房関係器具類	28	20	15	13	10	—	443	61	22	8	6	34	660
ガステーブル等	14	10	10	9	8	—	375	44	11	7	6	21	515
簡易型ガスコンロ	4	1	—	—	—	—	3	3	6	—	—	1	18
その他	10	9	5	4	2	—	65	14	5	1	—	12	127
工事関係類	—	—	1	—	—	6	—	7	1	—	—	4	19
切断機・溶接機	—	—	—	—	—	6	—	—	—	—	—	1	7
その他	—	—	1	—	—	—	—	7	1	—	—	3	12
その他	11	4	—	3	—	5	—	5	12	4	—	3	47
小　　計	39	24	16	16	10	11	443	73	35	12	6	41	726

災件数として多いのが"使用中給油"で，石油ストーブを点火・使用したままの状態で，灯油を給油またはカートリッジタンクの取り替えをしたため，この際に油をこぼしたりして燃焼筒にかかり燃え上がって火災となるケースである．

g. その他 その他にマッチ，ろうそく，雷，静電気などが原因となる火災がある．

C. 人の行為から見た火災原因

火災の原因を"経過"から捉えた主な火災原因の特性を述べる．

a. 放　火 放火火災は平成9年から全国統計で火災原因の第一位となった．政令指定都市では放火の中に"放火の疑い"の経過も含んだ統計処理をしているため，例えば，東京消防庁では昭和52年から放火（放火の疑いを含む）が火災原因のトップで，同様に放火の疑いの件数を放火の件数に足し上げると全国統計でも昭和58年から第一位となっている．しかし，原則的に全国統計では放火と放火の疑いは別集計となっているため，統計上では平成9年になってようやく第一になったような数字となる．なお，"放火"と"放火の疑い"の比率は，全国では放火100に対して放火の疑いが約80であるが，東京消防庁では100に対して3程度でしかない．このように地域により"放火の疑い"の統計処理の考え方に差が見られる．

放火火災の特徴は，他の犯罪と比較して，事前の準備や計画を必要としない犯行形態の単純さにあるとされている．そして，古来から，日本の住環境から凶悪犯罪とされ，犯罪を冒す者も地域に敵対するような気持や阻害された人間性が注目され，従来は農村型犯罪の類型とされていたが，現在では，人間関係の軋轢と反動から発生する都市型犯罪の類型と見られるようになっている．このため，景気の変化と放火火災件数の変化の相関も見られるなど都市型の傾向となっている．また，最近は同一地域内で短時間に連続して発生する放火火災が増えており，従来の燃え上がる火に興味を持つ愉快犯というより，行為自体に執着（固着）する病理的な側面が見られる．いずれにしろ，今後建築物の防火的な要素として，バックヤードのレイアウトや照明等を工夫した"放火"に対する対策を踏まえた建築設計の考えが必要とされている．

統計的な特徴

① 時　　間：19時〜翌朝5時までの夜間，特に23時から3時に多い．
② 場　　所：共同住宅では玄関，ホール等の共有部分，住宅では外壁，外周部，物置などの部分．
③ 着 火 物：建物では新聞紙，雑誌等の紙類，その他の火災ではゴミくず，ポスター等，車両ではバイクのボディカバーなどが放火の対象となっている．
④ 気　　象：年間降水量が少なく平均湿度が低い年に多い．

---

b. 火遊び 火災統計では，行為者が14歳未満の場合が火遊びとなり，放火と区別している．昭和50年（1975年）から平成9年（1998年）で比較すると半分以下（44％減）となっており，年々緩やかな減少傾向にある．主な発火源，出火箇所を見ると，発火源としてはライター（特にチャッカマンタイプのもの）を用い，建物内では居室内，建物外では敷地内と公園が多い．時間的には13時から18時に70％が発生し，年齢的には小学生低学年が多い．

c. **天ぷら油火災**　天ぷら油火災は，ガステーブルや電気クッキングヒータなどの熱源を用いて，天ぷら等を揚げようと思って鍋に油を入れ点火したまま放置したために油が加熱されて発火温度を超え出火するものである．建物火災の約10%を占め，また火災の発生件数の30%が"負傷者"を発生させている人的に危険な火災原因となっている．その場を離れていた理由では，約60%が調理前の油が温まるまでの間に「片づけや着替え，子供の世話」などをしているケースで，残りの約20%が「ガスを消し忘れて食事をしていた」，その他が揚げ物等の調理中に「電話や来客の対応」によるものである．

　天ぷら油火災は，ガスの炎が加熱した油に引火するのではなく，油が発火温度以上（約340℃以上）に熱せられて発火する出火機構であり，弱火にしておいても発火温度以上に過熱されると出火する．住宅以外では，飲食店，カラオケ店の調理場，学校給食室等の用途施設で多く発生している．これら施設の天ぷら油火災では，ダクト内に延焼して"ダクト火災"に発展するケースやさらにそのことから，多数の避難者が発生するケースとなりやすい．

　また，凝固剤による天ぷら油の廃棄処理中，油を再加熱中に忘れて火災となるケースがあり，天ぷら油火災全数の約10%を占めるに至っている．

―― 天ぷら油火災の特徴 ――
①行為者の年齢が児童から高齢者まで拡大し，男性の行為者が増加傾向にある．
②住宅では高カロリーバーナのガステーブルを使用して火災となるケースが増えつつある．
③初期消火時に負傷者の発生比率が高い火災で，負傷者の比率は年々増加傾向にある．
④凝固剤などの天ぷら油の廃棄処理に関連した火災が増加している．

d. **着衣着火の火災**　身につけている衣類等が何らかの火源により着火した火災をいう．例として，調理中のガステーブルの火，石油ストーブの火，仏壇の灯明，花火，焼却作業中の焼却火などが着衣に着火するケースである．着衣のほとんどは綿，レーヨン等の易燃性の素材である．平成10年では88件の火災に99名の死傷者があり，うち12名が死者で，その中で65歳以上の高齢者が9名（75%）占めている．この着衣着火では，ガステーブルが3口以上の多口バーナの使用時や高カロリーバーナで丸底のやかんを使用時に袖口や腹部に着火するケースが増加している．

3.2.3　火災の進展[†]

A. 火災の拡大

　火災の拡大を発見・消火・拡大と順を追ってみると，図3.6に示すようなプロセスをたどる．火災は周囲の関係者や建築物の消防設備等によって消火が可能となるが，どの時点でどのような活動によって，どのような経緯で鎮火するかは，それぞれ異なっている．その火災事例ごとに火災の拡大に対するプラス要因とマイナス要因が生じる．図3.6は，火災の発生→延焼→鎮火の火災推移の中でそれぞれの設備等の関連性を示したものであり，この全体図を頭の中に描きながら以下に説明する．

† 本項における統計数字等はすべて東京消防庁管内のもの．

3.2 火災の実態

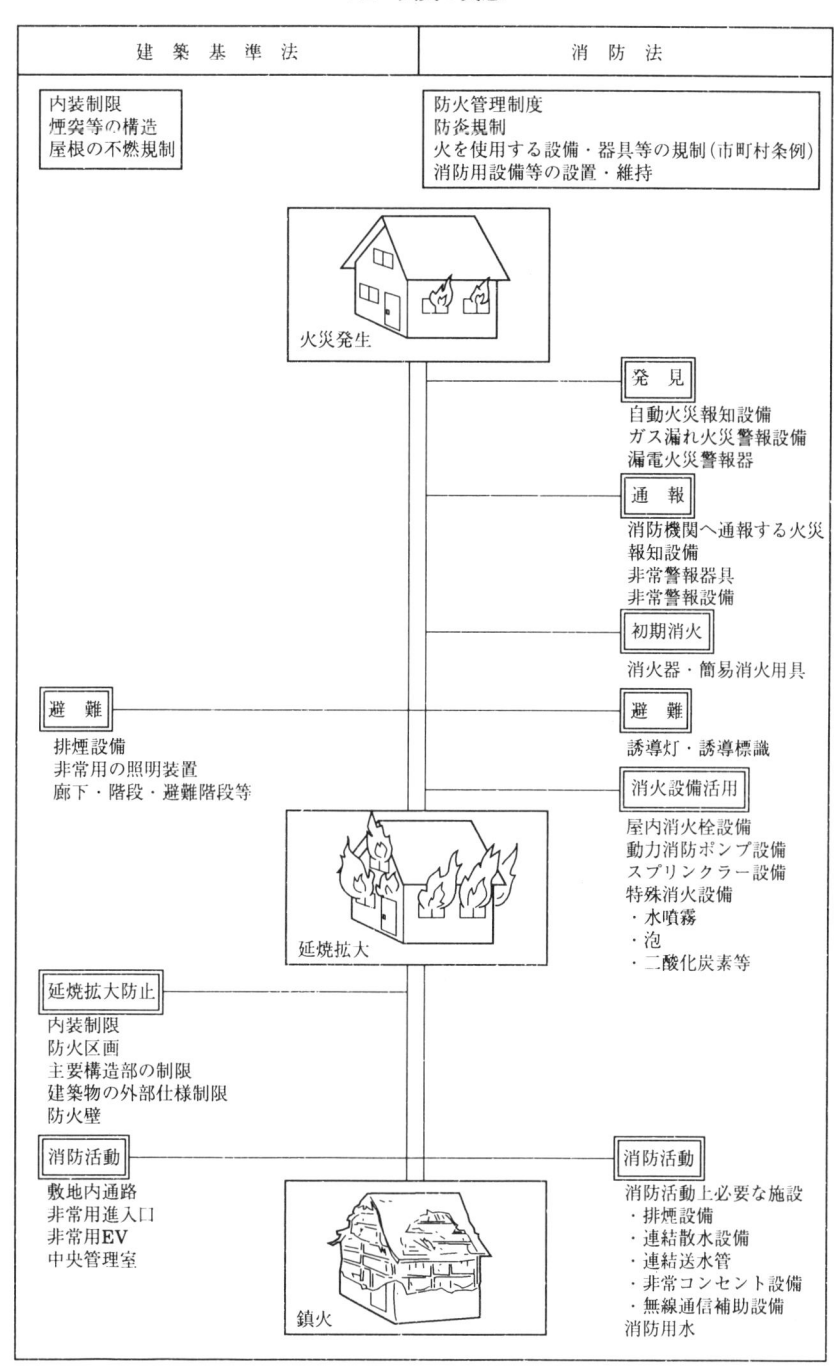

建築基準法	消防法
内装制限 煙突等の構造 屋根の不燃規制	防火管理制度 防炎規制 火を使用する設備・器具等の規制（市町村条例） 消防用設備等の設置・維持

火災発生

発見
　自動火災報知設備
　ガス漏れ火災警報設備
　漏電火災警報器

通報
　消防機関へ通報する火災
　報知設備
　非常警報器具
　非常警報設備

初期消火
　消火器・簡易消火用具

避難
　排煙設備
　非常用の照明装置
　廊下・階段・避難階段等

避難
　誘導灯・誘導標識

消火設備活用
　屋内消火栓設備
　動力消防ポンプ設備
　スプリンクラー設備
　特殊消火設備
　　・水噴霧
　　・泡
　　・二酸化炭素等

延焼拡大

延焼拡大防止
　内装制限
　防火区画
　主要構造部の制限
　建築物の外部仕様制限
　防火壁

消防活動
　敷地内通路
　非常用進入口
　非常用EV
　中央管理室

消防活動
　消防活動上必要な施設
　・排煙設備
　・連結散水設備
　・連結送水管
　・非常コンセント設備
　・無線通信補助設備
　消防用水

鎮火

図 3.6　火災の進展

B. 発見・通報・初期消火

　発見者や通報者は，行為者，居住者，勤務者，近隣者，通行人などであるが，その人ごとに火災に遭遇する条件が異なり，その後の行動も変わってくる．発見者としては，居住，勤務する関係者である応急消火義務者（消防法施行規則第46条）が全体の70%を占める．

発見者の約60％は，火災が「出火器具または着火物が燃えている」初期段階で火災に気づき，さらに「襖，壁等の二次的着火物に燃え広がっている」状態では約10％となる．通行人や近隣者が発見しているケースでは「出火室が延焼中」の状態が多くを占め，遅い発見となる．通報は，119番での通報と病院等からの自動通報，即時通報などによってなされる．119番通報も最近は携帯電話からの通報が30％近くを占めるに至っている．

初期消火は，火災全体の従事率が80％，成功率は従事したうちの70％が初期消火に成功している．成功率の最も低い火災種別は林野火災であり，建物火災では73％の成功率である．これを住宅の用途に限定してみると83％が初期消火に従事し，そのうち65％が消火に成功している．建物火災での消火方法は"消火器"の使用が最も多い．

C. 延焼拡大

a. 出火室の延焼拡大（立ち上がり） 実際の火災では，発火源と可燃物の組み合わせによる火災原因ごとに火炎が形成されてから立ち上がるまでの進展が大きく異なり，その後の消防設備の作動条件や人の避難行動も異なってくる．また，木造系の建物では，家具類や通気性など居室の利用形態によって，火災の形成そのものも変化し，一律に火災モデルを適用することに困難がある．

建物火災全体で「室内の家具類程度が燃えている」ときに消火しているのが15％で，「天井や小屋裏へ延焼拡大したもの」が21％ある．これらの延焼拡大した火災の3年間の統計を表3.9に出火室の延焼拡大経路別に示す．家具類からの火災の拡大が60％，内壁からが28％，襖，カーテンからが12％となっている．今後，内壁が難燃化の傾向にある中で，さらに家具類からの延焼拡大の比率が増えると考えられる．

日常生活用品の燃焼性状の一端として，図3.7はソファーの燃焼実験である．ソファーの前に置か

表 3.9 出火室の延焼拡大経路（平成10～12年）

合計（3年間の合計件数）		3,022（％）
家具調度品・商品材料等のみで鎮火		573（19）
タンス等家具調度品・商品材料から立ち上り	⇒天井へ延焼	834（28）
	⇒天井⇒小屋裏へ延焼	327（11）
	⇒小屋裏へ延焼	54（ 2）
カーテン，襖障子，から立ち上り	⇒天井へ延焼	256（ 8）
	⇒天井⇒小屋裏へ延焼	126（ 4）
	⇒小屋裏へ延焼	7 —
内壁から立ち上り	⇒天井へ延焼	578（19）
	⇒天井⇒小屋裏へ延焼	200（ 7）
	⇒小屋裏へ延焼	67（ 2）

注 3年間の延焼火災は11,709件発生している．

図 3.7 ソファーに着火して6分後の拡大状況

れたゴミ屑箱から出火してソファーに燃え移って，わずか6分で炎は2mに達し室内全体に濃煙が充満し，一見して室内火災の様相を呈する状況を表す．

2.5mの天井面で約670℃，床から1mの位置で約790℃が観測される．室内全体が火炎となるにはもう少し時間を要するが，一般的な感覚から消火困難な火災に拡大している．

また，電気冷蔵庫の下部から強制着火した実験では，一旦炎が小さくなるが炎が庫内の保温材の発泡ウレタン材に着火し拡大すると約12分後にドアが開いて炎が勢いよく噴出する．天井面の温度は640℃近くになり黒煙が充満して，激しく燃焼継続する．このように，居室内の様々な日常生活用品が延焼拡大時の立ち上がり材として作用することから，実際には"火災の進展は居室空間の利用形態に依存する"ことになる．

次に，建築基準法上の内壁の内装制限に着目すると，平成10年の統計では火災が発生した居室の延焼拡大した焼損面積が，"内装あり"では1件当たり18.6 m^2，"内装なし"では49.7 m^2と約3倍もの差がでており，内壁の材質が延焼拡大に大きな抑制要因となっていることがわかる．

b．他室への延焼拡大　他室へ拡大するときの延焼経路を建物構造別に見ると，木造建物では約30%が「隣室間の壁の燃え抜けによる拡大」であり，防火構造では約30%が「区画のない小屋裏部分からの拡大」，耐火建物では約40%が「開いている開口部を経由しての拡大」が最も多いケースとなっている．この構造別に見た"他室への延焼経路"が，その建物構造での人的・物的な被害拡大に及ぼす

図3.8　マンションの組み込みキッチンが内装規制されていないために延焼拡大した状況

図3.9　屋外のゴミが燃えて，板壁を経由して窓から屋内に延焼拡大した状況

最も脆弱な部分といえる．木造建物では隣室間の壁の構造，防火構造建物では小屋裏，耐火建物では開いている開口部，これらに対する対策が留意すべき事項となることが火災の統計から認められる．

c. 他階への延焼拡大　上階（他階）への延焼拡大について見ると，木造，防火構造の建物では階段，押し入れ，さらに二階の床と様々なケースがある．全焼火災のケースでは居室の押し入れが延焼経路となって小屋裏に拡がって建物の全体に拡大している例が多く見られる．耐火建物では，基本的に上階への延焼はしないはずであるが，年間30件近くの上・下階への延焼火災がある．平成10年では，延焼している部分（焼損箇所）を見ると，外壁の開口部（ベランダ等）16件，上階へ通じるダクト5件，避難階段以外の階段を経由して延焼4件，その他7件ある．外壁の開口部16件の内訳は，共同住宅の居室から出火して，上階のベランダ内の物件が燃えたもので，さらに，このベランダを経由して居室内にまで延焼した事例が1件ある．このことは，耐火建物の共同住宅では火災時に外部のベランダ等を経由して上階居室に延焼することを前提とした考え方が必要である．原因はベランダにゴミ箱，新聞，灯油入りポリタンク等が置かれ，これが延焼媒介となっていることによる．特に，灯油タンクは，上階ばかりでなく燃え拡がりながら排水口縦管を経由して複数の下階ベランダに急激な延焼拡大をさせた事例もある．建築法規からは防火区画としての"ベランダ"も共同住宅では，生活上"物置"としての性格をもった可燃物集積箇所として，火災の延焼拡大に対し防火区画としての意味をなさないことがある．火災への対応は構造・設備ばかりでなく利用形態における管理運営上の考察が必要となる．ベランダのない共同住宅の外壁では，上階の窓ガラスが破れたり，上階の窓が開けられていたりして居室内に延焼するケースや上階の冷暖房機の循環配管貫通部を経由して室内の屋内機に延焼するケースがある[2]．また，雑居ビルではエレベータを使用し，階段が物置となって，上階へ延焼する例がある．

d. 類焼　火元の建物が燃えて隣棟の他の建物へ類焼する火災は，平成10年の統計では建物火災3,885件のうち約10%に相当する338件発生している．20年前の同様の統計では300件前後であり，類焼件数は現在の方が10%近く増加している．これは，東京消防庁管内での建築物の隣棟間隔が次第に狭くなり，類焼率が高くなっているためと思われる．しかし，その多くは耐火建物や防火構造建物の外壁のみの焼損でとどまり，類焼建物の内部にまで延焼していく火災は減少している．

この中で，類焼した建物が木造や防火構造の建物では，外壁や窓等の開口部を経由して類焼している．窓と軒先が類焼箇所になりやすく，窓では技術基準上の防火性能を有していないケースや軒先では換気口を設けたためにその部分から類焼し建物の小屋裏へと延焼拡大するケースが見られる．

耐火建物に類焼している火災では，開口部が類焼箇所となっているのは，耐火建物への類焼58件のうち17件である．この事例を調べると，15件は開口部の外側が焼損しただけの被害であり，乙種防火戸（ガラス窓）が破損して内部居室に延焼したのは2件であった（図3.10, 3.11参照）

隣棟間隔が狭い場所では，建築物の窓等の開口部は，その建築物の立地環境に見合った防火的見地から防火性能を有するように施工されるべきである．一般的とみなされる木造等の建物で火災が発生し，隣接する耐火建物の内部居室にまで類焼したような事例では，その類焼箇所に関する防火的措置（性能）が通常予見される程度に配慮されていなかったことになる．設計・施工者は，現場の状況

図 3.10 左側木造建物から右側防火構造の建物外壁に類焼している状況　外壁15㎡が焼損.

図 3.11 木造建物（手前）の火災により隣接した耐火建物（奥）の窓（2F，3F）から内部居室へ類焼した火災現場

等を斟酌して建築すべき立場にあるといえる.

3.2.4 避難と人的被害[†]

A. 避難行動

出火から延焼拡大へと進むと，人の避難行動が発生する．平成10年中の建物火災3,885件のうち平屋の建物を除いた3,509件で，うち避難があったのは463件（13%）であった．住宅と共同住宅が70%を占め，最も多いが，これは火災件数自体も多く，延焼火災（ぼや火災以外の火災）になりやすいことによる．業態用途としては料理店，飲食店が避難した火災全体の10%を占めており，火災発生時に来客者が居合わせる時間帯が多いため，火災時の避難が行われている．また，平成10年だけでも小中学校の火災で9件の避難があり，うち7件の火災は生徒等100名以上が校庭に避難している.

建築物の階層別に，避難する人が"避難上の支障があった理由"を調べると，出火階では「災害弱者等が自力避難困難なために避難上の支障となった」，出火直上階では「廊下が煙や火災，熱で利用できなかった」ことが避難上の支障となっている.

次に火災事例から「避難」をした現況を見る.

【火災事例】

事務所ビル火災の避難時の情報伝達（1997，火災事例）

・耐火造 8/2　事務所ビル（1社占有），3階から出火し 300 m² 焼損.

在館者877名（図3.12はアンケートに回答した488人の避難行動調査結果）

出火時の在館者のうち，煙に巻かれて6階の7名が6階屋上（6F，7Fがセットバック）に避難し消防隊により屋内階段から避難誘導され，その他は2箇所の階段から自力避難した.

[†] 本項における統計数字等はすべて東京消防庁管内のもの.

火災覚知の契機は，「火・煙を見て」「非常放送を聞いて」「人の騒ぎで」の順による．
火災を知って行動を起こすのは「人（同僚）からの伝達」が42％を占め，この火災では同僚とのつながりが避難行動の動機となっている．

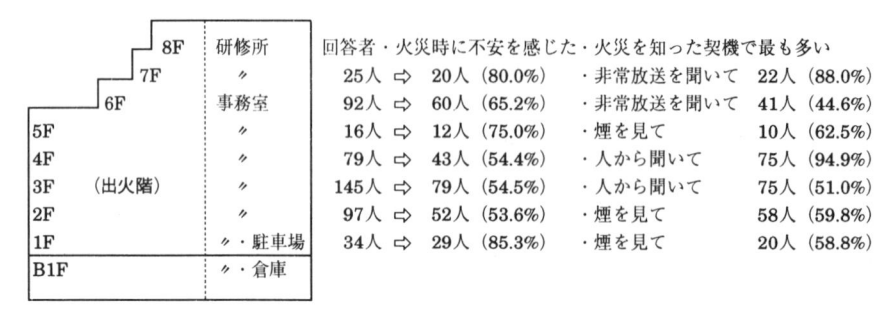

		回答者・火災時に不安を感じた・火災を知った契機で最も多い
8F	研修所	
7F	〃	25人 ⇒ 20人（80.0％）・非常放送を聞いて 22人（88.0％）
6F	事務室	92人 ⇒ 60人（65.2％）・非常放送を聞いて 41人（44.6％）
5F	〃	16人 ⇒ 12人（75.0％）・煙を見て 10人（62.5％）
4F	〃	79人 ⇒ 43人（54.4％）・人から聞いて 75人（94.9％）
3F（出火階）	〃	145人 ⇒ 79人（54.5％）・人から聞いて 75人（51.0％）
2F	〃	97人 ⇒ 52人（53.6％）・煙を見て 58人（59.8％）
1F	〃・駐車場	34人 ⇒ 29人（85.3％）・煙を見て 20人（58.8％）
B1F	〃・倉庫	

図 3.12 アンケートに回答した488人の避難行動調査結果（％）

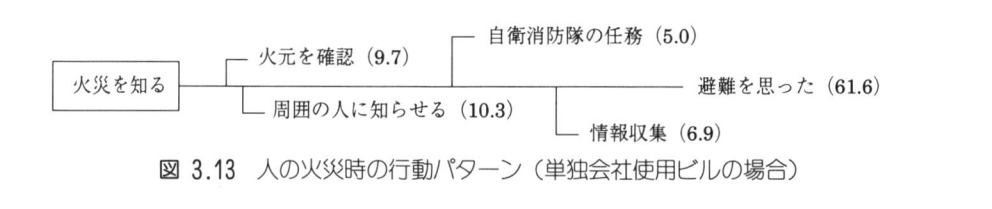

火災を知る
- 火元を確認（9.7）
- 周囲の人に知らせる（10.3）
- 自衛消防隊の任務（5.0）
- 避難を思った（61.6）
- 情報収集（6.9）

図 3.13 人の火災時の行動パターン（単独会社使用ビルの場合）

この火災事例では，自動火災報知設備（自火報）の地区鳴動ベルのスイッチは切られていた．このため，「出火階とその直上階」は煙や人の火事騒ぎを知って避難行動をとっており，それ以上の「6階以上の階」は非常放送による伝達で火災を知って避難行動に移っている．この事例は自火報のベルが停止されていたため，避難動機はいずれも火煙や非常放送などとなっている。一般的には自火報のベル鳴動音は火災認識の前段としての"警告的な役割"となっている．

避難時の心理としては，「何らかの不安を訴えた人」が約60％いるものの，「普段と変わらなかった人」も30％以上に達している．階別に見ると上の階に行くほど，不安を訴える人が増加しており情報の正確な伝達が必要となる．

なお，自火報の地区鳴動ベルは5階以上の建物では出火階とその直上階が鳴動するシステムとなっている場合が多くあり，これらの建物では非常放送による情報伝達が必要不可欠となる．

この火災事例は，自社ビルの単独使用であったため在館者が建物内の階段等をよく知っておりこのため被害も少なかったが，複合使用の雑居ビルでは各テナントの用途・形態によって在館者の行動はかなり異なったものとなる．特に「消火しようとするか」「周りの人に知らせようとするか」「初めから避難しようとするか」の基本的な行動パターンに差異が生じる．自社ビルの単独使用の場合は，避難は比較的統制のとれた"その場の状況に応じたグループ"的な行動で避難する例が多く，複合使用の雑居ビルでは来客者・勤務者とも任意のバラバラの行動となりやすく，このためホテル等の火災事例では従業員からの直接の指示がある場合や到着した消防隊や防災センターからの指示がないと避難

3.2 火災の実態

行動に移りにくい傾向がある．

B. 火災による死者

　火災による死者を，平成10年からの3年間の年平均統計として，年齢，居住形態，出火原因別に表3.10に示す．自損行為以外の死者のうち65歳以上の高齢者が50％を占め，また，この中で一人暮らしの高齢者が20％を占めている．火災による死者防止の対策として，高齢者の居住環境からのアプローチが課題となっている．

表3.10　火災による死者の年間発生現況（平成10～12年の3年間の年平均数値）

区分 （3年平均） 年齢区分	火災の発生件数	死者数	自損行為による死者数	自損行為以外の死者数	歩行 困難	歩行 左記以外	居住 一人暮らし	居住 左記以外	性別 男性	性別 女性	主な出火原因 タバコ	暖房器具	調理器具	電気配線類	その他
乳幼児 6歳未満		3	(0)	3	1	2	—	3	2	1	—	1	—		2
未成年，成人 6～64歳		71	(32)	39	3	36	19	20	27	12	16	2	2	1	18
前期高齢者 65～74歳		23	(5)	18	5	13	8	10	12	6	6	1	2	2	7
後期高齢者 75歳以上		34	(2)	32	11	21	11	21	17	15	8	5	3	2	14
不明		3	(1)	2	—	2	—	2	2	—	—	—	1		1
総件数	123	134	(40)	94	20	74	38	56	60	34	30	9	8	5	42

　火災による死者は，火災現場で火災により負傷等して48時間以内に死亡した場合である．死因別の割合（平成10年中）は，焼死（54％）・CO中毒死（26％）・火傷死（17％）・その他（3％）の順となる．死因の決定は東京都監察医務院の監察医または地域別の嘱託警察医の検案（司法解剖による場合は大学病院等）による．

　死因は，血液中の一酸化炭素・ヘモグロビン飽和度（「CO–Hb飽和度」）を目安として，おおむねCO–Hb飽和度60％以上である場合は死亡する前に煙を相当量吸っており「CO中毒死」と判断され，10％以下の場合は煙を吸入しないうちに火災の高熱作用による死亡「火傷死」したと判断され，その中間のCO–Hb濃度では，CO中毒と火傷の両方が死に影響してどちらとも決められないものとして「焼死」と区分している．一般的には，火災による死者をよく"焼死者"と呼ぶが，これは誤りで血液中のCO–Hb飽和度との関係を踏まえて分類されている一つの表現区分である．また，火災現場での死者の体表面観察結果（体表面の炭化度と面積等）から分類されることもあるが，CO中毒死と体表面炭化度には相関性はなく，体表面の炭化が多く強く見られても焼死や火傷死でなく「CO中毒死」のケースもあり，逆に体表面炭化があまり見られなくても火傷死のケースもある[3,4]．

　また，最近は，居室内火災時の低換気状態における有炎火災の最盛期にシアン化水素（HCN）が家具類等の燃焼により発生することが，東京消防庁の火災現場での燃焼生成ガス採取の結果[5]から報告

されているように，火災時に煙中に発生した HCN が関与して死亡したケースや火災による酸欠状態が初期に人体に影響して意識障害を発生しその状態で死亡するケースも推察されている．

このように，建物火災時の火災による死因には居住空間に影響されることが多いが，合わせて死者の個人状態（健康状態等）にも大きく左右される．"出火時にいた場所"と"死亡した場所"の避難距離の関係から，出火原因・健康状態・年齢等の要因を分析して"火災による死者の傾向"として捉えると次のようになる[3]．

①避難行動なし（43％）のグループ

78％が就寝中．高齢者の寝たきり・病気の比率が高く，その他の年齢層では飲酒して就寝中のケースが高い．乳幼児はいずれも家族の救出が遅れたことにより死亡している．

②避難行動が5m未満（31％）のグループ

88％の人が，病気により心身機能が低下している．火災に気づき若干の避難行動を起こしているが，ほぼ行動なしのグループと同様の傾向を示している．なお，飲酒している人は少ない．

③避難行動が5m以上あり，避難行動をとっている（23％）のグループ

火災発見時に比較的行動に余裕があったと考えられるグループであり，初期消火や家族の救出等の行動に手間取りあるいは深追いしすぎて避難時期を失している．

④行動不明（3％）のグループ

出火時に居た場所の特定ができないため，避難行動の把握ができないグループ．

このように，火災による死者の火災発生時と死亡時の行動を見ると，4：3：2：1の割合で避難距離0m：5m未満：5m以上：不明，の関係となる．火災による死者が発生すると「なぜ避難できなかったのか？」とよくいわれるが，70％近くの人は避難らしい避難（5m未満）をしないうちに煙等に巻かれて死亡していることがわかる．

さらに，火災による死者の中で出火前に飲酒していた者が44％もいることからアルコールとの関係をみると，血液中のアルコール濃度が高いと血液中 CO-Hb 飽和度が低くても死に至る関連性が図3.14から見られる．

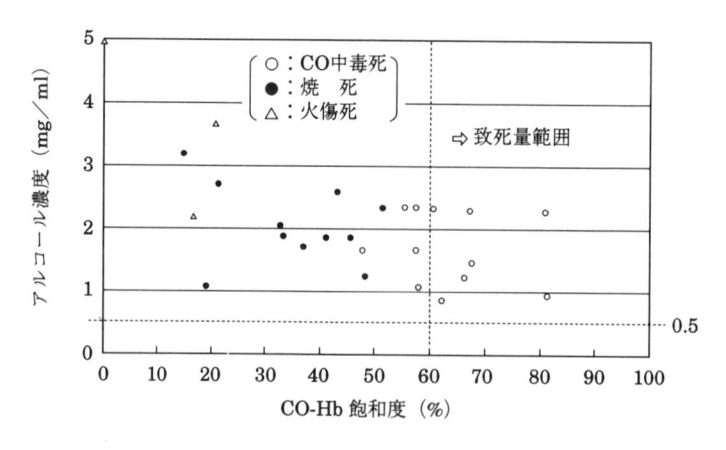

図 3.14 血液中のアルコール濃度と CO-Hb 飽和度の散布図（飲酒者26名）

また，火災の煙に複数の有毒ガスが人体に作用している関係を，一酸化炭素と青酸ガス（HCN ガス）についてみたのが，血液中 CO–Hb 飽和度と血中 HCN 濃度の散布図（図 3.15）となり，建物火災での複数の有毒ガスの影響が見られる．

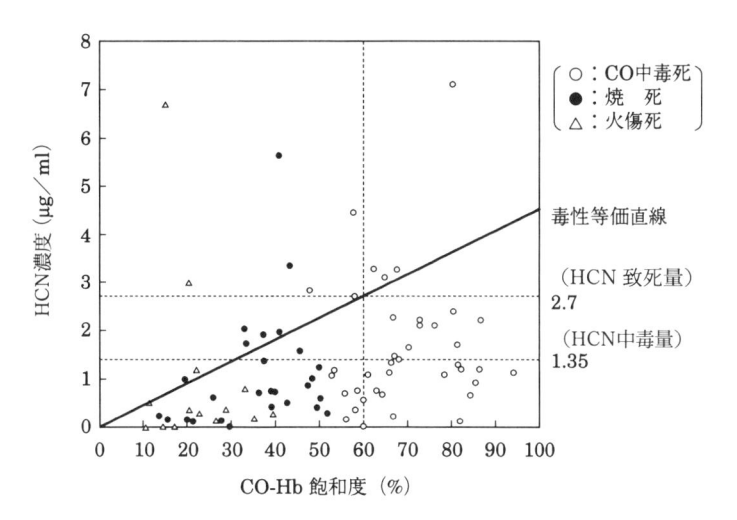

図 3.15 血液中の CO-Hb 飽和度と血中 HCN 濃度の関係の散布図（病院収容加療は除く）

C. 火災による負傷者

東京消防庁管内では年間 1,000 人近い負傷者が発生し，負傷者の受傷時の状態別区分を図 3.16 に示す．負傷者は，その 40% が火災を発見し消火中に負傷しており，初期消火の設備や消火訓練の必要性が大切なことがわかる．また，負傷者全体に占める高齢者の割合が高くなっている．負傷程度では重篤と重症になるケースが高いのは"就寝中"に発生した火災においてである．WHO（世界保健機構）の統計として，負傷後 30 日以内に死亡した場合の調査も消防機関では負傷者の入院先の病院と連携して実施し，平成 10 年では負傷者 964 人中 15 名（1.5%）が火災による負傷後 30 日以内に死亡している．火災による死者の受傷時から死亡までの生存時間は国によって異なっており，諸外国との火災の死者の統計的比較は注意を要する．

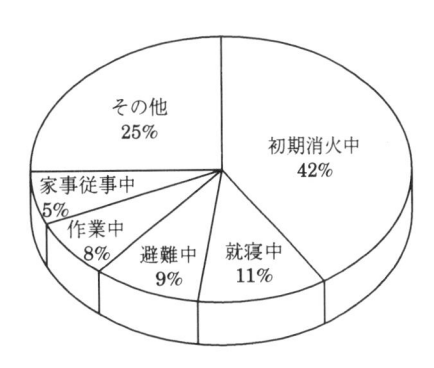

図 3.16 火災による負傷者の受傷時の状態別区分

3.2.5 防火管理と消防用設備

A. 火災と防火管理

建物火災の現況を見ると，住宅からの火災が 30%，共同住宅の火災が 40% を占め，政令用途関係の火災が 30%，その他空き家等となっている．共同住宅の中には，単独の共同住宅と複合用途内の共同住宅がある．

複合用途建物が全体の 30% を占めており，火災の態様は，従来のように「住宅火災とビル火災」と

いった2分された区分イメージと異なる"複合型の耐火建物での火災"と"単独の病院等用途の建物火災"，"戸建ての住宅火災"の3つの形態が共存する火災態様へと移りつつある．

　この中で消防法に定める防火管理者を選任して防火管理業務をしなければならない建物は，建物火災全体の約30%を占めるに至っている．次第に防火管理対象物からの火災の占める割合が増加している．ここで，防火管理状況と火災との関係を見ると，防火管理者の選任状況により出火時の初期消火成功率（消火成功件数／火災件数）が，「防火管理者の選任あり」で67%，「選任なし」で56%，「防火管理非該当対象」で52%となっており，防火管理者の選任の有無により初期消火対応に違いが見られる．これは，防火管理者による消防設備等の維持管理や消防訓練等のソフト面の効果によるものと思われ，15%もの差が生じている．

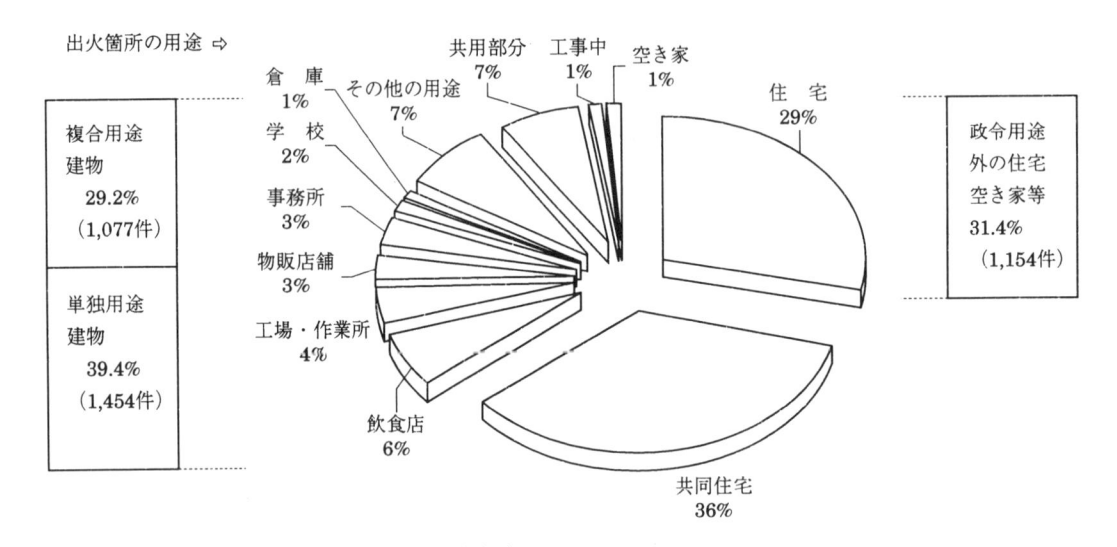

図 3.17 出火建物の用途別状況（3,685件）

　防火管理者の役割は消防法により，①消防用設備，施設等の点検と整備，②火気の使用，取扱の監督，③消防計画の作成とそれに基づく各種の訓練，などである．このため，火災発生時に，その被害の拡大防止・人命危険防止に防火管理の責務がどの程度果たされているかによって"刑事上の責任"が発生することもある．火災の未然防止，消防訓練等を通じた拡大防止，防火戸や自火報等消防設備の適正な維持管理などにおいて，火災の被害との因果関係の視点からその責務が問われる．これは，火災発生に対する予見可能性の認識や火災による人的・物的被害に対する結果回避義務の履行などである．特に，百貨店，旅館などの建築物では，不特定多数の一般人を火災から守るための厳しい注意義務が課せられている．表3.11と表3.12の統計結果に示すように出火箇所と火災原因は，施設の用途によりその傾向が既知の事項であり，防災上事前に対策が可能とも言えることから，防火管理者の出火防止対策上の注意義務としてこれらの知識は必要不可欠のものとなっている．

3.2 火災の実態

表 3.11 百貨店での出火原因と出火箇所（平成8～12年合計）

火災原因（5年間合計）＼出火箇所	店舗部分					バックヤード			総件数
	売場	便所	通路・階段	駐車場	その他	調理場	商品雑品置場	その他	
放火・放火の疑い	31	18	13	1	2	1	5	4	75
電気関係	9	—	1	—	2	2	1	6	21
タバコ	1	—	4	2	1	—	—	1	9
ガスフライヤー	—	—	—	—	—	3	—	—	3
照明器具	4	—	—	—	—	—	1	—	5
火遊び	—	—	1	—	—	—	—	—	1
その他	—	2	—	3	1	2	1	1	10
小　計	45	20	19	6	6	8	8	12	124

＊ 火災原因のその他には，七輪コンロ，ガスストーブ等．出火箇所のその他には，事務室，更衣室等．

表 3.12 旅館などの出火原因と出火箇所（平成8～12年の合計）

火災原因（5年間合計）＼出火箇所	客用部分						バックヤード					総件数
	宿泊室	玄関・廊下・階段室	車庫・屋内駐車場	便所	浴室・サウナ室	その他	調理場	物置・雑品置場	屋根裏・天井裏	リネン室	その他	
タバコ	26	1	—	1	—	2	—	1	—	1	—	32
放火・放火の疑い	8	8	3	2	1	1	1	2	2	—	—	28
電気類　照明機器	5	—	—	1	1	—	—	—	—	1	—	8
電気類　電気機器類	3	—	—	—	—	—	—	1	—	—	1	5
電気類　コード類	2	1	—	—	—	—	—	—	—	—	—	3
ガス類　ガスコンロ等	—	—	—	—	—	—	8	—	—	—	—	8
ガス類　石油ストーブ	—	—	—	—	—	—	—	—	—	—	1	1
裸火　ライター	2	—	—	—	1	—	—	—	—	—	—	3
裸火　マッチ・蠟燭	2	—	—	—	—	—	—	—	—	—	—	2
その他	—	—	1	—	—	—	1	—	—	—	1	3
小　計	48	10	4	4	2	4	10	3	3	2	3	93

＊ 電気機器類は，換気扇・あんか・ストーブ・溶接機・交換機で各1件，ガスコンロ等は，ガスコンロ・ガステーブル・ガス蒸し器

B. 火災と消防用設備

　建物火災に際し効果を発揮する消防用設備は，従来，建築物の付帯的な設備といった感覚で考えられていたが，現在では設計当初から建物全体像の中で捉えられている．それは，非常階段，非常用エレベータの位置に合わせ，また変電室，駐車場などの用途に応じて，消火・避難のシュミレーション

の中で捉えられ，防災センターで一元的に扱われるようになってきている．

a. 消火器 建物火災での消火方法は，消火器の使用が最も多く，確実な方法となっている．表3.13に示すようにどのような用途であっても，消火器の使用を必要とする火災が発生した際に，実際に消火器が使用されているのが約50%で，そのうち約60%で効果的に使用されている．初期段階での消火器の使用実態が火災抑制に最も寄与している．

表 3.13 消火器の用途別使用実態（平成10年）

	消火器の使用を必要とした火災	消火器を使用した 効果あり(%)	消火器を使用した 効果なし*(%)	消火器を使用しなかった**(%)
百貨店・旅館等の特定用途別建物	253（件）	98（件）(38.7)	31（件）(12.2)	124（件）(49.0)
事務所・工場等の非特定用途建物	796（件）	277（件）(34.8)	129（件）(16.2)	390（件）(49.0)
個別：工場・作業所	[81]	[24]	[17]	
個別：共同住宅	[551]	[187]	[91]	
合　　計	1,049	375 (35.7)	160 (15.3)	514 (49.0)

　* 効果なしの理由：延焼拡大していて効果なし，消火剤がかからない，天井まで燃えていた，急激な拡大をした．
　** 使用しない理由：使用しようと思わなかった，施錠等により近寄れず，濃煙充満，避難等を優先．

b. 屋内消火栓等 消火器以外の消火設備としての屋内消火栓，スプリンクラー設備等の使用実態は表3.14のとおりで，屋内消火栓の使用率は約30%程度でしかない．屋内消火栓は誰でもが使用できるものでなく自衛消防隊等の訓練を経験した人に限られるケースが多いため，使用率が低い．スプリンクラー設備は必要とされる火災にすべて適切に作動している．なお，スプリンクラー設備設置建物内での火災は，作動している火災件数の10倍近くあるが，いずれも，作動する前に初期消火された小規模火災であった．

表 3.14 屋内消火栓等消防用設備の使用実態（平成10～12年の3年間合計）

	設備の使用を必要とした火災(件)	消火設備を使用した 効果あり(%)	消火設備を使用した 効果なし(%)	使用しなかった
屋内消火栓	306	41(13.4)	56(18.3)	209(68.3)
スプリンクラー設備	38	37(97.4)	1(2.6)	(0)
泡・粉末・CO_2・ハロゲン化物消火設備	12	8(66.7)	4(33.3)	(0)
自動火災報知設備	1,539	1,376(89.4)	51(3.3)	112(7.3)

c. 自動火災報知設備 「早い発見，早い消火，早い通報」は火災対応の三原則といわれ，とりわけ早い発見に努めることが必要で，政令用途対象物以外の住宅であっても一般住宅用火災感知器の設置の普及が広がっている．このように政令用途対象物では，火災の覚知（発見し認識すること）に関わる

自火報の設置，維持管理は建築物の必須事項となっている．しかし火災感知器は火災時に伴って生じる熱や煙，炎などを捕らえる構造のため，火災以外の物理事象（例えば，タバコの煙が多量にある場合など）でも火災として働くことがある．これを一般的には非火災報という．非火災報を嫌って，自火報の地区ベル鳴動を停止したりすることは，法令違反であることはもちろん自火報の機能を停止することであり，人命安全上避けなければならないことである．自火報が作動した火災を見ると，この自火報の鳴動により火災の第一発見の契機となった火災が40%以上あり，その後の消火活動により，ぼや火災程度で消し止めたのがそのうち80%となっている．建物の火災時には約40%以上で第一発見の契機となり，その80%が効果的に初期消火がされている．このことは，自火報の設備が火災の拡大防止の点でいかに大きな効果を果たしているかを示すものである．

d．非常用放送設備　火災時の在館者等の避難行動は，自火報のベル音だけでは行為の動機付けに欠けるのが実態であり，このため避難指示，自衛消防隊への活動指示等は適切な放送（肉声）が必要となる．放送設備が使用されたのは33件あり，うち60%はこの放送伝達により在館者等が避難し，かついずれも適切な避難行動となっている．しかし，設備が設置されているにも関わらず使用すべき時に使用しなかったり，できなかった火災事例も見られる．これは，消防用設備全体に言えることで，緊急用に備えている設備としての習熟度が低く，実火災時に十分な活用がなされないケースが出てくる．このため防火管理者，防災センター要員，自衛消防隊員等に向けた訓練や教育が必要となる．

演習問題

3.1 「火災の実態」を踏まえた建築物の設計としては，どのようなことが考慮されるべきか？（建築材料や避難の視点だけからではなく，建築物の安全性全体を対象として考えよ）

文　献

1) 本文全体の統計は断りのない限り全て，東京消防庁監修「火災の実態（平成11年版）」東京防災指導協会を参考にしている．
2) 東京消防庁調査課：高層住宅団地の火災概要，火災，Vol. 42, No. 1（1992）
3) 高橋他：火災による死因の生理的検討結果，火災，Vol. 42, No. 3（1992）
4) 北村芳嗣：火災時に発生する煙・ガスが人体に与える影響，予防時報168（1992）
5) 東京消防庁消防科学研究所：火災現場における燃焼生成ガスの採取・分析について，消防科学研究所報（1989）

3.3　都市大火

3.3.1　都市大火の定義

1棟の建物が燃える火災は1棟火災，または単体火災と呼び，1棟火災が拡大して隣棟に燃え移る現象を延焼火災と呼ぶが，延焼の受害側から見たときに類焼という言葉が使われる．延焼火災は，複数棟火災，または集団火災といってよい．大きな集団火災になると**市街地火災**という言葉で呼ばれるが，明確な定義はない．道路で囲まれた市街地領域（街区）の大部分に被害が及ぶ火災には街区火災

という言葉が与えられることを考えれば，街区を超える規模の市街地火災を都市火災と表現したい．

大規模な都市火災が都市大火であり，都市大火と**市街地大火**はほぼ同義と考えてよい．一般に，消防力を上回る程度に発展拡大した火災を大火と呼んでいるが，一つの出火点から火災が拡大し，その焼損建物床面積が 33,000 m^2 以上になったものを，消防統計上，大火と呼んでいる．現行の消防統計が始まった昭和 20 年以前については，統一的定義はないが，便宜的に焼損戸数が 1000 戸以上を大火と扱っている場合もある．

消防統計上の大火の定義では，大規模な工場などの場合，1 棟火災でも大火に分類され，複数の火元から拡大した焼失領域の焼損床面積が大規模であっても個々の火元が及ぼした被害が 33,000 m^2 未満であれば大火にならない．

戦争や暴動によって爆撃，放火，またはプラントの爆発などの結果としていきなり大規模な都市火災が起きることもあり得るが，それ以外では，通常の火災が次々と拡大して都市火災に至るものと考えてよい．大火が起きる原因としては，上記の場合を別にすれば，1）建物がきわめて燃えやすい構造の場合，2）建物間の間隔が小さく，延焼しやすい配置関係になっている場合，3）消防力が低下している場合，が考えられる．管理体制が整った近代都市では大規模被害を避けるために，消防力があり，建築基準が整備されているから，都市大火が発生する頻度はきわめて少ないが，この 1）〜3）の条件が重なり，なおかつ，気候条件が乾燥していて風が強いと，都市大火発生の危険性が大きくなる．

3.3.2 強風大火とその対策

A. 強風下の火災拡大

火災による燃焼は強い上昇気流を起こし，無風時であっても周辺部からの空気を燃焼域に引き込むことになり，地上ではいわゆる**火事場風**が観測される．無風時の火災では，大部分の燃焼エネルギーは上空に運ばれ徐々に冷却されるから，原則的に周辺部に供給されるエネルギーは燃焼域から発散される放射熱が中心的存在であり，周辺の可燃物が十分に離れていれば火災拡大の危険性は低い．このような場合でも燃焼域から上空に巻き上げられた火の粉などの高温物体が落下してきて周辺建物に着火する場合もあり得るが，強風時に比べればその確率は低い．

風が少し強くなると，上昇気流の中心軸は風下方向に傾き，炎も風下に傾き，隣接建物の屋根や壁との距離が小さくなって放射延焼の可能性が増加し，火の粉などの高温落下物で火災が拡大していく危険性が増す．しかし，燃焼域が大きくなると上昇気流は燃焼域の中心部に合流する傾向があり，上昇気流が強まるから，多少風があっても主軸の傾きが大きくならない．強い上昇気流は，一般に渦を巻いて上昇し，これが巨大化すると，いわゆる**火災旋風**（fire whirl）と呼ばれるが，その定量的な定義は無く，発生の機構も明確ではない．

さらに風が強まり，強風下の火災では，燃焼域に対する空気の供給がよくなるから気流や炎の合流は少なくなるが，燃焼域からの高温物体は直接風下に吹き付けるような傾向が出てきて，風下領域の延焼危険性はきわめて高くなる．このような状況は Fire Storm と呼ばれることがある．この状況で

の火災拡大性状は必ずしも十分に解明されていないところがある．特に，火の粉などの高温物体の飛散性状についての防火工学的解析は研究途上の大きな課題である．

B. 江戸の大火

強風下の大火事例としては江戸の火災が著名である．江戸は17世紀中期にすでに100万人近くの人口を持つ世界最大の都市であったといわれるが，都市を構成する建築物は，武家屋敷，寺社，商家，町人長屋に至るまで木造家屋であり，消防対策にも限界があり，大火が頻発した．江戸期約280年間に発生した火災で，焼失地域の長さ15町（16 km）以上のものだけで約100件を数える．2〜3年に一度の割合で大火が発生しており，まさに「火災都市」と呼ぶべき状況であった[1]．

「振袖火事」とする有名な明暦3（1657）年の大火では江戸城天守閣を始めとする多くの建築物被害の他に，約10万人の人命損失があったといわれる．当然，江戸幕府は，火除け地，火除け堤，広小路などで大火の延焼防止に備えたり，消防組織の強化を図るなどの対策を実施している．しかし，稠密な都市が燃えやすい建築物で構成されていることには変わりがなく，その後も大火は頻発し，住民はこれに慣れることで対応するしかなかった．人命が助かれば財産の損失は諦めるという考えは徹底しており，「宵越しの銭は持たない」ことが美徳とされ，大火にまつわる裏話はきわめて多く，通称「八百屋お七の火事」のように芝居になって後世に伝えられているものもある．「火事と喧嘩は江戸の華」という言葉は庶民が災害を美化することによって生きぬいた社会であったことが想像される．

C. 明治以降の大火とその対策

このような状況は明治維新で政治体制が変わったからといって簡単に変わるものではない．図3.18を見ると明治期にいかに大火が頻発していたかがわかる．江戸末期から西洋の都市事情についての知識は数多く輸入されていたから，東京を不燃都市とすることは明治政府の重大関心事であったことは確かであった．明治5（1872）年の銀座の大火による被災地復興のために英国人技師ウオートルスを招聘し，銀座煉瓦街を造ったことは有名である．当時西洋から導入されたばかりの煉瓦造，石造はきわめて高価であり，東京駅など特別に重要な公共施設に用いられることはあったが，大部分の建築物は相変わらず木造で造られ，特に庶民の長屋はきわめて火災に弱い構造であったことが知られてい

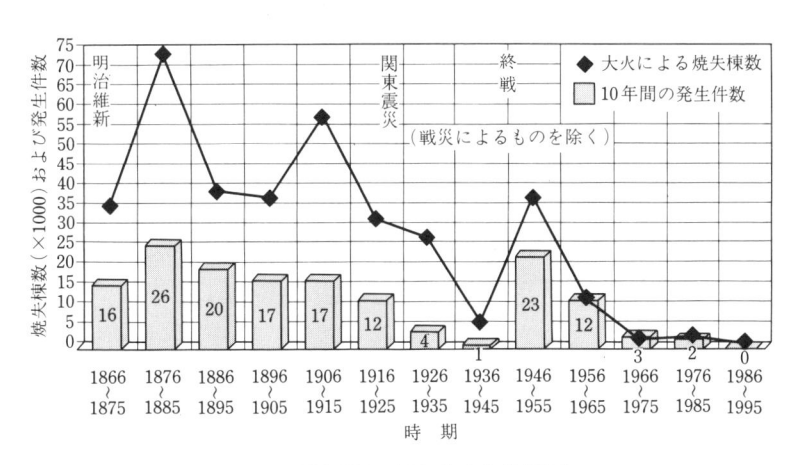

図 3.18 明治以降の都市大火発生状況

る[2]．

明治14（1881）年に発布された「防火線路並びに屋上制限」に関する太政官令は，その後の日本の防火対策に大きな影響を与えた．屋上制限は，現行の建築基準法22条に相当するもので，日本橋区，京橋区，神田区，麹町区，では一部の地域を除き，新築建物の屋根構造を瓦，石，金属等の不燃材とする要求を定めたもので，防火線路は，都市中心部の16の幹線街路を指定してこれに面する建築物を煉瓦造，石造，または土蔵造とする要求を定めたものである．この制度は，大正8（1919）年の都市計画法（旧法）ならびに市街地建築物法に引き継がれ，屋根不燃化地域の他に，甲種防火地区，乙種防火地区において耐火構造，準耐火構造を用いるべき建築基準が定められた．実際に指定された地域は丸の内や霞ヶ関，銀座，京橋，日本橋などすでに不燃化が進んでいる地区が面的な防火地区とし指定され，それ以外の地区では幹線沿道の路線型防火地区として指定されている．

このような都市計画的な対策は，都市大火撲滅の目標に対して即効性がある対策とはいえないが，警視庁消防隊が組織され，大正時代になってガソリンポンプ自動車と消火栓が整備されたことは大火の被害を減少させる上できわめて効果があった．

関東大地震火災で壊滅的な被害を受けた東京の復興にあたって，当然，不燃都市建設が考えられたが，財政的事情が許さず，再び木造都市として復興し，昭和20（1945）年の戦災火災で都市の大部分が灰燼に帰すことになる．

戦後の復興に際しても，国会決議までして不燃都市建設が目標とされたが，セメントや鉄は産業復興に回され，資金も資材もない庶民は，廃材などの利用でいわゆるバラック建築で復興せざるを得なかった．この時期，東京で大火が発生しなかったのは消防対策によるものと考えられるが，基本的には消防団に頼っている地方都市では，戦後の混乱で消防力が低下し，しかも劣悪な建築条件であったために，大火が頻発することになる．図3.18に示す戦後20年間（1946～1965）の大火件数は，主に日本海側の地方都市における大火のものである．中でも昭和27（1952）年の鳥取市の大火では7,240棟を焼失することとなったが，この火災による復興計画に当時法制化されたばかりの耐火建築促進法が適用され，幹線道路沿いの耐火建築物建設に公的助成が行われたことは具体的な都市不燃化施策として意義が大きい．この制度は，広大な都市域をすべて不燃化することの困難性を認識して，都市を耐火建築による**延焼遮断帯**（防火建築帯）で分断することで大火による被害低減を狙ったものと解釈され，鳥取市の他，多くの都市で大火後の復興，戦災復興の計画に組み入れられた[3]．

その後も防災建築街区造成事業，都市再開発事業などで，高度成長政策と組み合わせた都市不燃化施策が実施されるが，一方で都市への人口集中は大都市や中核都市の縁辺部に広大な木造住宅地域を形成することになり，都市不燃化が促進されたとはいえない状況であった．それでも図3.18に見られるように，昭和40年代（1966～1975）になると大火の数が激減し，すでに大火は撲滅されたと考えられていた．

このような状況で，昭和51年の山形県酒田市の大火が発生した．この火災は，木造の映画館火災が拡大したもので，図3.19に見るように，約11時間で約2.5 ha，1,774棟を焼失している．この火災は，平均風速17.4 m/sec，瞬間最大風速26.7 m/secに及ぶ強風下の火災であり，図の延焼等時線が

島状に描かれていることからわかるように飛び火が延焼拡大を加速した火災であった．図には13箇所の飛び火地点が記載されているが，実際はこれを大きく上回る未確認飛び火があったものと推察できる．一方，強風下の火災にもかかわらず，**延焼速度**が遅かった（約 90 m/hr）こともこの火災の特徴であった．関東大地震火災の調査で**延焼動態図**が作られて以来，その後の大火でこのような調査が行われ，延焼等時線の間隔から火災前線の進展速度として延焼速度が計測されており，川越による図 3.20 のように風速と延焼速度の関係が議論されているが，酒田市火災の延焼速度はこれをはるかに下回るものであった．この背景には，降雨のために飛び火着火が抑制されたこと，および防火木造（外壁と軒裏の延焼のおそれのある部分を防火構造とした木造）またはそれに近い不燃性の材料を多用した木造建物が多く混在していたことが考えられる．

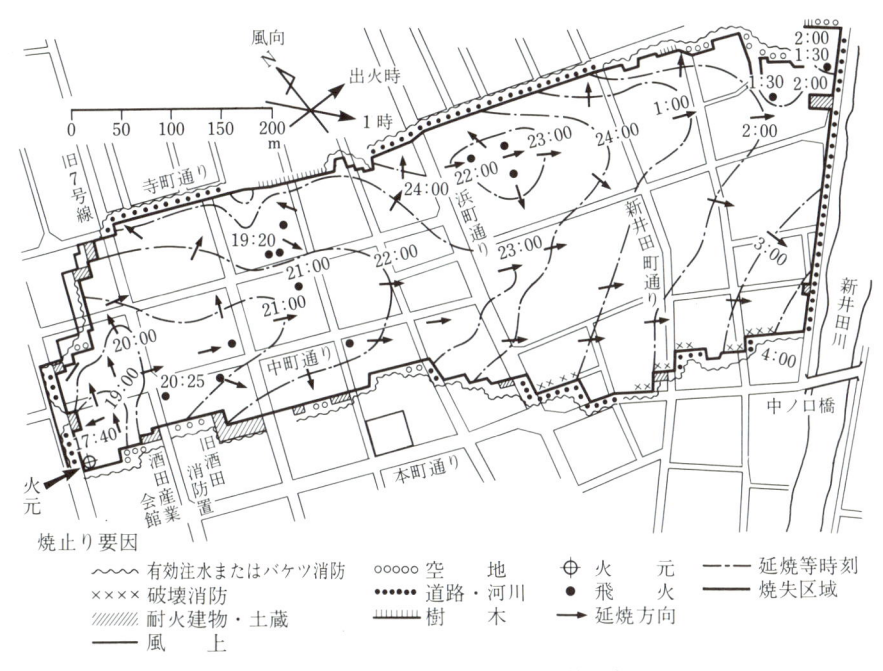

図 3.19 酒田市大火の延焼状況[4]

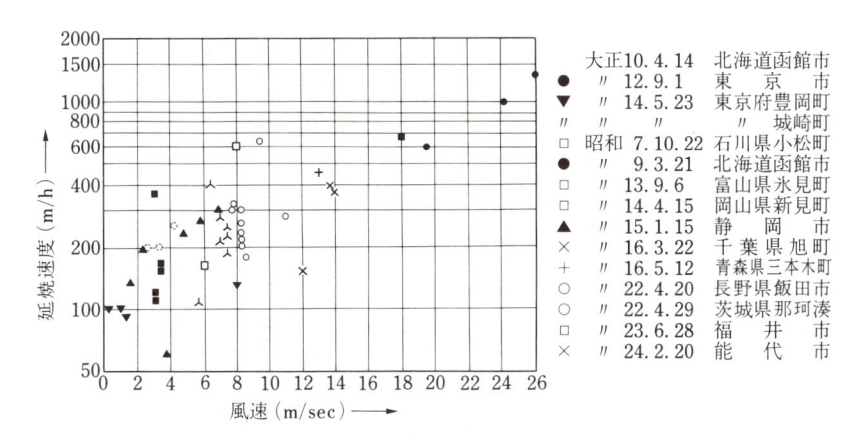

図 3.20 大火災時の木造密集市街地の風下への延焼速度と風速[5]

3.3.3 地震都市大火

A. 地震火災の発生

強い地震に見舞われると，使用中の火気器具の転倒など様々な理由で火災が発生する．大部分は地震の直後に発生するが，電気の通電による火災などでかなり時間が経過してから発生するものもある．地震が原因となって発生する火災はすべて**地震火災**とする立場からは，地震後の混乱期の放火や失火も地震火災と解釈されるが，地震との因果関係を明確にすることは困難である．発震から24時間以内に強震地域で発生する火災については，地震以外の原因で発生したことが明白でない限り地震火災と考え，強震地域以外では，地震との因果関係が明確なもののみを地震火災と定義するような社会的ルールが必要である．

図3.21は，明治以降の，10棟以上の焼損を招いた地震火災の発生状況であり，明治以降の125年間に18件が記録されているが，このうち都市火災に匹敵する被害（2,000棟以上）を記録しているものは9件である．この9件による焼失棟数の合計は482,471棟で，1件当たり平均53,600棟であるから，明治以降130年間の強風大火（図3.18による）が153件で約35万棟，1件当たり平均2,300棟と比べると，地震都市大火は，発生頻度は低いがきわめて大規模な被害になる危険性をもっているといえる．

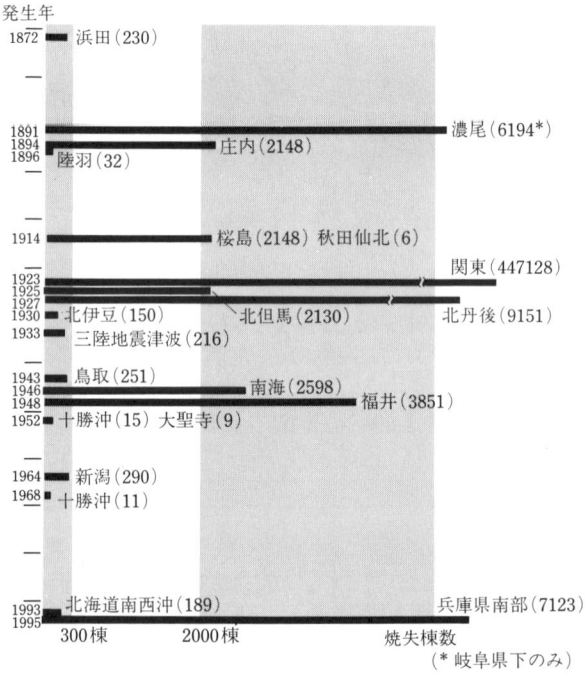

発生年	
1872	浜田(230)
1891	濃尾(6194*)
1894	庄内(2148)
1896	陸羽(32)
1914	桜島(2148) 秋田仙北(6)
1923	関東(447128)
1925	北但馬(2130)
1927	北丹後(9151)
1930	北伊豆(150)
1933	三陸地震津波(216)
1943	鳥取(251)
1946	南海(2598)
1948	福井(3851)
1952	十勝沖(15) 大聖寺(9)
1964	新潟(290)
1968	十勝沖(11)
1993	北海道南西沖(189)
1995	兵庫県南部(7123)

300棟　2000棟　焼失棟数
（*岐阜県下のみ）

図3.21 地震火災の焼失棟数

B. 関東大地震火災

前項の比較から見ても，関東大地震火災は，まさに未曾有の大災害であり，この災害で調査記録された結果が，最近まで地震都市火災対策の資料として活用されてきた[6]．阪神・淡路大震災が発生してからは，神戸市長田区の大火が参考にされる傾向があるが，被害量の差からも明らかなように，こ

の2つは全く異なる災害という印象がある．この差の背景には，市街地構造の違いもあるが，決定的な要因は火災時の風速の差異と考えられる．阪神・淡路大震災が発生した平成7年1月17日未明から24時間の風速は火災現場から少し離れた神戸海洋気象台の記録で，15時で6m/sec程度の値があるが，それ以外はおおむね2～4m/secの範囲に納まっている．したがって，延焼速度もきわめて遅く，関東大地震火災のような惨状を呈することはなかった．

これに対して，関東大地震火災では，きわめて延焼速度が速く，最初の12時間くらいで東京の大部分の領域が大火災の状況となった．中村による報告[7]では，9月1日午後6時～9月2日午前1時の時間帯における延焼速度の最大値として850～300m/hrが記録されている．この間の風速は麹町測候所の計測で13.1～21.8m/sec，品川測候所の記録で0.0～4.7m/secとなっている．両者の相違については，麹町の記録は火事場風の影響を受けたのではないかと述べているが，麹町方面が焼けた時刻は比較的遅く，確定的な判断はできない．測定点の標高差や地形条件の相違も影響してると考えられる．

中村は火災動態図を作成するに当たり，起災火元以外に240箇所の飛び火火点を確認し，これを火元として火災拡大状況をまとめているから，原則的には，上述の延焼速度は火災建物から隣接する建物へ次々と燃え移る速度（逐次燃焼型の延焼速度）であって，飛び火により延焼が促進される効果は含まれていないことになる．しかし，伝聞情報だけですべての飛び火が把握できるとは思えず，未確認の飛び火が存在したとすると，その部分はわずかな時間のうちに火災前線が大きく前進したのと同じ結果になり，きわめて大きな延焼速度が観測されることになる．中村が認めているように，飛び火の定義は不明確であり，火の粉などにより近傍家屋が延焼することは飛び火とは考えていないようなので，上述の850～300m/hrという延焼速度は未確認飛び火により見掛け上の延焼速度が促進された値という可能性もある．すなわち，単位時間当たりの延焼距離という意味の延焼速度は，どの程度正確に飛び火を把握するかによって異なることになる．風が強いときは，当然飛び火が多くなり，未

図 3.22 関東大地震火災による人的被害

確認飛び火の数も多くなるから，見掛け上の延焼速度は速くなる．昭和9年の函館大火で観測された1200 m/hrという高い延焼速度も，多くの未確認飛び火の効果が含まれた値と考えられる．

関東大地震火災は多くの人命損失を伴った災害であった．本所被服廠跡に避難した住民が火災旋風に見舞われたことが被害を大きくした原因とされているが，火災旋風の定量的な解析方法は今日まで開発されていない．長年にわたり都市火災研究のバイブルとされた震災予防調査会報告の編纂に当たった今村明恒は，悲惨な死体写真の掲載を差し止められたことの無念さを報告書で切々と語っている．筆者は，最近，このうちの一部と思われる写真を偶然入手し，防火工学を学ぶ者に伝達すべき使命を感じたので，あえて図3.22として掲載する．

3.3.4 地震都市火災の被害予測

地震被害の危険がある多くの自治体などで，都市計画，地域防災計画に反映させる目的で，被害想定，危険度予測などを実施している．これは**ワーストケースシナリオ**と呼ばれることがあるが，地震入力条件，気象条件などすべての条件について文字通り最悪の条件を想定すると，事実上これに対する被害低減対策ができない可能性もある．しかし，平均的な条件で被害を予測するのでは，実際は被害が想定を上回る確率が大きくなって被害想定の意味を持たなくなるので注意を要する．都市火災の被害予測では，地震火災発生時の風速が支配的条件と考えられるが，10 m/secを超える強風下の火災は，いわゆる Fire Storm の状況を考えることになり，現実的ではない．都市の気象統計データから累積再現確率が90～95%程度になる風速を想定しておけば十分であろう．以下に，出火，延焼，延焼遮断の予測法について解説する．

A. 出火予測

通常時の火災でも出火のメカニズムは多様で，かなり偶発的要因があるから，その予測方法は簡単ではない．通常時火災の場合は，火災統計の解析結果を利用することができるから，ある程度のデータ蓄積があれば概略の予測をすることは可能であるが，これに対して，地震都市火災の出火源は，通常時と状況が違うので火災統計のデータに頼ることができない．

河角は多くの地震について家屋の倒壊率と出火数のデータを集め，この間に大略一定の関係があることを発表しており，この方法が出火予測の方法として各所で使われてきた[8]．しかし，古いデータに基づく河角の予測方法が火気器具や家屋の内装などが変わった今日の地震にも同じように適用されることは疑問が残る．同様な方法として水野による予測法[9]，建築研究所による予測法が提案されており，河角や水野の方法の改良版として提案された建築研究所の方法[10]は，次の通りである．木造家屋倒壊率を x として夏季と冬季に分けて世帯当たりの出火率 y を次の式で予測し，春，秋は両式の平均を使うことが提案されている．

$$\left. \begin{array}{l} 夏：\log_{10} y = 0.728 \cdot \log_{10} x - 2.09 \\ 冬：\log_{10} y = 0.814 \cdot \log_{10} x - 2.82 \end{array} \right\} \quad (3.1)$$

建物が倒壊しなくても強い震動を受けたために火気器具の転倒などが発生し火災になることは十分考えられるから，木造の倒壊率は文字通りの意味ではなく，震動の大きさを示す代替指標と考えるべ

きであろう．建設年次が新しい木造建物が多い地区では，木造家屋倒壊率は低く予測され，出火率も低く算定されるが，出火の原因が震動の強さだと考えるとこの結果は補正を必要とする．新しい建物も古い年次の建物とみなしたときの倒壊率を求め，これを用いて出火率予測を行う方法も提案されている．

このような総合的な回帰式による予測では，火気器具に耐震消火装置をつけたり，ガスの自動遮断装置を設けるなど出火防止対策を行った結果が出火予測に反映されないので防災対策と結びつける上で望ましくない．そこで，東京消防庁ではEvent Treeによる予測法[11]を開発し，現在の地震被害想定などの出火予測はこの方法を用いている．この方法は，さまざまな火気器具等の出火源ごとにその出火事象を想定し，個々の事象ごとにその発生確率を求め，これを建物用途ごとにまとめ，地区ごとの建物用途構成比から出火率を算定する手法である．個々の火災事象の発生確率を高い精度で求めることは難しいので，最終的な予測精度が向上したとは言いがたいが，出火の因果関係が明示されたことに意義がある．

木造倒壊率との関係から出火数を求める場合の出火は延焼火災の火元となる火災の数と考えてよいが，Event Tree方式で求めた出火数では，家人による初期消火，延焼不拡大数（周辺に拡大せずに自然鎮火する数），地区住民・消防団，または公設消防による消火数を差し引いたものが延焼火元としての出火数となる．

B. 延焼拡大予測

火元の総数がわかっても，延焼予測を行うためには，火元の位置を具体的に特定する必要があるが，これは簡単ではない．実際の出火点の分布は，関東大地震の場合でも，阪神・淡路大地震の場合でも特定の地区に偏在する傾向がみられる．地区ごとの出火率に基づいて配分する方法もあるが，そもそも出火率という概念はかなり多くの家屋数または世帯数を想定して成り立つ概念であるから，出火率算定の地区を小さく分けることには限界があり，地区内での出火点の配分が問題になる．したがって，出火位置の想定には何らかの仮定を設けることが必要になるが，予測の誤差は免れない．これを補うために，地震が発生して出火点情報を受信してから延焼拡大予測を行うリアルタイム延焼予測の方法も提案されている[12]．

延焼拡大予測のためのシミュレーション手法は各種の提案があるが，その基本は市街地における火災の延焼速度を表現するモデルである．最も古典的なものとして浜田の延焼速度式[13]がある．浜田は，火災実験に基づき，建物内の火災拡大時間，隣棟への着火時間を予測する式を作成し，さらに風速によってこれが加速される効果を組み入れた予測式と考えられるが，式の導出過程を詳細に説明する資料が残されていない．

浜田の式またはそれを改良した堀内の式[14]では，市街地の建ぺい率，建築面積ベースの建物構造比（木造，防火木造，耐火造の構成比）および風向・風速が与えられれば風下，風側，風上方向への延焼速度が計算できるから，これを利用してコンピュータシミュレーションを行うことは可能である．建築研究所で行った総合技術開発プロジェクトでは，浜田の延焼速度式に基づくシミュレーションを繰り返し，この結果を回帰分析して，下記の簡便式を提案している[10]．

$$\left.\begin{array}{l} V = 2.385 - 4.729F + 0.2022U \\ F = R_0 + (1-R_0)c' \end{array}\right\} \quad (3.2)$$

V：風下方向への延焼速度（m/min）
F：不燃領域率（－）
R_0：空地率（－）
c'：建築面積ベースの耐火率（－）
U：風速（m/sec）

浜田の式とは別にあらたに開発された延焼速度式として，東京消防庁および糸井川による方法[15,16]がある．これは，出火から1時間までは，通常時の火災拡大の動向を解析して延焼速度を予測し，1時間以降については，飛び火によって延焼が加速される効果を組み入れた提案である．

コンピュータの速度，容量に限界があった時代には，建ぺい率等の市街地属性データから延焼拡大を予測するシミュレーションを行わざるを得なかったのであるが，最近は個々の建物属性を与えて，隣接する建物が着火するまでの時間を求めて延焼拡大を予測するシミュレーションも可能になってきている．ただし，市街地を構成するすべての建物について間取りや構造的特徴，開口部の位置などの細かいデータを用意することは不可能であるから，何らかの簡略化が要求される．また，隣接する建物への延焼を火災工学的に妥当な予測ができても，有風時の早い延焼拡大を表現することはできない．このためには，火災域から風下へ運ばれる火の粉等による飛び火の挙動を正しく表現することが必要で，この分野の研究開発が待たれる．

C. 延焼遮断予測

図3.23は，建築研究所による総合技術開発プロジェクトで開発された延焼遮断判定のシステムである．この手法は，火災が延焼遮断帯直前まで拡大してきた時点の同時延焼領域の前面長Bと奥行きDがシミュレーション等により想定されたとき，延焼遮断帯背面の受熱面温度T_0を予測してこれが着火限界（200℃）を超えるかどうかを予測するシステムである．図3.23に示すように，この算定法は，次の手順で行う．

1) 遮断帯直前の木造市街地について不燃化の程度から市街地係数ϕを定め，これに基づいて炎が合流して一体的に燃える領域の奥行き（同時炎上奥行き）D_0を計算する．ただし，$D_0 = \min(D, 50, 1179\phi^3 + 10)$とする．
2) この値と遮断帯に直行する方向への風速成分Vから炎の高さHと，傾きθ_0を計算し，風下側の炎面と受熱側壁面の形態係数fから放射受熱量Rを求める．
3) 同時延焼領域の大きさ$B \times D$と風速Vから遮断帯背面が受ける対流加熱による風下気流温度T（火の粉の影響を含む）を予測し，前段の計算結果と合わせて受熱面温度T_0を予測する．

図の算定は延焼遮断帯が耐火建築物などの立体的構成を持つ場合を想定して描かれているため，計算が複雑であるが，平担な空地の場合には，$X' = X_1$，$R = 0.5E \cdot f(X_1)$とおいて計算できる．

この予測法で注意すべきことは，設計法として開発された手法であるため，算定結果がやや過大な予測結果（安全側の予測）になっていることであり，平均的な予測に用いるのであれば，若干着火温

3.3 都市大火

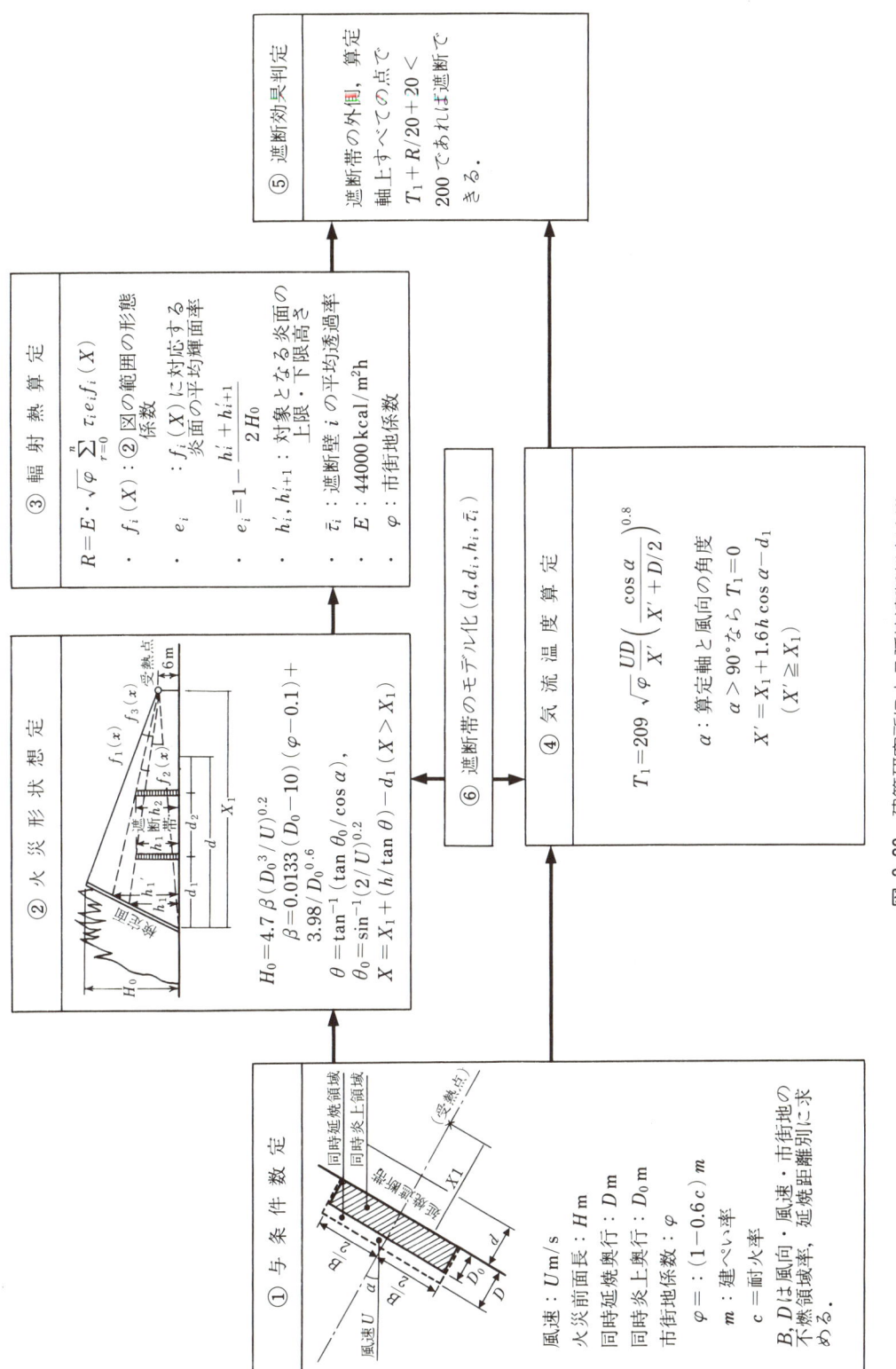

① 与条件数定

風速：U m/s
火災前面長：H m
同時延焼奥行：D m
同時炎上奥行：D_0 m
市街地係数：φ
$\varphi = (1-0.6c)\,m$
m：建ぺい率
c：耐火率

B, D は風向・風速・市街地の不燃領域率、延焼距離別に求める。

② 火災形状想定

$H_0 = 4.7\beta(D_0^3/U)^{0.2}$
$\beta = 0.0133(D_0-10)(\varphi-0.1) + 3.98/D_0^{0.6}$
$\theta = \tan^{-1}(\tan\theta_0/\cos\alpha)$,
$\theta_0 = \sin^{-1}(2/U)^{0.2}$
$X = X_1 + (h/\tan\theta) - d_1 \quad (X > X_1)$

③ 輻射熱算定

$R = E\sqrt{\varphi}\sum_{r=0}^{n}\tau_i e_i f_i(X)$

・$f_i(X)$：②図の範囲の形態係数
・e_i：$f_i(X)$ に対応する炎面の平均輝面率
  $e_i = 1 - \dfrac{h'_i + h'_{i+1}}{2H_0}$
・h'_i, h'_{i+1}：対象となる炎面の上限・下限高さ
・τ_i：遮断壁 i の平均透過率
・E：44000 kcal/m²h
・φ：市街地係数

④ 気流温度算定

$T_1 = 209\sqrt{\varphi}\,UD\left(\dfrac{\cos\alpha}{X'+D/2}\right)^{0.8}$

α：算定軸と風向の角度
$\alpha > 90°$ なら $T_1 = 0$
$X' = X_1 + 1.6h\cos\alpha - d_1$
$(X' \geq X_1)$

⑥ 遮断帯のモデル化 $(d, d_i, h_i, \bar{\tau}_i)$

⑤ 遮断効果判定

遮断帯の外周、算定軸上すべての点で $T_1 + R/20 + 20 < 200$ であれば遮断できる。

図 3.23 建築研究所による延焼遮断判定法[10]

度を高めに設定する必要があろう．さらに，遮断帯背面への飛び火は，住民消火その他により鎮圧されると仮定しているので，きわめて飛び火の危険性が高い強風時に対しては判定の信頼度が低くなる．

演習問題

3.2 市街地火災，街区火災，都市火災，都市大火の相違を説明せよ．

3.3 無風時と有風時の都市火災拡大現象の相違について述べよ．

3.4 江戸の大火と町民の暮らし方の関係を述べよ．

3.5 明治以降，不燃都市建設を目指しながら実現していない背景を考察せよ．

3.6 酒田市大火の延焼動態図で，延焼等時線間隔が最も広いところを計測し，1時間当たりの延焼速度を推定せよ．また，確認されている飛び火が未確認と仮定したとき，延焼動態図の変化を想定して，その場合の1時間当たりの延焼速度を推定せよ．

3.7 阪神・淡路大震災の火災と関東大地震火災の最も大きな相違は何か．

3.8 建築研究所の出火率算定式を用いて，木造家屋倒壊率が20％および50％の地区について春季の出火率を推定せよ．

3.9 建築研究所の延焼速度算定式を用いて，空地率0.1，耐火率0.2の地区で風速2m/secおよび8m/secに対応する毎時の延焼速度を推定せよ．

3.10 建築研究所の延焼遮断帯設計法を用いて，幅員50mの平坦な道路が延焼遮断帯として有効かどうかを検証する．延焼遮断帯直前の火災領域の幅200m，奥行き80mとし，市街地係数は0.4とする．風速は4.0m/secおよび8.0m/secの2通り（風向はいずれも遮断帯に直交方向）について算定する．なお，傾いた加熱面から鉛直受熱面に対する形態係数の算定は火災便覧（共立出版，1997）等の文献を参照すること．

文 献

1) 吉原健一郎：江戸災害年表，西山松之助「江戸町人の研究第5巻」，吉川弘文館（1978）
2) 小木新三：江戸東京の庶民生活研究，NHK出版
3) 日本火災学会：防火建築帯特集，火災（1954）
4) 自治省消防庁消防研究所：酒田大火の延焼状況等に関する調査報告書（1977）
5) 川越邦雄：建築防火論，建築学大系21巻，p.385，彰国社（1978）
6) 震災予防調査会報書第百号戊，岩波書店（1925）
7) 中村清二：大地震による東京火災報告，文献6）
8) 東京都総務局行政部：東京都の大震火災被害の検討（1968）
9) 水野弘之他：地震時の出火件数の予測に関する研究，日本建築学会論文報告集250号（1976）
10) 建設省：総合技術開発プロジェクト都市防火対策手法の開発報告書（1982）
11) 東京消防庁：地震時における地域別の総合出火危険予測と対策（1987）
12) 建設省建築研究所：地震火災時のリアルタイム情報処理システムの開発，建築研究報告 No.120（1989）
13) 浜田 稔：火災の延焼速度について，火災の研究第I巻，相模書房（1951）
14) 堀内三郎：建築防火，朝倉書店（1972）
15) 東京消防庁：地震時における市街地大火の延焼性状の解明と対策（1985）
16) 糸井川栄一：市街地における出火・延焼危険評価手法に関する基礎的研究，東京工業大学学位論文（1990）

4章 燃焼と火炎性状

4.1 燃焼現象の概要

燃焼現象（combustion phenomenon），すなわち，ものが燃える現象は，強い発熱を伴う化学反応が高速で起きる現象であり，多くの場合発光を伴う．このときの化学反応を一般に**燃焼反応**という．化学反応は温度が高いほど促進される性質を持っており，燃焼反応では，強い発熱作用が生み出す高い温度と大きな反応速度が表裏の関係にある．木材などの固体の可燃性物質（可燃物，combustible materials）が燃えるときには，これらの可燃物が直接に，あるいはそれらから発生した可燃性気体が空気中の酸素で酸化される燃焼反応が起きる．

火（fire）という言葉は燃焼現象の起きているところをさす．気相で燃焼反応が進むときに現れる炎（flame），炎を伴わないで燃える炭やタバコにおける赤熱部分（glowing zone）などがこれにあたる．しばしば本来とややずれた意味であるいは比喩的に用いられ，火災関係では，火災とされる状態になることをさして「火が出る（出火する）」という表現がよく使われる．

燃焼現象は，着火に始まって，ある時間継続し，自然にまたは強制的な手段によって鎮火に至って終焉する．一般的な可燃物の燃焼が始まるのには，可燃物（酸化されるもの），酸化剤（一般には空気，狭い意味では空気中の酸素などの酸化作用を起こす化学種そのもの，oxidizer）とともに着火源（発火源，ignition source）が必要で，これらはいわゆる燃焼の3要素と呼ばれている．着火源は，燃焼反応を始めるのに十分なエネルギーを与える働きをするもので，炎や高温物体，電気火花などがある．

4.1.1 燃焼の分類

燃焼現象の一般的な性質を理解するために，まず燃焼現象を物理的な条件の違いからいくつかの方法で分類して示す[1]．

（1）燃焼で反応する物質の組み合わせによる分類

・可燃物と酸化剤（空気）による燃焼，・分解燃焼，・複合燃焼

分解燃焼は物質が比較的大きな発熱を伴って分解するときに起き，このときの分解燃焼生成物が雰囲気との間でさらに強い反応を起こすと複合燃焼となる．

（2）燃焼反応が起こる相による分類

・固相燃焼，　・液相燃焼，　・気相燃焼，
・固液界面燃焼，・液気界面燃焼，・気固界面燃焼

この分類法では，燃焼反応が起きる場所における反応物質の状態（相，phase）で分けている．気相燃焼は炎による場合であり，もとの可燃物が固体または液体のときの炎を伴う燃え方は有炎燃焼（flaming combustion) とも呼ばれる．気固界面燃焼は，普通，表面燃焼と呼ばれ，炭の燃焼や燻焼（くん焼，スモルダリング，smoldering combustion）が該当する．

（3） 燃える前の可燃物（あるいは分解燃焼性物質）の初期状態による分類

・気体の燃焼，・液体の燃焼，・固体の燃焼

酸化剤が空気のときを対象に，可燃物の初期状態が気体のときを**均一燃焼**（homogeneous combustion），それ以外を**不均一燃焼**（heterogenous combustion）として区別することもある．

（4） 可燃物と酸化剤の混合の仕方による分類

・予混合燃焼，・拡散燃焼

予混合燃焼は，あらかじめ可燃物と酸化剤が混合し可燃性混合物（混合気）が形成されている状態で燃焼する場合をいう．これに対し，それらが燃焼反応の反応帯に向かって互いに反対側から拡散しながら供給される形で燃える場合を拡散燃焼という．燃焼反応が炎によるときは，それぞれ**予混合火炎**（premixed flame）と**拡散火炎**（diffusion flame）ができる．火災では拡散燃焼が一般的で，ガス爆発では予混合燃焼が主となる．

（5） 炎の移動の有無による分類

・定在火炎，・伝播火炎

ガスコンロの炎のように，周囲空間に対して相対的にほぼ静止している（保持されている）火炎を定在火炎といい，移動する火炎を伝播火炎という．予混合火炎と拡散火炎とでは，移動する機構，性質が異なるため，予混合火炎の移動を「火炎伝播」，拡散火炎の移動を「燃え拡がり」として区別することが多い．

なお，炎の付近の流れの様子の違いによって層流火炎と乱流火炎とに分けることもある．

4.1.2 燃焼反応と発熱

燃焼反応では，高温の反応帯中で，原子や活性なラジカルといった多くの不安定な物質を中間生成物として生成する複雑な反応が多数同時に起きている．しかし，完全燃焼すると，最終生成物（final product あるいは単に product）の大部分は二酸化炭素や水といった安定な化学物質となる．そのため，化学反応の詳細を問題としないで燃焼反応を熱発生源として捉えるような立場にたつときには，反応物質と最終生成物との間の単純化した総括反応式と発熱を基本として考える．煤などの発生を伴う不完全燃焼では，完全燃焼率などの係数を用いた単純化も行われる．

金属などを除く普通の可燃性物質で，酸化反応によって大きな発熱を持つ成分となる元素は，水素（H），炭素（C），イオウ（S）である．以下に，これらの物質についての基本的な化学反応式を示す．

$$H_2 + \frac{1}{2} O_2 \rightarrow H_2O \tag{4.1}$$

$$C + O_2 \rightarrow CO_2 \tag{4.2}$$

$$C + \frac{1}{2} O_2 \rightarrow CO \quad (不完全燃焼時) \tag{4.3}$$

$$CO + \frac{1}{2}O_2 \rightarrow CO_2 \tag{4.4}$$

$$S + O_2 \rightarrow SO_2 \tag{4.5}$$

式 (4.1) は，水素分子 2 個と酸素分子 1 個が反応して，水分子 2 個ができる反応を表している（以下，物質名は特にことわらない限り分子状態にあるものを意味するものとする）．また，この式は，水素 1 mol（分子や原子が 6×10^{23} 個集まったのを 1 mol（モル）という）と酸素 1/2 mol が反応して，水 1 mol ができることを意味している．物質 1 mol の質量（単位：g）の値は，定義からその物質の分子量（分子中に含まれる元素の原子量の和）に一致する．さらに，気体 1 mol はその種類に関係なく，同一圧力，同一温度のもとでは同じ体積を持ち，1 気圧（0.1013 MPa = 1013 hPa），0 ℃ の標準状態のもとでは，22.4 L を占める[†]．したがって，反応式が与えられると，単位質量あるいは単位体積の可燃性物質が完全燃焼するのに必要な酸素の質量，体積を求めることができる．たとえば，分子量 2 の水素 1 mol が燃えるときには，以下の関係となる．

$$\begin{array}{ccccc} H_2 & + & \frac{1}{2}O_2 & \rightarrow & H_2O \\ 1\,mol & & \frac{1}{2}\,mol & & 1\,mol \\ 2\,g & & \frac{1}{2} \times 32\,g & & 18\,g \\ 22.4\,L & & \frac{1}{2} \times 22.4\,L & & 22.4\,L \end{array}$$

木材などの高分子物質は，C，H，O が主要元素で，このほか S，N その他の元素も微量含むが微量成分は発熱量にほとんど関与しないと考えてよい．高分子物質には種々の成分が化合または混合していてその分子式（化学式）は不明な場合が多いが，化学式がわからなくても構成する元素のモル比，あるいは質量比がわかっていれば，一般に次のような形の反応式を用いることで一定量の物質が燃えるのに必要な酸素の量の概略値を知ることができる[2)]．C，H，O，N の元素からなる物質では，

$$C_aH_bO_cN_d + \left(a + \frac{b}{4} - \frac{c}{2}\right)O_2 \rightarrow aCO_2 + \frac{b}{2}H_2O + \frac{d}{2}N_2 \tag{4.6}$$

窒素の一部は，窒素酸化物になるがその量は少なく火災に与える影響は小さいのでここではその生成は無視している．この物質 1 kg が燃えることを考える．a，b，c，d を，この可燃物 1 kg に含まれる，C，H，O，N の各元素（原子）の mol 数とし，可燃物に含まれるこれらの元素の質量分率（総和が 1）を w_C，w_H，w_o，w_N とすると，a, b, c, d はそれぞれ，

$$a = \frac{w_C}{12} \times 10^3, \quad b = \frac{w_H}{1} \times 10^3, \quad c = \frac{w_o}{15} \times 10^3, \quad d = \frac{w_N}{14} \times 10^3 \tag{4.7}$$

で置き換えられ，完全燃焼に必要な酸素の質量は，

$$\left(\frac{w_C}{12} + \frac{w_H}{4} - \frac{w_o}{32}\right) \times 32\,kg \tag{4.8}$$

[†] 気体は，完全気体の法則に従うとすると，その体積は絶対温度に比例し圧力（絶対圧）に反比例する．標準状態においたときに 1 m³ を占める体積となるものを 1 Nm³，または m³N と表す．

で表される．木材の平均的な元素組成（質量分率），$w_C=0.495$, $w_H=0.064$, $w_O=0.442$ を持つ木材について上記の関係を用いて必要酸素量を求めると，モル数で 43 mol，質量で 1.38 kg となる．この量の酸素を含む空気は，空気中の酸素の質量分率が 0.233 であることから，質量で 5.9 kg，体積で 4.6 Nm^3（25℃，1 気圧では 5.0 m^3）となる．

木材中には通常，湿分として 10% 程度の水が分子状態で含まれるが，燃焼反応には関係しないので，可燃物中の水分は最初から引いて考えることができる．

不完全燃焼による一酸化炭素や煤の生成がある場合には，実際に消費される空気中の酸素はこのようにして求めた値よりも少なくなる．

燃焼反応では，元素間の結合状態が変わることによって反応物質が生成物になるときに化学エネルギーが減り，減った分が熱となって放出される．発熱量は，25℃ の初期温度にあった反応物質を反応させて初期温度に戻したときに外部に取り出せる熱量として表される．定積（定容）で燃えるときと定圧で燃えるときでは外部に取り出せる熱量が異なるが，火災では，定圧で燃える場合がほとんどなので，定圧で考えるときに用いられるエンタルピー変化を使う．通常，酸化剤としては空気を考える．

可燃物の中に水素元素を含む物質では，燃焼により H_2O が生成される．このときの発熱量の考え方には 2 種類ある．一つは，初期温度まで冷えたときにすべての H_2O が凝縮して液体の状態になったとするもので，凝縮するときに吐き出す熱も含むので大きな発熱量となり，高発熱量と呼ばれる．他の一つは，H_2O が水蒸気（気体）の状態にあるとしたときの発熱量で**低発熱量**と呼ばれる．火災では，燃焼ガスが比較的高温の範囲の間を，あるいは室温付近でも空気で十分希釈され気相の水の蒸気圧が飽和蒸気圧以下になるような場合を対象とすることが多いので，通常，低発熱量で考える．

表 4.1 可燃物の低発熱量の例[2]

可燃物	化学式	低発熱量（かっこ内物質の単位質量当たり)		
		kJ/g(可燃物)	kJ/g(O_2)	kJ/g(空気)
水素	H_2	119.9	15.1	3.52
一酸化炭素	CO	10.1	17.7	4.10
メタン	CH_4	50.0	12.5	2.92
プロパン	C_3H_8	46.3	12.8	2.97
ベンゼン	C_6H_6	40.1	13.1	3.04
オクタン	C_8H_{18}	44.4	12.7	2.96
炭素	C	32.8	12.3	2.87
ポリエチレン	$-[CH_2=CH_2]_n-$	43.3	12.7	2.95
ポリスチレン	$-[CH(C_6H_5)CH_2]_n-$	39.9	13.0	3.02
ポリ塩化ビニル	$-[CH_2CHCl]_n-$	16.4	12.8	2.99
ポリメチルメタクリレート	＊	24.9	13.0	3.02
セルロース	$(C_6H_{10}O_5)_n$	16.1	13.6	3.17
木材（カエデ）	―	17.8	12.5	2.91
木綿	―	15.6	13.6	3.17
新聞紙	―	18.4	13.4	3.12
石炭	―	35.2	13.5	3.08

＊ $-[CH_2=C(CH_3)CO_2CH_3]_n-$

代表的な可燃物の低発熱量を表 4.1 に示す．表からわかるように，可燃物の単位質量当たりの発熱量は物質によってある程度の幅があるが，酸素あるいは空気の単位質量当たりの発熱量はごく一部を除き物質によってあまり大きな違いがみられない．

4.1.3 燃焼現象における基礎方程式

前節では燃焼における化学反応に関する基本的な式について述べたが，燃焼現象は流れや拡散，エネルギーの保存といった物理的な現象も含むため，燃焼現象全体を定量的に取り扱うときには，以下の式が関係する[3,4]．詳細については，関連図書を参照されたい．

連続の式（質量保存則）

$$\frac{\partial \rho}{\partial t} + \nabla \cdot (\rho \boldsymbol{V}) = 0 \tag{4.9}$$

運動方程式（運動量の保存）

$$\rho \frac{\partial \boldsymbol{V}}{\partial t} + \rho \boldsymbol{V} \cdot \nabla \boldsymbol{V} = \boldsymbol{F} - \nabla p + \nabla \left\{ \left(\kappa - \frac{2}{3} \mu \right)(\nabla \cdot \boldsymbol{V}) \right\} + \nabla \cdot \{\mu(\nabla \boldsymbol{V} + \boldsymbol{V}\nabla)\} \tag{4.10}$$

エネルギー方程式（エネルギーの保存則）

$$\rho \frac{\partial T}{\partial t} + \rho C_p \boldsymbol{V} \cdot \nabla T = \frac{\partial p}{\partial t} + \boldsymbol{V} \cdot \nabla p + \nabla \cdot (\lambda \nabla T) + \Phi + \dot{\omega}_f''' + \Delta H - \varepsilon \sigma (T^4 - T_r^4) \tag{4.11}$$

ここで，Φ は流体の粘性による散逸エネルギーである．

化学種の連続式（各化学種の保存）

$$\left(\frac{\partial X_i}{\partial t}\right) + \boldsymbol{V} \cdot \nabla X_i = \nabla \cdot (D_i \nabla X_i) + \frac{\dot{\omega}_f'''}{C_0} \tag{4.12}$$

化学反応式

$$\dot{\omega}_i'' = C_0 \frac{dX_i}{dt} = \sum_j A_{ij} B_{ij} \exp\left(-\frac{E_{ij}}{RT}\right) \tag{4.13}$$

状態方程式（理想気体近似の場合）

$$pV = nRT \tag{4.14}$$

ここで，A_{ij} は生成物に i 成分を含む j 番目の化学反応における衝突係数，B_{ij} は生成物に i 成分を含む j 番目の化学反応における濃度項，C_p は定圧比熱，C_0 は単位体積中の総 mol 数，D_i は i 成分の拡散係数，E_{ij} は生成物に i 成分を含む j 番目の化学反応の活性化エネルギー，$\boldsymbol{F}$ は外力のベクトル，$-\Delta H$ は単位質量当たりの可燃物の発熱量，R は気体定数，T は温度，T_r は周囲の温度，t は時間，$\boldsymbol{V}$ は速度ベクトル，ε は輻射率，κ は体積弾性係数，λ は熱伝導率，μ は粘性係数，ρ は密度，σ はステファン・ボルツマン定数，$-\dot{\omega}_f'''$ は単位時間，単位体積当たりの可燃性物質の消費量，$-\dot{\omega}_i'''$ は単位時間，単位体積当たりの i 成分の消費量である．

基本的にはこれらを連立し，ある空間に関して初期条件，境界条件を満たすように解くことになるが，実際にはこれらの式をすべて解くことはほとんどなく，適当なモデル化を行って最小限必要な式を項も簡単化して解く．また，式を解くまでに至らないでも，式の形から互いに関係する項の関係を

検討するのに有効となることがある．

4.1.4 予混合火炎と拡散火炎

以下では，最初に比較的単純な構造を持つ予混合火炎について，次に火災との関連性が高い拡散火炎について，構造や性質などを述べる．

A. 予混合火炎

予混合火炎は，身のまわりではガスコンロを始めとするガス燃焼器具やガソリンエンジンなどに広く利用されている．

予混合火炎は，混合気中を相対的にある速さで伝わる．火炎に固定した座標（距離は火炎に垂直方向のもの）でみると，未燃混合気が流入し燃焼ガス（burned gas）となって反対側（既燃側）から流出する（図4.1）[5]．**反応帯**では燃焼反応が盛んに起き，**予熱帯**では反応帯で発生した熱が流入してきた未燃混合気の温度を高める．予熱帯と反応帯を合わせて**火炎帯**と呼んでいる．反応帯内部でいったん活性の高い中間生成物ができるが，燃焼後は比較的安定な化学種からなる燃焼ガスとなる．気体は，温度上昇により熱膨張するために流入速度よりも大きな速度で出ていく（この間，圧力が減少するがその値はごくわずかである）．予混合火炎は火炎帯厚みが通常大きくても1mm以内であり，内部の構造を問わないときには単純化して面（火炎面）として取り扱う．

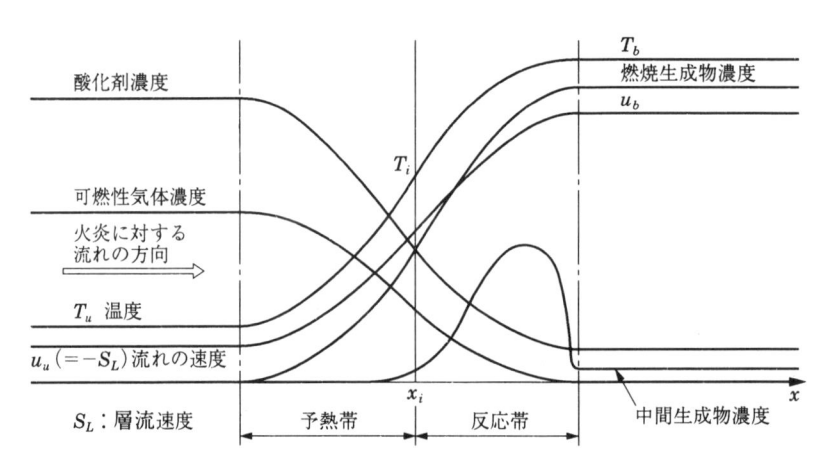

図 4.1 予混合火炎の構造の概略[5]
（酸化剤（酸化作用をもつ化学種）がいくぶん過剰な未燃混合気の場合）

未燃混合気に対する火炎の相対速度の火炎（火炎面）に垂直な成分の大きさを，**燃焼速度**（burning velocity）または**層流燃焼速度**（normal (laminar) burning velocity）という．燃焼速度は，火炎の温度，火炎の厚みなどとともに未燃混合気の組成，温度，圧力で決まる．一般に，未燃混合気は火炎面に対してある角度を持って流入するが，流入速度 U_u の火炎に垂直方向の成分が燃焼速度に等しいことになる（図4.2）．このとき，流入速度 U_u の火炎に垂直方向の成分が燃焼速度に等しく，また熱膨張の影響は火炎面に垂直方向にだけ現れる．火炎面が不規則に変化する乱流火炎では，局所的にはこ

4.1 燃焼現象の概要

火炎面

可燃性混合気の速度ベクトル U_u

燃焼ガスの速度ベクトル U_b

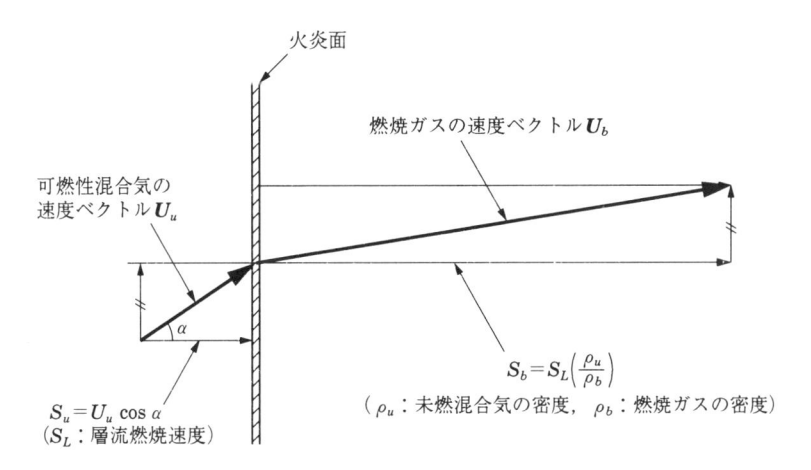

$S_u = U_u \cos \alpha$
(S_L：層流燃焼速度)

$S_b = S_L \left(\dfrac{\rho_u}{\rho_b}\right)$
(ρ_u：未燃混合気の密度，ρ_b：燃焼ガスの密度)

図 4.2 未燃混合気の流れに対し傾いた予混合火炎前後の流れ場

の関係が保たれるが，火炎面が複雑に入り組むために時間平均した火炎面位置と時間平均流速の関係をもとにして乱流燃焼速度が定義され，この値は層流燃焼速度に比べてずっと大きくなる．

未燃混合気の組成が可燃性気体と酸化剤とが過不足なく反応し完全燃焼する組成であるとき，その混合気を**理論混合気**（stoichiometric mixture）という．予混合火炎が伝播しうる未燃混合気の組成には範囲があり，それを**可燃範囲**，またはその範囲にある混合気を**可燃性混合気**（flammable mixture）と呼ぶ．可燃性気体の濃度が理論混合気での濃度より小さい側（希薄側，空気過剰側）での限界を**可燃下限界**，大きい側（過剰側，空気不足側）での限界を**可燃上限界**と呼んでいる．炭化水素系の可燃性気体が空気中で燃えるとき，下限界での可燃性気体濃度は理論混合気での濃度の半分程度で，一方上限界では 1.5 ないし 3 倍程度の値となっている．過不足なく反応する理論混合気における可燃性気体と酸化剤（空気）の比に対する実際の混合気におけるそれらの比，

$$\phi = \frac{(可燃性気体濃度／酸化剤濃度)_{実際の混合気}}{(可燃性気体濃度／酸化剤濃度)_{理論混合気}} \qquad (4.15)$$

を**当量比**（equivalence ratio）といい，可燃性気体が過剰な混合気（$\phi>1$）なのか，酸化剤が過剰な混合気（$\phi<1$）のなのかがすぐにわかるので可燃性気体と酸化剤の混合割合を表す指標としてよく使われる．

断熱火炎温度，燃焼速度は理論混合気よりもやや過濃側で最大値をとる．なお，各組成での断熱火炎温度は燃焼ガス組成とともに化学平衡計算で求められる．層流燃焼速度は通常，10 から数十 cm/s，断熱火炎温度は 1100 ～ 1900℃ 程度に達する（図 4.3, 4.4）．過濃側の混合気では，酸素不足のために燃焼ガス中に一酸化炭素が含まれる．

予混合火炎は，固体（壁）への熱損失のために狭い隙間を通りすぎることができない．そこで，予混合火炎を用いる燃焼器などでは，安全のために，この性質を利用して混合気が流れる管などの途中に金網や小さな孔を設け火炎がさかのぼる現象（逆火）を防ぐ工夫がされている．

ガス爆発では，数～数十 m/s で予混合火炎が伝播するが，この大きな伝播速度は火炎での熱膨張が

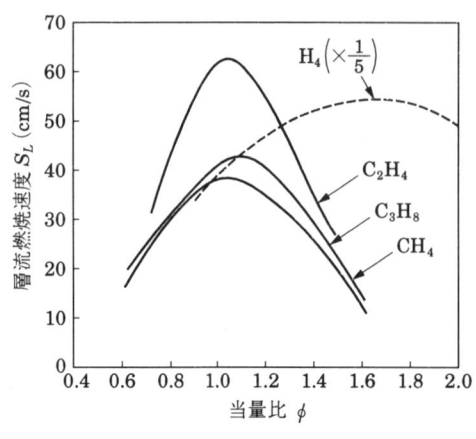

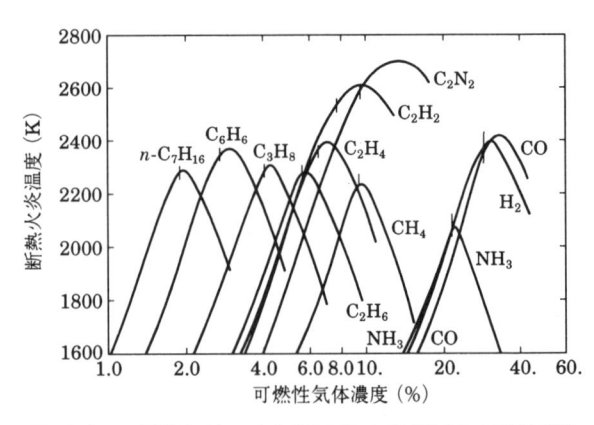

図 4.3 可燃性気体／空気混合気の層流燃焼速度の当量比による変化[6]

図 4.4 可燃性気体－空気混合気の断熱温度の計算例[7]

未燃混合気を押し出す作用と流れの乱れの発生による．なお，細長い管などの中を火炎が伝播するとき，未燃混合気に壁付近から強い乱れが発生して伝播速度が急増し，圧力の不連続的増加を伴う衝撃波と一体となった反応帯が音速以上で伝播するデトネーション（爆轟波）に遷移することがある．デトネーションの波面での圧力上昇は 10 気圧以上になり大きな破壊力を持つ．

炭化水素系の可燃物が燃えるときの炎は，化学発光により，空気が過剰のときやや紫がかった青色に，また燃料過剰のとき緑を帯びた青色となり，いずれも透き通った不輝炎である．

B. 拡散火炎

火災で炎をあげてものが燃えるときには，主に拡散火炎による．ここでは，拡散火炎の構造や基本的性質について，可燃性気体が空気中で燃える場合をとりあげて述べる．

図 4.5 に，火炎の断面の様子を示した．拡散火炎はその成り立ちから，特別な場を除くと火炎に対する相対的な流れ（流線）が火炎に対し傾いている．図には示していないが，火炎に平行な方向に，気体全体としての流れの速度成分があるものとする．酸素と可燃性気体はある厚みを持った反応帯で燃焼反応を起こす．反応帯の外側で濃度変化が起きている領域を拡散層という．通常，反応物質は反応帯で消費されて濃度が零となる（反応帯を面と考え火炎面というときもある）．しかし，反応が不十分なときには反応物質が消費されきらずに反対側に突き抜けることが起きる．拡散火炎自体には，予混合火炎のときのような未燃側，既燃側といった区別がなく，かわりに空気側（酸化剤側），可燃性気体側として区別する．消費される酸素と可燃性気体が個々の反応帯の部分で過不足なく（量論関係で）供給される性質を持つため，火炎形状はその条件を満足するような位置を連ねるよう

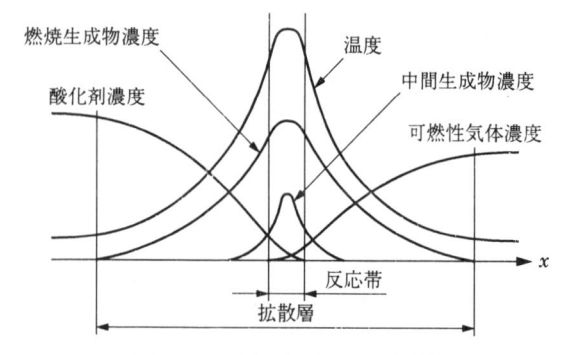

図 4.5 拡散火炎の構造の概略[8]
（通常，火炎面に平行方向の流れが付随）

に定まる.

図4.6には，内部から炭化水素系の可燃性気体が吹き出る円筒バーナ上に形成される拡散火炎について，気体全体の流れを表す流線と，酸素分子，可燃性気体成分（またはそれが熱で分解してできた成分）分子の動きの向きとの関係を示した．炭化水素系の気体が空気中で燃える場合，通常，火炎の付け根（基部）付近で空気側から火炎を横切った流線が下流で再び火炎を突き抜けて空気側に向かう．そのとき，火炎の両側の拡散層では，それぞれ空気中の酸素と可燃性気体成分が流線を横切りながら火炎面に向かっている．火炎の付け根付近では，濃度勾配が大きく，その結果火炎に反応物質が多く供給されて発熱速度が大きい．下流側にいくと濃度勾配が小さく熱発生量が小さくなるが，上流から運ばれる熱のために，火炎温度は下流側でも比較的高い状態になっている（なお，燃料過剰な混合気の予混合火炎の下流を空気が取り囲むときには，予混合火炎の反応で余剰となった可燃性気体成分と空気との間で拡散火炎ができ，このときの拡散火炎は外炎と呼ばれる）.

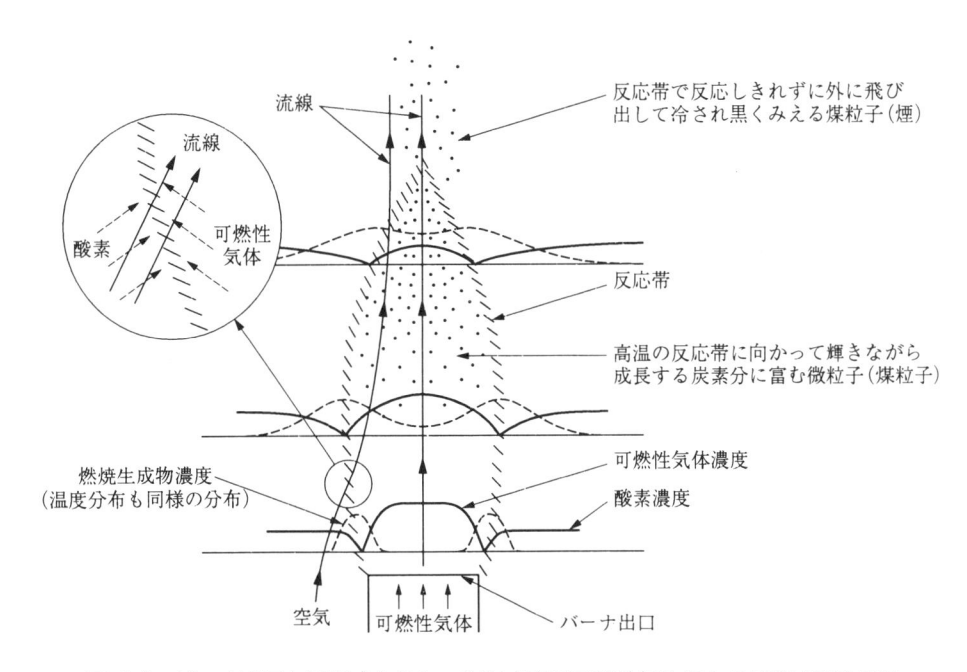

図 4.6 バーナ出口上に形成された，炭化水素系可燃性気体による拡散火炎の構造
（温度分布は燃焼生成物の分布形状と類似）

炭化水素系の気体は，炎に向かう途中で酸素のないところを長い距離にわたって炎からの加熱を受けながら通過するときに気相中で熱分解を起こす．このとき，炭素分が遊離し，炭素分に富む小さな微粒子（煤粒子）が生成され成長する．この微粒子は，高温のために橙色から黄色に輝き輻射を周囲に及ぼすが，反応帯に入ると酸素と反応して二酸化炭素，一酸化炭素などの気体生成物に変わり，粒子は消滅する．しかし，粒子径が大きい，温度や酸素が不十分などが原因で反応しきれないまま流れにのって炎の外に飛び出すと，低温の周囲気体で冷やされ輻射も弱まり黒い微粒子となって黒煙のもととなる．一般には，この黒く見える微粒子を煤と呼ぶことが多い．

拡散火炎では，酸素と可燃性物質が過不足のない割合で消費されながら反応が起きるので，炎の温度は理論混合気の予混合火炎の温度程度に上がりうると考えてよく，空気中で炭化水素系物質が燃える場合，おおよそ1500～1700℃に達する．煤粒子による周囲への熱輻射は火炎温度の低下をもたらす要因となる．周囲の酸素濃度が下がって不活性気体の割合が増すと単位体積当たりの発熱量が減少して火炎温度が低下する．常温空気雰囲気中では，数パーセントの酸素濃度低下が起きると，周囲に酸素がまだ十分存在するにもかかわらず火炎温度低下のために燃焼反応が継続できず消炎する．

4.1.5 着火の概念

燃焼反応が開始して持続する状態に至ることを着火（または発火，点火，ignition）という．着火の仕方は燃えるものや状況により様々であるが，着火の基本概念は，化学反応による発熱と周囲への放熱のつりあいをもとに考える**熱着火理論（熱発火理論）**によると次のようになる（図4.7）．

可燃性混合気を容器に入れこの容器壁を外から加熱し温度を徐々に上げていく場合を考える．混合気はかき混ぜられその温度は壁（内壁）近傍を除き均一で，壁との温度差に比例し放熱が起きるとする．図4.7の横軸 T は混合気温度を示し，$\dot{q}_1$ は容器内の混合気の全体での発熱速度を，また $\dot{q}_2$ は壁を通しての放熱速度を表す．$\dot{q}_1$ は T のみの関数で T とともに勾配が大きくなる．これに対し，$\dot{q}_2$ は壁温によって異なる．図4.7の3本の直線は，壁温が T_{01}, T_{02}, T_{03}（ここで $T_{01} < T_{02} < T_{03}$）のときの放熱速度の変化を示している．壁温を T_{01} まで加熱すると，まず混合気温度は発熱により上昇しA点に至るがそれ以上では放熱が発熱を上回るので結局，混合気の温度はA点以上にはならない．壁温度が T_{03} のときは，常に発熱が放熱を上回るので温度は上昇し続け激しい反応となり着火に至る．常に発熱が放熱を上回る限界の周囲温度 T_{02} を着火温度という．以上の状況は，化学反応で生じる熱の蓄積が影響して着火に至る**自然発火**（spontaneous ignition）の状況を考えているといえる．

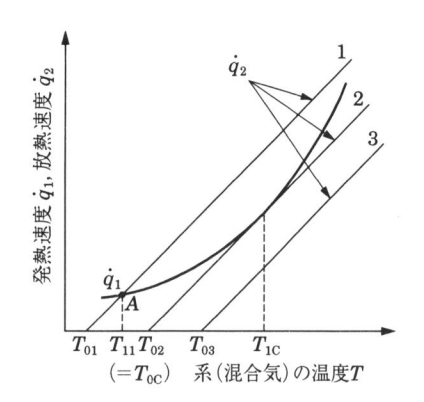

図 4.7 熱着火理論における発熱と放熱の関係[9]
（3本の直線は左から，壁面温度が T_{01}, T_{02}, T_{03} のときの放熱速度を表す）

実際に周囲がある温度におかれてから自然発火に至るまでにはある時間遅れがある．安全の面からは十分時間が経過したときに自然発火が起こる着火温度を重視し，それを**最低着火温度**（spontaneous ignition temperature）と名付けている．ただし，一般にはこの最低着火温度を単に**着火温度**と呼ぶことが多い．着火温度は容器が大きくなると体積と表面積の関係から低下する．文献等にみられる着火温度は特定の試験装置で得られた値であり絶対的な値ではないことに注意を要する．

可燃物が木材などの固体の場合や高沸点の可燃性液体の液面がある状態での自然発火現象では，熱分解あるいは気体の蒸発による可燃性気体の発生という過程が加わり，気体だけの場合とやや状況が異なる．実用的な面を考慮して，容器内の空気中に可燃物試料を置いた状態で全体の温度を上昇させ，

炎が現れたときの温度を着火温度としている．同じ物質でも粉末や多孔質状にして表面積を増やすと，反応しやすくなり着火温度が下がる．

着火は自然発火によるほか，裸火や高温固体，電気火花などの着火源を用いて狭い範囲を十分高い温度まで加熱することにより生じさせることもできる．

可燃性液体または可燃性固体の周囲でそれらから発生して広がった可燃性気体と空気が混合してできる可燃混合気に着火源を用いて着火することを，**引火**という（単に引火を着火源を用いた着火と同じ意味で用いることもある）．温度が上がり可燃性気体の発生が盛んになって可燃範囲の下限の混合気ができる温度を**引火温度**（引火点，下部引火点，flash point）という．

表 4.2 に各種試験装置で得られた可燃物の着火温度と引火温度の例を示す．

表 4.2 着火温度と引火温度

可燃性気体 または液体	着火温度 (℃)	引火温度 (℃)	可燃性固体	着火温度 (℃)	引火温度 (℃)
水　　素	500	—	ポリエチレン	430	340
一酸化炭素	609	—	ポリプロピレン	440	410
メ　タ　ン	632	—	ポリ塩化ビニル	500	530
プロパン	504	—	ポリメチルメタクリレート	520	300
n-ブタン	403	-72	赤松	430	263
n-ヘプタン	247	-4	ケヤキ	426	264
メタノール	385	11	ツガ	455	253

4.1.6 可燃物の性質と燃焼現象

ここでは，可燃物の燃焼前の物理的な初期状態（気体，液体，固体）ごとにその着火や燃え方の特徴について述べる．

A. 気体の燃焼

可燃性気体が継続的に炎をあげて燃える火災をガス火災といい，代表的なものは破れた配管から可燃性気体が吹き出しながら燃える場合である．火災に関連しては，ガス爆発から火災への遷移あるいは火災によるガス爆発の誘発等も問題となる．漏洩などによって可燃性混合気が形成される場合，LPガスのような空気よりも重い（分子量の大きな）気体の混合気は床近くに，逆にメタンのような軽い気体の混合気は天井下などに溜まりやすい．混合気は定圧下で燃えると体積が 6〜7 倍前後に膨張するが，周囲が壁で囲まれ膨張が抑えられると圧力上昇となって現れる．圧力が 1 気圧上昇すると壁面には 1 m^2 の床にほぼ 10 ton の物がのったのと同じ大きさの力が内外圧力差となって作用するが，通常の建築物ではそれよりはるかに小さな圧力上昇で窓のガラスや壁面の破壊が起きる．

B. 固体の燃焼

建物の火災と最も関係が深いのが固体の燃焼である．可燃性固体の代表である高分子固体は，加熱を受けると熱分解，溶融，昇華などを経て可燃性気体を発生する．普通，熱分解では固相に炭素分に富む黒褐色の炭化層が形成される．当初，可燃物に混じっていて可燃成分が燃えきったときに残った

不燃物は灰となる．灰は，固体が火の粉となって燃えるときや強風で巻き上げられたときには煙に混じって飛散するときもある．

図4.8に，木材の周囲温度を上げていった場合に起きる着火（発炎着火），引火，無炎着火の関係を示した[10]．周囲の加熱温度を上げていくと，まず炭化層が空気中の酸素と表面反応を起こす無炎着火が起こる．無炎着火を起こすと燻焼状態で燃える．さらに加熱すると通常の着火（発炎着火）が起こる．着火温度の手前の温度域には，着火源を木材表面に近づけたときに付近の可燃性混合気に引火する限界（引火温度）がある．なお，稀ではあるが数ヶ月以上の長期にわたり100℃をわずかに超える程度の温度にさらされ続けた木材で炭化が進みついには無炎着火し，火災に至った例も報告されている．日常経験するように，周囲の温度が引火点以下であっても，裸火などで部分的に加熱し局所的に燃焼が開始する条件を満たすような場合には燃焼が始まる．

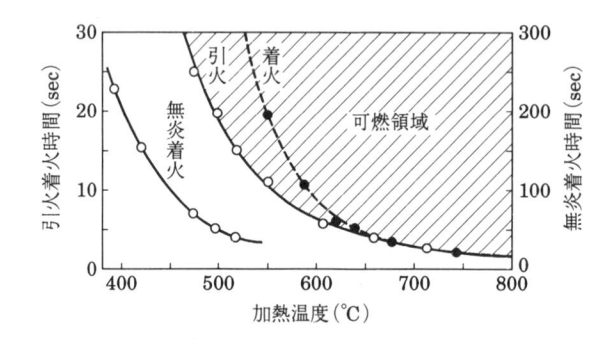

図 4.8 木材における着火，引火，無炎着火の関係[10]

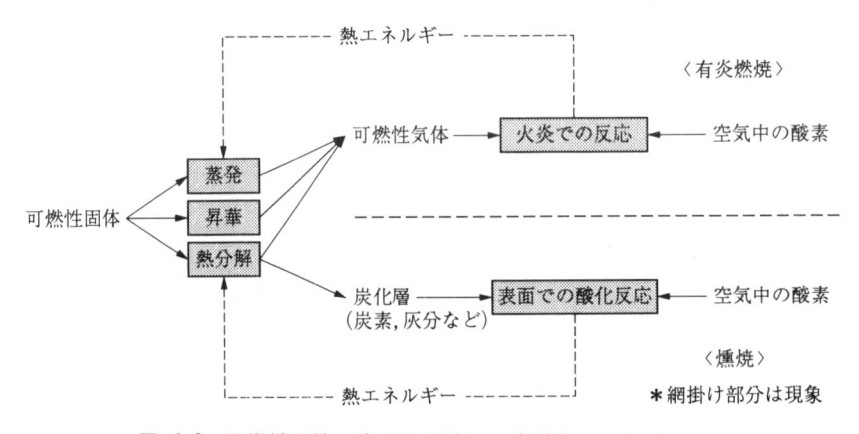

図 4.9 可燃性固体（高分子固体）の単純化した燃焼の過程

可燃性固体（高分子固体）の単純化した燃焼の燃焼過程の模式図を図4.9に示す．

紙のような可燃性固体が自然対流を伴って有炎燃焼で燃え拡がるときの様子を図4.10に示す．火炎からの熱を受けた未燃固体部は温度が十分上がると熱分解を起こし可燃性気体を発生するようになる．火炎の先端は熱分解領域先端の移動に伴って移動する．火炎に覆われほぼ酸素のない状態で起きる熱分解反応は吸熱反応で，熱分解領域では温度の変化が少ない．燃え拡がり方は，火炎から固体へおよび固体内部での熱移動，熱分解反応，可燃性気体の拡散，火炎での燃焼反応に密接に関係する．

(a) 下方燃え拡がり

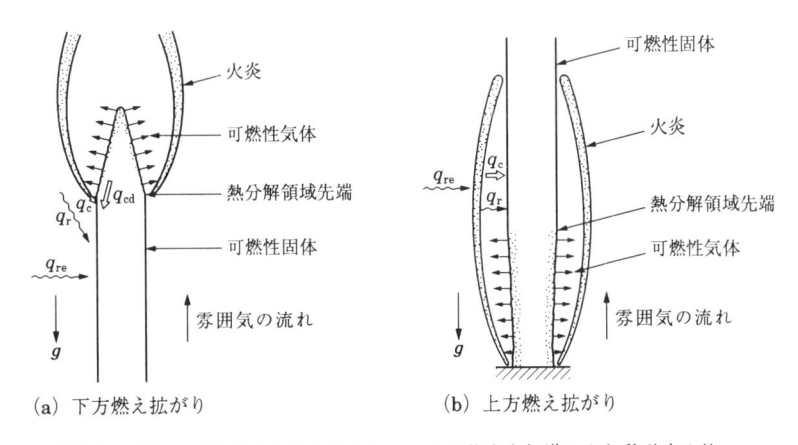

(b) 上方燃え拡がり

q_c：気体から固体へ対流により流入する熱，q_{cd}：固体内を伝導により移動する熱
q_r：火炎から固体へ輻射により流入する熱，q_{re}：外部熱源から固体へ輻射により流入する熱

図 4.10 可燃性固体表面に沿って自然対流下で燃え拡がるときの火炎付近の様子[11]

火炎から固体への熱流入は，気相中の温度勾配に対応した対流熱伝達によるものと輻射熱伝達によるものに分類できる．

火炎の熱が対流熱伝達で固体に伝わる状況は炎の付近の気体の流れ場に大きく依存する．周囲が無風の場合，高温燃焼ガスに働く浮力のため火炎付近では上向きの自然対流が起きる．図 4.11 には自然対流のほかに外部からの弱い上昇気流が加わった場での，薄い紙にそった下方燃え拡がり時の温度場の例を示した．火炎先端では気相中の大きな温度勾配により火炎から物

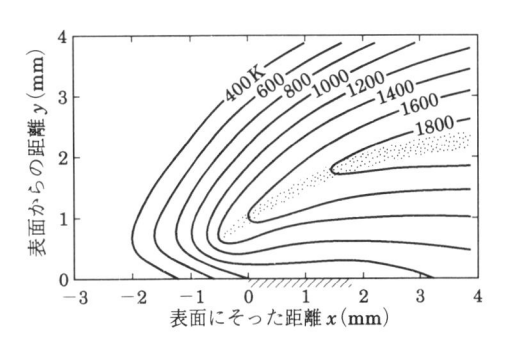

図 4.11 薄い紙にそった下方燃え拡がり時の温度分布[12]

体表面への熱の流れがある．炎は，表面のごく近傍では，熱を奪われるために存在することができない．

下方に燃え拡がるときには炎先端の動きが気流の向きに逆らう形となり未燃部分に熱が伝わりにくい．燃え拡がり速度は，時間によらずほぼ一定でそれほど大きくない．対向流があまり強くなると火炎の先端が不安定となってついには吹き消えを起こす．一方，上方に燃え拡がるときには，対流熱伝達が促進され，上部の輝炎部分からの放射熱の影響も加わり，未燃部分の加熱が促進され，燃え拡がり速度が大きくなりやすい．その結果，熱分解領域の幅が広く可燃性気体も多く発生して，火炎長，全発熱速度も大きい．しかし，あまり流れが強いと吹き消えることもある．周囲が無風のもとで水平方向に燃え拡がる場合には，空気が火炎先端に対向する形で流入して，下方燃え拡がりよりもやや大きなほぼ一定の速度で燃え拡がる．

燃え拡がり速度は，物体の厚さによる影響も受ける．下方燃え拡がりの場合，物体が薄いときには厚さにほぼ反比例する．厚くなると一定値に近づく傾向が現れるが，木材のように熱を伝えにくい炭化層が厚く形成される物質では，ある厚さ以上で燃え拡がりが不可能となる．

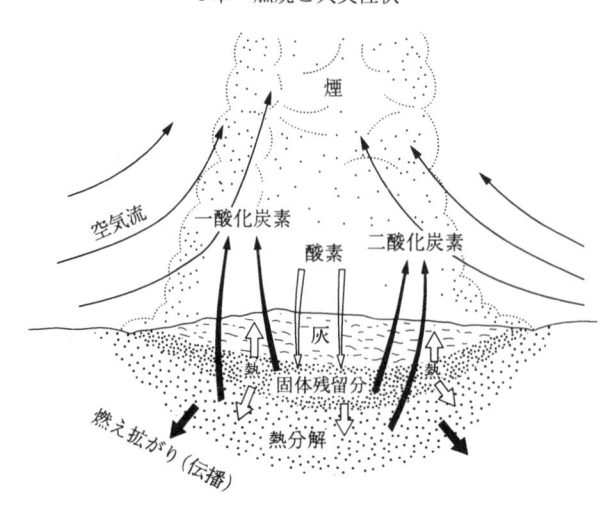

図 4.12 燻焼が起きている付近の様子[13]

プラスチックのうちポリエチレンなどの熱可塑性のものは，高温で溶けるために，ときには炎を伴いながら起きる流動や滴下などが燃え拡がり挙動に影響を与える．

熱分解時に炭化層を生じるものは，タバコの火のような燻焼状態で燃えることがある．図 4.12 に，燻焼が起きている付近の様子を示す[13]．また，図 4.13 には，吸煙していない自然燃焼時のタバコ内の温度分布の例[14]を示す．燻焼は，熱分解による炭化層の形成と炭化層・空気間の表面反応とが隣り合わせで同時に進みながら炎を出さないで燃える現象であり，可燃性の気体成分はほとんど反応せずそのまま外部に流出するので不完全燃焼となる．有炎燃焼と同様に未燃部分に熱を伝えながら燃え拡がる．常温では普通，粉末，多孔質物体など表面積が大きくて熱が逃げにくいもので起こる．特に，有炎燃焼が始まるのにはやや足りない加熱を受けた場合や，酸素が不足している状態，可燃性気体の発生が不十分な場合に発生しやすい．通常，熱分解は 300℃ 前後から始まり，表面反応のところは 600 ～800℃ で熱輻射により赤熱して見える．熱分解は酸素が存在するときには発熱的となる．灰分にはカルシウムなどの表面反応の触媒作用を持つものもある．熱分解で発生する高沸点の気体成分（ター

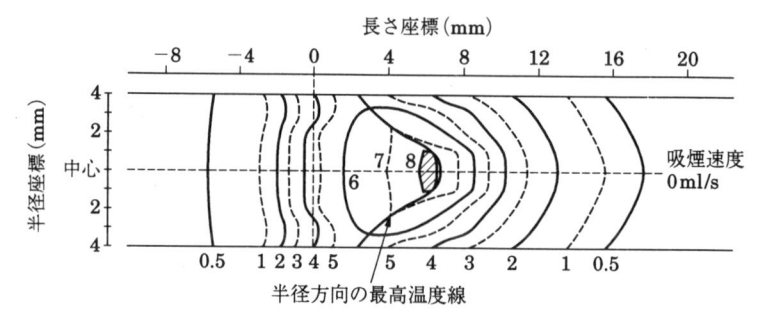

図 4.13 吸煙していない自然燃焼時のタバコ内の温度分布の例[14]

ル分）は，周囲で冷えて凝縮し粒子径の小さな白っぽい煙を生じる．物体深部で進行する燻焼では，内部で煙粒子がトラップされてしまうために外から煙が確認できないことがある．一酸化炭素が熱分解領域と表面反応の双方から発生し，しばしば近傍で数パーセントの濃度に至るときがあり，中毒の発生や有炎燃焼への遷移の要因ともなる．

粉末状の可燃性固体が適当な濃度で空気中に浮遊した状態に着火すると，強い熱輻射を伴いながらガス爆発のように火炎が伝播することがあり，粉塵爆発と呼ばれている．

C. 液体の燃焼

可燃性液体は多くの場合，気化して発生したその蒸気と空気とで炎を形成して燃える．可燃性液体の蒸気が気相でとりうる最大蒸気圧は，温度で決まる飽和蒸気圧であり，温度に対し指数関数的に変化する．そのため，空気－蒸気混合気の可燃範囲は温度によって変化する．図 4.14 に単純な単一成分の可燃性液体に対する温度と可燃範囲，引火点等の関係を模式的に示す．可燃性固体と同様，周囲が引火点以下の温度でも，芯燃焼をする場合や炎などで液面の一部が局所的に加熱される

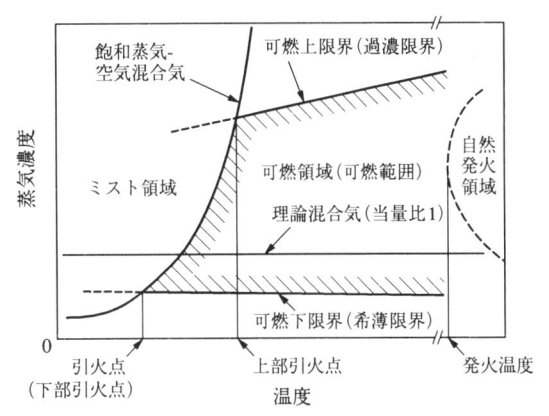

図 4.14 可燃性液体の蒸気濃度と可燃範囲，引火点等の関係

場合などに燃焼が継続されることがあるので注意を要する．可燃性液体は，可燃性固体よりも低い温度で気化が起きやすく，また燃焼が始まると拡大しやすいので，多くの物質が消防法の危険物第 4 類に指定されている．常温大気圧下で沸騰しない種類の液体では，蒸気は空気より重いことが知られている．液体には流動性，表面張力等の固有の物理的性質があるため，その燃え方には，液面上で燃える場合，多孔質固体にしみ込んだ状態で燃える場合，あるいは，液滴群（スプレー，ミスト）として空気中で燃える場合などがある．火炎に覆われた部分は火炎からの熱を受けて液温が沸点近くまで上昇し盛んに蒸発しながら燃える．炎の温度は，可燃性気体や可燃性固体とほぼ同じである．なお，通常の液体では，気液界面での燃焼反応による表面燃焼は起こらないと考えてよい．

4.2 消火の基礎

火を消すことは，基本的には燃焼継続に必要な可燃物，空気（酸化剤），高温状態の 3 つの条件（要素）のうちどれかを取り去ることで達成できる．ここでいう高温状態という条件は，拡張して考えると，反応帯へ可燃物と酸化剤が十分供給されている前提のもとで燃焼反応が安定に進む条件ということもできる．この化学反応が安定に進むための条件には，燃焼反応の中で重要な役をはたす活性基（ラジカル）安定に存在するという条件なども含まれる．

対象に応じて各種の適切な消火方法や消火剤が用いられる．消火剤（消火薬剤）としては，広範囲に使われる水，不活性ガス，ハロン系ガス，固体の粉末消火剤（多くは噴出用に気体も使用）のほか，油火災に適した泡消火剤などがある．各種の消火方法，消火剤の使用は，上記の 3 条件のいずれかを

除去することになるが，燃焼現象がフィードバックがかかった現象であることなどから複合的な機構で作用をする場合が多い．そのため，単純に3つの条件ごとに対応する方法を分けることは困難であるが，以下，それぞれの条件除去に関係の深い方法について基本的な考え方を簡単に述べる．

可燃物を除去する方法としては，ガス火災の場合に可燃性ガスの供給を止める方法，林野火災や都市火災において未燃の可燃物を破壊・除去しておく方法が最もわかりやすい．可燃物の除去を燃焼反応を起こしている反応帯への可燃物の供給を絶つということと考えると，可燃性の固体や液体から発生する可燃性気体の発生を抑える方法もこの部類に入る．放水により水を可燃物にかける方法の主要な働きは，熱せられて熱分解を起こしている部分を濡らして冷却し温度を下げ可燃性気体の発生を抑えることにある．炎での反応への影響を期待して用いられる粉末消火剤の中には，可燃物表面でガラス質物質を生成し覆ってしまう働きを持つものもある．強い風をあてることも，条件によっては可燃性気体を炎とともに吹き飛ばし除去する効果がある．

空気の除去の最も典型的なものに，火災空間の周囲を閉じて新たな空気の供給を絶つ方法があり，この方法は窒息消火ということができる．特に，狭い空間において有効である．空気中で拡散火炎の形で燃えるときには，酸素濃度が十数パーセント程度まで下がった時点で消炎し，有炎燃焼に関しては実質的に空気を除去したのと同じ効果が得られることになる．酸素濃度の低下を積極的に図る方法としては，不活性気体で希釈する方法が最も一般的である．ただし，この酸素濃度を下げる方法は，燃焼反応で発生した熱で加熱すべき気体の量を増やして，火炎温度低下をもたらすことにつながるので，次の第3の条件である高温状態を除去することにも密接に関係している．

高温状態の除去には，この希釈による方法も関係するが，より積極的に火炎付近で熱集中的に奪う方法がある．この方法の代表的なものには，大量の冷たい不燃性の固体微粒子を火炎にかける方法，粒径の小さな水滴群（ウォーターミスト）が蒸発するときの蒸発潜熱を利用する方法がある．ただし，ウォーターミストでは，飽和水蒸気圧の大きな高温域での水蒸気発生による酸素濃度希釈の効果の方が大きいとする見方もある．

塩素（Cl），フッ素（F），臭素（Br）といったハロゲン元素は，火炎中で活性なラジカルと反応して失活させ，燃焼反応が続くために必要な連鎖反応を抑制する化学的な作用を持つ．これらが火炎に加えられると，火炎中に酸素や可燃性気体が十分あっても燃焼反応が抑制され，その効果が十分なときには不活性な気体を加えたときの限界火炎温度よりも高い火炎温度で消炎が起こる．ハロゲンを含む気体であるハロン系の消火剤の働きはこの作用による．粉末消火剤の中のナトリウム，NH_4イオンも同様に火炎中でラジカルを捕捉し失活させる作用を持つ．なお，あらかじめ，可燃性物質の難燃化をはかるために加えられる難燃薬剤，あるいは難燃性可燃性物質そのものにもハロゲンを含むものが多く用いられている．

不活性ガス，ハロン系ガスなどのガス系消火剤の消火性能の指標として，ピーク濃度と消炎濃度の概念がある．前述のように可燃性気体と空気との均一混合気が燃焼することができるためには混合気が可燃範囲にある必要がある．メタンと空気の混合気に各種の消火剤ガスを添加していくときの可燃範囲の変化を図4.15に示す[15,16]．曲線と縦軸で囲まれた範囲が可燃範囲であり，各添加気体の量がそ

4.2 消火の基礎

れぞれある値以上になると可燃範囲が消滅してしまう．この可燃範囲がなくなってしまうときの添加気体の混合気中の濃度（分率）をピーク濃度といい，その添加気体が均一混合気の燃焼を抑制する効果の目安となる．希釈作用のある不活性気体では，ピーク濃度は理論混合比濃度となる条件を表す線に近い位置に現れるが，ハロン 1301（CH_3Br）では大きくずれており，化学的な抑制機構を示唆している．火災における火炎は拡散火炎であることが多いので，可燃物が拡散燃焼している状態で空気中に添加気体（消火薬剤）を加えてゆき，消炎するときの添加気体の濃度を測定し，これを消炎濃度（flame-extinguishing concentration）として添加剤の消火能力の指標としている．消炎濃度は，カップバーナ法で調べられる．ピーク濃度，消炎濃度ともに，可燃物の種類によって値が違ってくる．

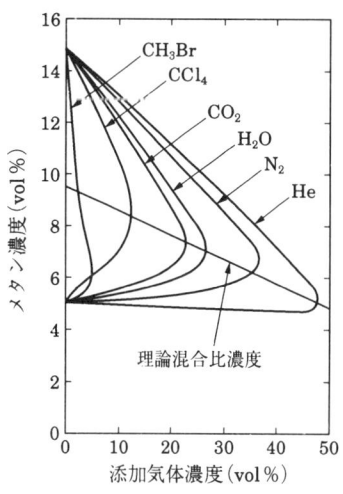

図 4.15 消火剤の添加による可燃範囲の変化[15,16)]
（各曲線の左側が可燃範囲）

　油火災で使用される泡消火剤は，泡が液面を確実に覆うことにより，火炎から液面への熱の供給を絶つとともに気化して発生した可燃性気体の火炎への到達を阻止する作用を持っている．

　多くの場合，水は最も確実な消火剤であるが，油火災のときには中途半端な放水は高温の油を飛散させかえって火勢を増すことになる．また，金属火災では，水は燃焼中の金属と反応して水素を発生させる可能性があり爆発を誘起する危険性もあるので，消火剤として不向きで乾燥砂などが用いられる．

文　献

1) 平野敏右：燃焼学，pp. 10-12，海文堂（1986）
2) 田中哮義：建築火災安全工学入門，pp. 25-38, 日本建築センター（1993）
3) 平野敏右：燃焼学，pp. 24-26，海文堂（1986）
4) 日本火災学会編：火災便覧 第3版，pp. 17-23，共立出版（1997）
5) 平野敏右：燃焼学，p. 45，海文堂（1986）
6) 平野敏右：ガス爆発予防技術，p. 49，海文堂（1983）
7) Strehlow, R. A. : Combustion Fundamentals, p. 93, McGraw-Hill（1985）
8) 平野敏右：燃焼学，p. 73，海文堂（1986）
9) 平野敏右：燃焼学，p. 98，海文堂（1986）
10) 秋田一雄：消防研究所報告，9，p. 4（1959）
11) 平野敏右：燃焼学，p. 158，海文堂（1986）
12) Sato, K., Suzuki, K., Sakai, Y. and Sega, S. : Fire Science and Technology-Proceedings of the Second Asia-Oceania Symposium, p. 166（1995）
13) 佐藤研二：火災，Vol. 39, No. 5, p. 2（1989）
14) 村松茂登彦：日本専売公社中研報告，No. 123（1981）
15) Zabetakis, M. G. : Limits of Flammability Characteristics of Combustible Gases and Vapours, Bulletin

503, Bureau of Mines (1965)
16) 平野敏右：燃焼学, p. 121, 海文堂 (1986)

4.3 火　　　炎

　古来「火のないところに煙はたたない」といわれるように，火炎は，火災における燃焼拡大や煙の生成，構造部材の加熱等を支配する最も基本的な現象である．火炎がどのような性質を持つかを知り，火災時等にはどのような火炎が形成されるかを予測できるようにすることは，防火対策のほとんどの分野の基本を成すものである．
　さて，火炎は，燃料気体と酸素の供給のされ方に応じて，
　① 予混合火炎　　燃料気体と酸素が一般には混合した状態で供給され，燃焼反応が生じることによって形成される火炎．ガスレンジの炎等が代表例．
　②拡散火炎　　燃料気体が噴出することによって酸素（を含む空気）を周囲から巻き込んで燃焼反応が生ずることによって形成される火炎．ろうそくの火炎が代表例．

に分類され，また火炎中の流れの乱れの有無によって，乱流炎と層流炎にも分類されるが，防火対策上，問題となるような火災時の火炎はほとんどの場合，乱流状態の拡散火炎である．火災時の火炎性状については1950年代以降，実験・理論等による研究が進められ，今日では，実用的に問題となるような条件については，燃焼による発熱速度がわかれば，火炎の長さ，温度分布，煙発生量等が予測できるようになっており，その成果は防火設計等にも活発に利用されている．

　ところで，火災時には何が燃焼しているのかを特定するのが困難で，特定できた場合でもその化学的組成を把握できない場合が多い．この点は内燃機関等を対象とする燃焼学にない著しい制約で，20世紀中頃までの防火技術は，経験と定性的な知見に基づく技能といった趣が強かったが，その中にあって，火炎性状のモデル化は，その制約を克服して，実験と論理の積み重ねによる数量的・因果論的な予測に初めて成功した分野であり，火災に対する科学工学的アプローチの規範という役割も果してきた．火炎性状の予測手法は現在も活発に研究されており，精緻化が進んでいる．また，風の影響の評価など，これからの研究が待たれる課題もあるが，ここでは，火炎性状に関する実用的情報は類書に記載されていることが多いことも考慮して，火炎性状がどのような考え方でモデル化されたかに重点をおいて，今後，火災の研究技術開発に携わったり，火災研究の成果の応用において，実用的に使われている予測式等の背景にある理論的考え方を理解したいと思う読者の参考にしたい．

4.3.1　火炎長さ
A. 火炎の形状

　火炎が及ぶ範囲を明らかにすることは，火炎に直接関係する安全性評価上，最も基本的な課題である．ここでは火炎長さの諸関係式を誘導する．
　火炎の長さは，本質的には，火炎に供給される燃料気体が反応し尽くした範囲を表すが，燃焼発熱量は可燃物の種類によって大きく異なるものの燃焼にあずかる酸素の方から見ると，単位酸素量が燃

焼に消費されたときの発熱量は，通常の環境で扱われる可燃物ならば物質によらずほとんど変わらない（Thorntonの法則）．火炎に供給される酸素量は，火炎自体による巻き込み（entrainment）によって決まるが，火炎による周辺空気の巻き込みは，ほぼ純粋に流体力学的に決定され，供給される燃料気体を燃焼させるだけの酸素が巻き込まれた高さが，火炎先端を表すことになる．このことは，火炎長さは，燃料気体が何であれ，その発熱速度から予測できることを意味している．Thorntonの法則は，燃焼による酸素消費量から発熱速度を測定する酸素消費法の基盤原理にもなっているが，火炎の基本的な性質を知るのに燃焼物の組成を把握する必要がなく，発熱速度さえわかればよいという事実は，火災時に燃焼する建材や可燃物の詳しい化学的組成など到底把握できないことを考えると，きわめて意味が大きい．

さて，火災時の火炎は，一般に図4.16のように「息」をしていて，火炎が最も高くなるときと最も低くなるときとでは，高さが大きく異なっている．常に火炎が存在する領域を**連続火炎**（solid flame, continuous flame），火炎が届いたり届かなかったりする領域を**間歇火炎**（intermittent flame）という[1,2]．火炎をビデオ等で連続撮影し，火炎の上端の高さの平均をとって火炎片高さ（flame tips height），連続火炎域の高さを連続火炎高さ（solid flame height）と呼んでいる．一般に，火炎片高さは，連続火炎高さの2倍程度となる．火炎片高さでは木材の引火点よりやや高い温度に達するため，火炎片高さは可燃物への着火の有無を判断する重要な評価指標とされている．また，火炎からの放射のほとんどは連続火炎から発するので，連続火炎高さは放射熱源としては連続火炎の形状を代表させるときに使うことが多い．火炎片より上方を**プルーム**（plume）という．プルームは，火炎によって形成された熱気流で燃焼反応をほとんど伴わない．"plume"という単語は，本来，羽毛を意味しているが，火炎気流の説明に使われるのは，煙が空気を巻き込んでふわふわと拡がっていく様が羽毛のように見えるからである．

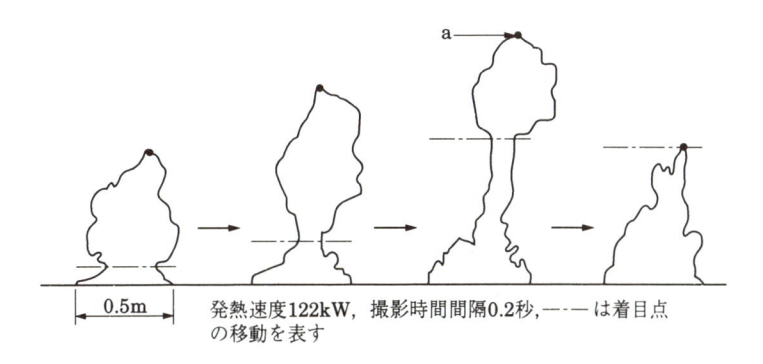

発熱速度122kW，撮影時間間隔0.2秒，—・—は着目点の移動を表す

図 4.16 乱流火炎のストロボ映像[1]

B. 火炎長さの支配要因

床面，壁面などが，立ち上る火炎による周辺空気の巻き込みは，熱気流の対流の問題と捉えることができる．このような流れ場を支配するのは浮力と慣性力なので，火炎の高さは，燃料気体が可燃物から噴出する速度を代表流速とするフルード（Froude）数に支配されるという考え方が定説となって

いる[3,4]．フルード数（普通 Fr と書く）は，熱流体の浮力と慣性力の比を表す無次元数で，代表流速 U，代表長さ L，代表温度 Θ，重力加速度 g，体積膨張係数 β に対して，

$$Fr = \frac{g\beta\Theta L}{U^2} \tag{4.18}$$

で表される．ここで，燃料気体の噴出速度は，可燃物の種類や加熱条件等によって決まるが，個々の可燃物・加熱条件に対して求めるのは煩雑なため，火災安全工学では，火源の最も基本的な性質である発熱速度 Q が燃料の噴出速度と噴出面積 A に比例することを利用し，さらに $Q(=\rho C_p \Theta U A \propto \rho C_p \Theta U L^2)$ に比例する無次元数で表されるように Fr の平方根の逆数をとって，式（4.19）で定義される無次元発熱速度 Q^* を使うことが多い[1]．ρC_p は空気の密度，比熱である．

$$Q^* = \frac{Q}{\rho C_p g^{1/2} \beta T L_1^2 L_2^{1/2}} \tag{4.19}$$

式（4.19）では，代表温度として Θ の代わりに雰囲気温度を絶対温度で表した $T(K)$ を使っているが，火炎の代表的な温度は燃焼物の種類，規模によらず大して違わず，事実上定数となってしまうため，もっと使いやすい雰囲気温度に置き換えたのである†．代表長さのうち，L_1 は火源自体の代表長さ（円形なら直径，正方形なら一辺の長さなど），L_2 は考察している系の鉛直方向の代表長さである††．式（4.19）の右辺分母の $\rho C_p g^{1/2} \beta$ は，地上の大気圧下では定数で，SI単位系では約1116となる．自由空間の床面上の火源を扱う場合には，鉛直方向の代表長さが決まらないため，L_2 は L_1 で代用し，

$$Q^* = \frac{Q}{\rho C_p g^{1/2} \beta T L_1^{5/2}} \tag{4.20}$$

等として，その火源形状だけについて成り立つ関係式として利用するのが一般的である†††．代表的な可燃物について，代表長さと Q^* の関係を整理すると，図4.17のようになる[8]．同じ物質でも代表長さ

---

† Q^* とほぼ同時期に，やはりフルード数から出発し，火炎高さを支配する無次元数として，

$$N = \frac{C_p T Q^2}{g \rho^2 \Delta H_{c,air}^3 L_1^5} \tag{i}$$

が誘導された[5]．式（4.19）との基本的な違いは，物質によって燃焼熱が異なることを考慮した点にあるが，$\Delta H_{c,air}$ は，空気単位質量が燃焼に消費された時の発熱量で，大半の可燃物で約3.0 MJ/kgとほぼ一定値となるため，結果的に N は，Q^* を二乗したものに比例することになる．

†† 線火源など2次元流れとして扱える場合は，燃料噴出面の奥行は無限大となるため，Q の代わりに単位奥行長さ当たり発熱速度 Q_l を使用する．この場合，流れ場の平面上の燃料噴出面長さを L_1 とすると，$Q_l = \rho C_p \Theta U L_1$ となり，式（4.19）に対応する無次元発熱速度も，

$$Q_l^* = \frac{Q_l}{\rho C_p g^{1/2} \beta T L_1 L_2^{1/2}} \tag{ii}$$

となる．式（4.20）に対応するものは式（ii）で $L_1 = L_2$ とおき，$L_1 L_2^{1/2} = L_1^{3/2}$ とすれば得られる[6]．

††† 壁面が長方形状に燃焼するような場合は，一辺は鉛直方向であるため，燃料噴出面積は $A = L_1 \times L_2$ となる．したがって，式（4.19）は，

$$Q^* = \frac{Q}{\rho C_p g^{1/2} \beta T L_1 L_2^{3/2}} = \frac{(Q/L_1)}{\rho C_p g^{1/2} \beta T L_2^{3/2}} \tag{iii}$$

となる．壁面上の線火源では鉛直方向の代表長さと火源の代表長さが一致するため，式（ii）において $L_1 = L_2$ となるが，式（iii）の Q/L_1 も Q_l も単位奥行長さ当たり発熱速度を表すので，形式上，線火源でも有限の奥行を持った火源でも Q^* の表現は同等になる[7]．

が大きくなると Q^* が小さくなるのは，Q は面積，すなわち，代表長さの二乗にほぼ比例するのに対して，Q^* は $Q/L_1^{5/2}$ に比例するからである．家具等の Q^* は，一般に発熱速度を酸素消費法で測定し，直径・辺長等の寸法を L_1 に代入して計算する．

なお，線火源，壁面等の火源については，前ページ脚注に示す特殊な考察が必要である．また，天井面や庇の下を火炎が流れる場合は浮力自体が火炎の流れには直接働きかけないためフルード数では火炎性状を整理することができず，後述するような考察が必要であるが，以下，ここでは，特に断らない限り，最も多用される自由空間中の火炎を念頭において，式(4.20)を基に，火炎の高さの一般的性質を概説する．

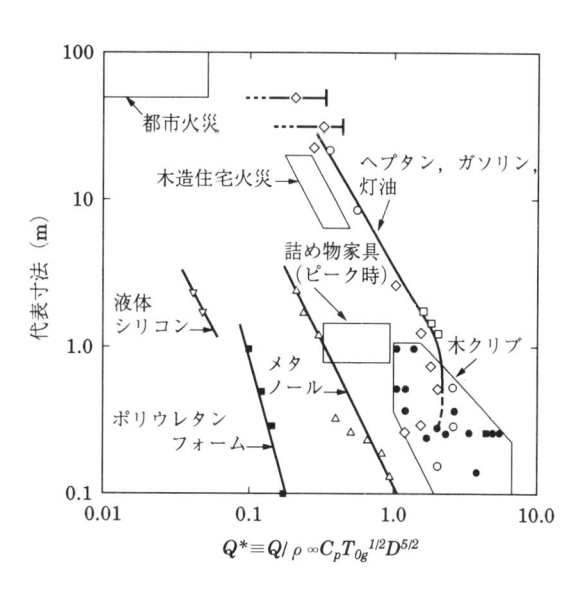

図 4.17 各種可燃物に関する代表長さと Q^* の関係[8]

C. 無次元発熱速度と火炎長さの関係

図 4.18 は，正方形，円形の火源について辺長または直径 D を代表長さとして，$Q/D^{5/2}$ と火炎の形状の変化の関係を表している．A 項より，$Q^*=Q/1116D^{5/2}$ である．発熱速度が非常に大きいと，火炎長さは火源の大きさ・形状には無関係に発熱速度だけで決まることが経験的に知られていたが，ここでは前項で述べた理論的枠組の中で，Q^* と火炎長さの関係を考えたい．

A 項の考察に基づき，火炎長さ L_f が γ を定数として，

$$L_f = \gamma \cdot Q^{*n} \cdot L_1 \tag{4.21}$$

で表されものとする．式(4.21)に式(4.20)を代入して展開・変形すると，

$$L_f = \gamma \cdot Q^{*n} \cdot L_1 = \frac{\gamma \cdot Q^n \cdot L_1}{(\rho C_p g^{1/2} \beta T L_1^{5/2})^n} = \frac{\gamma \cdot Q^n \cdot L_1^{1-5n/2}}{(\rho C_p g^{1/2} \beta T)^n} \tag{4.22}$$

となるが，$L_f \gg L_1$ であれば，火炎先端は火源本体から遠く離れるため，火源の形がどのようであったかを「覚えている」とは考えられない．そうであれば式(4.22)からは L_1 は消失するはずなので，

$$1-5n/2=0 \quad \text{あるいは} \quad n=2/5 \tag{4.23}$$

が成り立つ．$L_f \gg L_1$ であれば，Q^* は十分大きいはずであるが，こうして，Q^* が十分大きくなると，火炎長さは $Q^{*2/5}$ または $Q^{2/5}$ に比例することが思考実験によって予想できる．

一方，逆に，火源の燃料気体噴出面の代表長さに対して火炎長さが小さい場合の極限として，火炎の先端から火源全体を見渡せないような条件を考える．火炎が火源全体を見渡せないのなら，火炎高さは「火源全体の拡がりも発熱速度全体も知ることはできない」条件のもとで決定されるはずである．火炎が「知ることができる」のは燃料気体の発生密度（$Q/B \propto Q/L_1^2$）だけであることを考慮して式(4.21)を変形すると，

$$L_f = \gamma \cdot Q^{*n} \cdot L_1 = \frac{\gamma \cdot Q^n \cdot L_1}{(\rho C_p g^{1/2} \beta T L_1^{5/2})^n} = \frac{\gamma \cdot (Q \cdot L_1^2)^n \cdot L_1^{1-n/2}}{(\rho C_p g^{1/2} \beta T)^n} \tag{4.24}$$

L_f は L_1 を感知できないのであったから，式（4.24）から L_1 は消失するはずである．すなわち，

$$1 - n/2 = 0 \quad \text{あるいは} \quad n = 2 \tag{4.25}$$

が成り立つ．したがって，$L_f \ll L_1$，言い換えると Q^* が非常に小さい場合，火炎長さは Q^{*2} または Q^2 に比例することが思考実験的に予想できる．

以上のように，火炎長さは，Q^* が小さければ Q^{*2} に比例し，Q^* が大きければ $Q^{*2/5}$ に比例すると考えられるが†，どの範囲でこれらの関係が成り立つかは実験をしなければわからない．図4.18を見ると，$Q^* > 1$ では $L_f \propto Q^{*2/5}$ となり，ほぼ $Q^* < 0.05$ では $L_f \propto Q^{*2}$ となっていることがわかる．その中間の領域では，n の値も 2/5 と 2 の間になっている．γ の値は，$Q^* > 0.2$ では，間欠火炎先端に対しては 3.3～3.5，連続火炎域については約 1.8 となる．

なお，図4.18に示した実験では，発熱速度は，燃料ガスが完全燃焼したと仮定して，燃料供給量に理論発熱量を乗じた値（公称発熱速度；nominal heat release rate という）で表現されている．実験によっては，酸素消費法で発熱速度を直接測定した値が使用されている場合もあるが，一般には燃料ガスが 100% 燃焼するわけではないので，このような直接測定値を使用した場合と燃料供給量から推定した場合とでは，ある程度の差が生じることに注意しなければならない．

線火源について，これまでの考察を適用すると，82頁脚注に従って

$$L_f = \gamma' \cdot Q_l^{*m} \cdot L_2 \tag{4.26}$$

と表したとき，Q_l^* が大きければ $m = 2/3$，小さければ $m = 2$ となる．公称発熱速度を Q に代入した場

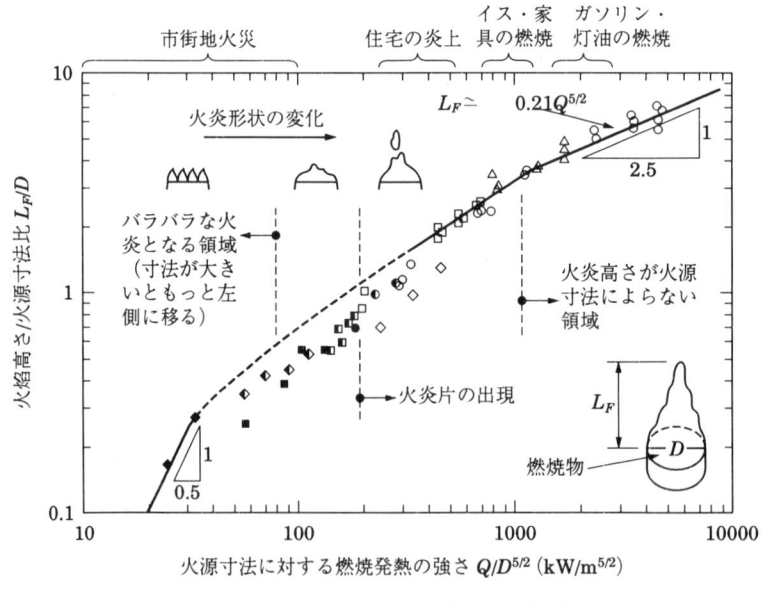

図 4.18 $Q/D^{5/2}$ と火炎高さの関係[9]

---

† この比例関係は 1960 年代初期に予想されていたが[3]，実験で確認されたのは 1980 年代後半である[9]．予想から検証まで約四半世紀もかかったのは Q^* が微小な領域の実験に巨大な装置を必要とするためである．

合の火炎片高さについては，$\gamma'=4.5$ となる．

4.3.2 火炎の温度・流速分布
A. 温度・流速分布のパターン

点熱源，円火源のような点対称の形状の熱源上の火炎・熱気流の流速・温度上昇[†]の分布を高さごとに測定すると，鉛直方向流速・温度は，火源中心軸上で最も大きくなり，中心軸から離れるにつれて減衰する．火炎の温度は火災における燃焼拡大を支配する重要な要因なので，高さごとの最大値である軸上の温度を知ることは重要である．実験によると，連続火炎内部の軸上温度は時間平均をとると高さによらずほぼ一定で，間歇火炎域では高さとともに温度が低下し，火炎より上部のいわゆる火災プルームでは高さに対する温度減衰率がいっそう顕著になる[2,11]．また，軸上流速は連続火炎内では高さとともに増加し，間歇火炎域ではほぼ一定，プルームでは高さとともに減衰する．

一方，中心軸からの距離によって温度・流速がどう減衰するかも，火炎の領域によって異なり，温度，鉛直方向流速を高さごとの軸上値 $\theta_m(z)$，$w_m(z)$ と，軸上値を1として距離 r による減衰を表す $\Theta(z,r)$，$W(z,r)$ とに分けて，$\theta(z,r)=\theta_m(z)\Theta(z,r)$，$w(z,r)=w_m(z)W(z,r)$ とすると，$\Theta(z,r)$，$W(z,r)$ は，連続火炎内では高さによらず，ほぼ r だけの関数となるのに対して，プルームでは上方ほど温度・流速の水平方向の減衰が緩慢で，$\Theta(z,r)$，$W(z,r)$ は r を高さ z で割った値の関数となる．

実は，火炎の軸上温度・流速の変化の仕方と水平方向の減衰の様子は相互に関係しあっている．ここでは，流体力学の基礎方程式に基づいて，これらの関係を解き明かし，火炎の温度・流速分布の基本的な関係式を誘導してみよう．

火源上の流れの鉛直方向流速成分 w に関する運動方程式とエネルギー方程式は，密度変化の影響を浮力に限って考慮し，半径方向の流速を u，温度を θ，単位体積当たり発熱速度を q とすると，近似的に

$$\frac{\partial ruw}{r\partial r}+\frac{\partial w^2}{\partial z}=\frac{\partial}{r\partial r}\left(r\nu_t\frac{\partial w}{\partial r}\right)+g\beta\theta \tag{4.27}$$

$$\frac{\partial ru\theta}{r\partial r}+\frac{\partial w\theta}{\partial z}=\frac{\partial}{r\partial r}\left(r\nu_t\frac{\partial \theta}{\partial r}\right)+\frac{q}{\rho C_p} \tag{4.28}$$

で表される．ただし，火炎において主要な燃焼発熱が起こるのは連続火炎域なので，間歇火炎域およびプルームでは事実上，$q=0$ となる．さて，仮に $w(z,r)=az^mW(r^2/z^k)$，$\theta(z,r)=bz^n\Theta(r^2/z^k)$ で表されるとして[††]，上式に r を乗じたうえ，$r=0$ で $u=0$，$r\to\infty$ で $u=w=\theta=0$ となることを考慮し $\eta=r^2/s^{2-k}z^k$ として（k は定数，s は長さの単位を持つ定数で気流の水平方向への拡がりの程度を表し，単に「幅」と呼ばれることもある），r について $(0,\infty)$ で積分すると，式 (4.27) は，

[†] 火災初期の火災室ならば室温を基準に測った熱気流等の温度，すなわち熱気流等と室温の差が温度上昇（excess temperature）である．しかし，日本語としてはあまり定着していないので，これに続く本文では，単に温度という．

[††] これらの式は，火炎軸上では w や θ が z のべき乗に比例し，軸上値を1としたときの水面分布がそれぞれ $W(r^2/z^k)$，$\Theta(r^2/z^k)$ で表されることを意味している．$k=2$ ならば，水平面分布は z/r の関数で表される．この場合 $W(r^2/z^k)$，$\Theta(r^2/z^k)$ がある一定の値になる半径方向距離は，高さに比例し，熱気流は，あたかも点源から逆円錐状に拡がるように見えることを意味している．

$$\frac{d}{dz}\int_0^\infty w^2 r dr = \frac{d}{dz}\int_0^\infty \frac{a^2 s^{2-k} z^{2m+k} W^2(r^2/z^k)}{s^{2-k} z^k} r dr = \frac{(2m+k)a^2 s^{2-k} z^{2m+k-1}}{2}\int_0^\infty W^2(\eta)d\eta$$

$$= \int_0^\infty g\beta\theta dr = \frac{(n+k)bg\beta s^{2-k} z^{2n+k}}{2}\int_0^\infty \Theta(\eta)d\eta \quad (4.29)$$

となる.同様に式(4.28)から,連続火炎域では式(4.30)が,またそれ以外では式(4.31)が得られる.

$$\frac{d}{dz}\int_0^\infty w\theta r dr = \frac{d}{dz}\int_0^\infty \frac{abs^{2-k}z^{m+n+k}W(r^2/z^k)\Theta(r^2/z^k)}{s^{2-k}z^k} r dr$$

$$= \frac{(m+n+k)abs^{2-k}z^{m+n+k-1}}{2}\int_0^\infty W(\eta)\Theta(\eta)d\eta = \frac{1}{\rho C_p}\frac{dQ}{dz} \quad (4.30)$$

$$\int_0^\infty w\theta r dr = \int_0^\infty \frac{abs^{2-k}z^{m+n+k}W(r^2/z^k)\Theta(r^2/z^k)}{s^{2-k}z^k} r dr$$

$$= \frac{abs^{2-k}z^{m+n+k}}{2}\int_0^\infty W(\eta)\Theta(\eta)d\eta = \frac{Q}{\rho C_p} \quad (4.31)$$

式(4.29)～式(4.31)に現れる定積分は定数となるから,この等式が成り立つためには,各式両辺のzのべき乗が等しくなければならない[2,10].すなわち,間歇火炎域,プルームでは,$2m-1=n$,$m+n+k=0$となる.また,プルームでは,実験から$k=2$となることをこの関係式に代入すると,$m=-1/3$, $n=-5/3$となる[10,11].さらに,間歇火炎域では,ほぼ$m=0$なので,$n=-1$, $k=1$となる[12].連続火炎域では,ある高さでの発熱速度が,その高さで火炎に巻き込まれる空気量に比例すると仮定すると,

$$\frac{dQ}{dz} \propto \frac{d}{dz}\int_0^\infty \rho w r dr = \frac{d}{dz}\left(\frac{\rho as^{2-k}z^{m+k}}{2}\right)\int_0^\infty W(\eta)d\eta$$

$$= \frac{(m+k)\rho as^{2-k}z^{m+k-1}}{2}\int_0^\infty W(\eta)d\eta \quad (4.32)$$

となる.式(4.32)を式(4.29)に代入して等号が成り立つ条件を求めると,$n=0$となるが,$2m-1=n$は連続火災域でも成り立つから,$m=1/2$, $k=0$となる.

B. 温度・流速と発熱速度の関係

軸上温度・流速・定数sがそれぞれ発熱速度に対して,$a=a'Q^\lambda$, $b=b'Q^\mu$, $s=s'Q^\nu$のように依存するものとする.どの領域でも式(4.29)より$2\lambda=\mu$なる関係がある[11].

連続火災域では,軸上温度は発熱速度によらずほぼ一定なので,$\mu=0$で,自動的に$\lambda=0$となって軸上温度・流速とも発熱速度に依存しない.また,連続火炎上端($Q^*\geqq1$では$z\propto Q^{2/5}$)について式(4.31)を考察すると,$\lambda+\mu+2\nu+2(m+n+k)/5=1$より,$\nu=2/5$が得られる.すなわち,$Q^*\geqq1$では連続火炎域の高さも幅も$Q^{2/5}$に比例することがわかる.間歇火炎域では$\lambda+\mu+\nu+2(m+n+k)/5=1$であるが,幅が連続火炎と同様,$Q^{2/5}$に比例すると仮定して$\nu=2/5$とすると,$\lambda=1/5$, $\mu=2/5$となる.プルームでは$k=2$,すなわち$s=1$で,式(4.31)より$\lambda+\mu=1$となるから,$\lambda=1/3$, $\mu=2/3$である.

C. 火炎の温度・流速分布に関するまとめ

A,B項より,連続火災域,間歇火炎域,プルームの温度・流速分布は次のように表されることがわ

かる.

連続火炎域　　$w(r,z)=a_1{}'z^{1/2}W_1(r^2/Q^{2/5})$, $\theta(r,z)=b_1{}'\Theta_1(r^2/Q^{2/5})$

間歇火炎域　　$w(r,z)=a_2{}'Q^{1/5}W_2(r^2/Q^{2/5}z)$, $\theta(r,z)=b_2{}'Q^{2/5}z^{-1}\Theta_2(r^2/Q^{2/5}z)$

プルーム　　　$w(r,z)=a_3{}'Q^{1/3}z^{-1/3}W_3(r^2/z^2)$, $\theta(r,z)=b_3{}'Q^{2/3}\cdot z^{-5/3}\Theta_3(r^2/z^2)$

ここで,軸上温度・流速を,$z/Q^{2/5}$で整理し直すと,$w_m/Q^{1/5}=A(z/Q^{2/5})^m$, $\theta_m=B(z/Q^{2/5})^{2m-1}$ と一貫した表現が可能になる[2]. こう表現したときの A,B 値を各種の実験から整理すると,表4.3のようになる.

ただし,これまでの考察は,連続火炎域を除いて厳密には点熱源に対して成立するものであり,火災時の火炎は,水平・鉛直両方向に発熱源が分布している点で点熱源と異なる.実用的には,点熱源を想定して得られた関係式に高さの補正を加えて,実際の火炎性状の予測・モデル化に適用されている.この補正高さを**仮想点源**高さ(ΔZ)という.仮想点源高さは,Q^* が大きい細長い火炎の場合,燃焼発熱が床面よりかなり高い部分で起こることを反映して正の値となり Q^* が小さいと火炎の水平方向の拡がりの効果が現れて負の値をとる.仮想点源高さ ΔZ は,このように Q^* の関数になると考えられ,例えば,式(4.33)で表される[5].

$$\Delta Z = 1.02 - 0.08 Q^{*2/5} \tag{4.33}$$

なお,線火源上の火炎については,軸上の温度・鉛直方向流速をそれぞれ θ_m, w_m とするとき,連続火炎域では $\theta_m=$ 一定, $w_m \propto z^{1/2}$, プルームでは $\theta_m \propto Q^{2/3}z^{-1}$, $w_n \propto Q^{1/3}z^0$ となる.

表4.3 軸対称火源上の乱流拡散火炎の領域と軸上温度・流速の諸定数[†]
（文献13に若干のデータを追加した. $w_m/Q^{1/5}=Az'^m$, $\theta_m=Bz'^{2m-1}$ と表す. ただし, $z'=z/Q^{2/5}$）

	連続火炎域 $0<z'<0.08, m=1/2$		間歇火炎域 $0.08<z'<0.20, m=0$		プルーム $0.20<z', m=-1/3$	
	A	B	A	B	A	B
横井	—	—	—	—	1.17	24.6
Rouse-Yih-Humphreys	—	—	—	—	1.42	29.7
George-Tamanini-Alpert	—	—	—	—	1.24	24.6
寺井・新田	—	700〜800	1.5	56	—	—
McCaffrey	6.84	797	1.93	63	1.12	21.6
長谷見	7.0	810	1.90	70	—	—
Cox-Chitty	6.83	880	1.85	70	1.08	23.6

D. 火炎に運ばれる煙流量

火炎やプルームは,周囲の空気を巻き込むため,高さとともに火炎・プルーム内の煙流量は増大する.煙流量は,例えば火災室における煙層の形成を決める最も重要な要因である.点熱源・円形火源のような軸対称の火炎・熱気流を流れる質量流量 $M(z)$ は,流速に密度を乗じて水平面上で積分すれば求まる.すなわち,

---

[†] 表に示す連続火炎域,間歇火炎域,プルームの区分は,火炎の観察に基づく分類とは系統的な差異を示している. 文献14では,仮想点源の位置に関する考察に基づき,この2つを一致させたモデルが展開されている.

$$M(z) = \int_0^\infty 2r\rho w(z,r)dr = \int_0^\infty 2r\rho a'Q^\lambda z^m W(r^2/s^{2-k}z^k)dr$$

$$= \rho a's'Q^{\lambda+(2-k)\nu}z^{m+k}\int_0^\infty W(\eta)d\eta \tag{4.34}$$

したがって，プルームでは，$M(z) \propto Q^{1/3}z^{5/3}$，間欠火炎域では $M(z) \propto Q^{3/5}z^1$，連続火炎域では $M(z) \propto z^{1/2}$ となる．プルームを流れる煙流量は，$z^{5/3}$ に比例し，高さとともに著しく増大するが，Q に対しては1/3乗でしか増加せず，発熱速度は煙流量にあまり影響しないことがわかる．火災安全設計等において，煙流量の予測の必要性が最も高いのは，プルームのそれである．式 (4.33) のべき乗をプルームについて整理すると，煙流量は，

$$M(z) = C_m \left(\frac{\rho^2 g}{C_p T}\right)^{1/3} Q^{1/3} z^{5/3} \tag{4.35}$$

と表現できるが，定数 C_m を実験から求めると，$C_m = 0.21$ となる[1,11]．

4.3.3 現実的な条件での火炎性状

前項までは，火炎の仕組みに焦点をあてたので，軸対称，線対称など，数学的扱いが容易な形状の火源について火炎高さ・温度分布等がどのように決定されるかを説明したが，現実の火災で取り扱わなければならない火源は，このように単純な形状であるとは限らない．また，火源が壁面や可燃物の近傍に形成されると燃焼拡大に重大な影響を与えるが，逆に，火炎自体の性状も壁面等の影響を受ける．このように，数学的・理論的な扱いが煩瑣となる条件での火炎性状については，個別的な実験報告を超える研究が数多く積み重ねられているわけではなく，今後の研究に待つ必要のある課題が多く残されているが，ここでは，これまでの研究により明らかにされた範囲で概説する．

A. 火源形状と火炎高さの関係

火炎の基本的な性質を調べる場合には，理論と比較しやすい円形火源や線火源を想定するのが一般的であるが，火災安全設計等において実際に扱うのは，そのような理想的な形状の火源ばかりではない．発熱速度が火源の代表寸法に対してある程度大きい場合，火炎高さは，正方形火源では $Q^{2/5}$ に比例するのに対して，線火源では $Q_l^{2/3}$ に比例するというように，火炎の最も基本的な性質である火炎高さと発熱速度の関係が火源形状によって質的に異なることを考えると，円火源，点火源のような軸対称図形の火源と線火源の間にある中間的な形態の火源に対してどのような火炎性状となるかを把握する意義は大きい．

図 4.19 は，長方形火源の縦横比を 1～10 の間で変化させたときの火炎高さを整理したものである[15]．無次元発熱量は，火源の短辺・長辺の長さをそれぞれ A，B として

$$Q^*_{mod} = \frac{Q}{\rho C_p g^{1/2} \beta T A B^{3/2}} \tag{4.36}$$

で表されており，Q^*_{mod} は，線火源の場合 ($A/B \to 0$)，Q_l^* に一致し，正方形火源では Q^* に一致する．長方形火源の火炎高さは，その縦横比に応じて，正方形火源と長方形火源の間の値をとるが，軸上温度，流速は，実験によると，少なくともスプリンクラー・熱感知器の作動等が問題となるような温度

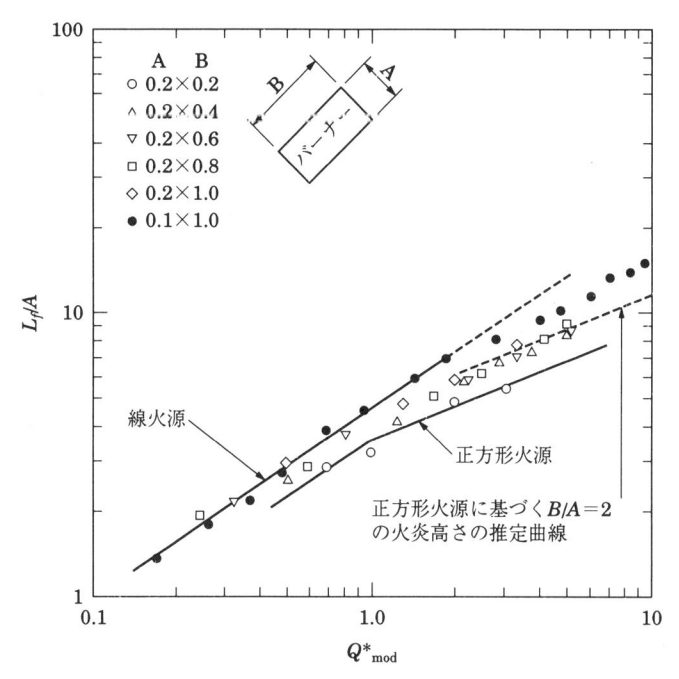

図 4.19 火源の縦横比が火炎の高さに及ぼす影響[15]

の範囲では，縦横比が3程度を境界として，それより細長い火源では線火源，より正方形に近い火源では正方形火源の関係式で説明される．

B. 壁面が火炎性状に及ぼす影響

火炎高さを支配しているのは，前述のように発熱速度に見合う酸素の巻き込み条件である．したがって，火炎の近くに空気の巻き込みに障害となる壁等があると，酸素の巻き込みが低下して火炎が長くなる傾向を示す．室の隅角部で出火すると火災拡大が急激となるといわれているが，可燃内装の場合，内装が燃え拡がるだけでなく，火炎の二方が壁で塞がれるため，空気の巻き込みが制限されて火炎が長くなるからである．図4.21は，壁際，隅角部での火炎高さの測定例である．

壁際や壁が交差する隅角部の火炎性状は，図4.20のように壁の裏側に実際の火源と同じ寸法の火源があるとして，実際の火源と仮想した火源を併せたものを改めて自由空間中の火源として火炎高さ，軸上温度，煙流量等を計算し，火炎高さ・軸上温度はそのまま，煙流量は，壁際では計算値の1/2，隅角部では1/4にする，という便法（仮想火源法, miller method）が使われることが多い．この考え方は壁の存在が流れ性状に大きな影響を与えなければ妥当であるが，壁に垂直な方向に対しては壁は渦の発達を妨げるように働くため，空気の巻き込みが減少して[8]，現在では，仮想火源法は，火炎高さについては過小評価，煙流量については過剰評価につながると理解されている[16,17]．火炎が壁や隅角部から

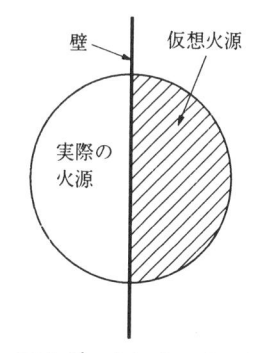

図4.20 仮想火源法の考え方[1]

壁際に半円形の火源がある場合，壁の裏に線対称の形状の火源があって全体では円形の火源が自由空間中にあるとみなして，火炎性状を計算する．

図 4.21 のグラフ

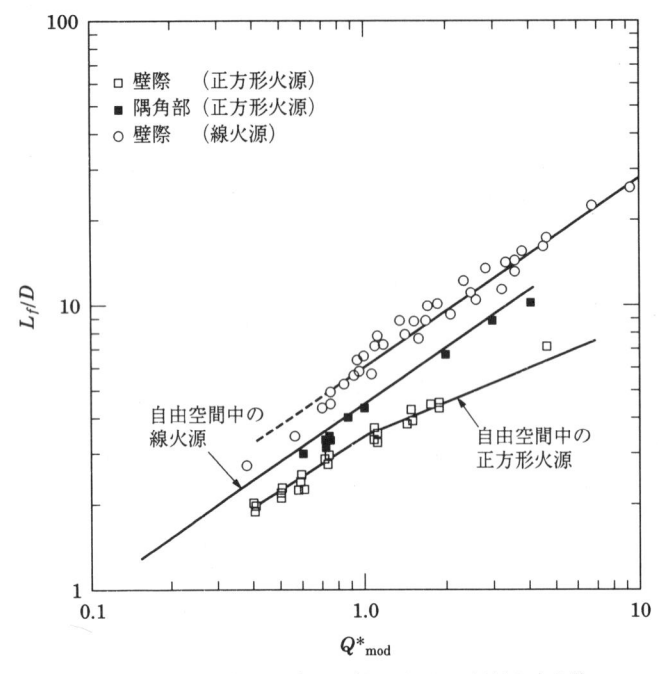

凡例:
- □ 壁際（正方形火源）
- ■ 隅角部（正方形火源）
- ○ 壁際（線火源）

縦軸: L_{fl}/D、横軸: Q^*_{mod}

曲線のラベル: 自由空間中の線火源、自由空間中の正方形火源

図 4.21 壁際・壁隅角部における火炎の高さ[8]

ある程度離れても，壁側からの火炎への空気の巻き込みは制限されるため，火炎は壁側に倒れ込む傾向を示す[18]．

C. 壁面等の燃え拡がりと火炎による可燃表面の加熱性状

室火災では，可燃の壁や天井に燃え移った頃から火災拡大が急激になることが多い．壁や天井の燃え拡がりが，床などに比べて急激になるのは，上方に流れようとする火炎が未燃の内装表面に沿うように流れるため，可燃表面が火炎に強く熱せられて短時間に着火するからと考えられている．床面では，火炎が生じても上に流れるため床面から離れるし，床面上には火炎に向かう空気の流れが生じて火炎周囲の表面は冷却されてしまう．

壁面，天井面等の燃え拡がり性状を予測するには，火炎に接する壁・天井面の加熱性状の把握が必要であるが，接炎による加熱性状の把握は，例えば，火災荷重が少ない空間のように，盛期火災にならないと予想される条件での無被覆金属構造等の耐火設計でも必要になることがある．図 4.22 は，壁面上の火炎による壁面への入射熱分析のデータを整理したもので[7]，入射熱分布は，（火炎下端から測った）高さを火炎高さで割った無次元高さで表されることがわかる．天井面下の火炎などでも同様に，火炎が接する部材の入射熱は，（火炎の風上側端から測った）距離を火炎長さで割った無次元長さに支配されると考えられている．なお，壁面上の火炎から壁面への入射熱は，火炎の単位幅当たり発熱速度が数百 kW/m に達すると，火炎が厚くなるため，火炎内部では，図 4.22 が示唆する値よりも大きくなる[19]．

D. 天井面下の火炎の長さ

建築防火設計では，天井面や庇の下を火炎が流れる場合の延長距離を求めなければならない場合が

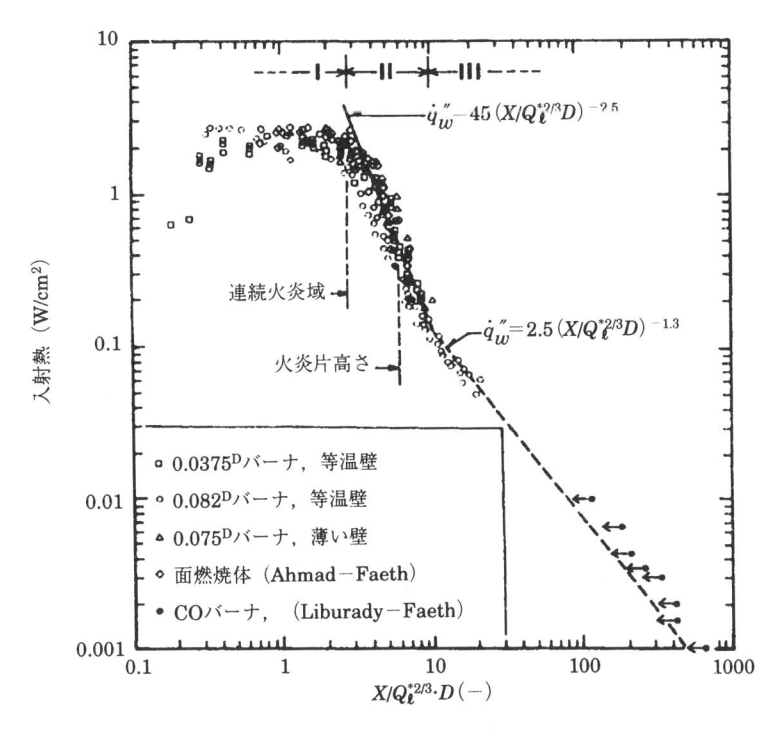

図 4.22 壁面に沿う火炎から壁表面への入射熱分布[7]

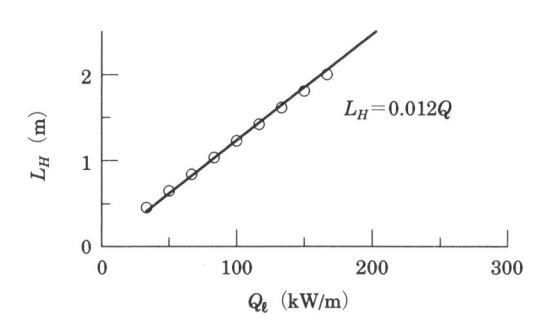

図 4.23 天井面下を一方向に流れる火炎の長さと発熱速度の関係[20]

ある．ここで，純粋に火炎が天井面下を水平に流れる場合を考えると，浮力は直接には流れに作用しないため，フルード数に基づくモデル化の考え方が適用できない．

天井面下の火炎長さを系統的に調べた実験例はきわめて少ないが，図4.23に，天井面に下向きに線火源を設置して一方向に火炎が流れた場合の火炎到達長さと発熱速度の関係を整理した例を示す[20]．火炎長さは，発熱速度にほぼ比例していることから見て，天井面下を流れる火炎の単位面積当たり発熱速度や酸素巻き込み量も一定であると推定できる．このような一方向の火炎の流れは，火災室開口からの噴出火炎が庇，上階バルコニー下面を流れるような場合に見られるが，壁面上では火炎長さが$Q^{2/3}$に比例するのに対して水平下面ではQに比例するため，発熱速度が大きくなると，発熱速度が同じでも壁面を流れる場合より水平下面を流れる場合の方が，火炎が伸長することになる．このことは，庇やバルコニーは開口噴出火炎の長さそのものの抑制には効果がないことを意味しており，実火災な

どで庇などが上階延焼防止に効果的であると認識されているのと一見，矛盾している．しかし，庇が火炎の短縮にはあまり効果をあげないことは模型実験等でも報告されており[21]，庇に上階延焼抑制の効果があるとすれば，それは主に庇の突出によって火炎を壁面や開口部から遠ざけるためであろう．

文　献

1) Cetegen, B., Zukoski, E. E, Kubota, T.: Entrainment and flame geometry of fire plumes, NBS–GCR–82–402 (1982)
2) McCaffrey, B. J.: Purely buoyant diffusion flames, some experimental results. NBSIR 79–1910 (1979)
3) Thomas, P. H., Webster, C. T., Raftery, M. M.: Some experiments on buoyant difusion flames, Combustion and Flame, Vol. 5 (1961)
4) 横井鎮男：炎の高さについて，日本火災学会論文集，Vol. 3, No. 1 (1963)
5) Heskestad, G.: Luminous heights of turbulent flames, Fire Safety Journal, Vol. 5 (1983)
6) Delichatsios, M. A.: Modeling of aircraft cabin fires, Factory Mutual Technical Report (1984)
7) 長谷見雄二：垂直面における上方火焔伝播の熱的モデル・I，日本建築学会構造系論文報告集，No. 359 (1985)
8) Hasemi, Y. Tokunaga, T.: Some experimental aspects of turbulent diffusion flames and buoyant plumes from fire sources against a wall and in a corner of walls, Combustion Science and Technology, Vol. 40, No. 1 (1984)
9) Hasemi, Y. Nishihata, M.: Deterministic properties of turbulent diffusion flames from low Q^* fires, Fire Science and Technology, Vol. 7, No. 2 (1987)
10) Schmidt, W.: Turbulente Ausbreitung eines Stromes erhitzter Luft, Zeitschrift für angewandte Mathematik und Mechanik Band 21 (1941)
11) 横井鎮男：熱源からの上昇気流に就て（流速及び温度の水平分布式），日本火災学会論文集，Vol. 4, No. 1 (1954)
12) 長谷見雄二：火炎上の上昇気流のモデル化について，日本火災学会論文集，Vol. 29, No. 1 (1979)
13) 日本火災学会編：火災便覧　第3版，共立出版 (1997)
14) 成瀬友宏，菅原進一：火災プルームの巨視的性状に関する研究，日本火災学会論文集，Vol. 44, No. 1, 2 (1996)
15) 長谷見雄二，西畑三鶴：乱流拡散火焔の巨視的性状に対する火源形状の影響，日本火災学会論文集，Vol. 38, No. 2 (1989)
16) Drysdale, D.: An Introduction to Fire Dynamics, 2 nd ed., John Wiley (1999)
17) Poreh, M., Garrad, G.: A study of wall and comer fire plumes, Fire Safety Journal, Vol. 31 (1999)
18) Takahashi, W., Tanaka, H., Sugawa, O., Ohtake, M.: Flame and plume behavior in and near a corner of walls, Proceedings of the Fifth International Symposium on Fire Safety Science (1997)
19) Back, G., Beyler, C., DiNenno, P., Tatem, P.: Wall incident heat flux distributions resulting from an adjacent fire, Proceedings of the Fourth International Symposium on Fire Safety Science (1994)
20) 横林優，長谷見雄二，吉田正志，若松孝旺：天井面燃焼における火炎・熱気流の加熱性状および火炎伝播性状，日本建築学会計画系論文集，第519号 (1999)
21) 佐藤博臣，鈴木健，栗岡均，関沢愛，箭内英治，山田常圭：中高層建物の噴出火炎性状に関する実験的研究その3，写真等の画像記録を基にした火炎性状の考察，日本火災学会研究発表会概要集 (1999)

4.4 区画火災

4.4.1 区画火災性状

鉄筋コンクリート造などの耐火建築物の一室で火災が発生した場合，その室の壁，床，天井で囲まれる区画の条件や室内へ持ち込まれた可燃物の条件により火災性状はおおむね決定される．すなわち，区画の開口部の大きさ，区画の大きさ，区画を構成する壁，床，天井の材質，そして区画へ持ち込まれる可燃物の量やその表面積などにより火災の性状が左右される．特に，このような囲われた空間で進展する火災は，区画火災（compartment fire）と呼ばれる．区画火災の成長過程を時間と火災室内温度の関係で模式的に示すと図4.24のようになる．

火災の成長過程は，初期火災，成長期，盛期火災，減衰期に大別できる．初期火災の段階では，可燃物の燃焼が限られた範囲にとどまり，可燃物の燃焼反応に十分な酸素量が供給される．この段階では，火勢はそれほど強くはないが，火災区画の上方に煙などの高温層が形成され始める．初期火災から盛期火災へ移行する過程，すなわち，火災成長期は2種類に大別できる．火災区画の中に持ち込まれる可燃物量が非常に少ない場合，あるいはきわめて限定された位置に可燃物が置かれた場合には，火災は成長するものの局所的な火炎を形成するにとどまり，そのまま鎮火へと向かう．一方，通常の室では，火元から近接する可燃物へ順次燃え拡がり，場合によっては内装材の条件などにより爆発的な燃焼の拡大，すなわち，フラッシュオーバー（flashover, F.O.）を誘発し，火災室内温度は急激に上昇する．盛期火災に至ると耐火造の区画では，木造家屋と異なり区画を形成する構造体が燃え抜けることがほとんどないので，その継続時間は木造家屋と比して長くなるのが一般的である．また，この盛期火災では，火災性状は火災室へ持ち込まれた可燃物量に依存する燃料支配型火災（ventilation controlled fire）と開口部を介して火災室へ流入する空気量に依存する換気支配型火災（fuel controlled fire）に分けることができる．この盛期火災が長時間続く場合，建築物の構造体などに与える熱的影響などが大きくなるため，構造部材を保護するための耐火被覆などが必要となる．そして，盛期火災時に可燃物の大半が燃え，次第に火災温度は下降し減衰期となり鎮火に至る．

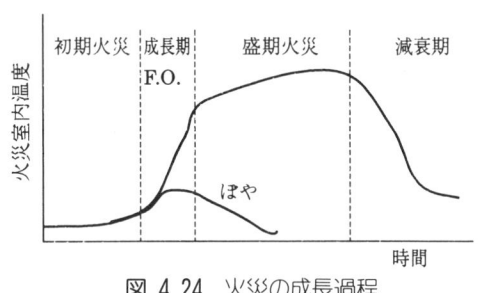

図4.24 火災の成長過程

4.4.2 初期火災

A. 火炎と火災プルーム

初期火災では，火災区画内の火源から高温の煙などのガスが生成され，上昇気流となり火災区画の上部に滞留するようになる．火源上には，火源面からの高さにより連続火炎域，間欠火炎域，火災プルーム域に分けられる乱流拡散火炎が形成され，図4.25に示したような性状を示すことが実験的に明らかにされている[1]．

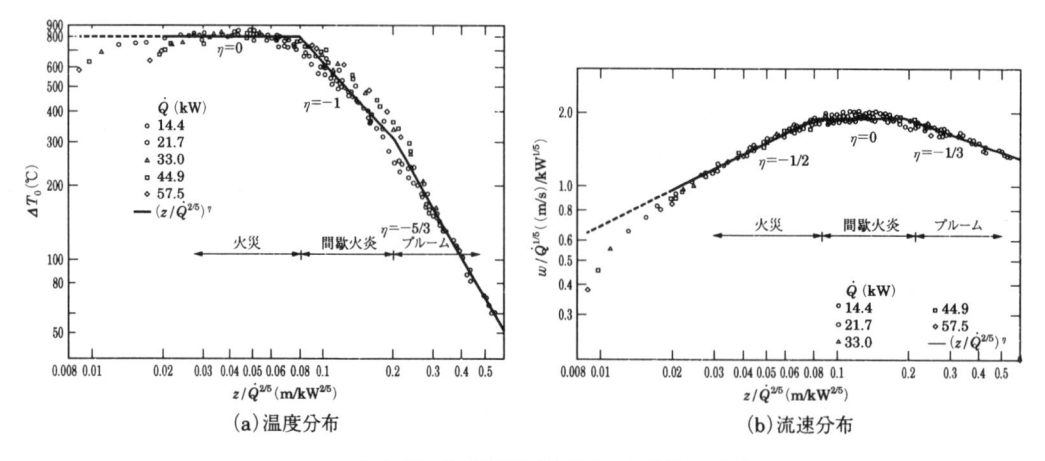

図 4.25 気流中心軸の温度と速度の分布

特に火災初期の段階では，区画上部に燃焼により生成された煙などによる高温層と区画下部に空気層を形成し，おおむね2層に分かれるのが特徴的といえる．高温層は，火災プルームにより高温層へ継続的に煙や新鮮空気が供給され徐々に降下し，区画の扉や窓などの開口部の上端まで下降すると，その開口部を介して隣接する空間へ煙等が伝播するようになる．

B. 火災室の壁にドアや窓などの十分な大きさの側壁開口がある場合の煙層降下

火災が準定常的に燃焼しているときを考えれば，火災火源で発生する熱煙気流質量 m_z，開口部から出る煙を含む気流質量 m_s，開口部から火災室に流入する m_d は釣り合い，$m_z = m_s = m_d$ となって室内での煙層高さが決まる．田中[2]によれば図4.26のように開口部から流出する気流質量は

$$m_s = \frac{2}{3} \alpha B_d (2g\rho_s \Delta\rho)^{1/2} (H_u - Z - \Delta p/\Delta\rho g)^{3/2} \tag{4.36}$$

開口部を通しての流入外気質量は

$$m_d = \alpha B_d (Z - H_l)(2\rho_a \Delta p)^{1/2} + \frac{2}{3} \alpha B_d (2g\rho_a \Delta\rho)^{1/2} \left(\frac{\Delta p}{\Delta\rho g}\right)^{3/2} \tag{4.37}$$

となる．ここで，ρ_a は雰囲気空気の密度，ρ_s は熱煙気層の密度，$\Delta\rho = \rho_a - \rho_s$，$H_u$ は開口部上部高さ，H_l は開口部下端高さ，B_d は開口部幅である．熱煙気層の膨張状態は天井面や壁面に対する熱損失も関

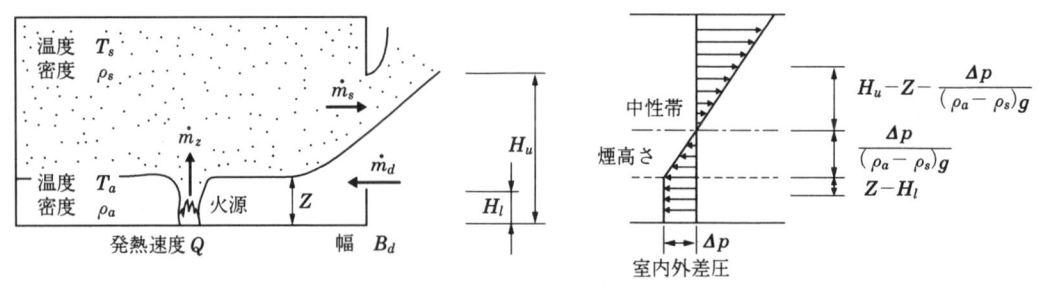

図 4.26 側壁上に開口がある場合の煙層定常高さ予測
（定常状態、火災室の側壁に開口がある場合）

与するので，天井・壁面への熱伝達を考慮したエネルギーの釣り合いは

$$Q - C_p \cdot m_s(T_h - T_a) - h \cdot A_w \cdot (T_h - T_a) = 0 \tag{4.38}$$

となる．ここで，A_w は熱煙気層が接する天井および壁面積，熱伝達係数 h は建物で通常使用されている材料を考えると，おおよそ $0.01 \sim 0.02 \mathrm{kW/m^2 \cdot K}$ となる．m_z, m_s, m_d, T_h は解析的には求められないので数値的に $m_s = m_d$ となるまで計算して求めることになる．

C. 火災室の天井に開口がある場合の煙層降下

天井面に排気口があり床面近くに給気口がある場合，図 4.27 のような設定になる．この場合も前項と同様な取り扱いとなるが，m_s, m_d はそれぞれ

$$m_s = \alpha A_e \{2\rho_s(-\Delta p + \Delta \rho g(H_e - Z))\}^{1/2} \tag{4.39}$$

$$m_d = \alpha A_d (2\rho_a \Delta p)^{1/2} \tag{4.40}$$

となる．ここで

$$\Delta p = \frac{m_z^2}{2\rho_a(\alpha A_d)^{1/2}} \tag{4.41}$$

として m_s を求める方が計算は速くなるが，いずれにせよ m_z, m_s, m_d, T_h は解析的には求められないので数値的に $m_s = m_d$ となるまで計算して求めることになる．

機械排煙の場合は，m_s が機械的な排気能力で決まり，その風量を V_s とすれば $m_s = \rho_s \cdot V_s$ となるので，前述の B 項と同様に熱煙気層の温度を考慮しながら数値的に $m_s = m_d$ まで定常解を求めることとなる．

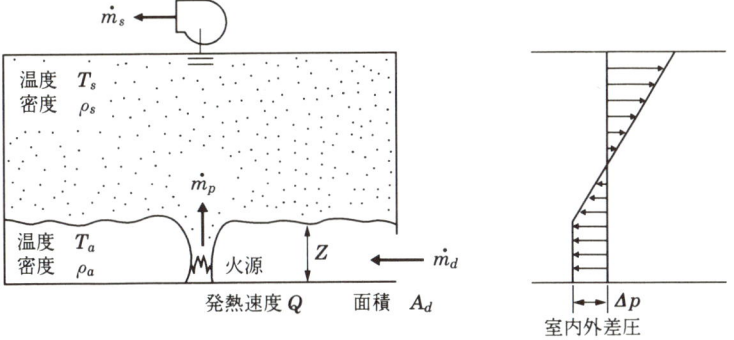

図 4.27 機械排煙時の煙層定常高さ
（定常状態、火災室の側壁に流入開口部があり、上部に機械排煙用開口部がある場合）

D. 廊下での煙流動

火災室がフラッシュオーバーを生じドアが開放されていれば廊下へ熱煙気層が流出し廊下の天井に沿って流動するようになる．その煙の流動速度は 1 m/s 程度で人の通常歩行速度とほぼ同等である．このため在館者がハンディキャップのある場合，煙によって照明が不十分になり歩行速度が低下した場合，あるいは心理的ストレスで避難行動が混乱する場合には，容易に煙に追いつかれて避難困難になる．また，階段室に入ると熱煙気流は 3～5 m/s，おおよそ 1 秒 1 階分の速さで上方へ伝播してい

く．既存不適格建物では階段室や竪穴が区画化されていない場合があり，煙突効果と相まって上階への煙流動はきわめて速い．

廊下の両端が区画化されていない階段室や外気に繋がっているとし，廊下幅 W，ドアからの熱煙気流の流出質量速度を m_{door} とすれば，廊下での煙層厚み H'' は図 4.28 のように

$$H''=0.56\left\{\frac{m_{\text{door}}}{W^2\rho_s(\rho_a-\rho_s)}\right\}^{1/3} \quad (4.42)$$

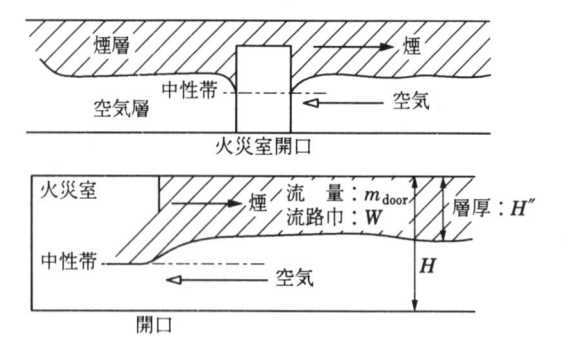

図 4.28 廊下での煙層の形成概念

となる．ただし，$H''\leq H$ であり，ρ_a は空気密度，ρ_s 煙密度である．

4.4.3 火災成長期

火災初期から盛期火災に移行する過程は室の内装の種類などにより急激な火災の成長と比較的緩やかな成長に大別できる．内装が不燃化されている場合，室内に持ち込まれた家具などの可燃物が燃焼し火災が拡大していく．その場合，燃焼拡大は可燃物密度が小さければ緩やかであり，可燃物密度が大きければ速くなる傾向にある．一方，内装が可燃性である場合には，壁や天井などの内装が火炎に接するときわめて急激に燃焼が拡大し，区画内全体が炎につつまれ，フラッシュオーバーが発生する．このフラッシュオーバー時には，区画内のガス濃度も急激に変化し，例えば O_2 濃度は急激に減少して0％近くまで消費され，CO_2 濃度が10％近くまで CO 濃度も数％にまで上昇する場合も生じる[3]．

4.4.4 盛期火災

A．区画内熱収支

区画火災において盛期火災時の区画内の温度性状等を予測する際，室内の物理量などの状態が一様であると単純化し，図 4.29 のように火災区画内の状態を単純な熱収支ゾーンモデルで整理する手法が確立されている[4,5]．

火災区画をゾーンで考えた場合の熱収支は，
①区画内の可燃物の燃焼に伴う燃焼発熱量：Q_H
②壁，床，天井への失熱量：Q_W
③可燃物への伝熱量：Q_F
④開口からの噴出熱気流の持ち去る熱量：Q_E
⑤開口からの輻射失熱量：Q_R
⑥火災区画温度上昇に寄与する熱量：Q_T

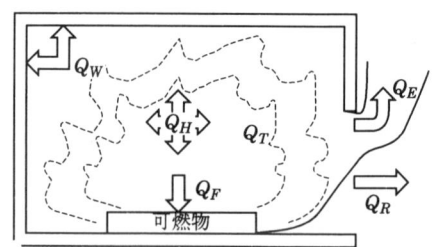

図 4.29 火災区画内熱収支のモデル化

などに要素を分けることができる．ここで，熱収支バランスを考えると

$$Q_H=Q_W+Q_F+Q_E+Q_R+Q_T \quad (4.43)$$

となり，この熱収支式を解くことにより火災区画内の温度等を計算することが可能となる．

また，火災区画内の温度予測法として，式（4.44）のような簡便な算定式も提案されており，建築物の設計段階でおおよその火災外力の大きさを知る上で有用な手段となる[6,7]．

$$T_F = 1280 \left(\frac{q_b}{\sqrt{\sum(A_c I_h)} \sqrt{f_{op}}} \right)^{2/3} t^{1/6} + T_0 \tag{4.44}$$

ここで，q_b は燃焼発熱量（MW），A_c は周壁面積（m²），I_h は熱慣性（kWs$^{1/2}$/m²·K），f_{op} は有効開口因子（m$^{5/2}$），t は火災継続時間（min），T_F は火災室内温度（K），T_0 は外気温度（K）である．

B. 燃焼速度

火災区画内の可燃物の燃焼発熱は，可燃物が熱を受け熱分解した可燃性ガスが空気中の酸素と反応して生じる現象である．一般的に可燃物から発生する可燃性ガスは，火災区画内の高温ガスからの輻射あるいは対流，加熱された周壁などからの輻射による可燃物表面への熱伝達量などにより支配される[8]．可燃物の燃焼発熱量は，区画火災性状を予測する上で非常に重要な因子となるが，可燃物の燃焼発熱量は可燃物の重量の減少量から計算され，この重量減少速度は燃焼速度（burning rate）と呼ばれる．燃焼速度は，耐火建築物のような火災が継続する間，その周壁が倒壊しない区画で可燃物が多量にある場合，開口の大きさで決定される換気量の大きさを示すパラメータに依存し，式（4.45）から求められる[4]．

$$m_b = (5.5 \sim 6.0) A\sqrt{H} \quad (\text{kg/min}) \tag{4.45}$$

式（4.45）により燃焼速度が求められるような火災がいわゆる換気支配型火災であり，式中の $A\sqrt{H}$（A：開口面積（m²），H：開口高さ（m））は区画の開口部を介する換気量を計算する上で重要なパラメータであり，換気因子あるいは開口因子と呼ばれている．この因子は，火災区画と外気あるいは隣接区画の空気の温度差のために生じる換気量を計算する上で導かれる．図4.30は，盛期火災時の開口部における流速分布と圧力差分布を示したものであるが，開口部を介しての流出空気 R_{FO}（kg/s）および流入空気量 R_{OF}（kg/s）は，それぞれ以下のようにして導かれる．

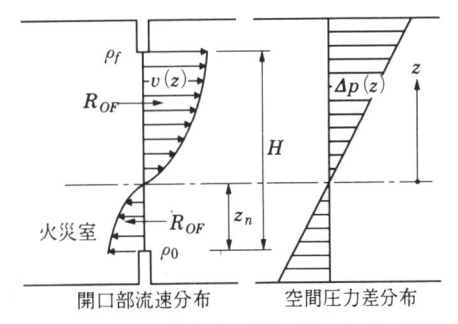

図 4.30 火災室の開口部における流速および圧力差分布

まず，中性帯からの高さ z(m) における流速 $v(z)$(m/s) は，Bernoulliの式を適用させ，式（4.46）で求められる．

$$v(z) = (2\Delta p(z)/\rho_f)^{1/2} = (2g\Delta\rho/\rho_f)^{1/2} z^{1/2} \tag{4.46}$$

ここで，$\Delta p(z)$ は中性帯から上方での圧力差（Pa），ρ_f は火災室内の空気密度（kg/m³），ρ_0 は外気密度（kg/m³），$\Delta\rho$ は気体密度差（$=|\rho_0-\rho_f|$）（kg/m³），g は重力加速度（m/s²）を示す．

流出空気量 R_{FO}（kg/s）は，

$$R_{FO} = \alpha B \int_0^{H-Z_n} \rho_f v(z) dz \tag{4.47}$$

で計算され，開口係数 α，開口幅 B(m)，開口高さ H(m)，中性帯高さ Z_n(m) を用い求められ，式

(4.46) を式 (4.47) に代入すると

$$R_{FO} = \alpha B (2g\rho_f \Delta\rho)^{1/2} \int_0^{H-Z_n} z^{1/2} dz = \frac{2}{3} \alpha B (2g\rho_f \Delta\rho)^{1/2} (H-Z_n)^{3/2} \quad (4.48)$$

となる．同様に流入空気量 R_{FO}(kg/s) は，

$$R_{OF} = \frac{2}{3} \alpha B (2g\rho_f \Delta\rho)^{1/2} Z_n^{3/2} \quad (4.49)$$

となる．ここで，区画内での熱分解ガスの発生量を無視すると $R_{FO}=R_{OF}$ となるから，式 (4.48) および式 (4.49) より中性帯高さ Z_n は式 (4.50) で表される．

$$\frac{Z_n}{H} = \frac{1}{1+(\rho_0/\rho_f)^{1/3}} = \frac{1}{1+(T_f/T_0)^{1/3}} \quad (4.50)$$

ここで，T_f は火災室内温度 (K)，T_0 は外気温度 (K) を示す．

この式 (4.50) を式 (4.49) に代入すると

$$R_{OF} = \frac{2}{3} \alpha B H^{3/2} (2g)^{1/2} \rho_0 \left[\frac{1-T_0/T_f}{\{1+(T_f/T_0)^{1/3}\}^3} \right]^{1/2} \quad (4.51)$$

となる．この式 (4.51) の [ ] 内は火災室内温度 T_f が約 500℃ 前後でおおむね一定となり，式 (4.52) が成立する．

$$R_{OF} = (0.5 \sim 0.52) A\sqrt{H} \quad (4.52)$$

よって，流入空気量 R_{OF} は $A\sqrt{H}$ によりおおむね決定することがわかる．また，開口部を介して火災室内へ流入する空気量と化学量論的空気燃料比から火災室内で燃焼反応が可能な可燃性ガス量を計算すると，例えば，1 kg の木材が完全燃焼するために必要な空気量は 5.7 kg であるので，火災室内への流入空気量が $0.52 A\sqrt{H}$ (kg/s) で求められるとした場合，区画内での可燃性ガスの消費速度は

$$m_c = 0.52 A\sqrt{H}/5.7 \approx 0.09 A\sqrt{H} \text{ (kg/s)} \quad (4.53)$$

となる．

一方，開口の大きさに対し可燃物量が比較的少ない場合などは，区画内に持ち込まれる可燃物の条件により燃焼速度は支配されるようになり，このような火災は燃料支配型火災と呼ばれ，可燃物の表

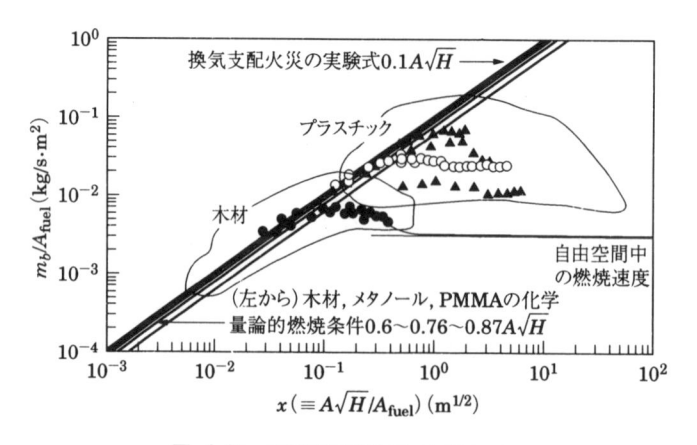

図 4.31 燃焼型支配因子と燃焼速度

面積などが火災性状を支配する重要な条件となる．換気因子を可燃物の表面積 A_{fuel} で除した値は，燃焼型支配因子と呼ばれ，この燃焼型支配因子が小さい場合，図 4.31 に示したとおり単位表面積当たりの燃焼速度は，換気量に支配される換気支配型火災となるが，さらに燃焼型支配因子が大きくなるに従い，燃焼速度はピークを経て徐々に減少し始め，燃料支配型火災となり一定の値，すなわち，建物外部のような囲いのない自由空間中での可燃物条件によって決まる燃焼速度に漸近していく[9,10]．建築物の構造部材の耐火性を評価する場合などの火災の継続時間は，区画内に持ち込まれた総可燃物量を図 4.31 より求まる盛期火災時の燃焼速度で除し求める方法が常套的に用いられている．

燃焼型支配因子を計算する上で必要な可燃物表面積 A_{fuel} については，区画内に持ち込まれる可燃物密度 q_l とその表面積係数 Φ の関係が調査され図 4.32 のような結果が得られ，可燃物表面積の算定式は，次式のようになる[6,11]．

$$A_{fuel} = \Phi \cdot q_l \cdot A_r \tag{4.54}$$

ここで A_r は，区画床面積（m^2）を示す．

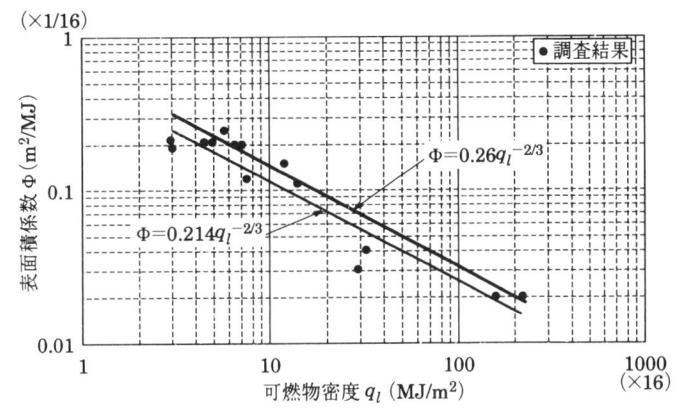

図 4.32 可燃物実態調査による収納可燃物と表面積係数の関係

C. 開口からの噴出熱気流

盛期火災時には，火災室の開口部から高温の熱気流が噴出し，火災室の上方階あるいは隣接する建築物への延焼の原因となる．よって，噴出熱気流の性状を把握することは延焼拡大防止上，非常に重要となる．

噴出熱気流の性状に関しては，その温度分布，中心軸の位置，あるいは噴出火炎の発生限界などについて明らかにされている[12～14]．図 4.33 は噴出熱気流の温度分布およびその中心軸について整理された実験結果の一例である．噴出熱気流中心軸は，開口部が縦長の場合には，上方に向かうに従い壁から離れる傾向にある．一方，開口部が横長の場合には，噴出熱気流中心軸は一旦壁から離れるものの再び壁沿いに吸い寄せられる軌跡をとり，このような現象をコアンダ効果と呼んでいる．図 4.34 は開口部の形状のアスペクト比と噴出熱気流の中心軸の位置を整理した結果であり，この傾向が顕著にあらわれている[13]．よって，横長の開口部は，縦長の開口部と比較して，上方階への延焼拡大の危険性が高いという見方ができ，スパンドレルの高さを十分に設けたり，庇を設けるなどの対策を行い[15,16]，上方階の壁面付近の受ける入射熱を低減することが望まれる．

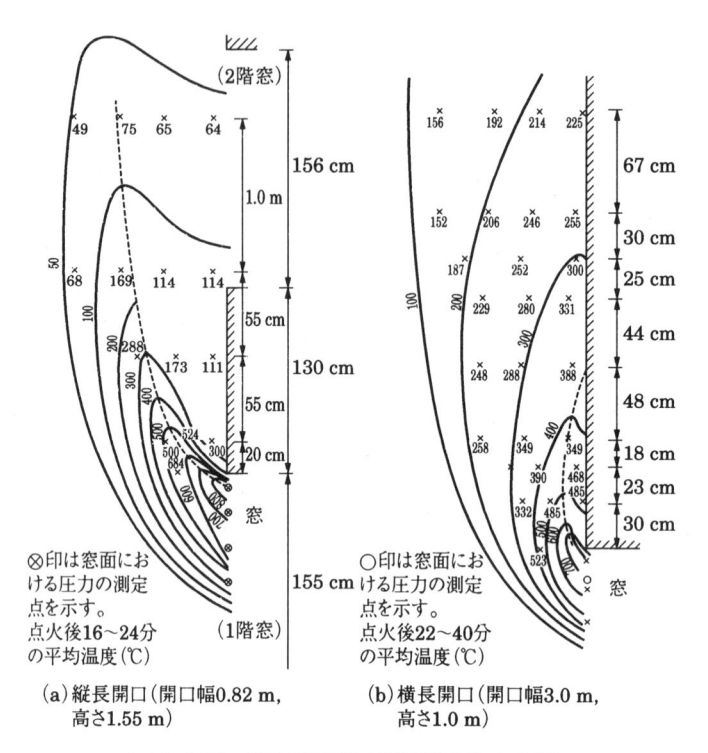

(a) 縦長開口(開口幅0.82 m, 高さ1.55 m)　(b) 横長開口(開口幅3.0 m, 高さ1.0 m)

図 4.33 噴出熱気流の温度分布と中心軸

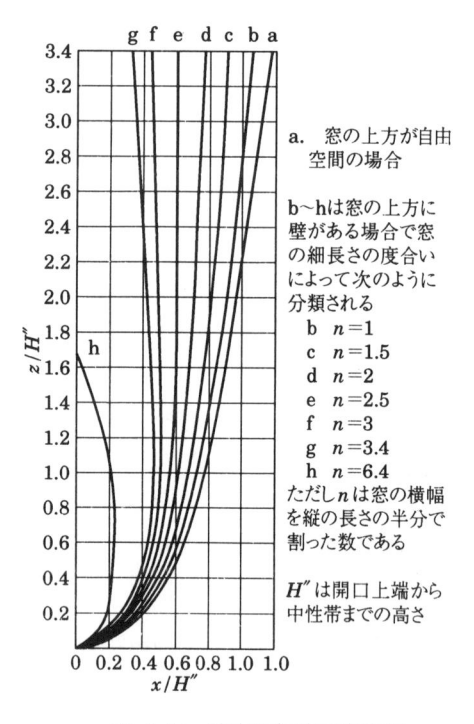

a. 窓の上方が自由空間の場合

b〜hは窓の上方に壁がある場合で窓の細長さの度合いによって次のように分類される
b $n=1$
c $n=1.5$
d $n=2$
e $n=2.5$
f $n=3$
g $n=3.4$
h $n=6.4$

ただしnは窓の横幅を縦の長さの半分で割った数である

H''は開口上端から中性帯までの高さ

図 4.34 噴出熱気流の中心軸

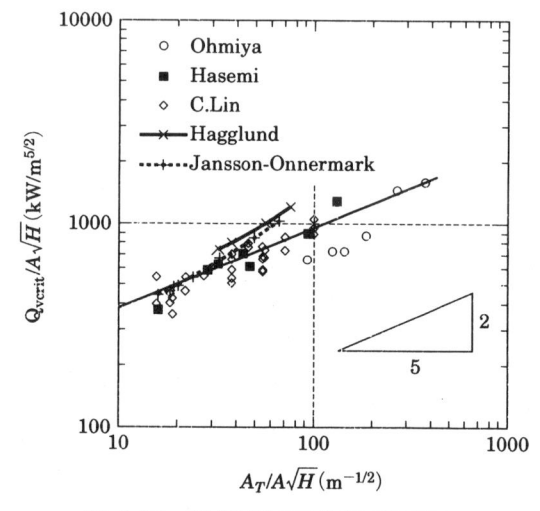

図 4.35 噴出火炎の発生限界発熱量

また，噴出熱気流が火炎となり開口部から発生する条件は実験的に求められ，噴出火炎が発生する最小発熱量 Q_{vcrit} を換気因子 $A\sqrt{H}$ で除した値と区画内の周壁面積 A_T を換気因子 $A\sqrt{H}$ で除した値で図 4.35 のとおり整理できる．

一方，近年，建築物へ持ち込まれる可燃物量の増加や高発熱量の高分子系材料を素材とした家具などの増加に伴い，噴出熱気流の高温域，すなわち，火炎領域が伸長する傾向にある[17]．そのような場合には，噴出熱気流中に含まれる未燃焼のまま火災区画外へ噴出した可燃性ガス量を考慮して，その温度性状等を評価することも必要となる[14]．さらに高層建築物などの延焼拡大防止を考える場合には外気風が噴出熱気流に及ぼす影響も考慮される必要がある[18]．

文 献

1) McCaffrey, B. J., Quintiere, J. G., Harkleroad, M. F., : Estimating Room Temperatures and the Likelihood of Flashover Using Fire Test Date Correlations, Fire Technology, 17（2），pp. 98-119（1981）
2) 田中哮義：建築火災安全工学入門, p. 211, 日本建築センター（1994）
3) 長谷見雄二：区画火災の数学モデルとフラッシュオーバーの物理的機構, 建築研究報告, No. 111（1986）
4) 川越邦雄, 関根孝：コンクリート造建物の室内温度の推定（その 1, その 2), 日本建築学会論文報告集, 第 85 号, 第 86 号 (1963)
5) 大宮喜文, 田中哮義, 若松孝旺：可燃物条件を考慮した区画火災性状予測モデルの構築, 日本建築学会計画系論文集, 第 487 号, pp. 1-8 (1996)
6) 国土交通省住宅局建築指導課, 国土交通省建築研究所, 日本建築主事会議, 日本建築センター編：2001 年版耐火性能検証法の解説及び計算例とその解説（2001）
7) 松山賢ほか：区画内火災性状の簡易予測法, 日本建築学会構造系論文集, 第 469 号, pp. 159-164（1995）
8) 大宮喜文ほか：換気支配型火災時の可燃物への入射熱流束と燃焼速度, 日本建築学会構造系論文集, 第 472 号, pp. 169-176（1995）
9) Harmathy, T. Z. : A New Look at Compartment Fires, Part I /Part II, Fire Technology, Vol. 8 (1972)
10) 大宮喜文ほか：区画内における可燃物の燃焼速度と噴出火炎の発生限界, 日本建築学会構造系論文集, 第 469 号, pp. 149-158 (1995)
11) 油野健志ほか：実態調査に基づく可燃物量とその表面積の分析, 日本建築学会計画系論文集, 第 483 号, pp. 1-8（1996）
12) 横井鎮男：耐火造火災時の窓からの噴出気流の温度分布, 日本火災学会論文集, Vol. 7, No. 2, pp. 41-45 (1958)
13) 横井鎮男：耐火造火災時の窓からの噴出気流のトラジェクトリ, 日本火災学会論文集, Vol. 8, No. 1, pp. 1-5 (1958)
14) 大宮喜文, 堀雄児：火災区画外への余剰未燃ガスを考慮した開口噴出火炎性状, 日本建築学会計画系論文集, 第 545 号, pp. 1-8 (2001)
15) 山口純一ほか：開口噴出気流温度の相似則としての無次元温度の適用性, 日本建築学会計画系論文集, 第 513 号, pp. 1-8 (1998)
16) Suzuki, T., Sekizawa, A., et al. : An Experimantal Study of Ejected Flames of a High-rise Buildings-Effects of Depth of Balcony on Ejected Flame-, Proceedings of the 4 th Asia-Oceania Symposium on Fire Science and Technology, pp. 363-373 (2000)
17) 長谷見雄二：室火災時における開口噴出火炎性状, 安全工学シンポジウム梗概集, pp. 215-218 (1993)
18) Sugawa, O., Momita, D., Takahashi, W., : Flow Behavior of Ejected Fire Flame/Plume from an Opening Effected by External Side Wind, Fire Safety Science Proceedings of the 5 th International Symposium, pp. 249-260 (1997)

5章 煙

火災時に発生する煙は流動し汚損しながら見通し距離の低下をもたらす．煙に含まれる有毒ガスと共に避難安全上重要な危機要因（hazard）となる．ここでは発生（production）と流動（movement）について述べる．

5.1 煙

5.1.1 煙

気相中に微粒子が漂う状態を示す言葉は多く，粉塵（dust），煙（smoke），フューム（fume，例：溶接時の溶接棒から発生），煙霧（haze），ミスト（mist；浮遊液滴）などがある．一般に粉塵は固体の破砕によって生じたもの，フュームは熱分解や電気分解によって固相から気相へ噴出飛散した微粒子，ミストは液体粒子が浮遊分散したものをいう．煙（smoke）は火災時の不完全燃焼で生じた煤や低分子量燃焼生成ガスが縮合してできた微粒子で，固体（炭化水素粒子）や液滴（タール粒子），表面を液体で覆われた固体微粒子の複合体である．また，煙には燃焼や熱分解によるガス（CO_2，CO，HCN，HCl，炭化水素ガスなど）も共分散している．

5.1.2 組成

生活空間には様々な可燃物（combustible materials；木質系の家具，合成樹脂や暖房用燃料など）があり，煙の組成はその種類，燃焼条件（温度や酸素濃度，気流の有無）によって異なる．火災時には同一材質が燃焼しても燃焼域の中心部と周辺部あるいは表面層と深部層では温度や酸化状態など燃焼条件が異なるので，煙発生の様態は一様でない．火炎（flame）から熱気流（plume）域への境界では，急激な温度変化を受け，凝縮（aggregation）や付着（accretion）が生じ活発な煙粒子の発生領域（sooting point）が出現する．流動分散しながらも粒子同士の凝集や付着によって粒径分布や個数濃度が流動距離によって大きく変化する．

固体の煙粒子は熱分解し炭化が進んだ高分子や煤の混合したもので，液体粒子は炭化水素高分子の酸化で生じた水蒸気，これに溶け込んだ有機酸（例：木酢酸），アルデヒド，炭化水素，タールなどの凝縮体である．木質系材料から$0.2\sim0.1\mu m$，プラスチック系材料は材種によるが$0.7\sim1.5\mu m$の粒径を持つ．煙火災感知器が作動する煙濃度を$Cs=0.1\,m^{-1}$とすれば、平均粒径$0.14\mu m$で$10^{13}\sim10^{14}$個/m^3（おおよそ$0.1\sim0.6\,g/m^3$）が空中に漂うこととなる．

5.1.3 煙中の見通し

煙濃度は，一定体積中の煙粒子の重量（フィルターで濾過し秤量）や粒子径ごとの粒子個数で評価

することもある.しかし,建物内を流動拡散する煙中での見通し距離が推定できるため,単位距離当たりの光の減衰による評価を考えることが多い(正しくは濁度であるが一般に濃度と表現している).

図 5.1 は煙による減光を測定する概要である.気相中で単位体積中に粒径範囲 d_p から $d_p+d(d_p)$ の粒子が dN 存在するとき,散乱光強度は入射光に垂直な単位面積当たりの光路長 dz における全粒子断面積 $(\pi d_P/4)\,dN$ に依存する.したがって,光路長 dz での光の減衰は,次式で与えられる[1].

図 5.1 煙による減光の測定
光が光源から受光されるまでに煙によって減光する割合で煙濃度を測定する.Beerの法則に従って評価する.

$$-dI = I\left[\int_0^a \frac{\pi d_P^2}{4} \cdot K_{ext}(x,m) n_d(d_p) d(d_p)\right] dz \tag{5.1}$$

ここで,$dN = n_d(d_p)d(d_p)$ である.

$$b = -\frac{dI}{I\,dz} \int_0^\infty \frac{\pi d_P^2}{4} \cdot K_{ext}(x,m) n_d(d_p) d(d_p) \tag{5.2}$$

式 (5.2) は単位光路長当たりに散乱および吸収される光の入射光に対する比率を表し,**減光係数**(extinction coefficient;attenuation coefficient)と呼ばれる.散乱と吸収の寄与を分離すると散乱係数(scattering coefficient:b_{scat})と吸収係数(absorption coefficient:b_{abs})の和 $b = b_{scat} + b_{abs}$ となる.これらは波長依存性があるが,白色光に対しても成立する.煙中を通過する入射光の減衰は,式 (5.2) を光路長 $z=L_1$ から $z=L_2$ まで積分して,

$$I_2 = I_1 \exp(-\tau)$$

のようになる.ここで,

$$\tau = \int_{L_1}^{L_2} b\,dz$$

であり,これは Lambert 則である.

上記の濁度 τ を通常使われている煙濃度 Cs(concentration of smoke)として書き改めると,減光係数 κ,煙粒子の単位体積当たりの重量濃度 C,光源から目までの距離に相当する光路長を L として

$$\kappa \cdot C = Cs = -\frac{1}{L} \cdot \ln \frac{I}{I_0} \tag{5.3}$$

と書ける.

式 (5.3) でわかるように（散乱と吸光の合わさった）減光に基づく煙濃度は (1/m) の次元を持つ．この煙濃度は光の波長と粒径分布に依存するが，白色光についても成立することが実験的に確かめられている．また，粒径が光の波長と同程度でなければ，依存性は小さい[†]．

火災時の避難路の選択・決定は，視覚による認識の良否に大きく影響される．見通し距離は煙からの散乱光と，壁などからの背景光との強度差や色彩のコントラストにも依存する．壁やドアと煙のコントラスト Const は，それぞれからの光の強度を図 5.2 のように $I_{\text{door, wall}}$，I_{smoke} とすれば

$$\text{Const} = \frac{I_{\text{door, wall}} - I_{\text{smoke}}}{I_{\text{smoke}}}$$

と定義される．

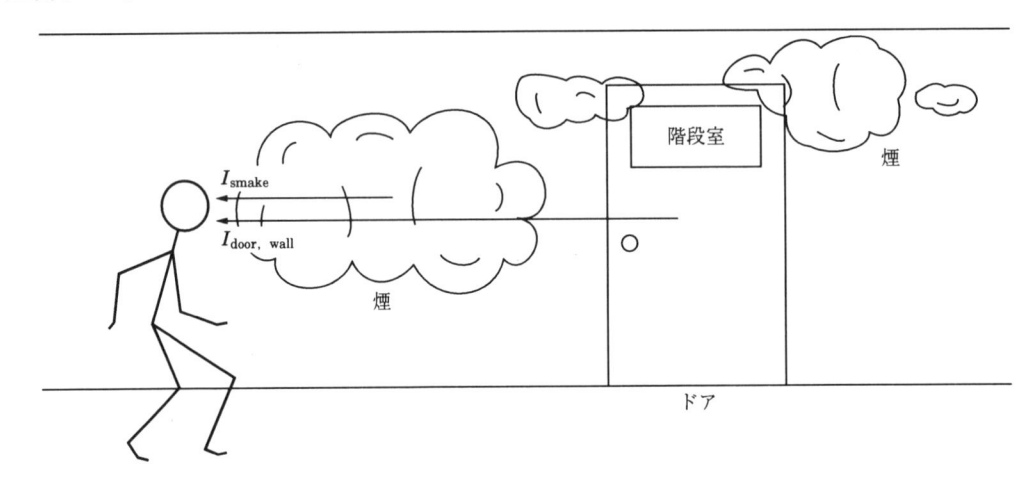

図 5.2 煙からの光（I_{smoke}）と，壁・ドアなどからの光（$I_{\text{door, wall}}$）との光量の比較

距離 0 での煙からの光の強度とコントラストを $I_{\text{smoke}}(0)$，$C(0)$ とすれば，壁面やドアから距離 L で避難者が得るコントラストは，

$$\text{Const} = \frac{I_{\text{smoke}}(0)}{I_{\text{smoke}}(L)} \cdot C(0) \cdot \exp(-Cs \cdot L)$$

となる．

今，避難者が煙中にいるとすると，$I_{\text{smoke}}(L) = I_{\text{smoke}}(0)$ とみなせ，$C = C(0) \cdot \exp(-Cs \cdot L)$ となる．壁やドアを完全黒体とみなした場合，$I_{\text{door, wall}}(0) = 0$，$C(0) = -1$ であるから $C = -\exp(-Cs \cdot L)$ となる．上式で負となるのは，対象物である壁やドアが背景（煙）よりも暗いことを意味する．可視範囲とは，煙中での見通し距離であり，壁やドアが煙と区別できる限界の距離であるが，目に対する化学的・生理的な刺激などがないとして肉眼で識別できる最小のコントラストを C^*，そのときの見通し距離を L^* とすれば，$L = L^*$ での黒体に対して

$$C^* = -\exp(-Cs \cdot L^*) \quad \text{となり} \quad L^* = -\frac{1}{Cs} \cdot \ln(-C^*) \tag{5.4}[†]$$

[†] イオン化式煙感知器は，煙粒子にイオンが吸着され検知器中のイオン電流値が変化することで検知するため，煙粒径に大きく左右される．有炎燃焼によって小さな粒子が多く発生する火源に対して検知は敏感になり感知は早くなる傾向を示す．

と書ける†.

式 (5.4) から煙濃度と見通し距離の積は一定値を示すことがわかる．図 5.3 は多くの被験者による反射型（図 5.3 (a)）および発光型（図 5.3 (b)）標識を使った煙中での見通し距離測定実験で得られた結果[2]であり，発光型の煙濃度 C_s と，見通し距離 L_v の積は 5〜10（$\mathrm{m}^{-1}\cdot\mathrm{m}$），反射型の場合は 2〜4（$\mathrm{m}^{-1}\cdot\mathrm{m}$）であり，式 (5.4) で示されるように（種々の可燃物からの煙種による違いはあるが）煙濃度と見通し距離の積が一定であることを示している．

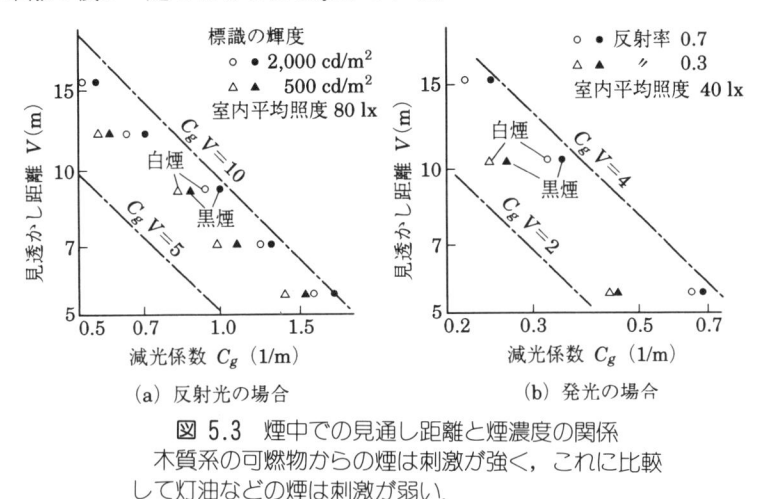

図 5.3 煙中での見通し距離と煙濃度の関係

木質系の可燃物からの煙は刺激が強く，これに比較して灯油などの煙は刺激が弱い．

$$\left.\begin{array}{l} C_s \cdot L_v \simeq 2\text{〜}4 \quad \text{扉などのような対象物や反射型標識} \\ C_s \cdot L_v \simeq 5\text{〜}10 \quad \text{窓のように明るい対象物や発光型標識} \end{array}\right\} \quad (5.5)$$

見通し距離は光の強さやコントラストの強弱だけでなく，目（の粘膜）に対する刺激の強さも大いに関係する．セルロース系（新聞紙や木材）の燃焼はアルデヒドを，塩化ビニルは塩化水素などを含む煙を発生させ，これらが涙に溶けて粘膜を刺激するので著しく視程を低下させる．これらに比較して石油系の燃焼煙の刺激は小さい．

5.1.4 煙の発生

避難安全評価には，使用されている材料が燃焼した場合の見通し距離の事前評価が重要であるが，煙の発生量や粒子径は燃焼条件によって大きく変化する．特に有炎燃焼か燻焼燃焼かは煙の発生能（smoke generation coefficient）に大きな差をもたらす．図 5.4 は代表的な建材の煙発生能を示したもの[3]で，一般に燃焼温度が高くなるほど煙発生能は小さくなるが，塩化ビニルは逆に多くなる．これは基材中の塩素が熱分解して気相中で塩素ラジカルとなり，燃焼反応を阻害・抑制し未燃の炭化水素が増加するためである．木材は燻焼燃焼と有炎燃焼がほぼ 450℃ 付近で分かれ，煙発生量もこれに伴って大きく変化するが，いずれも高温度側ほど発生量は減少する．煙発生能は可燃物の単位質量当たりの煙量で表現し，煙量は光学的煙濃度（C_s）と煙を含む気積との積（$C_s \cdot V$）($\mathrm{m}^{-1}\cdot\mathrm{m}^3$) で表す．

---

† コントラストの閾値 C^* は大空——一般対象物の場合，観察に基づき -0.02 とされているので，$C_s \cdot L^* = -\ln(-C^*) = 3.912$ となる．

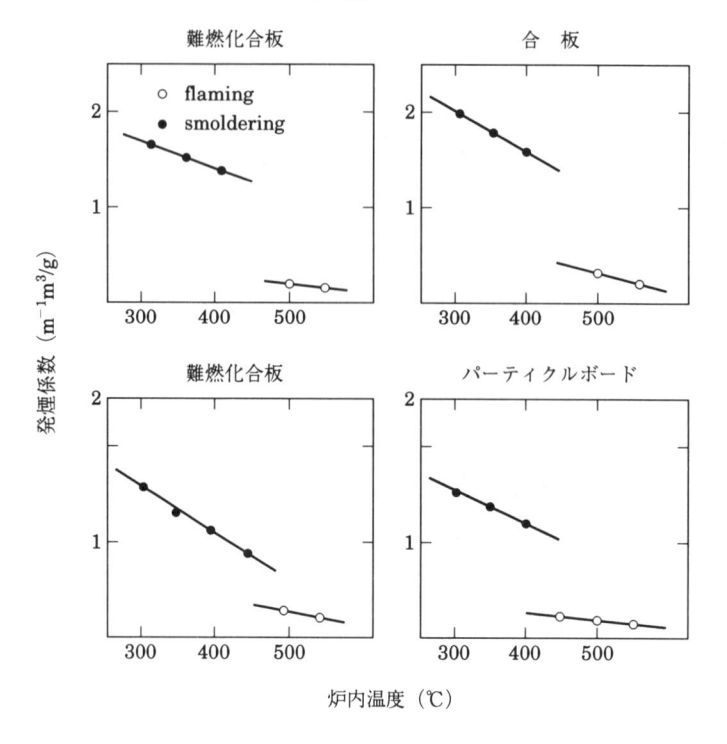

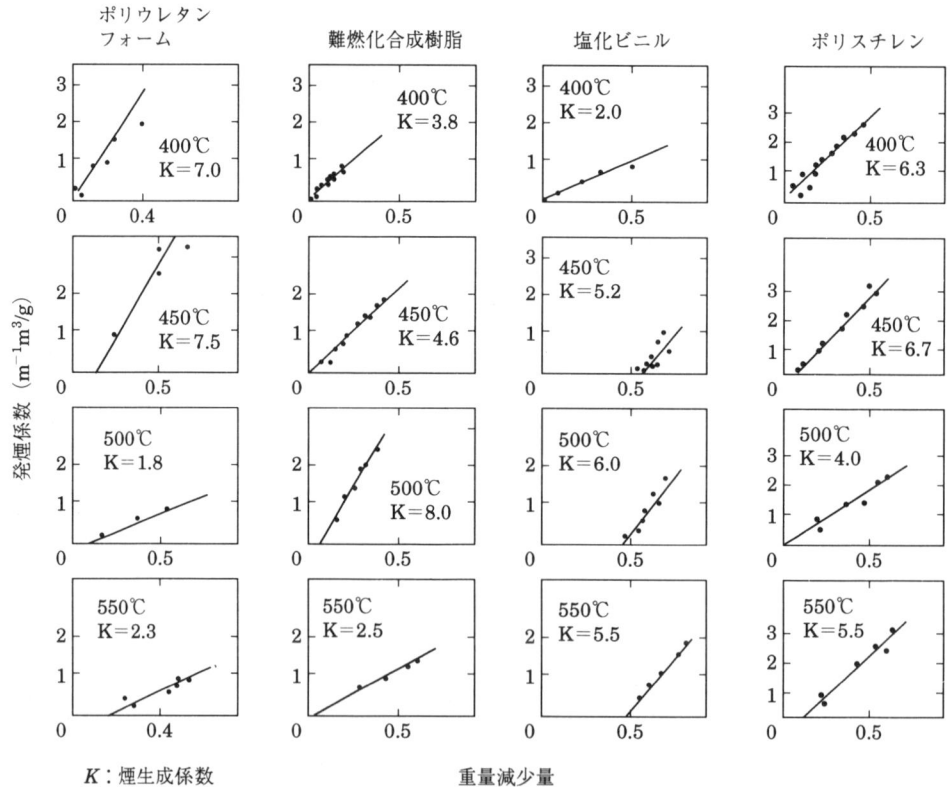

図 5.4 様々な可燃物からの単位質量当たりの発煙量（＝煙濃度×煙による汚染された気積）の温度依存性
一般に高い温度で燃焼するほど単位重量当たりの煙発生量は小さい．

K：煙生成係数

火源では燃焼化学反応や温度場がきわめて複雑であることから，煙発生量や濃度を記述できる詳細モデルは現時点ではない．しかし，火源が早期燃焼状態であれば図5.4に見るようにおおよそ燃焼量に比例して煙量が発生すると仮定でき，発熱速度に応じた熱気流の温度の推定を援用した以下の煙発生モデルが山内[4]によって提案されている．

燃焼によって発生し流動する熱量 Q と煙量 Q_s の比は，

$$\frac{Q_s}{Q} = \frac{C_{\mathrm{mass}} \cdot u \cdot A}{\rho \cdot C_p \cdot \Delta T \cdot u \cdot A} = \frac{\varepsilon_s \cdot W}{\varepsilon_h \cdot W} \tag{5.6}$$

ここで，C_{mass} は煙の単位気積当たりの重量濃度（kg/m³），u は代表気流速度（m/sec），A は気流断面積（m²），ρ は気流の密度（kg/m³），C_p は気流の比熱（kJ/kgK），ΔT は雰囲気からの上昇温度（K），W は火源からの重量燃焼速度（kg/sec），ε_h は燃焼熱（kJ/kg），ε_s は煙生成率（kg/kg）である．

火源の可燃物は，例えば塗装された木製キャビネットのように種々の材料が複合的に組み上げられ単一物質の燃焼ではないが，火災初期の緩慢な準定常燃焼においては煙生成率も燃焼による熱の発生と類似であるとすれば，

$$\frac{Q_s}{Q} = \frac{Cs}{\rho \cdot C_p \cdot \Delta T}$$

と書ける．さらに $Cs = k_m \cdot C_{\mathrm{mass}}$ とすれば熱煙気流中の気流温度と光学的煙濃度 Cs の比率は，以下のようにおおよそ一定であることが予想される．ただし，k_m は可燃物の燃焼状態に応じた煙化率（m³/kg）である．

$$\frac{K}{\Delta T} = \frac{k_m \cdot \varepsilon_s}{\varepsilon_h / \rho \cdot C_p}$$

例えば，火災感知にきわめて重要な火災室の天井流（ceiling jet，天井下噴流ともいう）の温度および速度モデル（5.3に記述）を援用し，煙濃度は無次元化された式（5.7）で与えられている[3]．

$$C_{sm}^* = \frac{1}{(0.035 + 0.15 \cdot r/H)^{2/3}}, \quad \frac{r}{H} \geq 0.2 \cdots\cdots 天井面下に沿った分布$$

$$C_{sm}^* = \frac{Q_{\mathrm{mass}}}{Q_s} \cdot \frac{Q}{\rho \cdot C_p \cdot T_\infty} \cdot Q^{*-2/3}, \quad Q^* = \frac{Q}{\rho \cdot C_p \cdot T_\infty \cdot \sqrt{gH} \cdot H^2} \tag{5.7}$$

ここで，r は火源からの上昇気流の中心が天井に衝突した点から天井面に沿った距離（m），H は火源から天井面までの高さ（m），g は重力加速度 9.8（m²/sec）である．

天井流の温度（無次元天井面下温度，式(5.29)(5.30)）はおおよそ天井面に沿った無次元距離（r/H）の $-4/3$ 乗で減衰するが，山内モデルでは煙は（天井面への付着はあるものの）熱のように伝導や放射損失がないので減衰率は式（5.7）のように $-2/3$ 乗と小さく，熱よりも遠方まで到達することを示している．

5.1.5 煙中の歩行速度

図5.5は煙中の暗中速度を示したものである．見通し距離だけでなく，目に対する刺激の有無・大小は歩行速度に大きく影響する．高温度である煙は天井下に滞留・成層し照明光を遮るので，通常時

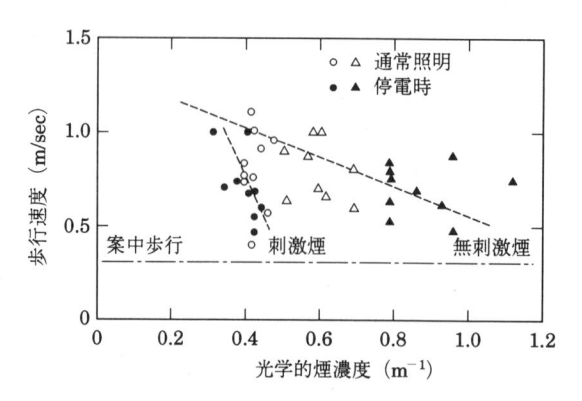

図 5.5 煙中の歩行速度[5)]
目に強い刺激のある場合は，歩行速度の低下が著しい．

よりも光量低下をもたらし避難者に心理的な圧迫を与える．刺激性の高い濃煙が流動してくれば歩行速度は急激に低下し，ドアや壁面が 4～8 m 先に見える状況下でも暗中歩行速度（歩幅で進む程度）の約 30 cm/sec に低下してしまう．薄い煙でも，目だけでなく喉や鼻の粘膜に強い刺激を与え生理的な負荷をもたらすので，判断や行動を著しく低下させ，煙は視覚情報や生理機能の同時低下をもたらす．表 5.1 は人の目，鼻，喉などの粘膜への刺激状態と煙濃度を示したものである．セルロース系可燃物からの高温度の煙が目だけでなく呼吸器系に強い刺激を与え，咳き込みによる呼吸数の増加をもたらし，結果的に吸引される有毒ガス量の増加をもたらす．マウスを用いた実験でも有毒ガスと煙が同時に存在する方が，有毒ガスのみの場合に比較して行動停止に至る時間が短いことが示されている．

　煙中を避難しなければならない在館者が，適切な音声による避難誘導を受けられない，避難経路が不案内であるなど，必要な空間や行動のための情報が欠如するときわめて強い不安感・心理的ストレ

表 5.1 目，鼻，喉の粘膜へ刺激を与えるときの煙濃度[6)]

	目			鼻			喉		
	煙いと感じ始める	チクチクした痛み	かなりの痛感	涙がざ止まらない	鼻汁が出る	かなりの痛感	ヒリヒリする	かなりの痛感	息苦しい
木材（杉）燻焼燃焼					0.09		0.02		
有炎燃焼		2.28	0.44	0.37～0.47		0.28			0.36
麻 燻焼燃焼	0.02～0.07	0.025～0.07	0.06	0.06	0.08		0.07		0.095
綿，シーツ 燻焼燃焼		0.016	0.06	0.14	0.14	0.016	0.016	0.06	0.22
新聞紙 有炎燃焼		0.23		0.3					
ガソリン 有炎燃焼									0.72

スとなり，これも判断力や行動力を低下させ避難困難に陥る．多くの場合，在館者は自分の居る場所で火災を知り，火災の進展状態などについて客観的な情報が得難いので，他の在館者と情報交換したりあるいは救助を待つ同じ境遇者として集合する傾向を示す．

5.2 煙流動

煙の流動の重要項目は，①火災室での天井側から充満してくる煙層降下（smoke filling），②廊下階段など建物内の流動（smoke movement），③開口部（ドアや窓）からの噴出（flow-out, ejection）である．特に，①②は在館者の避難余裕時間に関係する．

5.2.1 煙層降下

天井下に煙層が充満し，結果として層の下端面が降下することを煙層降下という．降下速度は火炎性状と密接に結びついており，火炎や火炎直上の火炎柱（plume）への雰囲気空気の巻き込み量と火災室の規模（床面積，天井高さ）によって決まる．火炎性状については4章に記述されているので，ここでは上昇気流が運ぶ熱煙気流量から考える．また，開口部での質量交換を通じて区画内に一定の煙層が形成されると考えると，2層ゾーンモデルの基礎を与える．

任意の高さで火災柱中を上昇する仮想点源と見なせる，火源からの熱煙気流の質量 $\dot{m}_z$ は[7]，

$$\dot{m}_z = 2\pi \int_0^\infty \rho w r dr = \pi \cdot \rho_\infty \cdot w_m \cdot b^2 = C_m \cdot \rho_\infty \cdot (gZ)^{1/2} \cdot Z^2 \cdot Q_z^{*1/3} \tag{5.8}$$

となる．ここで，w は上昇気流速度，r は気流の水平方向の径，ρ は気流密度，g は重力加速度，Z は点源からの高さ，添え字 ∞，m は雰囲気および気流中心軸上を示す．右辺最後の項は

$$Q_z^* \equiv \frac{\dot{Q}_0}{\rho_\infty \cdot Cp \cdot T_\infty \cdot (gZ)^{1/2} \cdot Z^2}$$

で定義される無次元熱添加因子（dimensionless heat-addition parameter）である．横井[8]などの実験に基づいて $C_m = 0.21$ が得られている．式（5.8）の Z は仮想点源からの垂直上方距離であり，実火源は有限の燃焼域を持ち点源ではないので，火炎柱の示す温度，速度，径をうまくモデル化して記述するための補正として点源位置を見積ることになる．この点源までの距離 Z_0 を明示的に記して式（5.8）は式（5.9）となる．

$$\begin{aligned}\dot{m}_z &= C_m \cdot \left(\frac{\rho_\infty^2 \cdot g}{Cp \cdot T_\infty}\right)^{1/3} \cdot Q^{1/3} \cdot (Z+Z_0)^{5/3} \\ &= 0.21 \cdot Q_D^{*1/3} \cdot \left(\frac{Z}{D} + \frac{Z_0}{D}\right)^{5/3}\end{aligned} \tag{5.9}$$

同様に火炎および火炎柱への雰囲気空気の巻き込みを考慮して，天井へと輸送する熱煙気流についてイギリスなどでは，

$$\dot{m}_z = 0.071 Q^{1/3} Z^{5/3}(1+0.026 Q^{2/3} Z^{-5/3}) \tag{5.10}$$

がよく用いられている．この場合も仮想点源から熱気流が発生するとして Z の代わりに $Z+Z_0$ が用いられるが，火源規模を $D=3\,\mathrm{m}$ とすれば $Z_0=0.3\,\mathrm{m}$ 程度となっての実質的な $\dot{m}_z$ の値には大差はない．

Z_0 は火炎柱への空気の巻き込みや床の有無や高さに依存する．上式の $Q_D{}^*$ は火源規模で定義され $Q_D{}^* \equiv Q/\rho_\infty \cdot C_p \cdot T_\infty \cdot (gD)^{1/2} D^2$ である．

仮想点源の位置について Zukoski は，

床面上の火源 $\qquad Z_0/D = 0.50 - 0.33 L_f/D$ (5.11)

床無し（床から浮いた状態） $\qquad Z_0/D = 0.80 - 0.33 L_f/D$ (5.12)

を提唱し，Heskestad[9] は

$$Z_0 = 1.02 - 0.083 Q^{2/5} \qquad (5.13)$$

Thomas[10] は

$$Z_0 = 1.5\sqrt{A_f} \qquad (5.14)$$

をそれぞれ提唱している．D は火源の代表径，L_f は火炎の長さ，A_f は火源面積である．これらは異なるように見えるが数値的に大差なく，避難や感知に重要な初期火災段階では，いずれのモデルでも問題がない．しかし，火源径が大きい場合，負の値をとる場合もある．

火源が非定常に燃焼拡大し天井下に煙層が蓄積滞留することで煙層の降下が生じるので，式 (5.8) の質量を持つ熱煙気流が床面相当の区画に広がるとして時間微分すれば，熱煙気層の厚み変化，すなわち煙層降下速度が得られる．実火災時（尼崎市長崎屋火災4階）に在館者が避難途中で見た煙層高さの聞き取り調査（東京理科大学火災科学研究所による）では，約 800 m² の床面積の売り場で，約 100 kg の吊り下げカーテンなどが燃焼し煙の充満によって，2 分間で 2.7 m(H)×800 m² 程度の気積が煙で汚染されたことがわかっている．

A. 火災室の床面近くに側壁開口がある場合の煙層降下

図 5.6 のように火源から式 (5.8) あるいは式 (5.9) で示される熱煙気流が生み出され，一方で床近くから火災室の下層雰囲気量 m_e が押し出されるとすれば，それは火源の床面からの高さ $\varDelta$ と煙層の位置の関係で式 (5.15)〜式 (5.19) となる[11]．

図 5.6 煙層降下
天井下に熱煙気層が形成され，煙層降下が開始され，ドアなどの隙間から下層の空気が押し出される．

$$\dot{m}_e = \begin{cases} (1-\lambda_c)\dot{Q}/(C_p T_a), & -\Delta < Z_i(t) \\ (1-\lambda_c)\dot{Q}/(C_p T_h), & -\Delta < Z_i(t) \end{cases} \quad (5.15)$$

ここで Δ は床から火源までの高さ, λ_c は火源から発生する熱のうち壁面等に逃散する割合で $\lambda_c = Q_{loss}/Q$ と定義, 熱煙気層の平均温度を T_h とする.

煙層下端の位置の時間変化, すなわち, 煙層降下速度は,

$$\rho_a A \frac{dZ_i}{dt} = \begin{cases} -m_e - m_e - m_z (Z \equiv Z) & 0 < Z_i(t) \leq H \\ -m_e & -\Delta < Z_i(t) \leq 0 \\ 0 & -\Delta = Z_i(t) \end{cases} \quad (5.16)$$

ここで A は火災室の床面積, H は火源から天井までの高さであり, m_z および m_e はそれぞれ式 (5.7), (5.11) で与えられる. ここで熱煙気層と下層のエネルギーバランスは式 (5.16) となる. そして煙層降下速度は式 (5.17) となる.

$$1 - \frac{\rho_h}{\rho_a} = 1 - \frac{T_a}{T_h} = \left[\int_0^\infty (1-\lambda_c)Qd\xi\right] / \left[\rho_a C_p T_a A(H-Z_i)\right], \quad -\Delta < Z_i < H$$
$$(1-\lambda_c)Q = (\Delta + H)\rho_a C_p T_a A(1/T_h)dT_h \quad Z_i = -\Delta \quad (5.17)$$

$$\frac{dZ_i}{dt} = \begin{cases} -C_1 Q = C_2 Q^{1/3} Z_i^{5/3}, & 0 < Z_i \leq H \\ -C_1 Q, & -\Delta < Z_i \leq 0 \\ 0, & Z_i = -\Delta \end{cases} \quad (5.18)$$

ここで

$$\left. \begin{array}{l} C_1 = (1-\lambda_c)/(\rho_a C_p T_a A) \\ C_2 = (0.21/A)/\left[(1-\lambda_c)g/(\rho_a C_p T_a)\right]^{1/3} \end{array} \right\} \quad (5.19)$$

5.3 初期状態での区画天井流の気流温度, 速度および煙濃度モデル

火災初期の煙を含む天井流れの温度, 速度および煙濃度は火災感知器の作動やスプリンクラー作動を予測する上で重要である. 火災気流は浮力によって駆動される流れであるため発熱量で与えられる温度, 温度から推定される速度との間には一定の関係がある. このうち温度と速度の関係はフールド数 (Fr) として知られる. 初期火災状態では火源の発熱規模や火炎は小さく, 天井に達する熱煙気流は火炎柱の領域であるとみなせる. 床近傍の火災火源からの高さ H (ほぼ天井高さと考える) とすれば, $\Delta T \propto H^{-5/3}$ の減衰性状をすでに有して天井衝突し, その後, 天井面に沿って天井流を形成する. 上昇温度と気流速度はランキン則あるいは Fr モデルとして知られる $v \propto \sqrt{\Delta T}$ の関係がある. 熱煙気流の熱流量を Q_c とし, 流動断面積を A, 密度, 比熱, 雰囲気からの上昇温度を $\rho_s C_{ps} \Delta T_s$ とすれば,

$$Q_c \propto \rho_s \cdot C_{ps} \cdot v \cdot \Delta T_s \cdot A \propto \rho_s \cdot C_{ps} \sqrt{\Delta T_s} \cdot \Delta T \cdot A = \rho_s C_{ps} \cdot \Delta T_s^{3/2} \cdot A \text{ となる.}$$

初期火災火源からの $\rho_s C_{ps}$ の変化は小さいから二次的であるとして温度と発生熱量の関係に注目すれば,

$$\frac{Q_c}{\rho_s C_{ps} A} \equiv Q \propto \Delta T_s^{3/2}$$

あるいは

$$\Delta T_s \propto Q^{2/3}$$

となる．天井に衝突し天井面に沿う流れは，

$$\Delta T_s \propto \frac{Q^{2/3}}{H^{5/3}}$$

の性質を持って流動を開始する．

　代表長さとして H をとっているので，これを天井高さ H と天井面に沿った流動長 r に分けると，

$$\Delta T_s \propto \frac{Q^{2/3}}{H^{5/3}} = \frac{Q^{2/3}}{H^{3/3}r^{2/3}} = \frac{(Q/r)^{2/3}}{H} \tag{5.20}$$

が天井流れの温度に対する主支配則となる．

　初期火災時には天井に火炎が到達するほど発達していないので，気流速度は火源からの距離（あるいは天井高さ）H と $v \propto H^{-1/3}$ の減衰を有して天井面に衝突する．気流速度と温度の間で一般に $V \propto \sqrt{\Delta T}$ の関係があるから，熱量と気流速度の間にはテーラー則として知られる

$$v \propto \sqrt{\Delta T} = \sqrt{Q^{2/3}} = Q^{1/3}$$

の関係が得られる．これらを温度の場合と同様にまとめると，

$$v_c \propto \frac{Q^{1/3}}{H^{1/3}}$$

の性質を持って流動を開始する．

　上記の代表長さ H を，天井長さ H における気流速度相当分 $H^{1/2}$ と，天井面に沿った流動長 r に分けると，$H^{1/3}$ は $H^{1/2}r^{-5/6}$ となり，

$$v_c \propto \frac{Q^{1/3}}{H^{1/3}} = \frac{Q^{1/3} \cdot H^{1/2}}{H^{5/6}} \tag{5.21}$$

が得られる．Alpert[10] は上記のようなモデル化を先駆的に行い，天井高さや火源規模を変化させて火災気流を転換領域と天井下流れ領域に分けて，天井流れ温度と速度を提案した[12]．通常使われる不燃あるいは準不燃の天井材について以下の係数値が用いられている．

$$T_s = \begin{cases} \dfrac{5.38(Q/r)^{2/3}}{H} + T_\infty & (r/H \geq 0.18) \\ \dfrac{16.9\,Q^{2/3}}{H^{5/3}} + T_\infty & (r/H \leq 0.18) \end{cases} \tag{5.22}$$

$$v_s = \begin{cases} \dfrac{0.197 \cdot Q^{1/3} \cdot H^{1/2}}{H} & (r/H \geq 0.18) \\ \dfrac{0.946\,Q^{1/3}}{H^{1/3}} & (r/H \leq 0.18) \end{cases} \tag{5.23}$$

その後 Heskestad–Delichatosis[13] は同様な次元解析を踏まえ，

$$\left. \begin{aligned} \Delta T^* &= \left(\frac{\Delta T_s}{T_\infty}\right) / Q^{*2/3} = \left(0.188 + 0.313\frac{r}{H}\right)^{-4/3} \\ Q^* &\equiv \dot{Q}/\rho_\infty C p_\infty T_\infty \sqrt{gH}\,H^2 \end{aligned} \right\} \tag{5.24}$$

5.3 初期状態での区画天井流の気流温度,速度および煙濃度モデル

$$v = 0.68(\Delta T^*)^{1/2}(r/H)^{-0.63} \quad (r/H \geq 0.3) \quad (5.25)$$

を提案した.式(5.25)は天井下流れの煙濃度の記述に使われている.

火災の早期感知の観点から消防庁で行われた天井高さ4m〜20mまでの実大燃焼実験($Q=at^n$で拡大する模擬火災)結果を踏まえ,須川は温度,速度だけでなく煙濃度について

$$\Delta T = k \cdot \left(\frac{H+r}{Q^{2/5}}\right)^{-5/3}, \quad k = 20 \sim 22 (\mathrm{K \cdot m^{5/3} \cdot kW^{-2/3}}) \quad (5.26)$$

$$v = \frac{H}{H+2r}\sqrt{\left(\frac{\Delta T_s}{T_\infty}\right) \cdot gH} \quad (5.27)$$

$$C_s = k_s \cdot \left(\frac{H+2r}{Q^{2/3}}\right)^{-3/3} \quad (5.28)$$

$k_s = 10 \sim 15 (\% \cdot \mathrm{kW}^{3/2} : \text{urethaneform, flaming})$

$k_s = 4.5 \sim 5 (\% \cdot \mathrm{kW}^{3/2} : \text{wood crib pile, flaming})$

$k_s = 1200 \sim 1800 (\% \cdot \mathrm{kW}^{-2/3})$ は,綿シーツ……布団の燻焼時

$k_s = 1200 \sim 1800 (\% \cdot \mathrm{kW}^{-2/3})$ は,綿シーツ……ベッドの燻焼時

$k_s = 35 (\% \cdot \mathrm{kW}^{-2/3})$,ポリスチレンフォームの有炎燃焼

$k_s = 15 (\% \cdot \mathrm{kW}^{-2/3})$,ポリウレタンフォームの有炎燃焼

$k_s = 2.5 (\% \cdot \mathrm{kW}^{-2/3})$,$n$-ヘプタンの有炎燃焼

$k_s = 2.5 (\% \cdot \mathrm{kW}^{-2/3})$,プロパンガスの有炎燃焼(拡散火炎)

を提案している.このモデルによる計算結果と実測値の比較は図5.7に示す通りである.このモデルは温度に関しては,ほとんど Heskestad–Delichatosis モデルと同じ値を与え,Alpert モデルよりも少し大きめの値を与える.気流速度に関しては,少し小さめの値を与える.

角度θの傾斜天井については,傾斜面の上方向への温度速度は,

$$\Delta T = k\left(\frac{H+r\cos\theta}{Q^{2/5}}\right)^{-5/3},$$
$$k = 20 \sim 22 (\mathrm{K \cdot m^{5/3} \cdot kW^{-2/3}}) \quad (5.29)$$

$$v = \frac{H}{H+2r\cos\theta}\sqrt{\left(\frac{\Delta T_s}{T_\infty}\right) \cdot gH} \quad (5.30)$$

である.

以上の天井下流れの温度・速度のモデルは火源が周囲壁面から十分に離れている場合である.火源位置が室隅一二壁面に接しているかあるいは近接している場合には壁面が巻き込み空気量を制限する結果,天井面での温度は火源4個相当分大きくなる.

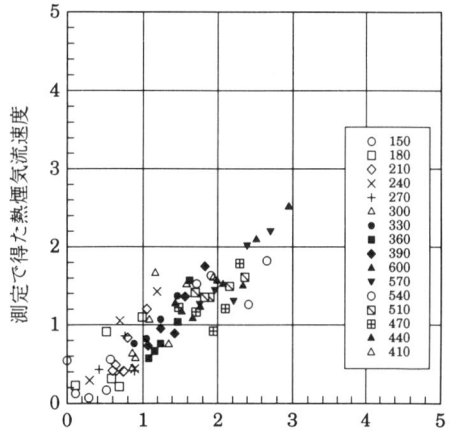

図5.7 フィールドモデルに基づいて熱煙気流温度推定した煙を含む天井下気流速度と実測値の対応

天井高さは 20m,火源は木材クリブの有炎燃焼

$$\Delta T = k\left(\frac{4}{1}\right)^{2/5}\left(\frac{H+r}{(4Q)^{2/5}}\right)^{-5/3}, \quad k = 20 \sim 22 (\mathrm{K \cdot m^{5/3} \cdot kW^{-2/3}}) \quad (5.31)$$

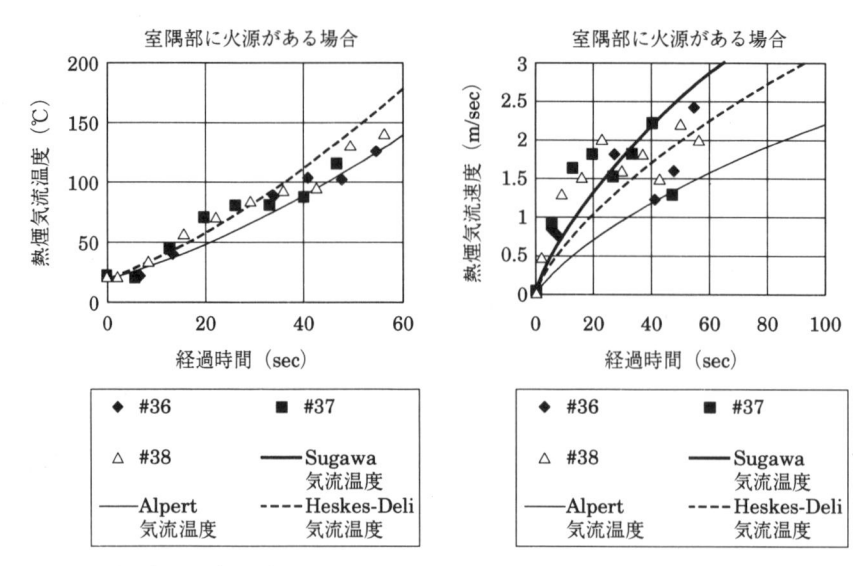

図 5.8 室隅に火源が置かれているときの天井下を流れる熱煙気流の温度予測
火源は $Q=\alpha t^2$ で拡大．実験測定値はNISTIR6235(1988)による．

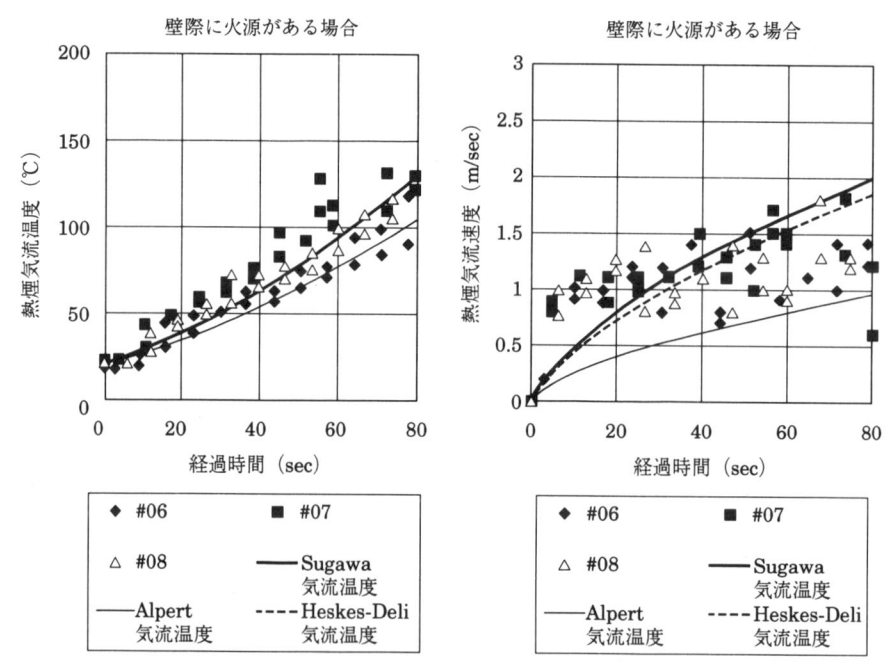

図 5.9 壁近くあるいは壁に接して火源が置かれているときの
天井下を流れる熱煙気流の温度予測
火源は $Q=\alpha t^2$ で拡大．実験測定値はNISTIR6235(1988)による．

$$v=\frac{H}{H+2r}\sqrt{\left(\frac{\Delta T_s}{T_\infty}\right)\cdot gH} \tag{5.32}$$

壁面に接するかあるいは近傍に火源が置かれた場合は,

$$\Delta T = k\left(\frac{4}{2}\right)^{2/5}\left(\frac{H+r}{(2\dot{Q})^{2/5}}\right)^{-5/3}, \quad k=20\sim22\,[\mathrm{K\cdot m^{5/3}\cdot kW^{-2/3}}]$$

$$v=\frac{H}{H+2r}\sqrt{\left(\frac{\Delta T_s}{T_\infty}\right)\cdot gH} \tag{5.33}$$

となる.図 5.8 は室隅部に火源が置かれた場合の実測値と式 (5.32) の結果を比較したもの,図 5.9 は壁および近傍に置かれた場合の実測値と式 (5.31) の結果を比較したものである.

設計火源として時間の 2 乗に比例して発熱速度が拡大するものを考えると,区画の天井が 20 m 程度以下であれば熱煙気流はおおよそ 4〜5 秒以下で天井に達するので,天井下流れは火源での変化にほぼ遅れないとみなせる.したがって,式 (5.33) の Q の代わりに $Q=\alpha(t-t_0)^2$ とした非定常の取り扱いが可能で,時間経過に伴った天井流れ温度,速度が算出される.天井流れの温度や速度が算出され,温度火災感知器やスプリンクラーの RTI 値や C 値など機器仕様としてわかっていれば,作動時間が天井の取り付け位置に応じて推定できることになる.

煙濃度は可燃物の種類によって煙化率が異なるが、代表的な値は以下の通りである。ガス燃料の拡散炎では $2\sim3\,(\%\cdot\mathrm{kW^{-2/3}})$,プラスチックフォームでは $15\sim35\,(\%\cdot\mathrm{kW^{-2/3}})$ 程度をとる.布団などの燻焼時には発熱速度は極めて小さく,$Q=\alpha t^2$ の α 値の値は 10^{-7} 程度をとるが,煙化率は逆に 10^3 程度の大きな値をとる.

火源が壁際や室隅部にあるときは,火源の見かけの発熱速度は $2^{2/5}$ 倍および $4^{2/5}$ 倍することは温度の算出の場合と同様である.

実大で行われた結果と計算結果を示したのが図 5.10 である.

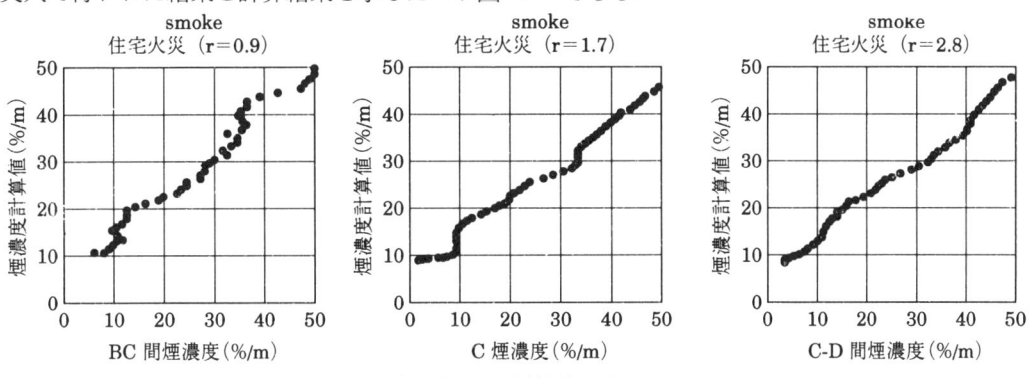

図 5.10 式 5.33 での計算値と実測値の比較。拡散火災火源はふとんのシーツが燻焼している状態である.

式 (5.26)〜(5.28) から煙・火災感知器の作動が予測可能となる.

練習問題

5.1 居間にソファ(床面から 0.6 m 高)があり,その座にクッション(綿の表生地,ウレタンフォームの芯材)が

置かれている．この上にタバコが落ちて燻焼を始めたとする．このクッションは最初の5分間は$Q=at^2$で$a=0.00293$の SlowFire であるとし，壁面や空調流れの影響などはないものとして，天井高さ2.7mに設置された光電式1種火災感知器がいつ作動するかを求め，そのときの発熱速度を求めよ．光電式1種は$C_s=20\%$で作動し，総括煙化率は10（%kW$^{-2/3}$）とせよ．

5.2 設計火災のt^2火源$Q=at^2$は$a=0.0468$が Fast Fire，$a=0.0117$が Medium Fire，そして$a=0.00293$が Slow Fire の標準とされている．平坦な天井を持ち，高さが2.7mで床面は4m×5mの区画の中央床面で Fast Fire が生じたとして，この垂直上部の天井面に沿って$r=2$mでの天井下気流の温度および速度を時間$t=1$ min，2 min，3 min でそれぞれ求めよ．室温は25℃としさい．

5.3 前問で火源が5m長さの区画壁面の側で床面にある場合，この垂直上部の天井面に沿って$r=2$mでの天井下気流の温度および速度を時間$t=$ 1min，2 min，3 min でそれぞれ求めよ．室温は25℃としなさい．

文　献

1) Friedlander, S. K.："Smoke, Dust and Haze", Wiley and Sons, New York（1977）
2) 神忠久：Journal Fire and Flammability, 9, pp. 135–155,（1978）日本建築学会論文集 Vol. 182,（1971），日本火災学会論文集 vol. 30, No. 1（1980）
3) 斉藤文春：建築研究報告 No. 83, 建設省建築研究所（1978），日本火災学会論文集 Vol. 18, No. 2（1969）
4) Yamauchi, Y.：NBSIR 88–3707, National Bureau of Standards（1988）
5) 垣内三郎　監修：新版　建築防火，朝倉書店
6) 渡辺彰夫・竹元昭夫：消研輯報　消防研究所
7) Zukoski, E. E.：Fire and Materials, 2, pp. 54–62（1978）
8) 横井鎮男：建築研究所報告 No. 33, 建設省建築研究所（1978）
9) Heskestad, G.：Fire Safety Journal, 5, pp. 103–108（1983）
10) Thomas, P. H., Hinkley, P. L., Theobald, C. R. and Simms, D. L.：Fire Research Technical Paper No. 7, HMSO（1963）
11) Cooper, L. Y.：The SFPE Handbook of Fire Protection Engineering, Section 2/Chapter 7, SPFE/NFPA（1998）
12) Alpert, R. L.：Combustion Science and Technology, 11, pp. 197–213（1975）
13) Heskestad, G. and Delichatsion, M.：17th Inter. Symp. On Combustion, Combustion Inst, 1113–1123（1978）

6章 伝　　熱

　物質間・領域間の熱移動のことを広く一般に伝熱と呼び，対流，放射[†]，伝導の3形態により生ずる（図6.1）．対流は，煙やガス等の流体の移動に伴って生ずる熱移動である．放射は，固体表面やガス塊などから射出される電磁波による熱移動である．熱伝導は，物質の分子運動が伝播する結果，高温部から低温部へと熱が移動する現象である．

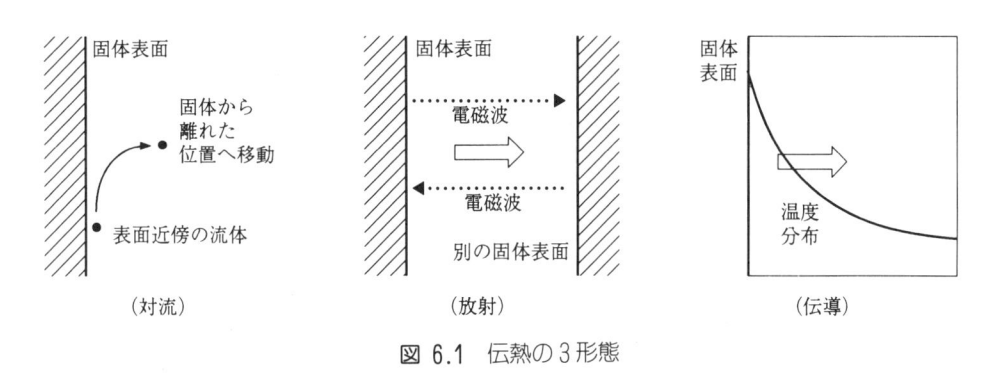

図 6.1　伝熱の3形態

　熱伝達は，火災現象と密接な関わりを持つ．例えば，火炎内部において発生した熱が，伝導，対流，放射により移動した結果として温度分布が決定され，それに応じて燃料表面へ熱がフィードバックされる．その結果，燃料の熱分解が起こり燃焼が持続するのである．また，熱伝導は，可燃性材料の着火現象，構造躯体内部への熱の浸透による劣化などの問題と深く関連する．

6.1　対流熱伝達

6.1.1　対流熱伝達の基礎事項

　対流熱伝達は，空気や煙などの流体の移動に伴って生ずる熱移動である．その伝熱量を考える際に，移流による熱移動と固体表面への熱伝達との2つに分けて考えておく．

A．移流による熱移動

　移流による熱移動とは，例えば，図6.1に示すように，ある温度の流体が管路を流れる場合などに運搬する熱量のことである．管路断面の流速分布 u(m/s)，温度分布 T(K) が既知であれば，単位時間当たりの伝熱量 Q(W) は，流体の密度 ρ(kg/m³)，定圧比熱 c_p(J/kg・K) を用いて，

$$Q = \int_A \rho c_p T u \, dA \tag{6.1}$$

で与えられる．ここで，$c_p T$(J/kg) は，絶対零度を基準として，流体1 kgが蓄えている熱エネルギー

[†] 輻射と呼ぶこともあるが，本章では放射で統一して表記する．

であり，**比エンタルピー**と呼ばれる．

上記から明らかなように，伝熱量は流速と温度の分布，すなわち，流れの様子に依存する．流速が十分に小さい場合や管路が狭い場合には，流体は管路壁面とほぼ平行に層を成して流れる．このような流れを**層流**という．反対に流速が大きい場合には，図6.2に示すように，管路内の流れは不規則となり，渦が生じたりする．この状態を**乱流**という．

乱流においては，伝熱量は時間的に変動するので，その時間平均を考えることが多い．温度と速度について，時間平均と平均値からの変動分とに分けて考えれば，

$$T(t) = \overline{T} + T'(t) \tag{6.2}$$
$$u(t) = \overline{u} + u'(t) \tag{6.3}$$

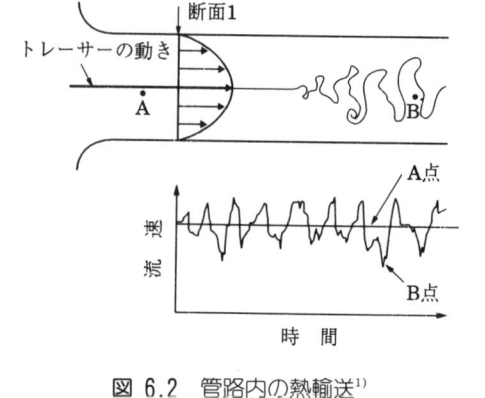

となるので，

$$\overline{Q} = \int_A \rho c_p T u dA = \int_A \rho c_p (\overline{T}+T')(u+u')dA = \int_A \rho c_p \overline{T u} dA + \int_A \rho c_p \overline{T'u'} dA \tag{6.4}$$

を得る．一般に，乱れがあると伝熱量は増大する．右辺の第2項が増加分に相当し，$\rho c_p \overline{T'u'}$ のことを**乱流熱流束**と呼ぶ．

B. 固体表面への熱伝達

図6.3に示すように，固体表面近傍の流体には，速度および温度が急激に変化する部分が生ずる．これを**境界層**と呼ぶ．温度と速度について厳密な議論をするときには，温度分布が生じる部分を**温度境界層**，速度分布が生じる部分を**速度境界層**と呼び，両者を区別して扱うが，多くの場合，速度境界層と温度境界層の厚さはほぼ同じである．

流体と物体表面の間の伝熱量が単位時間当たり単位面積当たり $q(W/m^2)$ であるとき，これを流体と物体表面との温度差 $T_a - T_s(K)$ で割った値

$$h = \frac{q}{T_a - T_s} \tag{6.5}$$

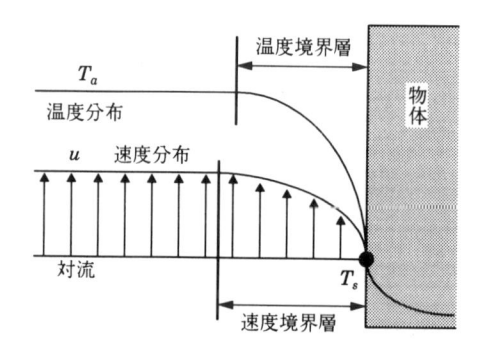

図6.2 管路内の熱輸送[1]

図6.3 対流による物体表面への熱伝達

を**対流熱伝達率**（$W/m^2 \cdot K$）という．対流熱伝達率は流体の代表速度や乱れの強さならびに温度範囲，物体の表面形状などに依存する値であって，伝熱工学の分野では，様々な場合の測定結果から実験式が多数提案されている[2]．本節の以下の部分では，それらのうちで火災時の伝熱現象にも適用できるものをいくつか選んで解説する．

6.1.2 強制対流と自然対流

流体に何らかの流れが生ずる原因は2つが考えられる。一つは、換気ファンや外部風などによって引き起こされる流れのように、注目している流体とは別の駆動力によるものである。これを**強制対流**と呼ぶ。もう一つは、浮力（温度差）により生ずる流れのように、流体自らが対流の原因となるものである。これを**自然対流**と呼ぶ。

6.1.3 無次元数

対流伝熱量については、熱伝達率を代表寸法 L でスケーリングし、無次元化した値で整理される。この無次元数のことを**ヌッセルト数**

$$Nu = \frac{h}{\lambda/L} \tag{6.6}$$

という。分母の λ は流体の熱伝導率（W/m²·K）であり、ヌッセルト数は流体が全く静止しているときの伝熱量に比べて何倍の伝熱量となるかを示す値である。

多くの場合、ヌッセルト数は、他の無次元数との相関式

$$Nu = f(Re, Gr, Fr, \cdots) \tag{6.7}$$

によって実験式が与えられる。関連するメカニズムに応じて、強制対流では**レイノルズ数** Re、自然対流では**グラスホフ数** Gr、自然対流と強制対流の混合場（例えば、浮力と機械力が共存する場での流れ）では**フルード数** Fr により記述されることが多い。また、燃焼等の化学反応を伴う流れでは、燃焼に関する無次元数も登場することがある。表6.2によく使われる無次元数の定義を記しておく。

無次元数で表された関係式を熱伝達率に復元する際には、流体の密度、体積膨張率、動粘性係数、熱伝導率などが必要になる。建築火災における煙は、空気と大差ないものとして扱うことが多いので、その場合には表6.1に示した空気の物性値を使うことができる。

表 6.1 空気の物性値[2]

温度 T (K)	300	400	500	600	800	1000
密度 ρ (kg/m³)	1.176	0.882	0.705	0.588	0.441	0.353
体積膨張率 $\beta = 1/T$ (K⁻¹)	0.00333	0.00250	0.00200	0.00167	0.00125	0.00100
比熱 c_p (J/kg·K)(×10³)	1.007	1.015	1.031	1.052	1.099	1.142
動粘性係数 ν (m²/s)×10⁻⁶	15.8	26.4	38.6	52.4	84.5	122.1
熱伝導率 λ (W/m·K)(×10⁻³)	26.1	33.1	39.5	45.6	56.9	67.2
熱拡散率 $a = \lambda/\rho c_p$ (m²/s)(×10⁻⁶)	22.1	36.9	54.3	73.7	117	167
プラントル数 $Pr = \nu/a$ (-)	0.717	0.715	0.710	0.710	0.719	0.732

表 6.2 対流伝熱および燃焼に関わる無次元数[3]

無次元数	記号	定義	意味	備考
ダムケラー数 (Damköhler number)	Da	$\dfrac{\delta \dot{\omega}'''}{v_g \rho}$	$\dfrac{滞留時間}{化学反応時間}$	燃焼の諸現象の様子, 特に発火, 消炎現象の特性を表す代表的なパラメータである
フルード数 (Froude number)	Fr	$\dfrac{v^2}{Lg}$	$\dfrac{慣性力}{浮力}$	高温気体のプルームなど流れの中において慣性力と浮力が同時に問題となる場合の流れの性質を表す
グラスホフ数 (Grashof number)	Gr	$\dfrac{L^3 \rho^2 g \beta \Delta T}{\mu^2}$	$\dfrac{浮力}{拡散する粘性力}$	雰囲気との温度差のある物体付近の流れの性質を表している
ルイス数 (Lewis numder)	Le	$\dfrac{\rho c_p D}{\lambda}$ この逆数をルイス数と定義する場合もある。	$\dfrac{物質の拡散速度}{温度の拡散速度}$	温度場と速度場の異同を表す. 例えば, $Le=1$ の場合には, 温度変化の及ぶ範囲が速度変化のそれと一致している
マッハ数 (Mach number)	M	$\dfrac{v}{a_0}$	$\dfrac{気体の速度}{音の速度}$	気体の圧縮性を考慮する必要性についての基準となる
ヌッセルト数 (Nusselt number)	Nu	$\dfrac{hL}{\lambda}$	$\dfrac{対流熱移動速度}{伝導熱移動速度}$	流れのない場合の熱移動速度に対する流れのある場合の熱移動速度の大きさを表す
ペクレ数 (Peclet number)	Pe	$\dfrac{Lv\rho c_p}{\lambda}$	$\dfrac{物体の影響の範囲}{温度の拡散範囲}$	流れの中の物体の大きさに対する温度変化のある範囲の大きさを表す
プラントル数 (Prandtl number)	Pr	$\dfrac{c_p \mu}{\lambda}$	$\dfrac{運動量の拡散速度}{温度の拡散速度}$	温度変化の伝わる範囲に対する速度変化の伝わる範囲の大きさを表す
レイノルズ数 (Reynolds number)	Re	$\dfrac{Lv\rho}{\mu}$	$\dfrac{慣性力}{粘性力}$	流れの中の乱れの強さなど, 流れの状態を表す
シュミット数 (Schmidt number)	Sc	$\dfrac{\mu}{\rho D}$	$\dfrac{運動量の拡散速度}{物質の拡散速度}$	濃度変化の伝わる範囲に対する速度変化の伝わる範囲の大きさを表す
スタントン数 (Stanton number)	St	$\dfrac{h}{c_p v \rho}$	$\dfrac{対流による熱の移動速度}{対流による運動量の移動速度}$	流れの場における熱の移動の様子を表す
ストローハル数 (Strouhal number)	St	$\dfrac{nL}{v}$	$\dfrac{渦の発生速度}{気体の流れの速度}$	流れにおける渦の発生の様子を表す

a_0：音速, c_p：定圧比熱, v：気体の流れの速度, D：拡散係数, g：重力加速度, β：体積膨張率, h：熱伝達率, δ：火炎厚さ, λ：熱伝導率, L：代表長さ, μ：粘性係数（粘度）, ρ：密度, ΔT：温度差, $\dot{\omega}'''$：単位体積当たりの化学反応の速度, n：単位時間当たりの渦発生回数

6.1.4 強制対流における熱伝達

強制対流における熱伝達のうち最も単純な例として，平板に沿った流れについて述べる．図6.3は，鋭利な端部を持つ平板に対して左側から温度 T_∞(K) の気流が速度 u_∞(m/s) で流れるときの性状を示したものである．平板から十分離れた部分の速度は u_∞ に等しく，平板表面での速度は0である．その中間には，速度が徐々に変化する部分があり，これを速度境界層という．速度境界層の厚さは図6.4中の破線で示すように，端部からある一定の部分は比較的薄い．この部分の流れは層流である．その後，遷移域と呼ばれる部分を経て，流れは完全に乱流となり速度境界層は厚くなる．

層流から乱流への遷移は，先端からの距離 x を代表寸法にとったレイノルズ数が

$$Re_x \equiv u_\infty x/\nu = (3 \sim 5) \times 10^5 \tag{6.8}$$

となる付近で生ずる．

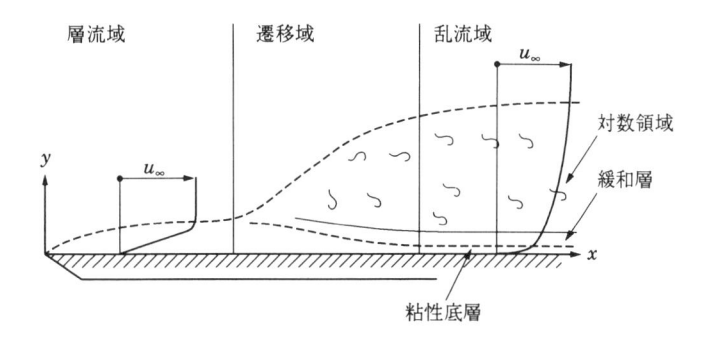

図 6.4 平板に沿う流れの性状（速度境界層）

A. 層流域における熱伝達

層流域での流れは2次元的であり，図6.4において紙面と垂直な方向の速度は0である．このときの流れは，境界層方程式

$$u\frac{\partial u}{\partial x} + v\frac{\partial u}{\partial y} = \nu\frac{\partial^2 u}{\partial y^2}$$

（運動量保存） (6.9)

$$u\frac{\partial T}{\partial x} + v\frac{\partial T}{\partial y} = a\frac{\partial^2 T}{\partial y^2}$$

（熱エネルギー保存） (6.10)

に従う．ここで，$u(x,y)$, $v(x,y)$ は図6.4における x, y 方向の速度（m/s），ν は流体の動粘性係数（m²/s），$a = \lambda/\rho c_p$ は流体の熱拡散率（m²/s），$T(x,y)$ は温度である．

平板の表面温度 T_s(K) が一様に保たれる場合には，境界層方程式を解くことができる．結果を図6.5に示す．平板に近い部分では，温度分布がほとんど直線である．平板と流体の間に生ずる熱流は，$y=0$ での温度勾配より

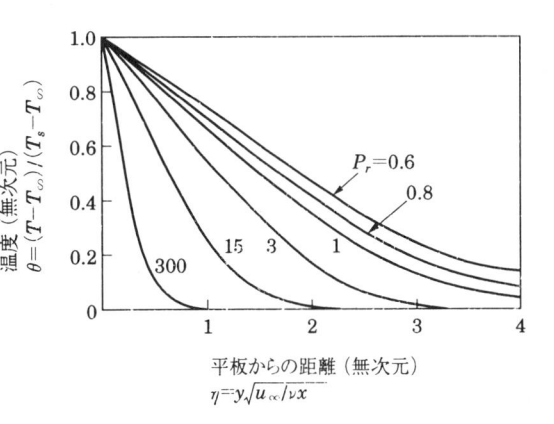

図 6.5 層流境界層内の温度分布[2]

$$q = -\lambda \left(\frac{\partial T}{\partial y}\right)\bigg|_{y=0} \tag{6.11}$$

により求められる．ここで，λ は空気の熱伝導率（W/m・K）である．結果は無次元化した形でまとめられており，平板先端から x の位置での局所ヌッセルト数は

$$Nu_x = \frac{hx}{\lambda} = \frac{q/(T_\infty - T_s)x}{\lambda} = 0.332 Pr^{1/3} Re_x^{1/2} \tag{6.12}$$

となる．ここで，Re_x は距離 x を代表寸法とするレイノルズ数 $u_\infty x/\nu$ である．

平板の先端から長さ L の範囲での平均ヌッセルト数 Nu_L は，これを積分して

$$Nu_L = \frac{1}{L}\int_{x=0}^{L} Nu_x dx = 0.664 Pr^{1/3} Re_L^{1/2} \tag{6.13}$$

となる（$Re_L = u_\infty L/\nu$）．

B. 乱流域における熱伝達

乱流域においては，流れの中に渦が生じるので平均流としては2次元であっても瞬間的な流れの場は3次元となる．このような条件では，実験的関係からヌッセルト数が求められている．図6.4に示すように，乱流域においても，平板表面のごく近傍の流れは層流である．この部分を**粘性底層**（層流底層）という．平板から十分離れた部分では乱流であり，その間には**緩和層**と呼ばれる中間的な領域が存在する．乱流境界層の速度および温度の測定例を図6.6および図6.7に示す．ただし，これらの図では，壁表面に生ずるせん断応力 τ_w により無次元化した流速 $u^* = \sqrt{\tau_w/\rho}$（摩擦速度と呼ぶ）によりスケーリングしてある．また，温度については，壁面熱流 q と移流熱容量 $\rho c_p u^*$ の比で温度差を無次元化して表している．粘性底層の部分では，速度分布，温度分布ともにほぼ直線分布であり，この性状は層流と同一である．また，乱流部分の温度，速度は壁面からの距離の対数に従って変化する．

ヌッセルト数を算出するためには乱流境界層の速度と温度を，**プラントルの1/7乗則**

$$u/u_\infty = (y/\delta)^{1/7} \tag{6.14}$$

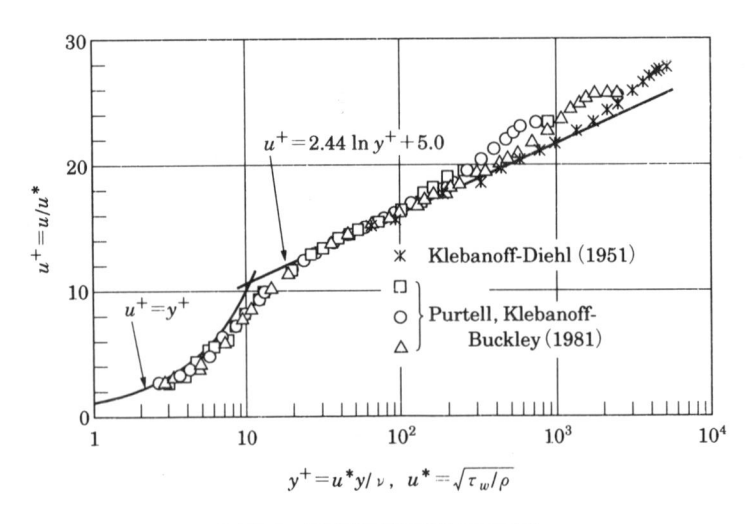

図 6.6 乱流境界層の速度分布[2]

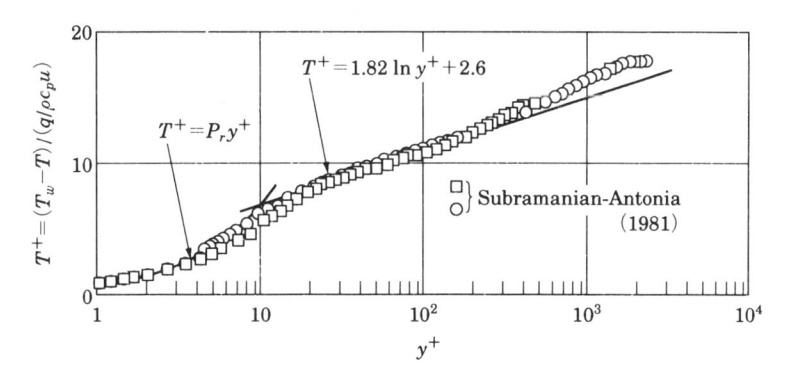

図 6.7　乱流境界層の温度分布[2]

$$\frac{T-T_s}{T_\infty-T_s}=\left(\frac{y}{\delta}\right)^{1/7} \tag{6.15}$$

によって近似することがしばしば行われる．境界層厚さ δ は，平板の強制対流においては，

$$\frac{\delta}{x}=0.38Re_x^{-1/5} \tag{6.16}$$

により与えられる．

仮定した温度分布より，層流の場合と同じ手順により平板表面の温度勾配を算出し，ヌッセルト数の実験式を導くと

$$Nu_x=0.0296Pr^{1/3}Re_x^{4/5} \quad \text{(局所ヌッセルト数)} \tag{6.17}$$

$$Nu_L=0.0370Pr^{1/3}Re_L^{4/5} \quad \text{(平均ヌッセルト数)} \tag{6.18}$$

となる[4]．

6.1.5　自然対流における熱伝達

自然対流においては，周辺気体と壁面との温度差により気流が生じ，それによって熱伝達が起こる．気流場と温度場とは表裏一体である．図 6.8 に示すように，表面温度 $T_s(\mathrm{K})$ の鉛直壁面があり，周囲は温度 $T_\infty(\mathrm{K})$ の空気に接している場合を考える．壁面近傍の空気は壁により温められ，上昇気流を生ずる．その結果，壁面の下端で生じた流れは，上部ほど加速される．

鉛直上向きに x 軸，壁面と垂直な方向に y 軸をとる．y 軸上のある断面 $y \sim y+dy$ の流体塊についてその運動量と熱量のバランスを考えると，

$$\frac{\partial}{\partial x}\int_0^\delta \rho(x,y)u^2(x,y)dy=-\rho\nu\left(\frac{\partial u}{\partial y}\right)_{y=0}+\int_0^\delta(\rho_\infty-\rho(x,y))gdy \tag{6.19}$$

$$\frac{\partial}{\partial x}\int_0^\delta \rho(x,y)c_p u(x,y)T(x,y)dy=-\lambda\left(\frac{\partial T}{\partial y}\right)_{y=0} \tag{6.20}$$

となる．

ここで，気体の密度 ρ を近似的に一定値とし，密度差 $\rho_\infty-\rho$ については，温度 1℃上昇当たりの体積膨張率 $\beta(\mathrm{K}^{-1})$ を用いて $\beta(T-T_\infty)$ と書くと，

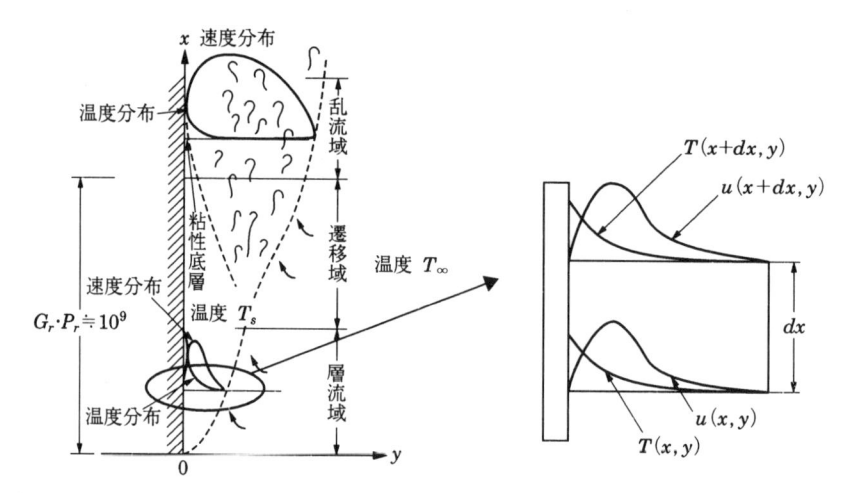

図 6.8 鉛直壁面に沿った上昇気流

$$\frac{1}{\nu^2}\frac{\partial}{\partial x}\int_0^\delta u^2(x,y)dy = -\frac{1}{\nu}\left(\frac{\partial u}{\partial y}\right)_{y=0} + \frac{g\beta\int_0^\delta (T(x,y)-T_\infty)dy}{\nu^2} \tag{6.19}'$$

$$\frac{1}{\nu}\frac{\partial}{\partial x}\int_0^\delta u(x,y)T(x,y)dy = -\frac{(\lambda/\rho_\infty c_p)}{\nu}\left(\frac{\partial T}{\partial y}\right)_{y=0} \tag{6.20}'$$

となる．各式の右辺には，

$$\frac{g\beta\int_0^\delta (T(x,y)-T_\infty)dy}{\nu^2} \approx \frac{g\beta(T_s-T_\infty)L^3}{\nu^2} = Gr \tag{6.21}$$

$$\frac{(\lambda/\rho_\infty c_p)}{\nu} = Pr \tag{6.22}$$

を含む．すなわち，自然対流における熱伝達はグラスホフ数とプラントル数により支配される．図6.8において層流から乱流への遷移が起こるのは，グラスホフ数とプラントル数の積が，

$$Gr\cdot Pr = 10^9 \tag{6.23}$$

となるあたりである．

A. 層 流 域

層流域においては，温度分布と速度分布は，

$$\frac{u(x,y)}{u_{\max}} = \left(\frac{y}{\delta}\right)\left(1-\frac{y}{\delta}\right)^2 \tag{6.24}$$

$$\frac{T(x,y)-T_\infty}{T_s-T_\infty} = \left(1-\frac{y}{\delta}\right)^2 \tag{6.25}$$

により近似できる．ここに，$u_{\max}(x)$は断面位置xにおける速度の最大値（m/s），$\delta(x)$は境界層厚さ（m）である．この関係を，運動量と熱エネルギーの保存式 (6.19)′，(6.20)′ に代入し，次元解析により必要な諸量を求めると，

$$u_{\max} = 4\left(\frac{5}{3}\right)^{1/2}\left(\frac{\nu}{a}+\frac{20}{21}\right)^{-1/2}\left\{\frac{g\beta(T_s-T_\infty)}{\nu^2}\right\}^{1/2}\nu x^{1/2} \tag{6.26}$$

$$\delta = 4\left(\frac{15}{16}\right)^{1/4}\left(\frac{\nu}{a} + \frac{20}{21}\right)^{1/4}\left\{\frac{g\beta(T_s - T_\infty)}{\nu^2}\right\}^{-1/2}\left(\frac{\nu}{a}\right)^{-1/2} x^{1/2} \tag{6.27}$$

を得る．

以上の関係から熱伝達率を求め，無次元化してヌッセルト数として表せば，

$$Nu_x = 0.508\left(\frac{Pr}{0.952 + Pr}\right)^{1/4}(Gr_x \cdot Pr)^{1/4} \quad \text{（局所ヌッセルト数）} \tag{6.28}$$

$$Nu_L = 0.667\left(\frac{Pr}{0.952 + Pr}\right)^{1/4}(Gr_L \cdot Pr)^{1/4} \quad \text{（平均ヌッセルト数）} \tag{6.29}$$

を得る．

B. 乱流域

乱流域については，速度分布と温度分布を

$$\frac{u(x,y)}{u_{\max}} = \left(\frac{y}{\delta}\right)^{1/7}\left(1 - \frac{y}{\delta}\right)^4 \tag{6.30}$$

$$\frac{T(x,y) - T_\infty}{T_s - T_\infty} = 1 - \left(\frac{y}{\delta}\right)^{1/7} \tag{6.31}$$

により近似し，層流域と同様の手順により

$$Nu_x = 0.0298 \frac{Pr^{1/15}}{(1 + 0.494 Pr^{2/3})^{2/5}}(Gr_x \cdot Pr)^{2/5} \quad \text{（局所ヌッセルト数）} \tag{6.32}$$

$$Nu_L = 0.0248 \frac{Pr^{1/15}}{(1 + 0.494 Pr^{2/3})^{2/5}}(Gr_L \cdot Pr)^{2/5} \quad \text{（平均ヌッセルト数）} \tag{6.33}$$

が得られている．

6.1.6 ヌッセルト数の算定式

伝熱工学の分野では，代表的な形状について多くの検討が行われており，その結果が実験式として整理されている．それらのうち，火災工学においても役立つものを表6.3にまとめた．

表 6.3 平均ヌッセルト数の算定式[4]

	伝熱条件	適用範囲	平均ヌッセルト数	代表長さ L
強制対流	（1） 平板に沿う流れ 　　流れに平行な平板	層流 $20<Re<3\times10^5$ 乱流 $3\times10^5<Re$	$0.66\,Re^{1/2}Pr^{1/3}$ $0.037\,Re^{4/5}Pr^{1/3}$	平板長さ
	（2） 管内流 　　円管 　　矩形流路	乱流 乱流	$0.022\,Re^{4/5}Pr^{1/2}$ $0.022\,Re^{4/5}Pr^{1/2}$	管直径 水力直径＝4×(断面積/周長)
	（3） 物体回りの流れ 　　円柱 　　直交平板 　　正方形断面の柱　傾き$0°$ 　　　　　　　　　傾き$45°$ 　　球	$10^3<Re<10^5$ $10^4<Re<10^5$ $5\times10^3<Re<5\times10^4$ $5\times10^3<Re<5\times10^4$ $1<Re<10^5$	$0.373\,Re^{1/2}+0.057Re^{2/3}$ $0.3\,Re^{1/2}+0.083Re^{2/3}$ $0.14\,Re^{0.66}$ $0.27\,Re^{0.59}$ $2+0.60\,Re^{1/2}Pr^{1/3}$	柱直径 平板幅（付図1） 柱一辺長（付図2） 柱一辺長（付図2） 球直径
自然対流	（1） 平板回りの流れ 　　垂直平板 　　水平平板 　　　上向き加熱（下向き冷却） 　　　下向き加熱（上向き冷却）	層流 $10^4<Gr\cdot Pr<10^9$ 乱流 $10^9<Gr\cdot Pr$ 層流 $10^5<Gr\cdot Pr<2\times10^7$ 乱流 $2\times10^7<Gr\cdot Pr<3\times10^{10}$ 層流 $10^6<Gr\cdot Pr<10^{11}$	$0.59\,(Gr\cdot Pr)^{1/4}$ $0.13\,(Gr\cdot Pr)^{1/3}$ $0.54\,(Gr\cdot Pr)^{1/4}$ $0.14\,(Gr\cdot Pr)$ $0.60\,(Gr\cdot Pr)^{1/5}$	平板長さ 平板幅（付図3） 平板幅（付図4）
	（2） 物体回りの流れ 　　水平円柱 　　矩形流路 　　球	$10^4<Gr\cdot Pr$ $10^4<Gr\cdot Pr$ $0.9<Gr^{1/4}Pr^{1/3}<150$	$0.53<(Gr\cdot Pr)^{1/4}$ $0.53\,(Gr\cdot Pr)^{1/4}$ $2+0.60\,Gr^{1/4}Pr^{1/3}$	円柱直径 相当長さ：$1/L=1/$(高さ方向の一辺長)$+1/$(水平方向の一辺長) 球直径

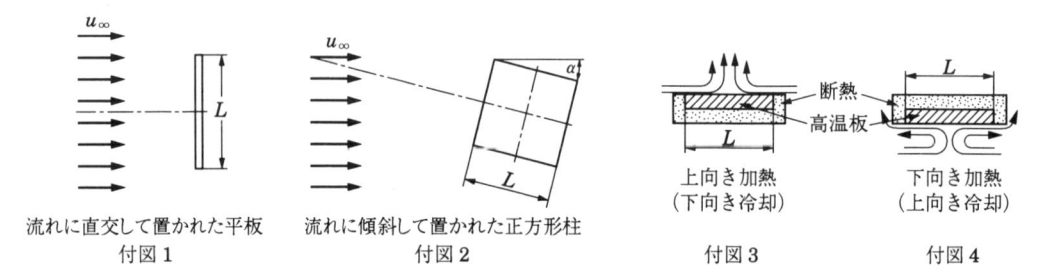

流れに直交して置かれた平板
付図1

流れに傾斜して置かれた正方形柱
付図2

上向き加熱（下向き冷却）
付図3

下向き加熱（上向き冷却）
付図4

文　　献

1) 日本火災学会編：火災便覧　第3版，共立出版（1997）
2) 日本機械学会編：機械工学便覧　新版（基礎編 A 6），熱工学（1994）
3) 平野敏右：ガス爆発予防技術，海文堂（1983）
4) 田中哮義：建築火災安全工学入門，日本建築センター（1993）

6.2 放射熱伝達

6.2.1 放射とは

放射は，固体表面の間で，あるいは煤（すす）粒子やガスとの間で電磁波により熱エネルギーが移動する現象である．図6.9に示すように，電磁波は波長帯により分類されており，波長が短いものはX線あるいは紫外線と呼ばれ，反対に波長が長いものは電波として通信に利用されている．可視光線は，0.38〜0.77μm の波長帯であり，この中には紫〜赤色の光線が含まれている．**可視光線**よりも少し長い波長帯（3〜20μm）のものを**赤外線**と呼び，伝熱で重要となるのはこの部分の電磁波である．

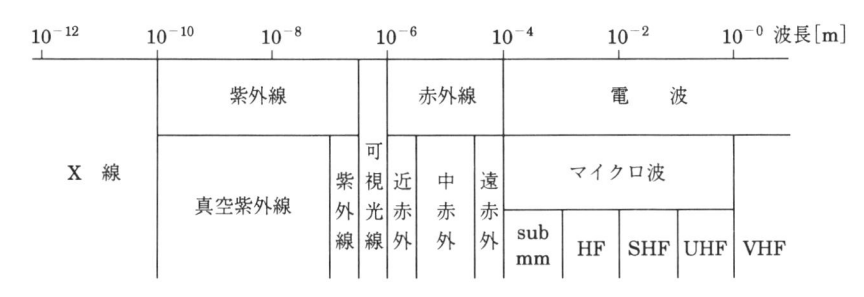

図 6.9 電磁波の種類

6.2.2 黒体放射とプランクの式

すべての物体は多かれ少なかれ，その表面から赤外線として熱を放射している．いま，入射する放射熱をすべて吸収するような理想的な物体を考え，これを**黒体**と呼ぶ．絶対温度がT(K)である黒体表面から射出される赤外線（放射熱）は，**プランクの式**により与えられ，$\lambda \sim \lambda + d\lambda$(m) の波長帯域について，

$$E_{b\lambda}d\lambda = \frac{c_1}{\lambda^5}\frac{1}{\exp(c_2/\lambda T)-1}d\lambda \quad (\text{W/m}^2 \cdot \text{m}) \quad (6.34)$$

となる．ここに，係数 $c_1 = 3.74 \times 10^{-16}$(W・m^2)，$c_2 = 0.01439$(m・K) は**プランク定数**と呼ばれ，熱力学的に導かれたものである．式(6.34)で示される値を種々の温度についてプロットしたのが図6.10である．各温度において最もスペクトルの密度が大きい波長（中心波長）は，温度によって変化し，

$$\lambda_m = 0.002987/T \quad (6.35)$$

により表される．このことを**ウイーンの変位則**と呼ぶ．

太陽は6000Kの黒体であり，そこから放射される電磁波のスペクトルもプランクの式にほぼ従う．中心波長は約0.5μm で，緑色の光に対応している．一方，地上の物体の

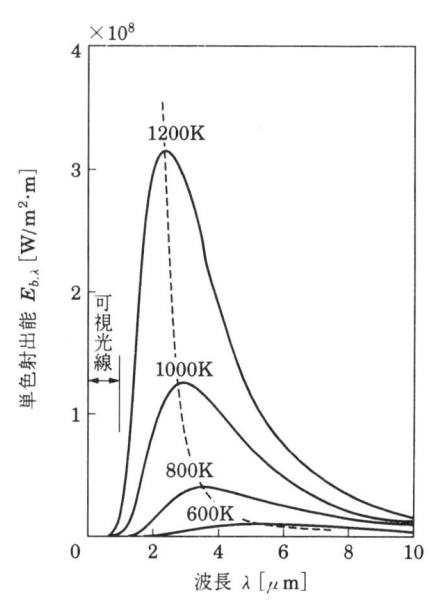

図 6.10 黒体の放射スペクトル

温度はこれほど高くないので，中心波長はもっと長くなる．常温の物体では，10μm 程度であり，目で見える波長帯よりも相当に長い．しかし，1000 K となると中心波長が 2.9μm となり，可視域の電磁波も少しは射出されるようになる．高温の物体や炎が赤く見える所以である．

式（6.34）を波長 λ について積分すると，

$$E_b = \int_0^{+\infty} E_{b\lambda} d\lambda = \sigma T^4, \quad \sigma = 5.67 \times 10^{-8} (\mathrm{W/m^2 \cdot K^4}) \tag{6.36}$$

を得る．この関係式を，**ステファン－ボルツマンの法則**と呼ぶ．すなわち，黒体表面から電磁波により射出される熱エネルギーは絶対温度の 4 乗に比例する．定数 σ のことをステファン－ボルツマン定数と呼ぶ．

6.2.3 実在の固体表面からの放射

実在の固体表面は必ずしも黒体ではなく，表面の粗度などの光学的性質により射出できるエネルギーの上限が決まり，黒体よりも射出するエネルギーは少ない．黒体放射との比率

表 6.4 各種建築材料の放射率[1~3]

材料名	温度範囲 常温時	高温時（温度範囲）
アルミニウム（研磨面）	0.04	0.25(260℃)
（酸化面）	0.08	0.12(260℃)
鋳鉄（研磨面）	0.21	0.21(260℃)
（酸化面）	0.58	0.75(538℃)
鋼材（研磨面）	0.07	0.10(260℃)
（酸化面）	0.79	0.79(538℃)
ステンレス（SUS 301）	0.16〜0.21	0.57〜0.70(230〜950℃)
（SUS 316）	0.17〜0.28	0.26〜0.57(230〜950℃)
（SUS 304）	—	0.36〜0.44(215〜490℃)
銅（研磨面）	0.02	0.02(260℃)
（酸化面）	0.50	0.50(538℃)
大理石（白）	0.95	0.94(538℃)
ガラス（研磨面）	0.95	—
石英ガラス（厚さ 2 mm）	—	0.66(260℃)
紙	0.93	
木材	0.90	
水幕（厚さ 0.1 mm 以上）	0.96	
黒色の非金属面	0.90〜0.98	0.90〜0.98(538℃)
赤レンガ，タイル等	0.85〜0.95	0.75〜0.90(538℃)
光沢のあるペイント	0.4〜0.6	—
レンガ	0.93	0.75(215℃)
耐火レンガ（普通）	—	0.59(1093℃)
耐火レンガ（アルミナ）	—	0.66(1093℃)
コンクリート	—	0.63(1000℃)
石膏	0.90	—
ゴム	0.94	—

$$\varepsilon_\lambda = E_\lambda / E_{b\lambda} \quad (6.37)$$

のことを**放射率**という．放射率は波長ごとに異なるので，式 (6.37) で定義するものを特に単色放射率と呼ぶこともある．

多くの火災工学の問題では，波長ごとに放射熱を考えるのは煩雑であるので，単色放射率でなく，波長帯についてエネルギー平均した値

$$\varepsilon = \int_0^\infty E_\lambda d\lambda / \int_0^\infty E_{b\lambda} d\lambda = \int_0^\infty E_\lambda d\lambda / \sigma T^4 \quad (6.38)$$

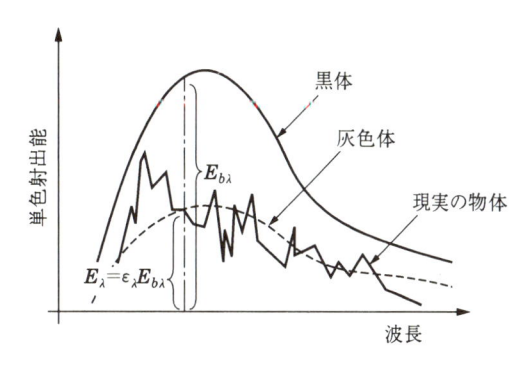

図 6.11　放射率の定義と灰色体近似

を用いる．この定義を用いると，図 6.11 に示すように全波長にわたっての射出エネルギーが等しくなるように黒体放射と同形なスペクトルを仮定したことになる．この近似を**灰色体近似**という．各種建築材料の放射率を表 6.4 に示すが，これらの値は想定する温度範囲に対応する波長帯についての平均値であることに注意すべきである．例えば，常温付近の値を高温時に援用することは一般には推奨されない．

6.2.4　ガス塊からの放射

放射熱を射出するのは固体表面だけでなく，火炎や煤を多く含む煙等のガス塊からも放射が射出される．図 6.12 に測定例を示す．

微粉炭火炎は，煤を多量に含むので放射に関しては微小な固体表面の集合体と考えてよい．そのスペクトルはおおむね灰色体近似ができる．液体燃料火炎についても同様である．特異なのはジェットエンジンの排気である．エンジンからの排気には，煤をほとんど含まないので放射源となるような固体表面は存在しない．しかし，測定結果では，$2.7\mu m$ と $4.3\mu m$ のあたりにピークが生じている．この原因は，排気中に含まれる二酸化炭素である．二酸化炭素分子は，炭素原子と酸素原子の結合が対称でなく，分子自体に極性を持つ．このような分子は，特定の波長帯の電磁波に共鳴するので，特定の波長の放射を射出するのである．煙に含まれる気体には，他にも水蒸気，一酸化炭素，窒素酸化物等の極性分子がある．これらの気体の**吸収帯**を表 6.5 に示す．

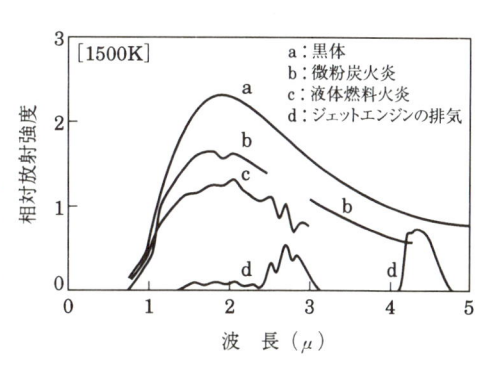

図 6.12　火炎からの放射の測定例

さて，ガス塊については煤が主たる放射源なので，灰色体近似した上で，ガス塊の界面から射出される放射を求めてみる．図 6.13 に示すように，ガス塊の中に 1 本の行路を考え，行路に沿っての放射強度の変化を考える．微小要素 ds に強度 $I(s)(W/m^2 \cdot sr)$ で入射したとすると，距離 ds だけ進む間

表 6.5 二酸化炭素および水蒸気の吸収帯

物　　質	波　長　域　(μm)
二酸化炭素 CO_2	2.0, 2.7, 4.3, 15
水蒸気 H_2O	1.4, 1.9, 2.7, 6.3, 20
一酸化炭素 CO	2.35, 4.7
窒素酸化物 NO	2.7, 5.3

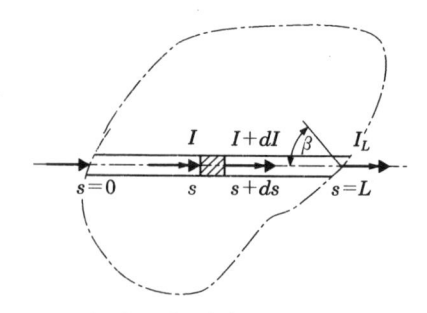

図 6.13　ガス塊中の行路に沿った放射強度

表 6.6　各種形状のガス塊の平均自由行路[4,5]

ガス塊の形状		放射の向き	平均行路長 L_m [m]	修正係数 C
球		全表面へ	0.66 D	0.97
円筒	$H/D=0.5$	端部の平面へ	0.48 D	0.90
		湾曲面へ	0.52 D	0.88
		全表面へ	0.50 D	0.90
	$H/D=1$	底面の中心へ	0.77 D	0.92
		全平面へ	0.73 D	0.90
	$H/D=2$	端部の平面へ	0.82 D	0.82
		湾曲面へ	0.80 D	0.93
		全表面へ	0.50 D	0.91
	$H/D=\infty$	底面の中心へ	1.0 D	0.90
		全平面へ	0.81 D	0.80
無限平板		各面へ	2 D	0.9
立方体		各面へ	0.67 D	0.92
直方体(各辺の比が1:1:4)		1:4 の表面へ	0.90 D	0.91
		1:1 の表面へ	0.86 D	0.82
		全表面へ	0.89 D	0.91
その他の形状(表面積 A, 体積 V)		全表面へ	4 V/A	0.9

にガス塊中の粒子に $kIds$ だけ吸収されて放射強度は低下する．しかし，同時にガス塊中の粒子からの射出により，放射強度は $(kE_b/\pi)ds$ だけ増加する．よって，

$$dI = -k\left(I - \frac{\sigma T^4}{\pi}\right)ds \quad (6.39)$$

となる．ここに，k はガス塊の**放射吸収係数**（あるいは単に，**吸収係数**）(m^{-1}) である．これを行路に沿って $s=0$ から L まで積分すると，

$$I(L) = \frac{\sigma T^4}{\pi}\{1 - \exp(-kL)\} \quad (6.40)$$

を得る．

表 6.7 代表的な火炎の有効吸収係数[6]

燃　　料	吸収係数 k [m^{-1}]
アルコール	0.37
灯油	2.6
ベンゼン	4.2
軽油	0.43
PMMA	0.5
ポリスチレン	1.2
木材クリブ	0.51〜0.8
装飾家具（例）	1.13
LNG（CH_4）	0.3〜1.9
LPG（C_3H_8）	0.9〜1.9
ブタン（C_4H_{10}）	2.4〜3.0
ヘプタン（C_7H_{16}）	0.8〜1.4
JP-5（ジェット燃料）	1.1〜2.3

ガス塊の界面から射出される放射熱流を算定するためには，式 (6.40) をすべての行路について積分しなければならず，この計算はきわめて煩雑となる．そこで，通常は，**平均行路長** L_m を用いて，

$$E = \int_{2\pi} \frac{\sigma T^4}{\pi}\{1 - \exp(-kL)\}\cos\beta d\omega \approx \{1 - \exp(-kL_m)\}\sigma T^4 \quad (6.41)$$

により近似する．すなわち，ガス塊の表面を固体表面と見立てて，その放射率を

$$\varepsilon_{gas} = 1 - \exp(-kL_m) \quad (6.42)$$

と考えればよい．表 6.6 には，代表的形状のガス塊の平均行路長の算定式を示す．この表で修正係数 c とは，煤を多量に含みガスが光学的に濃い場合に L_m に乗じる係数である．表 6.7 には，代表的な火炎の吸収係数を示す．

6.2.5 吸収率，反射率，透過率

固体表面（あるいはガス塊の界面）に入射した放射熱は，その一部が表面で反射し，残りは表面から固体内に入り，吸収されるか，透過する（図 6.14）．表面での反射率を r，吸収率を α，透過率を τ とすると，

$$r + \alpha + \tau = 1 \quad (6.43)$$

となる．

この物体が同温（T）の黒体からの放射を受ける場合に，吸収する熱エネルギー Q_{get} は，物体の表面積を A (m^2) として，

$$Q_{get} = A\alpha\sigma T^4 \quad (6.44)$$

となる．一方，自らが射出する熱エネルギーは，

$$Q_{loss} = A\varepsilon\sigma T^4 \quad (6.45)$$

である．熱平衡状態では両者は等しいから，

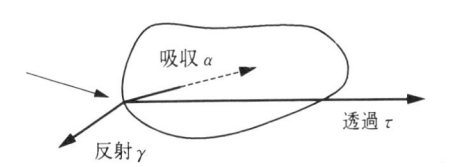

図 6.14 固体に入射した放射の振る舞い

$$\alpha = \varepsilon \tag{6.46}$$

となり，吸収率は放射率に等しいことに帰結する．この関係は一般の場合についても成立し，**キルヒホッフの法則**と呼ばれる．

6.2.6 固体表面から別の表面への放射熱伝達

ある物体から射出された放射熱は，空間（媒質）内を伝播し，別の固体表面に到達する．その強さは，材料の着火，窓ガラスの破壊，構造体の劣化など火災工学における重要な問題と密接な関係にある．以下では，表面から射出された放射が他の表面に到達する強さを算定する方法を示す．

図 6.15 に示すように，面 1 と面 2 があり，面 2 から射出され面 1 上の微小要素 dA_1 へ到達する放射熱を求める．面 2 から単位時間当たり単位面積当たり射出される放射熱を E_2（W/m²）とする．面 2 上に微小要素 dA_2 を考えると，dA_2 から面 1 の方向へ射出される放射強度（単位時間当たり，単位立体角当たりの放射熱量）I_2（W/m²·sr）は，

$$I_2 = \frac{E_2}{\pi} \cos\beta_2 \, dA_2 \tag{6.47}$$

となる．dA_1 と dA_2 の距離を r とすると，dA_1 に到達するときの放射強度は，行路に垂直な面に対して，

$$I_n = \frac{I_2}{r^2} = E_2 \frac{\cos\beta_2}{\pi r^2} dA_2 \tag{6.48}$$

これが，見付け面積 $\cos\beta_1 dA_1$ に入射するので，

$$dQ_{2-1} = E_2 \frac{\cos\beta_1 \cos\beta_2}{\pi r^2} dA_1 dA_2 \tag{6.49}$$

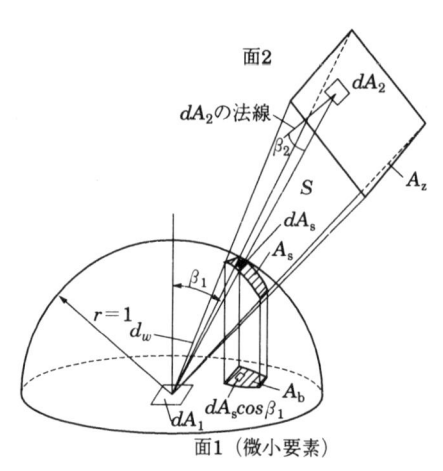

図 6.15 面から微小要素への放射熱伝達

となる．微小要素を面 2 の全体について移動させて積分すれば，

$$dQ_{2-1} = E_2 \iint_{dA_2} \frac{\cos\beta_1 \cos\beta_2}{\pi r^2} dA_2 dA_1 \quad (\mathrm{W}) \tag{6.50}$$

微小面 dA_1 の単位面積当たりに直すと，面 1 上の微小要素へ入射する熱流

$$q_{2-1} = \frac{Q_{2-1}}{dA_1} = E_2 \iint_{dA_2} \frac{\cos\beta_1 \cos\beta_2}{\pi r^2} dA_2 \quad (\mathrm{W/m^2}) \tag{6.51}$$

となる．
式 (6.51) の積分

$$F_{12} = \iint_{dA_2} \frac{\cos\beta_1 \cos\beta_2}{\pi r^2} dA_2 \quad \text{（微小要素から有限面をみた形態係数）} \tag{6.52}$$

は，面 1 と面 2 の位置関係だけで決まる値であり，**形態係数**と呼ばれている．図式的には，図 6.15 に示すように，微小要素 1 を中心とする半径 1 の半球面上に面 2 を投影し，さらに底部に正射影したと

6.2 放射熱伝達

表 6.8 形態係数の算定式（微小面から有限の大きさの面を見る場合）

微小面 $dA_1 \to dA_1$ に平行な長方形 A_2

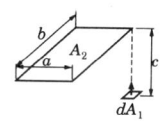

$$X = \frac{a}{c}, \quad Y = \frac{b}{c}$$

$$F_{d1-2} = \frac{1}{2\pi} \left(\frac{X}{\sqrt{1+X^2}} \tan^{-1} \frac{Y}{\sqrt{1+X^2}} + \frac{Y}{\sqrt{1+Y^2}} \tan^{-1} \frac{X}{\sqrt{1+Y^2}} \right)$$

微小面 $dA_1 \to dA_1$ に垂直な長方形 A_2

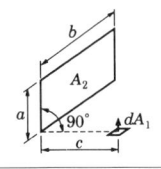

$$X = \frac{a}{b}, \quad Y = \frac{c}{b}$$

$$F_{d1-2} = \frac{1}{2\pi} \left[\tan^{-1} \frac{1}{Y} - \frac{Y}{\sqrt{X^2+Y^2}} \tan^{-1} \frac{1}{\sqrt{X^2+Y^2}} \right]$$

微小面 $dA_1 \to$ 中心が dA_1 と向かい合う楕円 A_2

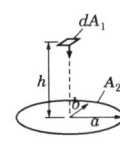

$$F_{d1-2} = \frac{ab}{\sqrt{(h^2+a^2)(h^2+b^2)}}$$

微小面 $dA_1 \to$ 一つの底が dA_1 からの法線上にある円柱 A_2

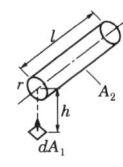

$$L = \frac{l}{r}, \quad H = \frac{h}{r}, \quad X = (l+H)^2 + L^2, \quad Y = (l-H)^2 + L^2$$

$$F_{d1-2} = \frac{1}{\pi H} \tan^{-1} \frac{L}{\sqrt{H^2-1}} + \frac{L}{\pi} \left[\frac{X-2H}{H\sqrt{XY}} \tan^{-1} \sqrt{\frac{X(H-1)}{Y(H+1)}} - \frac{1}{H} \tan^{-1} \sqrt{\frac{H-1}{H+1}} \right]$$

微小面 $dA_1 \to dA_1$ に平行な円 A_2

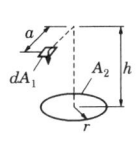

$$H = \frac{h}{a}, \quad R = \frac{r}{a}, \quad Z = 1 + H^2 + R^2$$

$$F_{d1-2} = \frac{1}{2} \left(1 - \frac{1+H^2-R^2}{\sqrt{Z^2-4R^2}} \right)$$

微小面 $dA_1 \to dA_1$ を含む面に垂直な円 A_2

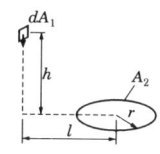

$$H = \frac{h}{l}, \quad R = \frac{r}{l}, \quad Z = 1 + H^2 + R^2$$

$$F_{d1-2} = \frac{H}{2} \left(1 - \frac{Y}{\sqrt{Z^2-4R^2}} \right)$$

微小面 $dA_1 \to dA_1$ と中心が向かい合う円 A_2

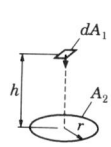

$$F_{d1-2} = \frac{r^2}{h^2+r^2}$$

微小要素の位置が上記の図と異なる場合には，重ね合わせにより形態係数を求めることができる．下図（a）では，微小要素 dA_1 から面 2～5 を見たときの形態係数 F_{12}～F_{15} を上図第1欄の計算式により求めておけば，面全体（2＋3＋4＋5）を見たときの形態係数はそれらの和 $F_{1(2+3+4+5)} = F_{12} + F_{13} + F_{14} + F_{15}$ で求められる．下図

(b) では，微小要素 dA_1 から面 $(1+2+3+4)$，面 $(3+5)$，面 $(4+5)$，面5のそれぞれを見たときの形態係数を上図第1欄の計算式により求めた後，$F_{12}=F_{1(2+3+4+5)}-F_{1(3+5)}-F_{1(4+5)}+F_{15}$ とすれば面2を見たときの形態係数が得られる．

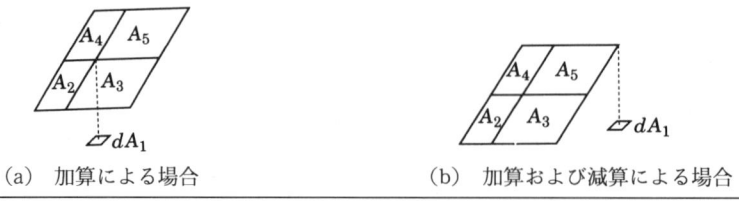

（a） 加算による場合　　　　　　　　（b） 加算および減算による場合

きの面積を π で割ったものとなる．代表的な位置関係に対する算定式を表6.8に与えておく．

場合によっては，微小な面ではなく，ある大きさの面に入射する熱流の平均値を求めたいこともある．そのときには，式（6.51）を受熱側の面上で移動させながら熱流を積分して平均値をとればよい．結果のみを記すと，

$$\overline{q_{2-1}}=\frac{1}{A_1}\iint_{dA_2}q_{2-1}dA_1=E_2\frac{1}{A_1}\iint_{dA_2}\iint_{dA_2}\frac{\cos\beta_1\cos\beta_2}{\pi r^2}dA_2dA_1 \tag{6.53}$$

となる．

右辺の積分を含む部分

$$F_{12}=\frac{1}{A_1}\iint_{dA_2}\iint_{dA_2}\frac{\cos\beta_1\cos\beta_2}{\pi r^2}dA_2dA_1 \quad\text{（有限面から有限面を見た形態係数）} \tag{6.54}$$

は面1と面2の位置関係だけで決まる値であり，こちらも形態係数と呼ばれている（表6.8に示したものと厳密に区別するため，**全形態係数**と呼ぶこともある）．表6.9に，代表的な位置関係についての算定式を示した．

全形態係数の定義式より，積分順序を交換しても結果が変わらないことは明らかである．すなわち，面1と面2を入れ替えても同じ関係式が成立する．よって，

$$A_1F_{12}=A_2F_{21}\left(\equiv\iint_{dA_2}\iint_{dA_2}\frac{\cos\beta_1\cos\beta_2}{\pi r^2}dA_2dA_1\right) \tag{6.55}$$

である．この関係式を全形態係数に関する**交換則**と呼び，形態係数を算定するときに利用すると，既知の形態係数から未知の形態係数を求めることができる．

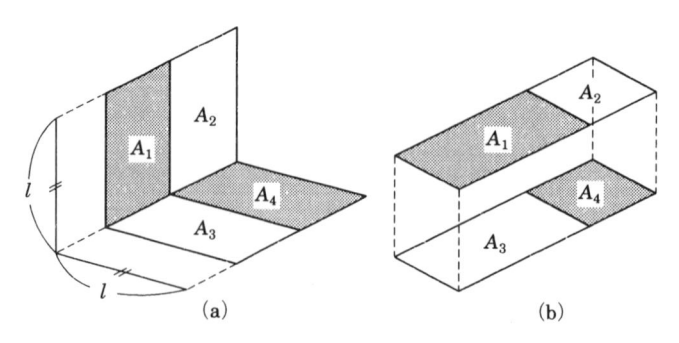

図 6.16 形態係数の重ね合わせと相反則の応用例[7]

6.2 放射熱伝達

表 6.9 形態係数の算定式（有限の大きさの面から有限の大きさの面を見る場合）

長方形 $A_1 \to A_1$ に向かい合う長方形 A_2

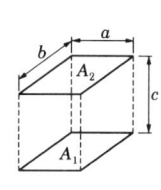

$$X = \frac{a}{c}, \quad Y = \frac{b}{c}$$

$$F_{1-2} = \frac{2}{\pi XY} \left\{ \ln\left[\frac{(1+X^2)(1+Y^2)}{1+X^2+Y^2}\right]^{1/2} + X\sqrt{1+Y^2}\tan^{-1}\frac{X}{\sqrt{1+Y^2}} \right.$$
$$\left. + Y\sqrt{1+X^2}\tan^{-1}\frac{Y}{\sqrt{1+X^2}} - X\tan^{-1}X - Y\tan^{-1}Y \right\}$$

長方形 $A_1 \to A_1$ に垂直に隣接する長方形 A_2

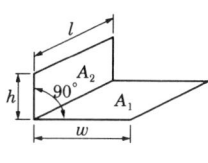

$$H = \frac{h}{l}, \quad W = \frac{w}{l}$$

$$F_{1-2} = \frac{1}{\pi W}\left(W\tan^{-1}\frac{1}{W} + H\tan^{-1}\frac{1}{H} - \sqrt{H^2+W^2}\tan^{-1}\frac{1}{\sqrt{H^2+W^2}} \right.$$
$$\left. + \frac{1}{4}\ln\left\{\left[\frac{(1+W^2)(1+H^2)}{(1+W^2+H^2)}\right]\left[\frac{W^2(1+W^2+H^2)}{(1+W^2)(W^2+H^2)}\right]^{W^2}\left[\frac{H^2(1+H^2+W^2)}{(1+H^2)(H^2+W^2)}\right]^{H^2}\right\} \right)$$

円 $A_1 \to$ 中心が向かい合う円 A_2

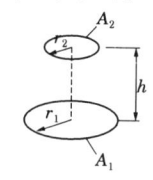

$$R_1 = \frac{r_1}{h}, \quad R_2 = \frac{r_2}{h}, \quad X = 1 + \frac{1+R_2^2}{R_1^2}$$

$$F_{1-2} = \frac{1}{2}\left[X - \sqrt{X^2 - 4\left(\frac{R_2}{R_1}\right)^2} \right]$$

球 $A_1 \to A_1$ と中心軸が一致する円 A_2

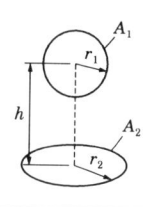

$$R_2 = \frac{r_2}{h}$$

$$F_{1-2} = \frac{1}{2}\left(1 - \frac{1}{\sqrt{1+R_2^2}} \right)$$

無限長の面 $A_1 \to A_1$ に向かい合う無限長の面 A_2

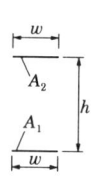

$$H = \frac{h}{w}$$

$$F_{1-2} = F_{2-1} = \sqrt{1+H^2} - H$$

無限長の面 $A_1 \to A_1$ と a の角度をなす無限長の面 A_2

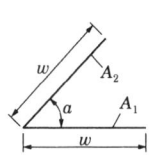

$$F_{1-2} = F_{2-1} = 1 - \sin\frac{a}{2}$$

例えば，図6.16に示す位置関係（(a)，(b)とも共通）において，表6.9から直接求められるのは，F_{13}, F_{31}, F_{24}, F_{42}, $F_{1+2,3+4}$, $F_{3+4,1+2}$ の6個であり，F_{14}, F_{41}, F_{23}, F_{32} は表6.9からは求められない．しかし，交換則より $A_1F_{14}=A_4F_{41}$，$A_2F_{23}=A_3F_{32}$ である．また，この例では形状が対象なので，$F_{14}=F_{32}$ となり，未知の形態係数は結局一つだけである．一方

$$A_{1+2}F_{1+2,3+4}=(A_1F_{13}+A_1F_{14})+(A_2F_{23}+A_2F_{24}) \tag{6.56}$$

であるから，F_{14} は

$$F_{14}=(A_{1+2}F_{1+2,3+4}-A_1F_{13}-A_2F_{24})/2A_1 \tag{6.57}$$

により計算できる．

6.2.7 相互反射連立方程式[3]

室内等の閉じた空間内では，壁，床，天井などの表面が各々の温度に応じて放射を射出している．これらは，室の表面で反射と吸収を繰り返すので，そのプロセスは複雑である．さらに，室内に煙等の灰色体ガスがあれば，ガス塊も放射伝達に少なからぬ影響を及ぼす．

このような場での放射伝達を解析する方法として，**相互反射連立方程式**がある．図6.17に示すように，室内表面を N 個の要素に分割し，各々の要素での表面温度 $T_i(i=1,2,\cdots,N)$，放射率 $\varepsilon_i(i=1,2,\cdots,N)$，ガス塊の温度 T_g と吸収係数 k を所与の値とする．特定の面 i に入射する熱流束 $q_{\text{in},i}$ は，他の面から発してガス塊を透過して到達するものと，ガス塊から射出されて到達するものの和であるから，

$$q_{\text{in},i}=\sum_{i=1}^{N}\tau_{ij}F_{ij}q_{\text{out},j}+\varepsilon_{ig}\sigma T_g^4=\sum_{i=1}^{N}\exp(-kL_{m_{ij}})F_{ij}q_{\text{out},j}+\{1-\exp(-kL_{m_{ig}})\}\sigma T_g^4 \tag{6.58}$$

となる．ここに，τ_{ij} は面 i と面 j の間のガス塊の透過率，

$$\tau_{ij}=1-\varepsilon_{ij}=1-\{1-\exp(-kL_{m_{ij}})\}=\exp(-kL_{m_{ij}}) \tag{6.59}$$

ε_{ig} は表面 i から見たときのガス塊の放射率〔-〕である．平均行路長 $L_{m_{ij}}$，$L_{m_{ig}}$ は例えば表6.6の値を，全形態係数 F_{ij} は表6.9の値を使うことができる．

面 i に入射した放射熱は，図6.18に示すように，表面で ε_i の割合が吸収され，残りは反射する．これに，面 i 自身が射出する放射熱が加わった後，面 i を発することになる．よって，

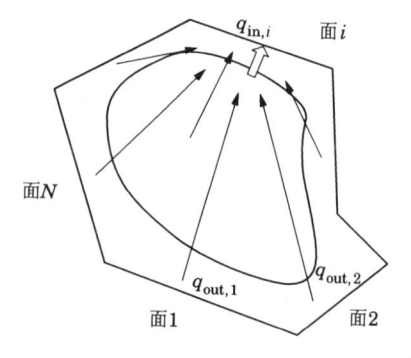

図 6.17 閉空間内の放射熱伝達

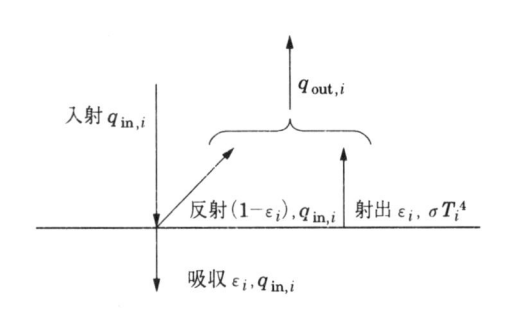

図 6.18 面 i の放射バランス

$$q_{\text{out},i} = (1-\varepsilon_i)q_{\text{in},i} + \varepsilon_i \sigma T_i^4 \quad (i=1, 2, \cdots, N) \tag{6.60}$$

なる関係が成り立つ．

式 (6.58)，(6.60) から，q_{out} を消去すると q_{in} を未知数とする連立方程式

$$q_{\text{in},i} - \sum_{j=1}^{N} \exp(-kL_{m_{ij}})F_{ij}(1-\varepsilon_j)q_{\text{in},j} = \sum_{j=1}^{N} \exp(-kL_{m_{ij}})F_{ij}\varepsilon_j \sigma T_j^4 + \{1-\exp(-kL_{m_{ig}})\}\sigma T_g^4,$$
$$(i=1, 2, 3, \cdots N) \tag{6.61}$$

を得る．これを解けば，各要素に入射する熱流を求めることができる．

　閉空間内の放射熱伝達の解法としては，上記の相互反射連立方程式によるものの他，放射を光子に見立てたモンテカルロ法や光線追跡法，ランダムに行路を選択して式 (6.40) を空間体積全体について積分する方法（離散伝達法，discrete transfer model[8]）などが提案されている．

文　　献

1) 日本機械学会編：機械工学便覧 A 6，熱工学，丸善（1985）
2) 伊藤克三ほか：大学課程建築環境工学，p. 159，オーム社（1978）
3) Hottel, H. C. and Sarofim, A. F.：Radiative Transfer, McGraw-Hill（1967）
4) Toen, C. L. Lee, K. Y. and Stretton, A. J.：Radiation Heat Transfer, the SFPE Handbook of Fire Protection Engineering, 2 nd. Edition, Chapter 4, Section 1（1995）
6) 田中哮義：建築火災安全工学入門，日本建築センター（1993）
7) 日本火災学会編：火災便覧第 3 版，p. 102，共立出版（1997）
8) Cumber, P. S.：Evaluation of the Discrete Transfer Method and its Implementation into Jasmine, BRE Research Note N 55/ 90, Fire Research Station（1990）

6.3 熱　伝　導

6.3.1 熱伝導方程式

　熱伝導とは，固体内部の熱移動の形態である．固体内部に温度差があると，固体を構成する分子の熱振動の程度が異なるので，エネルギーが固体内を伝播して平均化される．これが熱伝導の原因である．図 6.19 に示すように，材料内に温度勾配 dT/dx が生じているとき，勾配方向に伝導する熱量は，単位時間当たり単位断面積当たり，

$$q = -\lambda \frac{dT}{dx} \tag{6.62}$$

である．この関係式を熱伝導に関する**フーリエの法則**といい，比例定数 λ のことを**熱伝導率**（W/m・K）と呼ぶ．表 6.10 に主な建築材料の熱伝導率を示す．

　材料内の温度分布は，フーリエの法則に従って熱流と局所的な熱の蓄積とがバランスするように決定される．図 6.20 に示すように，材料内に微小な体積要素 $dxdydz$ を考える．x 軸方向について，微小時間 dt の間に左側表面から流入する熱量は，

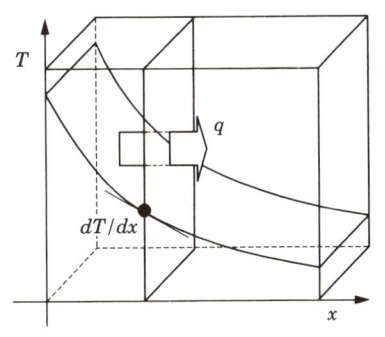

図 6.19　温度勾配と熱流の関係（フーリエの法則）

表 6.10 主な建築材料の熱物性値[15]

物質名		温度 T (K)	密度 ρ (kg/m³)	比熱 c (kJ/kgK)	熱伝導率 λ (kW/mK) ×10⁻³	熱拡散率 $\alpha=\lambda/c\rho$ (m²/s) ×10⁻⁶	$\lambda\rho c$ (kW²s/m⁴K²)	備考
ゴム・プラスチックス	アクリル樹脂	293	1190	1.4	0.21	0.12	0.35	
	塩化ビニル樹脂（硬質）	293	1400	0.95	0.16	0.12	0.21	
	フッ素樹脂（テフロン）	293	2170	0.96	0.24	0.12	0.50	
	ポリカーボネイト樹脂	273	1200	1.05	0.23	0.18	0.29	
	ポリスチレン樹脂	293	1050	1.16	0.15	0.13	0.18	
	ポリプロピレン樹脂	273	910	1.7	0.20	0.13	0.31	
岩石等	花崗岩	400	2650	1.1	4.3	1.5	13	粒子 中程度
	大理石	293	2600	0.81	2.8	1.3	5.9	
	木炭	293	191	1.0	0.07	0.38	0.013	塊状
レンガ	高アルミナレンガ	293	3470	0.84	25	8.5	73	
		600	3470	0.89	9.4	3.0	29	
	シャモットレンガ	293	1820	1.1	0.52	0.27	1.0	
		600	1820	1.1	0.41	0.22	0.82	
コンクリート	石灰岩コンクリート	293	2400	0.90	1.2	0.57	2.6	
		600	2370	0.93	0.8	0.35	1.8	
	珪岩質骨材コンクリート	293	2400	0.95	1.5	0.66	3.4	
	アスファルト	293	2120	0.92	0.74	0.38	1.4	
木材	樫	293	650	—	0.26	—	—	含水率 12%
	杉	300	300	1.3	0.069	0.18	0.027	〃 0%
		300	364	—	0.099	—	—	〃 29.6%
	檜	293	649	—	0.13	—	—	〃 0%
	ぶな	293	669	—	0.12	—	—	〃 0%
	松	300	380	—	0.072	—	—	〃 0%
		300	480	—	0.12	—	—	〃 35.6%
	マホガニ	293	660	—	0.27	—	—	〃 15%
	もみ	293	410	—	0.22	—	—	〃 12%
	ラワン	300	440	—	0.085	—	—	〃 0%
		300	525	—	0.11	—	—	〃 27.3%
断熱材	グラスウール（1）	293	32	0.81	0.034	1.29	0.00088	} 密度の相違
	グラスウール（2）	330	16	0.87	0.051	3.7	0.00071	
	ロックウール（1）	293	80	—	0.030	—	—	} 〃
	ロックウール（2）	293	300	—	0.040	—	—	
	ケイ酸カルシウム（1）	300	150	—	0.044	—	—	} 〃
	ケイ酸カルシウム（2）	273	622	0.92	0.13	0.22	0.074	
	パーライト（1）	300	192	—	0.025	—	—	} 〃
	パーライト（2）	293	150	0.75	0.050	0.45	0.0056	
	押出発泡ポリスチレン(1)	300	28.6	1.9	0.038	0.71	0.0021	} 〃
	押出発泡ポリスチレン(2)	300	36.0	1.8	0.033	0.51	0.0021	
	硬質ウレタンフォーム	273	30〜35	—	0.018	—	—	
	塩ビフォーム	300	55	1.0	0.031	0.55	0.0017	
	インシュレーションボード	330	258	1.3	0.052	0.16	0.017	
	シージングボード	330	318	1.6	0.059	0.12	0.030	

ガラス	石英ガラス	300	2190	0.74	1.38	0.85	2.2	
		500	2190	0.96	1.64	0.78	3.4	
	ソーダガラス	300	2520	0.80	1.03	0.47	2.1	
		500	2520	1.07	1.17	0.38	3.2	
	ほうケイ酸ガラス	300	2230	0.73	1.10	0.68	1.8	
	(パイレックス 7740)	500	2220	1.02	1.37	0.61	3.1	
金属	アルミニウム	300	2688	0.905	237	96.8	577	
	銅	300	8880	0.386	398	117	1360	
	鉄	300	7870	0.442	80.3	22.7	279	
	炭素鋼(軟鋼)0.23C-0.6Mn	300	7860	0.473	51.6	13.9	192	
	ステンレス鋼	300	7920	0.499	16.0	4.07	63.2	SUS 304
		600	7810	0.556	19.0	4.39	82.5	〃
	7/3 黄銅	300	8530	0.396	121	35.8	409	Cu-30 Zn
	亜鉛合金ダイカスト1種	300	6700	0.419	109	38.8	306	ZDC 1

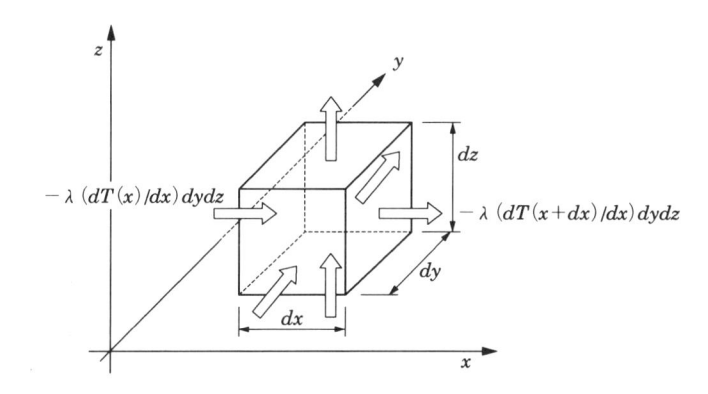

図 6.20 材料内体積要素の熱バランス

$$(dQ_x)_{\text{in}} = -\lambda \frac{\partial T(x, y, z\,;\,t)}{\partial x} dydzdt \tag{6.63}$$

右側から流出する熱量は，

$$(dQ_x)_{\text{out}} = -\lambda \frac{\partial T(x+dx, y, z\,;\,t)}{\partial x} dydzdt \tag{6.64}$$

となる．その差

$$(dQ_x)_{\text{in}} - (dQ_x)_{\text{out}} = \lambda \left[\frac{\partial T(x+dx, y, z\,;\,t)}{\partial x} - \frac{\partial T(x, y, z\,;\,t)}{\partial x} \right] dydzdt \tag{6.65}$$

は体積要素に蓄積される．同様にして，y軸方向，z軸方向についても

$$(dQ_y)_{\text{in}} - (dQ_y)_{\text{out}} = \lambda \left[\frac{\partial T(x, y+dy, z\,;\,t)}{\partial y} - \frac{\partial T(x, y, z\,;\,t)}{\partial y} \right] dxdzdt \tag{6.66}$$

$$(dQ_z)_{\text{in}} - (dQ_z)_{\text{out}} = \lambda \left[\frac{\partial T(x, y, z+dz\,;\,t)}{\partial z} - \frac{\partial T(x, y, z\,;\,t)}{\partial z} \right] dxdydt \tag{6.67}$$

なる熱量が蓄積する．

蓄積された熱量は，体積要素の温度を上昇させるために使われ，その結果として温度が $T(x, y, z\,;$

$t+dt$) に変化したとすれば,

$$dQ = \rho c \{T(x,y,z\,;\,t+dt) - T(x,y,z\,;\,t)\} dxdydz \tag{6.68}$$

なる関係が成立する. ここに, ρ は材料の密度（kg/m³）, c は比熱（J/kg・K）である.

式 (6.68) は正味の流入熱量の和と等しいので, 式 (6.65)～(6.67) の和と等値すれば,

$$\rho c \frac{T(x,y,z\,;\,t+dt) - T(x,y,z\,;\,t)}{\partial t} = \lambda \frac{\frac{\partial T(x+dx,y,z\,;\,t)}{\partial x} - \frac{\partial T(x,y,z\,;\,t)}{\partial x}}{\partial x}$$

$$+ \lambda \frac{\frac{\partial T(x,y+dy,z\,;\,t)}{\partial y} - \frac{\partial T(x,y,z\,;\,t)}{\partial y}}{\partial y} + \lambda \frac{\frac{\partial T(x,y,z+dz\,;\,t)}{\partial z} - \frac{\partial T(x,y,z\,;\,t)}{\partial z}}{\partial z} \tag{6.69}$$

となる. $dx \to 0$, $dy \to 0$, $dz \to 0$, $dt \to 0$ の極限をとると,

$$\rho c \frac{\partial T}{\partial t} = \lambda \left(\frac{\partial^2 T}{\partial x^2} + \frac{\partial^2 T}{\partial y^2} + \frac{\partial^2 T}{\partial z^2} \right) \tag{6.70}$$

なる微分方程式を得る. これを**熱伝導方程式**と呼び, 固体内の温度分布を計算するための基本となる重要な関係式である.

熱伝導方程式はどんな形状の物体であっても成立する普遍的な式であるが, 解析的に解ける問題は限られている. 次節以降では, そのうち有用なものをいくつか紹介する. その他一般の場合については成書を参考にされたい[1,2].

6.3.2 一次元定常の温度分布

A. 平板の両側の温度が規定される場合

最も簡単な場合として, 1次元形状の物体（平板）の定常熱伝導を考える. 熱伝導方程式 (6.70) において, 時間微分（$\partial T / \partial t$）, y 軸および z 軸方向の項を 0 とおくと,

$$\lambda \frac{\partial^2 T}{\partial x^2} = 0 \tag{6.71}$$

となる. これを x について積分すると

$$T(x) = ax + b \quad (a, b \text{ は積分定数}) \tag{6.72}$$

となる. すなわち, 平板内の定常温度分布は直線となる.

積分定数 a, b を決定するためには, 別の拘束条件が必要である. 多くの場合, **境界条件**が材料表面で与えられる. 板厚を L とし, 平板の両側の表面温度が T_1, T_2 として与えられる場合には,

$$T(x) = T_1 + \frac{x}{L}(T_2 - T_1) \tag{6.73}$$

となる.

B. 片面に放射を受ける場合

一方の表面（$x=0$）に放射熱流 q（W/m²）を受け, そのうち ε なる割合が吸収される場合（6.2.5節を参照）には,

$$\varepsilon q = -\lambda \frac{\partial T}{\partial x}\bigg|_{x=0} \tag{6.74}$$

なる関係が拘束条件となる．この場合には，式（6.72）を代入することにより，

$$a = -\frac{\varepsilon q}{\lambda} \tag{6.75}$$

を得る．もう一つの定数 b は反対側（$x=L$）での境界条件により決まる．

C. 板の両側の気体と対流熱伝達が行われる場合

板の両側で温度 T_{a_1}，T_{a_2} なる空気に接する場合には，対流熱伝達率（6.1.1節を参照）をそれぞれ h_1，h_2 とすれば，

$$h_1(T_{a_1} - T(0)) = -\lambda \left. \frac{\partial T}{\partial x} \right|_{x=0} \tag{6.76}$$

$$h_2(T_{a_2} - T(L)) = -\lambda \left. \frac{\partial T}{\partial x} \right|_{x=L} \tag{6.77}$$

が境界条件となる．このときの解は，少々複雑になるが，

$$T(x) = T_{a_1} + \frac{\dfrac{1}{h_1} + \dfrac{x}{\lambda}}{\dfrac{1}{h_1} + \dfrac{L}{\lambda} + \dfrac{1}{h_1}} (T_{a_2} - T_{a_1}) \tag{6.78}$$

で与えられる．

6.3.3　1次元非定常の温度分布

非定常の場合，すなわち材料内の温度が時間的に変動する場合には，熱伝導方程式の解はかなり複雑になり，実用的なものは少ない．ただし，1次元形状の固体であり，厚さが十分であれば半無限体として熱伝導を考えてもよい場合がある．特に，火災現象を取り扱う場合には，その多くは比較的短時間に生起する現象であるから，材料が無限に厚いと考えても実用上は十分なことも多い．

A. 半無限固体の表面温度がある瞬間に T_s となる場合

初期状態において温度 T_0 の材料の表面温度が，時刻 $t=0$ において T_s となる場合の温度分布を考える．このような場合には，図6.21に示すように，ごく初期には温度上昇は表面に近い部分に限られ，時間の経過とともに内部へと進行することが直感的にも予想される．

この場合の熱伝導方程式の解は，

$$\frac{T(x\,;\,t) - T_0}{T_s - T_0} = \mathrm{erfc}(x/2\sqrt{at}) \tag{6.79}$$

により与えられる．ここで，$a = \lambda/\rho c$ は**熱拡散率** [m²/s]，erfc は余誤差関数であり，

$$\mathrm{erfc}(z) = \frac{2}{\sqrt{\pi}} \int_z^{\infty} \exp(-t^2) dt \tag{6.80}$$

により定義される．この関数は一般にはあまり馴染みがないが，統計理論で頻繁に使われる正規分布の累積確率分布関数である．熱伝導は固体を構成する粒子のランダムな振動（ブラウン運動）の結果として生ずる現象であり，これが正規分布で表されるのは興味深いことである．図6.22に余誤差関数のグラフを示す．余誤差関数を数値として求めるのは煩雑であるが，引数 z が0.6以下であれば，

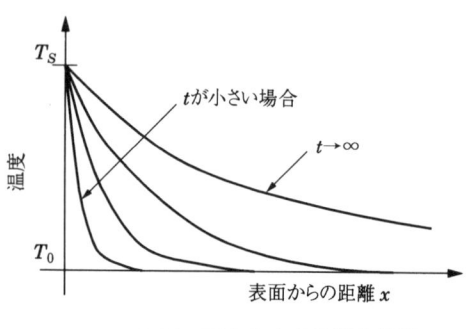

図 6.21 温度分布の時間的推移

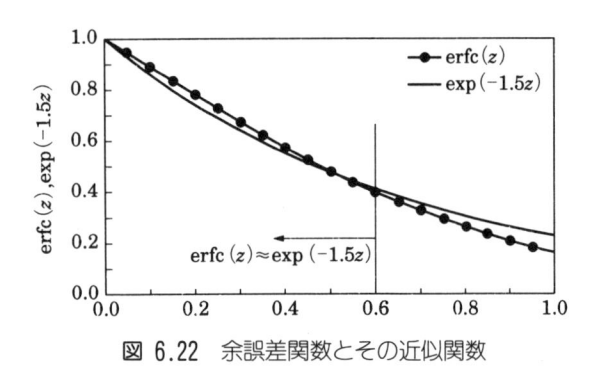

図 6.22 余誤差関数とその近似関数

$$\mathrm{erfc}(z) \approx \exp(-1.5z) \tag{6.81}$$

としても大きな誤差はない.

B. 温度 T_∞ の流体と対流熱伝達を行う場合

初期状態で温度 T_0 の材料が, 時刻 $t=0$ 以後は温度 T_∞ の流体と接触し, 対流熱伝達を行う場合を考える.

$$h(T_\infty - T(0\,;\,t)) = -\lambda \left.\frac{\partial T}{\partial x}\right|_{x=0} \tag{6.82}$$

この場合の解は,

$$\frac{T(x\,;\,t) - T_0}{T_\infty - T_0} = \mathrm{erfc}\left(\frac{x}{2\sqrt{at}}\right) - \exp\left\{\frac{h}{\lambda}x + \left(\frac{h}{\lambda}\right)^2 at\right\}\mathrm{erfc}\left(\frac{x}{2\sqrt{at}} + \frac{h}{\lambda}\sqrt{at}\right) \tag{6.83}$$

である. 上式において $x=0$ とすれば, 表面温度の時間的変化を求める式

$$\frac{T(0\,;\,t) - T_0}{T_\infty - T_0} = 1 - \exp\left\{\left(\frac{h}{\lambda}\sqrt{at}\right)^2\right\}\mathrm{erfc}\left(\frac{h}{\lambda}\sqrt{at}\right) \tag{6.84}$$

が得られる.

C. 表面で一定の熱流を吸収する場合

表面で一定の熱流が吸収される場合,

$$q = -\lambda \left.\frac{\partial T}{\partial x}\right|_{x=0} \tag{6.85}$$

の解は,

$$T - T_0 = \frac{q}{\lambda}\sqrt{\frac{4at}{\pi}}\left\{\exp\left(-\frac{x^2}{4at}\right) - \frac{x}{2}\mathrm{erfc}\left(\frac{x}{\sqrt{4at}}\right)\right\} \tag{6.86}$$

である. 表面温度の経過は, 上式において $x=0$ とおき,

$$T - T_0 = \left(\frac{2q}{\sqrt{\pi}}\right)\frac{\sqrt{t}}{\sqrt{\lambda\rho c}} \tag{6.87}$$

となる. この式に現れる, $\sqrt{\lambda\rho c}$ は材料表面の温まりにくさを表すので, **熱慣性**と名づけられている.

D. 一定の放射熱を受けて周囲へ放熱する場合

図 6.23 に示すように, 外部から一定の熱放射 q を受けて表面温度が上昇し, それに応じて周囲空

気へ対流により熱を放散する場合を考える．境界条件は，

$$\varepsilon q = h(T_S - T_0) - \lambda \left.\frac{\partial T}{d.x}\right|_{x=0} \quad (6.88)$$

である．

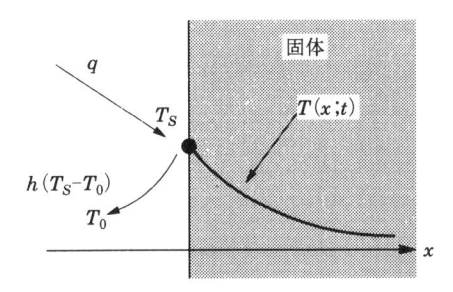

図 6.23 一定の放射熱を受けて周囲へ放射する場合

この場合の解は，式 (6.83) において $T_\infty - T_0$ を $\varepsilon q/h$ に置き換えたものである．

$$\frac{T(x\,;t)-T_0}{\varepsilon q/h} = \mathrm{erfc}\left(\frac{x}{2\sqrt{at}}\right) - \exp\left\{\frac{h}{\lambda}x + \left(\frac{h}{\lambda}\right)^2 at\right\}\mathrm{erfc}\left(\frac{x}{2\sqrt{at}} + \frac{h}{\lambda}\sqrt{at}\right) \quad (6.89)$$

表面温度 $T_S = T(0\,;t)$ の経過は，

$$\frac{T(0\,;t)-T_0}{\varepsilon q/h} = 1 - \exp\left\{\left(\frac{h}{\lambda}\sqrt{at}\right)^2\right\}\mathrm{erfc}\left(\frac{h}{\lambda}\sqrt{at}\right) \quad (6.90)$$

となる．

この解は，放射加熱を受ける場合の建築材料の**着火時間**の推定によく用いられる．式 (6.90) を変形すると，

$$\frac{\varepsilon q}{h(T_S-T_0)} = \frac{1}{1-\exp\left(\frac{h^2 t}{\lambda \rho c}\right)\mathrm{erfc}\left(\sqrt{\frac{h^2 t}{\lambda \rho c}}\right)} \quad (6.91)$$

となる．右辺は $\sqrt{h^2 t/\lambda \rho c}$ のみの関数であるので，$\varepsilon q/h(T_S-T_0) < 10$ の範囲では

$$\frac{\varepsilon q}{h(T_S-T_0)} = \frac{\sqrt{\lambda \rho c}}{1.18 h}\frac{1}{\sqrt{t}} + 1 \quad (6.92)$$

と近似することができる．

材料の**着火温度**を T_{ig}（℃），それに達するまでの時間を t_{ig} とすると，よく用いられる関係式

$$\frac{1}{\sqrt{t_{ig}}} = \frac{1.18\varepsilon}{\sqrt{\lambda \rho c}\,(T_{ig}-T_0)}q - \frac{1.18 h}{\sqrt{\lambda \rho c}} \quad (6.93)$$

を得る．

6.3.4 数値解法

前節までに示したような熱伝導方程式の解析解は，簡単な形状であること，境界条件が時間的に変化しないこと，材料の物性値が温度により変化しないこと，等の様々な制約を満たす場合にのみ導か

れる.

条件が少しでも複雑になると,解析解を導くことができず,例え導くことが出来たとしても複雑で使い難いものとなる.今日のようにコンピュータが普及する以前の教科書には,一つの式だけで数ページに及ぶものがあった.汎用性と利便性を考えると,数値計算により温度分布を求める場合が多い.多用される手法としては,**差分法**[3],**有限要素法**[4]などがある.詳細は成書を参考にされたい.

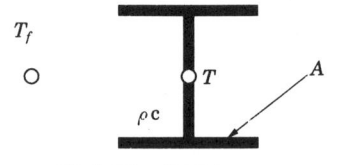

図 6.24 鉄骨柱の温度

簡略的な数値解法として,鉄骨のように熱伝導率が大きい材料で内部の温度分布が無視できる場合には,**集中定数法**が用いられる.例えば,図 6.24 に示すような柱の長さ 1 m 当たりの体積を $V(\mathrm{m^3/m})$,表面積を $A(\mathrm{m^2/m})$ とする.柱の温度 T は断面内で均一であると近似すれば,その温度上昇は次式で与えられる[5,6].

$$V\rho c \frac{dT}{dt} = Ah(T_f - T) \tag{6.94}$$

ここに,ρ は鋼材の密度 ($\mathrm{kg/m^3}$),c は鋼材の比熱 ($\mathrm{J/kg \cdot K}$),T_f は周囲空気(火災)の温度(℃),h は熱伝達率 ($\mathrm{W/m^2 \cdot K}$) である.

数値計算にあたっては,十分小さな時間刻み Δt(s) を適切に選び,左辺の時間微分を

$$\frac{dT}{dt} \approx \frac{T(t+\Delta t) - T(t)}{\Delta t} \tag{6.95}$$

により近似すれば,

$$T(t+\Delta t) = \frac{\dfrac{V\rho c}{\Delta t} T(t) + Ah T_f}{\left(\dfrac{V\rho c}{\Delta t} + Ah\right)} \tag{6.96}$$

を得る.右辺の分母,分子は時刻 t での温度から計算可能な量であり,この式に時間刻み Δt ごとの温度を逐次代入していくことにより,温度の時間的な経過を計算することができる.

6.3.5 熱伝導に関わる火災工学上の諸問題

これまでの節においては,材料内の熱伝導だけを取り扱ってきたが,火災工学に関連する問題の多くでは,物質の物理的および化学的変化と熱伝導とが同時に生じている.金属材料の溶融,含有水分の蒸発といった物理的変化,有機成分の燃焼といった化学的変化がその典型である.また,材料内の温度分布が不均一であると,熱応力が発生し,材料の亀裂や破壊につながる.

例として,材料内の水分蒸発の扱いを簡単に述べる.含水性の材料,例えば,ロックウール等の耐火被覆材料やコンクリートでは,内部に水分を含んでおり材料の温度が 100℃ に達すると水分が蒸発し,温度上昇が停留する(温度の横這い現象).この効果は,熱伝導の方程式に水分蒸発による潜熱吸収を表す項を加えることにより考慮できる.すなわち,

$$\rho c \frac{\partial T}{\partial t} = \frac{\partial}{\partial x}\left(\lambda \frac{\partial T}{\partial x}\right) - Q_{\mathrm{evap}} \tag{6.97}$$

ここに, Q_{evap}(W/m³) は材料の単位体積, 単位時間当たりの水分蒸発に伴う潜熱吸収量である. 単純には, 材料内の温度が100℃に達していれば Q_{evap} に十分大きな値を設定し, 水分がなくなった時点で0とする近似が工学的にはうまくいくことがわかっている[1~12]. また, この方法から一歩踏み出して, 材料空隙内の水分移動を熱伝導方程式と連立して解析する方法も提案されている[13,14].

文　献

1) Carlslaw, H. S., Jaeger, J. C. : Conduction of Heat in Solids, Oxford at the Clarendon Press (1959)
2) Crank, J. : The Mathematics of Diffusion, Clarendon Press, Oxford (1975)
3) Patanker, S. V., 水谷幸雄, 香月正司訳：コンピュータによる熱移動と流れの数値解析, 森北出版 (1985)
4) 矢川元基, 宮崎則幸：有限要素法による熱応力・クリープ・熱伝導解析, サイエンス社 (1985)
5) 藤井正一：柱または梁の耐火試験における鉄骨温度上昇の理論計算, 日本火災学会論文集, Vol. 13 (1), pp. 13-21 (1963)
6) Pettersson, O., Magnusson, S. : Fire Engineering of Steel Structures, Bulletin, No. 52, Division of Structural Mechanics and Concrete Construction, Lund Institute of Technology, Lund, Sweden (1976)
7) 川越邦雄：高温下熱伝導の電子計算機による数値計算 (非定常2層壁の非線形熱伝導), 日本火災学会論文集, Vol. 13 (2), pp. 29-35 (1964)
8) 若松孝旺：火災時における建物部材の内部温度算定に関する研究 (第1報), 算定式の誘導, 算定条件および算定要素, 日本火災学会論文報告集, 第109号, pp. 73-79 (1965)
9) 若松孝旺：火災時における建物部材の内部温度算定に関する研究 (第2報), 算定式の解法, 日本火災学会論文報告集, 第111号, pp. 31-36 (1965)
10) (財)国土開発技術研究センター編：建築物の総合防火設計法 (第4巻　耐火設計法), pp. 48-63, 日本建築センター (1989)
11) Wickstrom, U. : TASEF-2 -A Computer Program for Temperature Analysis of Structures Exposed to Fire, Report No. 79-2, Department of Structural Mechanics, Lund Institute of Technology Sweden (1979)
12) Lie, T. T. : A procedure to calculate fire resistance of structural members, Fire and Materials, Vol. 8, No. 1, pp. 40-48 (1984)
13) Harmathy, T. Z. : Simultaneous moisture and heat transfer in porous systems with particular reference to drying, Industrial and Engineering Chemistry Fundamentals, Vol. 8, pp. 92-103 (1969)
14) 原田和典, 寺井俊夫：火災時のコンクリート内部の熱水分移動のモデル, 日本建築学会構造系論文集, No. 477, pp. 185-190 (1995)
15) 田中哮義：建築火災安全工学入門, 日本建築センター (1993)

7章 内・外装設計

内装による防火対策の目的は主として以下の3つである．
- ・内装が原因となって火事を起こさないこと→出火防止
- ・内装の燃焼拡大が原因となって在館者の避難行動を妨げないこと→避難安全
- ・内装の燃焼拡大が原因となって消防活動を妨げない→消防活動支援

一方，外装設計による防火目的は対象とする火災外力に応じて次の2つとなる．
- ・外部の火災に対して外装に着火して火災を起こさないこと→建物間延焼防止
- ・下階の火災に対して外装の燃焼拡大が原因となって火災を拡大しないこと→建物内延焼防止

本章では，まずこれらの内・外装の防火目的と評価の考え方を概説する．そして内・外装の火災現象を巨視的にモデル化し，最後にこのモデルを応用し，かつ標準試験から得られるデータを用いる評価法を紹介する．

7.1 内装設計の考え方

7.1.1 出火防止のための内装設計

「火事を起こさないこと＝出火防止」が防火の第一の目的である．しかしながら建築物に持ち込まれる火気や可燃性の収納物は多様であり，建物の設計者が設定する防火対策によってすべての出火危険性を低減させることはむずかしい．

一般に通常の利用形態で建築物に持ち込まれる火気としては，タバコや可動式のストーブなど，使用者によって持ち込まれ，使用場所が限定しにくい移動火源と，厨房の調理設備や湯沸かし器，固定式の暖房装置など，設計者が使用場所を設定する固定火源とに分類される．前者のような移動火源に対しての出火危険性を設計者が設計の段階で排除することはほとんど不可能で，むしろ使用者の注意や管理によって対策がとられるべきである．また，これらの移動火源については内装の防火性能を高めても，移動火源そのものが出火するので，その危険性を低減させることはほとんど不可能であり，このようなケースでの内装の防火上の機能は，次項以降で述べるが，避難行動可能な時間の確保や安全な避難ルートの提供といった避難安全を目的とした対策をとる方が合理的である．

一方，後者のような固定火源には，コンロのように裸火が室内に露出する火気と，湯沸かし器や暖房装置など，機器の内部で燃焼する（あるいは発熱体を持つ）ものとが考えられる．これらの火気・発熱体は常に燃料が供給されている火源であることが特徴である．したがって，周囲に可燃性の収納物を置かないという管理上の対策はもちろん，設計者によって設置位置が設定されるものであることから，建築的な防火対策を立てる必要もある．具体的には，これらの発熱体から周囲の内装材料（あるいは建築設備）には，与えられる熱に対して容易に着火しないこと，あるいはたとえ着火しても燃

焼拡大しないような強い自消性を有することが要求される．評価対象となる材料の範囲は，火源からの熱を直接受ける表面材はもちろん，下地材に可燃材料を用いている場合には，下地材も含めなければならない．さらに長期の加熱によって，部材が本来果たすべき機能を発揮できなくなってしまうような溶融や変形を生じないことも検証すべきである．

7.1.2 出火室の避難安全のための内装設計

出火後，不幸にも初期消火に失敗すると，火は隣接する可燃物に次々と燃え移り，火災は拡大する．さらに放置されつづけると，可燃物の燃焼によって生じた高温の煙が天井下に層を形成し，また燃焼物から立ち上がる火炎も大きくなり天井を這うようになる．このような状態になると，高温煙層や火炎からの強い放射熱によって床に置かれた収納可燃物が一気に着火・燃焼し，室内全体が火炎に包まれる火災盛期へと移行する．この遷移は，非常に短い時間に生じ，その間に数100℃の温度上昇を示し，またこの遷移期前後において室内は急激な酸素不足状態に陥るために有毒ガスが大量に発生する．一般に，人命安全に対して大きな脅威となるような特徴を有するこの遷移現象をフラッシュオーバーと称する．この状態となると，もはや避難行動は不可能となるので，出火後この現象に達する時間を**フラッシュオーバーによる滞在限界時間**と呼ぶ．出火室の在館者は，少なくとも当該室内でフラッシュオーバーが発生するより前に出火室から避難を完了させなければならない．

上記のような一般的な火災成長性状において，内装が可燃性材料で貼られている場合，次の3つの理由から，著しく火災成長を加速し，滞在限界時間を短くすることが懸念されるので，避難安全上，非常に重大である．

① 可燃内装は，可燃物の総量としては収納可燃物よりはるかに少ないことが多いが，薄板状に室内に露出するため，その表面積は家具などの収納可燃物に比べて大きくなる．したがって，火炎や高温の煙に曝されると，被加熱面積が大きいために温度上昇が速く，しかも燃え始めると燃焼面積が大きくなって激しい燃焼を示す．

② 火災プリュームは高温で軽く，上昇しようとするために，可燃内装で仕上げた壁・天井は，一旦着火すると，火炎が表面に沿って拡大し，燃え拡がりが促進されやすい．

③ 壁・天井が面的に燃焼すると，室空間の上部が火炎や高温の煙に覆われて在館者に人命危険を生じるばかりか，強い放射熱を床・家具等に及ぼして一気に着火させ，フラッシュオーバーを引き起こす．

このようなことから，出火室の避難安全という目的を達成させるために内装設計に要求される防火的な機能は，在館者の避難安全性に支障をきたすような燃焼拡大を起こさないこと，言い換えれば出火室内の在館者が当該室から脱出する前に，内装の燃焼が原因となるようなフラッシュオーバーを発生させないこととなる．

ところで，避難安全評価では，火災に対する材料や設備などのモノの性能が評価されるわけではなく，材料や設備によって決定する滞在限界時間と在館者の避難行動との関係で評価される．詳細は10章を参照していただくとして，ここでは内装設計の位置づけを明確にするために簡略に概要を述べ

る．

　出火室の避難安全を脅かす現象は，フラッシュオーバーの発生だけではない．前述したように，火災拡大に伴って天井下に形成された煙層が降下し，フラッシュオーバーを起こす以前に人が煙に巻かれるような状態も考えられる．この状態に達するまでの時間を**煙降下による滞在限界時間**と呼ぶ．よって煙層降下を制御するために有効な排煙設備を設置することが防火対策として必要となる．一方，在館者が安全な場所（この場合は出火室の外）まで避難するのに要する時間を決定する重要な要素は，避難施設計画も含めた避難経路設計である．また，区画設計によって設定される空間の形状や大きさは，フラッシュオーバーの発生や煙層降下速度といった火災現象を支配するだけでなく，在館者数や避難施設（例えばドアなどの開口）までの距離を決定し，避難に要する時間をも左右する．したがって，図7.1に示すように，出火室の避難安全という目的を達成するために立てる対策は複合的なものとなり，評価においては複合的な対策を同じ尺度で比較できるシステムを用いなければならない．

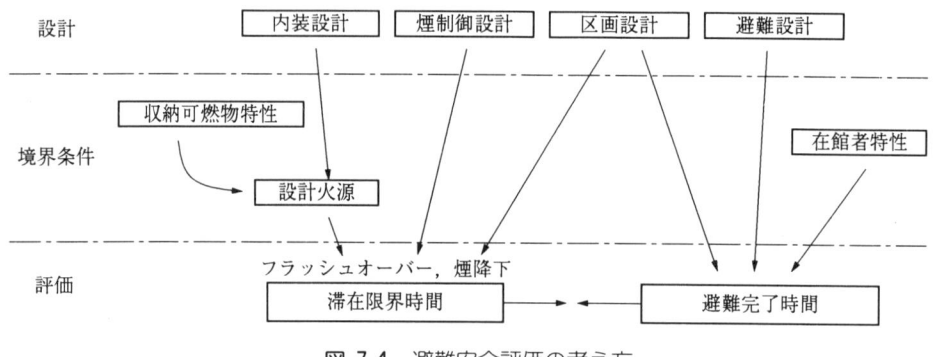

図 7.1　避難安全評価の考え方

7.1.3　出火階避難安全のための内装設計

　避難経路（ここでは主に直通階段につながる通路のような水平経路や居室に直接つながる階段室などを指す）が受ける火災外力には，次の2つのパターンが考えられる．

① 避難経路内で発生する火災
② 出火室と避難経路の間の隔壁あるいは開口設備の破損部分から流入してくる火炎や高温の煙

　元来，避難経路には可燃物を収納するべきではないが，一時的な物品保管の可能性や少量の可燃物の存在を排除することはできず，同様に移動火源の持ち込みを完全に防ぐこともできない．したがって，①の火災を想定した火源を設定し避難安全性を評価すべきであり，この場合，避難経路での火災拡大は当該階の在館者にとって致命的な要因となるので，少なくとも階避難が完了するまで，避難経路を滞在可能な状態にしておくような対策が必要である．具体的には前項で述べた方法と同様に内装設計や排煙設計など複合的な対策を評価すればよいが，通常は階避難完了に要する時間は出火室避難に要する時間よりも長いので，初期火災に対してフラッシュオーバーに至らないような対策が必要である．

一方，②のようなケースでは，避難経路に十分な対策が施されていたとしても，隣接する出火室からの火炎や高温煙によって，避難経路も出火室と同様の危険な状態に陥ることが予想される．したがって，出火室が盛期火災状態に達した後で，出火室と避難経路との間の隔壁や開口設備に十分な遮炎性と遮煙性が期待できない場合には，出火室側で燃焼拡大を制御するような方策が必要となる．内装の防火性能に限定して言えば，階避難が終了するまで，内装の燃焼によってフラッシュオーバーを起きないように設計する必要がある．

7.1.4 消防活動拠点確保のための内装設計

消防活動を支援するために要求される機能は，これまで述べてきた「出火防止」や「避難安全」に対するものとは若干性格が異なる．すなわち，前節までに示してきた内装防火の機能要求は在館者の避難安全を念頭においた火災初期を対象としているのに対して，ここでは避難終了後（避難中の場合も有り得る）から火災が鎮火するまでの長い期間にわたる防火機能が重要となる．

建築基準法では，梯子車での外部からの消火活動が困難となるような高層部分や地下部分を有する建築物に対して，非常用エレベータ設備や特別避難階段の設置を要求している．これらの施設の特徴は，エレベータや階段等の竪穴区画に隣接して附室を設置することであり，この附室が消防活動の拠点となる．また附室は全館避難時に階段室を保護する役割を果たしていることも忘れてはならない．建築基準法では附室に対して不燃内装，防火扉と排煙設備の設置を義務づけているが，これらは火災が生じている部分から侵入してくる火炎や煙がたとえ間歇的であったとしても長時間にわたる可能性が高く，このような火熱に対して内装が燃焼したり，煙を蓄積してしまえば消防活動に支障をきたすおそれがあるからである．

7.1.5 内装防火性能の評価

前節までに述べてきた居室や避難経路が出火室となる場合に，当該室の内装防火性能が重要となるのは，避難完了時間までの火災初期である．これら出火室が盛期火災に達したあとでの火災性状は，量として圧倒的に大きい収納可燃物の燃焼性状に依存する．また避難安全の立場から，内装設計の評価をする場合，内装として室内に施工された状態での空間性能として評価を行うことが理想的である．一方，出火防止設計の場合や，避難経路および消防活動拠点の確保を目的とする場合，隣接する火災室が盛期火災に達した後に，開口部などを通して侵入する高温の煙や火炎に対する着火性を評価する場合には，それぞれの火災条件をよく再現するような火源を設定した上で，材料単体での性能をもって評価することができる．

室空間としての内装に要求される機能については，これまで述べてきた出火防止・避難安全・消防活動から求められる性能や内装自身の燃焼性状に基づくと，表7.1に示す4つのクラスに分けることができる．この表では材料の不燃性はクラス1が最上位となる．この分類に従うと，火災の状態に対応して内装に要求される機能を評価することが可能である．

表 7.1 防火目的と機能からみた内装のクラス分け

クラス	内装の機能	防火目的
クラス1	火災のあらゆる段階においても火災安全上問題となるような燃焼・変形・脱落・有毒ガス発生を起こさない． →階段などの全館避難施設や消防活動拠点の内装	全館避難安全 消防活動拠点の確保
クラス2	内装の燃焼が原因で在館者の避難安全に支障をきたさない． →一般的な居室～避難施設の内装，出火防止を要求される部分	出火防止 階避難安全
クラス3	一般的な建物の階において，階避難が完了するまでは，内装の燃焼が原因で当該階の在館者の避難安全に支障をきたさない． →一般的な居室～避難施設の内装	階避難安全
クラス4	一般的な居室において，居室避難が完了するまでは，内装の燃焼が原因で当該室の在室者の避難安全に支障をきたさない． →一般的な居室の内装	居室避難安全

7.2 外装設計の考え方

7.2.1 隣棟火災からの受害防止のための外装設計

図7.2のような状況を考えてみる．ここでは火災を起こしている建物（加害建物）と火熱を受ける建物（受害建物）のそれぞれの構造種別に応じて，加害－受害シナリオを考えなければならない．例えば，加害建物が木造である場合は，建物全体が燃え上がっているような状況からの火熱を想定すべきであり，また耐火造では火災室開口部からの放射熱と噴出火炎を想定した火源を設定しなければならない．一方，受害建物が木造であれば，開口部を介した延焼経路と外壁着火～燃え抜けという燃焼経路の両方を考慮しなければならず，耐火造であれば外壁・開口部の保有耐火時間等を考慮しながら弱点となる部分を評価する必要がある．

外装が延焼経路となるのは以下に述べる2つのケースが考えられる．一つめは，外装が着火したあと，燃焼が外壁内部方向に進行し，外壁を燃え抜けて室内に延焼するケースである．燃え抜ける危険性が高い外壁構造では，外装表面の着火後，内部での燃え止まりを期待することは困難である．したがって設計にあたっては隣棟からの火熱

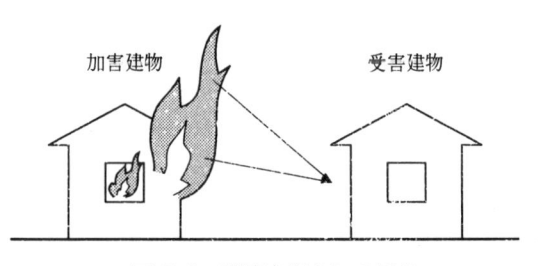

図 7.2 隣棟火災からの受熱

に対して外装表面が着火しないように，隣棟からの離隔距離の設定と使用材料の選定を行わなければならない．二つめのケースは，外装表面着火後，外装表面上を火炎が伝播して開口部等の弱点部分に火炎が達し，その開口部等が破壊されて室内に延焼する経路である．これに対する建築的な対策としては，開口部等の耐火性能の向上や，不燃性あるいは強自消性の材料を外装に用いることなどが考えられよう．

7.2.2 上階への延焼防止のための外装設計

上階延焼防止性能が要求される建築物は，当然2階以上の建築物であるが，一般の戸建住宅のように屋内の竪穴部分が防火区画されていないような建築物ではこの竪穴が上階への延焼経路となることがほとんどなので，外壁に設けられた開口部を経由した上階延焼防止性能を評価する必要性はほとんどない．評価対象となるのは，竪穴区画や床などに一定の耐火性能を有し，屋内での上階延焼よりも上下階の開口間の延焼危険性が重大となるような建築物である．

この場合の外装評価の考え方は，前項で述べた二つめの延焼経路ケースと同じであるが，想定する火源は隣棟火災ではなく，火災が起こっている下階の開口部から噴出している火煙となることに注意しなければならない．したがって，上階延焼に対する外装設計では，耐火設計と同様の火災性状予測が必要となる．

7.3 評価基準

7.3.1 評価基準

7.1節および7.2節で示してきた内外装防火性能の考え方をまとめると，評価基準は表7.2のように防火上の目的と関連してまとめられる．表7.2には目的別に定められる火源の例も挙げる．この表からわかるように，避難安全性の部分を除いて，材料単体の燃焼特性が評価項目となる．以下では，評価方法の紹介に先立ち，取り扱うべき火災現象について概説する．

表 7.2 防火目的と評価基準

部位	目的	想定火源(例)	基準
内装	出火防止	日常火気(コンロ等) 天ぷら油火災	内装材が， ・着火しないこと ・強自消性を有すること
	居室避難安全	屋内の初期火災	・避難が完了するまで火災を拡大させないこと
	階避難安全		
	全館避難安全 消防活動拠点確保	火災室から屋内に噴出する火煙	内装材が， ・着火しないこと
外装	都市大火防止	隣棟火災	外装材が， ・着火しないこと
	火災規模の限定 (区画化)	火災室の開口部から屋外に噴出する火煙	外装材が， ・自消性を有すること

7.3.2 火炎伝播モデル

内外装の燃焼拡大は，火源からの加熱性状と，材料が有する着火性および発熱性に支配される．ここではこれら両方の性質を含めた材料表面上の燃焼拡大を表面火炎伝播と呼ぶ．表面火炎伝播を理解するためにSQWモデル[1]と呼ばれる巨視的な火炎伝播モデルの概要を述べる（図7.3）．以下の説明は図中の丸囲み数字に相当する．

① 収納可燃物の燃焼が内装材料への加熱源である場合を考える．内装表面が加熱源から熱流を受けると材料の表面温度は上昇し，表面温度が材料固有の着火温度 T_{ig} に達すると材料は着火し，燃焼を開始する．

② ①で着火した部分の燃焼によって火炎が上方に延び，新たに未燃部分を加熱する．このとき火炎の延びは①で着火した部分の発熱速度に依存する．すなわち，材料の単位面積当たりの発熱速度と着火領域面積の積で決定される．燃焼している材料の単位面積当たりの発熱速度は経過時間とともに変化するので，未燃部分への加熱強度や加熱面積も時間とともに変動する．例えば，材料の発熱速度の経時変化は図 7.3 (a) のような変化を示すが，ここでは簡単化のために一定の発熱速度 $\dot{q}''_{mat}$ (kW/m²) が時間 t_d (sec) の間，継続するような性状を示すものとする（図 7.3 (b)）．すなわち，未燃部分が加熱される時間は t_d である．

③ ②の仮定により一定の熱流 $\dot{q}''_{rec}$ (kW/m²) が未燃部分に与えられたとき，材料が T_{ig} に達する時間を t_{ig} とすると，$t_d < t_{ig}$ ならば未燃部分は着火せずに壁面に沿った燃焼拡大は生じない．一方，$t_d \geq t_{ig}$ であれば着火して上方に火炎が伝播する．

④ ①～③の過程で壁面上を火炎が伝播しても，先に燃焼していた部分が燃え尽き，さらに $\dot{q}''_{mat}$ が小さければ燃焼拡大速度は減速して，燃え止まり現象が生じる．

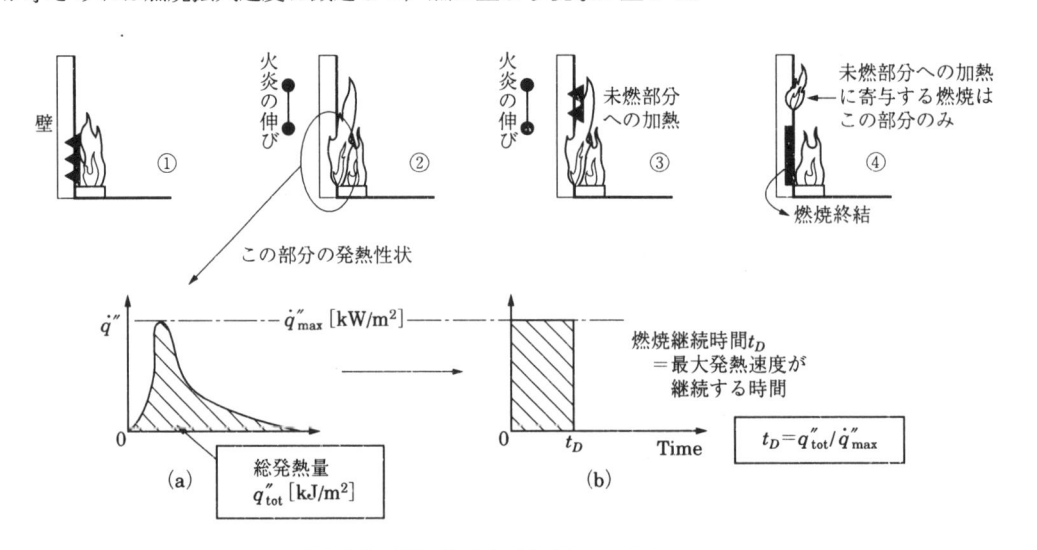

図 7.3 壁面上の火炎伝播メカニズム

すなわち，火炎伝播速度は，未燃部分が着火に要する時間と未燃部分を加熱している燃焼部分が燃え尽きるまでの時間とのバランスによって求まる．図 7.3 の簡易モデルに従えば，与えられた着火源に対する内装上の火炎伝播の大きさは，内装材料固有の燃焼パラメータを使って，図 7.4 のような領域で表現することができる．領域 1 は，着火源の大きさによらず火炎伝播を起こさない領域で，

$$K \cdot \dot{q}''_{max} < 1 \tag{7.1}$$

と表すことができる．すなわち，材料の単位面積当りの発熱速度が非常に小さければ（着火しないものは $\dot{q}''_{max} = 0$ と取り扱う），当該部分の燃焼によって加熱される未燃面積は小さくなり，またその継

続時間も短くなるので，燃焼拡大は生じない．次に領域2は，着火源からの加熱によって最初，燃焼拡大するが次第にその速度は減速して燃え止まる可能性がある材料が入る領域で，次式で表される．

$$\frac{t_{ig}}{\tau} > \chi \cdot K \cdot \dot{q}_{max}'' - 1 \quad (7.2)$$

最後に領域3は火炎が加速度的に伝播し燃え止まらずに火災拡大する場合である．ここで，$\dot{q}_{max}''$は図7.3(a)で見られ

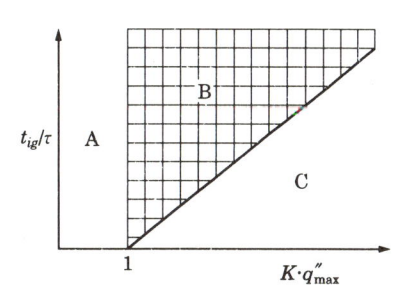

図7.4 材料の燃焼特性と火炎伝播

るような単位面積当たりの最大発熱速度(kW/m^2)である．またτは燃焼特性時間と呼ばれ，燃焼の継続性，発熱強度の減衰性状を表し，意味的には図7.3のt_dと等価である．Kは内装材料の燃焼によって生じる火炎の長さが単位長さ当たりの発熱速度に比例すると仮定したときの比例係数で，$K \fallingdotseq 0.01 \sim 0.02 (m^2/kW)$の値をとる[2]．このことは室内での火災拡大，特に内装材料の燃焼によるフラッシュオーバー発生に対しては，着火源の大きさや内装材料の燃焼性状に加えて，室内の形状も大きく影響することを示している．例えば室内火災において，天井が着火・燃焼すると，天井面からの放射熱によって床上の可燃物が一斉に着火し，フラッシュオーバーに達すると考える．この場合に天井面に火炎が到達することをフラッシュオーバー発生のクライテリアとして捉えれば，フラッシュオーバーに達する時間は着火源強度および内装材料の防火性能だけでなく，天井高さにも大きく依存する．式(7.2)の比例定数χはB領域とC領域を分ける境界線の傾きを示し，これは空間形状が表面火炎伝播に与える影響の大きさを意味するファクターである．

材料表面の着火および火炎伝播に関する詳細な分析については成書[3]を参考にしていただきたい．

7.3.3 簡易評価法

最後に前項で述べたSQWモデルを応用した2つの内装評価法を紹介する．2つの方法ともISO 9705ルームコーナー試験での評価を前提としているので，まずルームコーナー試験での評価の考え方を簡単に述べておく．

この試験は内法2.4(幅)×3.6(奥行き)×2.4(高)mの大きさで短辺側の壁の一方に0.8(幅)×2.0(高)mの開口を有する区画を使って，開口とは反対側の室隅部に火源バーナを設置し火源の発熱強度を変えながら区画内に施工された内装の火災性状を評価するものである．この試験方法の利点は，ベンチスケール試験では評価できないような材料表面の形状や部位ごとに燃焼性状の異なる材料を施工した場合の火災性状などを空間性能として評価できることである．試験方法などの詳細は「付録・関連規格」を参照していただきたい．表7.3は試験における内装の燃焼性状と表7.1で示した内装クラスを関連づけたものである．またこの表には試験で設定された火源強度が再現している収納可燃物の火災現象についても並記する．

A．ルームコーナー試験結果からフラッシュオーバーによる滞在限界時間t_{FO}を算出する方法[4]

高橋らは壁面燃焼によって生じる火炎高さが単位長さ当たりの発熱速度に比例するというモデル[2]

表 7.3 ルームコーナー試験結果によるクラス分け

収納可燃物の火災現象		R/C試験での火源強度	R/C試験における内装材料の燃焼性状	表7.1で示した内装クラス
単体の可燃物が燃焼	天井高さの半分程度の高さまで火炎が達する	100kW 0〜5min	すぐに燃焼拡大する	→ クラス5 *
	↓	5〜10min	雰囲気の温度が十分に上昇し材料への予熱条件を満たした時点で燃焼拡大する	→ クラス4
複数の可燃物が燃焼	天井高さまで火炎が達する ↓ 収納可燃物の燃焼によってFOに達する	300kW 10〜20min	燃焼拡大する	→ クラス3
			燃焼拡大しない	→ クラス2
			燃焼拡大せず,発熱もほとんどない	→ クラス1

＊ 表7.1でクラス4に達しない材料をクラス5とした．

を使って，大きさの異なる実大レベルの内装燃焼実験結果から，着火源バーナからの火炎高さを天井高さとの比を t_{FO} を支配するスケールファクターとして提案した．火源および内装燃焼によって生じる火炎の連続火炎域 $L_{cont}(t)$ が天井高さ H_{room} に達した時点を危険時間 t_{FO} として定義する．

$$H_{room} = L_{cont}(t_{FO}) \tag{7.3}$$

ここで，H_{room} は天井高さ．

$L_{min,t}$ は，表 7.3 に示したルームコーナー試験における分類から，各クラスごとに次のように定義する．

クラス 1，2：試験期間中にフラッシュオーバーを起こさないので設定しない．
クラス 3：火源からの連続火炎高さが天井高さに達した時点でフラッシュオーバーを起こすので，

$$L_{cont}(t_{FO}) = L_{min} \tag{7.4}$$

グラス 4：火源からの連続火炎高さが天井高さの 1/2 に達した時点で $L_{cont}(t)$ は天井高に達してフラッシュオーバーを起こすので，

$$L_{cont}(t_{FO}) = 2L_{min} \tag{7.5}$$

となる．

クラス 3 の t_{FO} については，式 (7.4) の左辺に式 (7.3) を代入し，右辺には室隅部での連続火炎高さ（式 (7.6)）[5]

$$L_{min} = 2.54 \cdot Q^{*2/3} D = 2.54 \left(\frac{\alpha_f t^2}{\rho c_p T \sqrt{g} D^{5/2}} \right)^{2/3} \cdot D \tag{7.6}$$

を代入して，最終的に次式を得る．

ここで α は床に置かれた可燃物上の火災成長率（kW/s²），ρ，c_p および T はそれぞれ大気の密度（kg/m³），比熱（kJ/kgK）および温度（K），D は火災の代表径（m）（時間に比例するとして $D = 0.01t$）．

$$t_{\text{FO}}=\left(\frac{H_{\text{room}}}{0.5 \cdot \alpha_f^{2/3}}\right)^{3/2} \tag{7.7}$$

同様にクラス 4 については次式が得られる．

$$t_{\text{FO}}=\left(\frac{H_{\text{room}}}{\alpha_f^{2/3}}\right)^{3/2} \tag{7.8}$$

クラス 5 については設定火源強度（100 kW）に対して，すぐにフラッシュオーバーを起こすので，t_{FO} は次のように定義する．

$$t_{\text{FO}}=\left(\frac{100}{\alpha_f}\right)^{1/2} \tag{7.9}$$

これらの評価式から，収納可燃物が多い室や天井高さが低い室については可燃性内装の使用が制限されることがわかる．

B. コーンカロリメータ試験結果からルームコーナー試験結果を予測する方法[6]

ルームコーナー試験は，実規模レベルで内装の燃焼拡大性状を確認することができる点で有効であるが，回数を重ねることは困難なので，より小型のベンチスケール試験結果を SQW モデルに応用して，ルームコーナー試験結果を予測する手法を開発することは有用である．長谷見らは上記の SQW モデルに基づき，多くの材料に対して行ったコーンカロリメータ試験結果とルームコーナー試験結果との対比により，材料性能の分類モデルを提案している．すなわち 7.3.2 項で示した式を発展させて，火炎伝播を定量的に表現するパラメータ F を次のように定義した．

$$F=\frac{(t_{ig}/t_g)}{\left(\int Kq''(t)dt/t_d\right)-1} \tag{7.10}$$

そして，ルームコーナー試験結果との対比によって，各クラスごとに以下のような数値を設定した（$K=1/50$ としている）．

クラス 1　$F<0$
クラス 2　$F\geq 2.4$
クラス 3　$0.44<F<2.4$
クラス 4　$0.15\leq F\leq 0.44$

この方法では，コーンカロリメータ試験より，着火時間，鎮火時間および単位面積当たりの総発熱量を求めることによって容易にルームコーナー試験結果を予測することができる．

例題 7.1

天井高さ 2.8 m の事務室（$\alpha_f=0.01$ とする）における滞在限界時間を，床面積 50 m² および 100 m² の場合でそれぞれ求めよ．

〔解〕　滞在限界を検討する際には，内装燃焼に起因する t_{FO} だけでなく，煙層降下による滞在限界 t_s および煙層からの放射熱による滞在限界時間 t_{rs} を考慮しなければならない．ここでは t_s および t_{rs} の算出式について，以下の各式[7]を用いる．

$$t_s = \left(\frac{5}{2} \frac{0.7}{0.07} \frac{A_{room}}{\alpha^{1/3}} \left(\frac{1}{(1.6+0.1 \cdot H_{room})^{2/3}} - \frac{1}{H_{room}^{2/3}} \right) \right)^{3/5}$$

$$t_{rs} = \left(\frac{480}{1.25} \cdot \frac{H_{room} A_{room}^{3/4}}{\alpha_f} \right)^{2/5}$$

(ただし限界煙層温度を500℃とした)

これらの結果および使用する内装クラスに応じて t_{FO} を求め((7.7)～(7.9)式), これらを比較し, 最も短い時間となるものが, 当該室の滞在限界時間となる. 下表に課題条係に対する t_{FO} (各内装クラスごと), t_s および t_{rs} の結果をまとめる.

表7.4 各限界時間の算定結果(単位 秒)

床面積	t_{FO} クラス3	t_{FO} クラス4	t_{FO} クラス5	t_s	t_{rs}
50 m²	132	46	31	37	132
100 m²	132	46	31	56	163

床面積が 50 m² でクラス1～4の内装を使用する場合には, t_s が最も短くなる. 一方, 床面積が 100 m² で内装をクラス4とする場合には, t_{FO} が滞在限界時間となる.

文　献

1) Saito,K., Quintiere,J.G. and Williams,F.W.："Turbulent Upward Flame Spread", Proc. 1st International Symposium on Fire Safety Science (1986)

2) Quintiere,J.g., Harkleroad,M. and Hasemi,Y.：Wall Flames and Implications for Upward Flame Spread, Comb. Sci. Tech., Vol.48, pp. 191-222 (1986)

3) Williams,F.W.著, 柘植俊一訳：燃焼の理論, 日刊工業 (1986)

4) 高橋済, 辻本誠, 吉田正志：ルームコーナー試験を用いた内装防火性能評価, 日本火災学会研究発表会概要集, pp. 428-429 (1999)

5) 高橋　済：建築の火災安全性能評価のための火源設定に関する研究, 名古屋大学博士論文 (2000)

6) 長谷見雄二, 吉出止志, 籔田孝敏, 若松孝旺, 林吉彦, 時田岳大：コーンカロリメータ計によるルームコーナー試験におけるフラッシュオーバー発生時間の簡易予測, 日本建築学会大会学術講演会梗概集, pp.213-214 (1999)

7) 松山　賢：性能的火災安全性設計に用いる火災性状モデルの構築と火災安全性能評価への応用, 東京理科大学博士論文 (2000)

8章　消防設備設計

8.1　消防設備設計の考え方

　消防設備は，法律用語では消防用設備等（消防法第17条，同施行令第7条）と呼ばれる．その内訳は，①消防の用に供する設備，②消防用水，③消防活動上必要な施設，の3つに分かれる．「消防の用に供する設備」には，消火設備，警報設備および避難設備が含まれる．「消防用水」は，防火水槽あるいは，これに代わる貯水池その他の用水を指す．「消防活動上必要な施設」は，消防隊による消火活動を支援するために設けられるものである．

　これらの消防設備を実際の建築物に設置する場合の基準は，現在の枠組みでは，建築物の用途，規模，収容人員により消防設備を設置する必要のある防火対象物が規定され（消防法施行令別表第一），その用途区分それぞれに対して，どのような種類の消防設備をどのように設置すべきかが法令（消防法第17条および関係法令）に具体的に記述されている．性能的な観点でみると，防火対象物の用途区分は危険度を直接記述しているものではないが，それぞれの特性と危険度を配慮して区別されているものであると考えられる．防火対象物それぞれの用途区分に対して，どのような種類の消防設備をどのように設置すべきかについての考え方は，現状では仕様書的である．

　表8.1は，耐火建物において想定される火災進展の段階と，そのそれぞれの段階において関係する消防設備をそれらが果たす役割（設置目的）と関連づけて整理したものである．ガス漏れ火災警報設備や自動火災報知設備は，ガス漏れ事故や燻焼火災のように極初期における局所の異常現象を発見して早期対応することにより災害の発生を防止することを目的に設置されている．万が一，出火室において火災が延焼拡大した場合には，在館者を安全な場所に避難させるとともにスプリンクラー設備や屋内消火栓設備により初期消火が行われる．火災がさらに拡大してフラッシュオーバーに至る可能性がある場合には，非常警報設備や非常用放送設備により全館の在館者に避難を指示し，建物外の安全な場所に避難させる．消防隊到着後，操作盤は火災の状況を判断して消火活動の戦略を練るための情報を提供する．その他の消防活動上必要な施設は，文字通り消防隊による消火活動を支援するための設備である．将来，火災進展のそれぞれの段階において，設置された消防設備がその目的を果たすか否かを性能的に評価できるような枠組みができれば，設置基準がよりフレキシブルなものになっていくものと考えられる．

表 8.1 耐火建物における火災進展の段階と各種消防設備による安全対策

火災進展の段階	安全対策(消防設備の設置目的)	対応する消防設備
1．極初期	出火危険の高い異常現象を発見し，原因を排除する	ガス漏れ火災警報設備 漏電火災警報器 緊急しゃ断装置
	火災の急激な成長を防止する	防炎物品
	拡大の可能性のある初期段階の火源を発見し，消火する	自動火災報知設備 消火器，消火器具
2．出火室における延焼拡大	在館者が，建物内の安全な場所まで避難できる	自動火災報知設備 誘導灯・誘導標識
	初期成長中(フラッシュ・オーバー以前)の火災を消火する	スプリンクラー設備 屋内消火栓設備 その他の消火設備
3．出火室における火盛り期	在館者が建物外の安全な場所まで避難できる	非常警報器具・設備 非常用放送設備 誘導灯・誘導標識 避難器具
4．防火区画内の延焼拡大	消防活動が円滑に遂行できる	操作盤 消防活動上必要な施設 　消防用水 　排煙設備 　連結散水設備 　連結送水管 　非常コンセント設備 　無線通信補助設備 　非常電源設備（電線保護含む）

8.2 自動火災報知設備

8.2.1 自動火災報知設備の基本機能

自動火災報知設備の基本的な機能は，文字通り「（自動的に）火災を見つけて，（人に）知らせる」ことである．図8.1に示したように，感知器と受信機および警報ベルなどにより構成される．感知器は，火災を見つける機能を果たす．受信機は感知器から信号を受け，警報ベルを鳴動させて火災発生を知らせるとともに，地区灯を点灯させて火災発生場所を明示する．感知器は監視対象となる建物の随所にくまなく設置され，受信機は建物の管理者が常駐する管理室などに設置される．停電時にも設備が正常に機能するよう，受信機には蓄電池が装備されている．

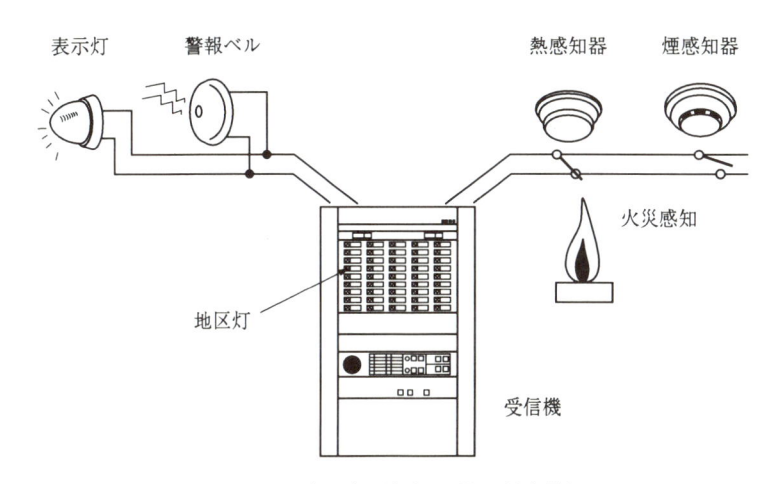

図 8.1 自動火災報知設備の基本機能

火災感知器は，図8.2に示したように，火災時に発生する熱を感知する熱感知器と煙を感知する煙感知器，炎から発せられる赤外線や紫外線を感知する炎感知器の3つに大別される．また，感知器の形態により，設置された場所の周囲だけを感知するスポット型感知器と，線状の監視範囲を持つ差動式分布型感知器や光電式分離型感知器がある．

熱感知器は，炎を発する発炎燃焼段階になってはじめて作動するが，煙感知器は発生熱量の少ない燻焼段階の火災を感知する能力を持ち，一般的な火災感知能力は熱感知器よりも高い．炎感知器は，比較的高い天井の空間で見通しがきく場合には熱感知器に比べてより小さな段階の火炎を見つける能力を持つ．しかし，物陰に隠れた火炎に対する感度は極端に低い．定温式スポット型感知器と差動式スポット型感知器の感度を同一の設置条件で比較すると，定温式は一定の温度で作動するため，室温が高い場合と低い場合で感知可能な火災の規模が大きく異なるが，差動式は温度上昇率をとらえるので，室温が高くても低くても感知可能な火災の規模は変わらない．差動式分布型や光電式分離型感知器のように線状の監視範囲を持つ感知器は，スポット型よりも広い空間を1台の感知器でカバーし，一般的な火災感知能力もスポット型より高い．表8.2に整理したように，それぞれの感知器の火災感知能力を考慮して，感度区分と取り付け面の高さおよび構造により，1台の感知器でカバーする感知

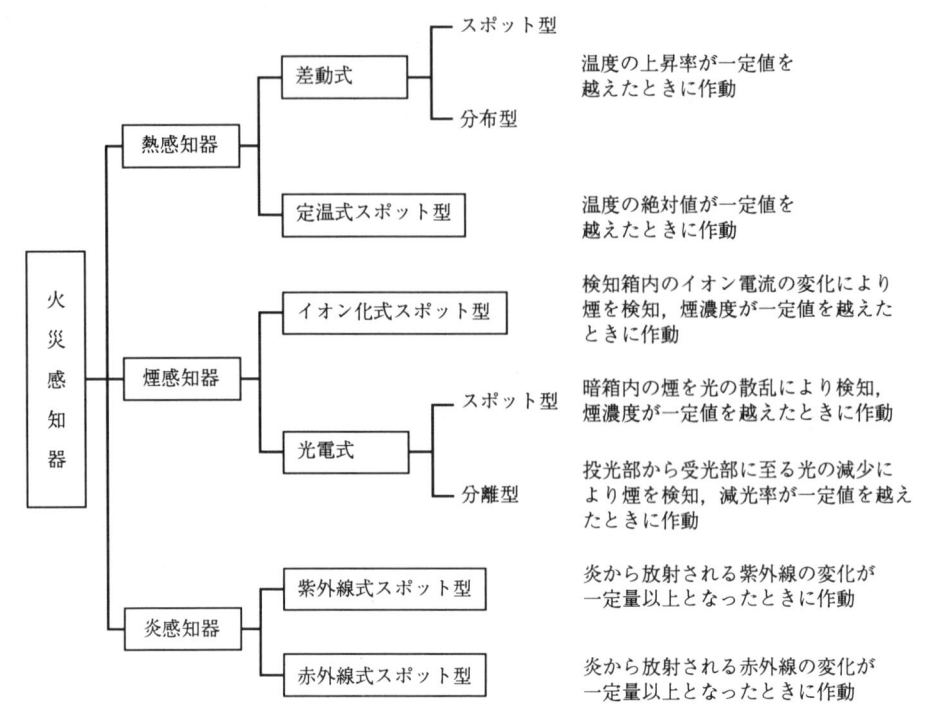

火災感知器
- 熱感知器
  - 差動式
    - スポット型 — 温度の上昇率が一定値を越えたときに作動
    - 分布型
  - 定温式スポット型 — 温度の絶対値が一定値を越えたときに作動
- 煙感知器
  - イオン化式スポット型 — 検知箱内のイオン電流の変化により煙を検知, 煙濃度が一定値を越えたときに作動
  - 光電式
    - スポット型 — 暗箱内の煙を光の散乱により検知, 煙濃度が一定値を越えたときに作動
    - 分離型 — 投光部から受光部に至る光の減少により煙を検知, 減光率が一定値を越えたときに作動
- 炎感知器
  - 紫外線式スポット型 — 炎から放射される紫外線の変化が一定量以上となったときに作動
  - 赤外線式スポット型 — 炎から放射される赤外線の変化が一定量以上となったときに作動

図 8.2 火災感知器の種類

表 8.2 感知器の設置高さと感知面積

高さ	構造	差動式・補償式スポット型		差動式分布型	定温式スポット型			煙感知器スポット型		光電式分離型		炎感知器
		1種	2種	1・2種	特種	1種	2種	1・2種	3種	1種	2種	
4m未満	耐火	90	70	全長100m以下露出長20m以上	70	60	20	150	50	公称監視距離5m以上100m以下		視野角および監視距離で形成される空間が監視室間(床面から1.2m以内)をすべて包含すること
	非耐火	50	40		40	30	15					
4m以上8m未満	耐火	45	35		35	30		75				
	非耐火	30	35		25	15						
8m以上15m未満	—				×	×	×		×			
15m以上20m未満	—	×	×	×	×	×		1種75, 2種×			×	
20m以上	—							×		×		

(注) 表中の数字の単位は m², ×印は使用不可を意味する.

面積が技術基準として示されている(消防法施行令第23条第4項).

　火災感知器は,火災のときだけに作動するわけではない.熱感知器は,周囲の温度または温度上昇率が一定値を超えれば,その原因が火災でなくても作動する.煙感知器は,火災時の煙だけでなく,調理の煙,工事中の粉塵,湯気などによっても作動することがある.また,炎感知器や光電式分離型感知器は,直射日光の影響を受けやすい.このように,「火災以外の原因により発せられた自動火災報

知設備の警報」は非火災報と呼ばれる．非火災報が多発すると在館者の設備に対する信頼感が失われ，警報に対する危機意識がうすれるおそれがある．そこで，設定時に配慮すべき事項として設置場所の環境条件により適応する感知器の選択基準が示されている（平成3年12月6日消防予第240号通達）．設置後も，非火災報が起きたときには，その要因を追求して，設置環境における非火災報要因の排除や適切な感知器への交換など，適正な措置を行うことが重要である．

　自動火災報知設備は，スプリンクラー設備のように火災を自動的に消火する機能はなく，警報を聞いた人が現場に駆けつけて状況を確認し，初期消火や避難指示を行うことが前提となっている．したがって，そのときの人の行動次第で被害の程度が大きく左右される．一方，一見しただけでは機器が正常に機能しているかどうかがわからない．すなわち，自動火災報知設備は日頃の訓練や機器の点検などの日常管理が正しく行われて，はじめて十分な効果を発揮するものである．

　図8.1に示したような単機能の設備は，小規模の建物で一般的に見られるものである．中程度以上の規模の建物では，自動火災報知設備は単に「火災を見つけて，知らせる」機能だけでなく，火災時に建物を安全に保ち，避難や消火活動を容易にするための多機能システムとしての役割を果たす．火災発生後に重要な働きをする設備としては，消火設備や防排煙設備，避難誘導設備などがある．受信機は火災を感知するとこれらの設備を起動するために，動力制御盤に制御信号を送る．その結果は，制御確認信号として受信機に返される．

　防排煙設備は，火災時に避難路が煙に汚染されることを防止し，避難路を安全に保つために特に重要な設備である．防火戸付近に設置された煙感知器が煙濃度を監視し，それが所定のレベルを超えると作動して受信機に信号を送る．受信機は，あらかじめ設定された論理条件（感知器が作動したときにどの防火戸を閉じるというような条件）に従って防火戸やシャッターを閉鎖するとともに，ダクト内のダンパーを閉鎖して，排煙用のファンを起動する．

8.2.2　火災感知器の作動時間の予測

　前項で述べたように，通常の用途および形態の建物では，設置基準により使用すべき感知器の種類と感度が空間用途と構造によって詳細に示されている．このような理由から，通常の形態の建物で設置基準の範囲を超えて火災感知器の作動時間を性能的に考慮し，感知器の種類や感度，設置位置を設計するという事例はまだ少ない．

　一方で，ドーム状の屋根を持つ大規模な建造物など特殊な構造の空間では，通常の空間に比べて火災感知が比較的困難なため，避難開始時の火災の進展状況が問題になる．また，スプリンクラーヘッドの感熱作動が困難なため，火災を何らかの方法で感知して消火システムを起動する必要があるなど，感知時間が結果に重要な影響を及ぼす場合がある．前者の場合には，使用されている火災感知器が火災のどの時点で作動し，その後に火災の拡大が続いても避難に支障が生じないかを評価する必要がある．また，後者の場合には，火災を感知して消火システムが起動した時点で，その火災が（そこに設置されている消火システムで）消火可能な大きさであるかどうかを評価する必要がある．

　以下に，火災感知器の作動時間を予測するための基本的な考え方を整理し，その上で計算例を紹介

する.

　火災感知器の作動時間の予測手法は Alpert[1] や Heskestad ら[2] によるスプリンクラーヘッドの作動時間の研究から始まった．図8.3に示したように，火源から発生した熱はまず上昇気流に乗って天井まで達する．天井に達した気流は天井面で水平に向きを変え，天井下を放射状に拡散して感知器が設置されている場所に達する．感知器の感熱部は周囲の高温空気から熱を受けて徐々に温度が上昇し，それが一定温度を超えたときに作動する．

　Heskestad らおよび Bill[3] の熱伝達過程のモデルは，温度 T_g，流速 v で流れている空気中に物体（感熱部）を置いたとき，その温度 T_s が以下の式に従って変化することを利用したものである（図8.4）．

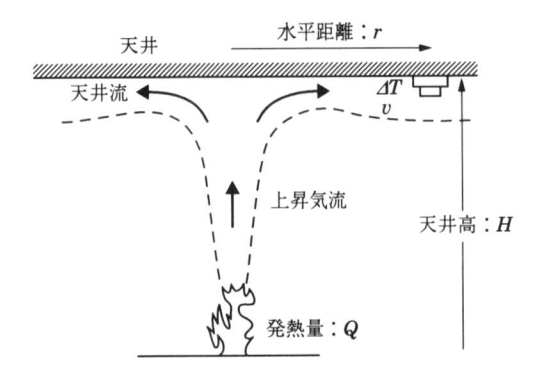

図 8.3　初期火災時の気流性状と火災感知器 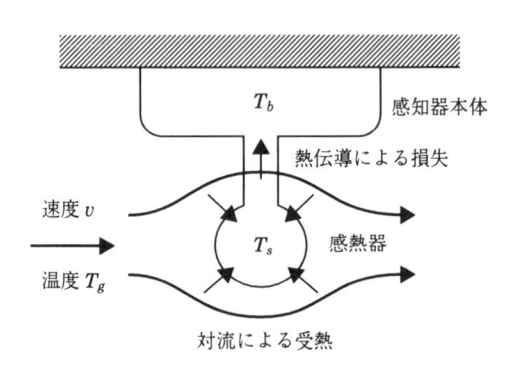　　　図 8.4　感知器感熱部への熱伝達過程

$$\frac{dT_s}{dt} = \frac{v^{1/2}}{RTI}(T_g - T_s) - C'(T_s - T_b) \tag{8.1}$$

ここに，T_s は感熱部の温度，T_b は感知器本体の温度，T_g は感熱部付近の空気の温度，v は感熱部付近の空気の流速で，それぞれある時刻における瞬時値を表す．RTI（Response Time Index：応答時間指数）と C'（伝熱係数）は感熱部の応答特性を表す指数である．RTI は感熱部の熱的な応答時定数を流速で規格化したもので，$v=1.0$ m/s のときの応答時定数に等しい．C' は感熱部から熱伝導により失われる熱の影響を補正するために用いられる．該当する熱感知器の RTI および C' が既知であり，T_g および v が時間の関数として与えられれば，式（8.1）を時間で積分することにより，T_s の時間的変化を計算することができる．感知器作動時間の予測値は，計算された感熱部の温度 T_s が作動温度に達したときの時間として決定される．個々の感知器に対する RTI および C' の値は，風洞内で所定の温度および流速の条件を与えて感知器の応答特性を測定することにより評価することができる．

　式（8.1）は感知器付近の気流の条件と作動時間の関係を示したものである．これに，与えられた火源に対して天井付近の温度と流速がどうなるかを予測するモデルを組み合わせると，火災の進展過程のどの時点で感知器が作動するかを予測することができる．この目的に対して，Heskestad[4] は，天井流中の上昇温度 ΔT および流速 v に関する過去の実験データを解析し，それらが無次元温度 ΔT^* および無次元流速 v^* で一元的に整理できることを示した．その後，Heskestad and Delichatsios[5] は，

無次元温度 ΔT^* および無次元流速 v^* に対して簡便な予測式を示した．

$$\Delta T^* = (0.188 + 0.313 \times r/H)^{-4/3}$$
$$v^* = 0.68 \cdot (\Delta T^*)^{1/3} \cdot (r/H)^{-0.63}, \quad r/H \geqq 0.3 \quad (8.2)$$

ΔT^* および v^* は，次式で有次元の観測値に直すことができる．

$$\Delta T = \Delta T^* \cdot T_a \cdot (Q^*)^{2/3}$$
$$v = v^* \cdot \sqrt{gH} \cdot (Q^*)^{1/3} \quad (8.3)$$
$$Q^* \equiv Q/(\rho \cdot C_p \cdot T_a \cdot \sqrt{gH} \cdot H^2) \quad (8.4)$$

ここに，ΔT は天井高さ H の天井付近で火源から水平距離 r (m) の位置における上昇温度 (K)，v は同位置における流速 (m/s)，Q は火源の発熱速度 (kW)，Q^* は式 (8.4) で定義される無次元発熱速度である．

式 (8.1) ～式 (8.4) を使って作動時間を予測するための計算手順は以下に示す通りである．まず，計算の前提条件として，感知器の作動温度 T_{th}，RTI および C'，空間条件として天井高さ H，火源から感知器までの水平距離 r などを設定する．次に想定されている火災拡大のシナリオに合わせて，火源の発熱量 Q を時間の関数として設定する．あとは，式 (8.2) ～式 (8.4) を使って各時間における感知器位置の温度と流速を計算，さらに式 (8.1) を使って各時間の感熱部の上昇温度を計算し，それを時間ステップごとに繰り返す．T_s が T_{th} を超えたときの時間が感知器の作動時間の予測値である．

8.2.3 煙感知器の作動時間の予測

煙感知器にはイオン化式感知器と光電式感知器の2種類があり，光電式感知器にはスポット型感知器と分離型感知器がある．これらのタイプの感知器は，検出原理の違いから，煙粒子に対してそれぞれ異なる感度特性を持つ．例えば，イオン化式感知器の感度は煙の粒子数に依存するので，一般的にセルロース系の燃焼材（木材や紙）の発炎燃焼時に発生する（径の小さい粒子を多量に含む）煙に対して最も感度が高く，燻焼時に発生する（径の大きい粒子を含むが，粒子数濃度が低い）煙には感度が低い．一方，光電式スポット型感知器は，煙の粒子径が大きいほど散乱光が強くなるので，燻焼性の火炎により発生する平均粒子径の大きい煙に対して最も感度が高く，発炎燃焼により発生する径の小さい煙に対する感度が低い．また，光電式分離型感知器の感度は，煙の粒子径よりもむしろ煙の重量濃度に依存するので，煙の種類による感度差は小さい．

これらの感知器の応答特性を厳密に論じるためには，粒子径をパラメータとした応答関数 $R(d)$ と煙の粒子径分布 $\delta N/\delta d$ の積を全粒子径にわたって積分する必要がある．

$$P = \int_0^\infty R(d) \frac{\delta N}{\delta d} \delta d \quad (8.5)$$

式 (8.5) において，P は感知器の出力，δ は微分記号をそれぞれ示す．残念ながら個々の感知器の応答関数は明らかでない．また，初期火災時の煙の粒子的特性に関するデータも不足している．このような理由から，現在，実用に使われている予測モデルの多くは，式 (8.5) により厳密解を求める煩雑さを避けて，感知器の出力 P が煙の重量濃度または上昇温度に比例するという立場をとっている．

$$P=kC_s, \quad または \quad P=k'\varDelta T \tag{8.6}$$

ここに，C_s は煙の重量濃度（g/m³），$\varDelta T$ は上昇温度（K），k および k' は比例定数である．

一般的に煙の重量濃度と上昇温度はそれぞれ火源の燃焼速度（発熱速度）に比例するので，煙感知器の出力が重量濃度に比例するという考え方も，上昇温度に比例するという考え方も原理上ほとんど違いはない．特に，煙感知器の出力が上昇温度に比例するというのは，煙感知器を高感度な温度センサとみなす考え方で，理解しやすい．ただし，式（8.6）の比例定数 k および k' は，感知器の種類および燃焼材の種類と燃焼形態（燻焼または発炎燃焼）により大きく値が異なるので注意が必要である．

感知器の出力 P として減光係数 K をとったときの $k(K/C_s)$ の値は，Seader and Einhorn[6] により実験的に詳しく調査され，燻焼により発生した煙に対しては 4.4 m²/g，発炎燃焼により発生した煙に対しては 7.6 m²/g がそれぞれの代表値として適用可能である．k は，火源の煙生成率または感知器の位置における局所的な重量濃度 C_s が予測可能であるときに有用である．$k'(K/\varDelta T)$ の値としては，Heskestad and Delichatsios[7] により種々の燃焼材に対する実験値が報告されている（表 8.3）．なお，減光係数 K は煙中の透過光量をもって煙量を測定する単位で，以下の式で定義される．

$$K=\ln(I_0/I)/L \tag{8.7}$$

表 8.3 $K/\varDelta T$ 比の代表値（Heskestad and Delichatsios[7]より）

燃 焼 材	$\times 10^{-2} K/\varDelta T$ (m⁻¹deg⁻¹)
木材（五葉松）	0.27
綿布	0.14/0.28
屑入れ内の紙	0.41
ポリウレタンフォーム	5.52
ポリエステルファイバー	4.1
PVC コード被覆	8.3/14.0
ソファークッション（フォームラバー）	18.0

ここに，I_0 は煙がないときの透過光量，I は煙中を透過した光量，L は光路長である．

火源の発熱速度 Q が与えられたときの天井付近の上昇温度 $\varDelta T$ は，例えば，式（8.2）～式（8.3）によって予測することができる．さらに燃焼材の種類を規定すると，表 8.3 に示したような $K/\varDelta T$ 比の値により天井付近の煙濃度（減光係数）を見積もることができる．$\varDelta T$ の値の予測は式（8.2）～式（8.3）によらず，他のモデルを使って行ってもよい．例えば，光電式分離型感知器の作動時間の予測にはゾーンモデルによる方法が有効である．

8.2.4 RTI－C モデルによる熱感知器の作動時間の予測（計算例）

式（8.1）において，$\varDelta T_s=T_s-T_0$，$\varDelta T_g=T_g-T_0$，$C=C'\cdot RTI$ とおき，$T_b=T_0$ と仮定すると（T_0: 初期温度），式（8.1）は以下のように書き換えられる．

$$\frac{d\varDelta T_s}{dt}=\frac{v^{1/2}}{RTI}\{\varDelta T_g-(1+C/v^{1/2})\varDelta T_s\} \tag{8.8}$$

さらに，

$$\tau=\frac{RTI}{v^{1/2}} \tag{8.9}$$

$$a=\frac{T_{g,n}-T_{g,n-1}}{\varDelta t} \tag{8.10}$$

$$b = 1 + \frac{C}{v^{1/2}} \qquad (8.11)$$

とおいて，Δt 間を直線で近似すると，式 (8.12) が得られる．

$$T_{s,n} = T_0 + \frac{1}{b}(T_{g,n} - T_0) - \frac{a\tau}{b^2} + \left[\frac{a\tau}{b^2} - \left\{\frac{1}{b}(T_{g,n-1} - T_0) - (T_{s,n-1} - T_0)\right\}\right] \cdot e^{-\frac{b}{\tau}\Delta t} \qquad (8.12)$$

式 (8.12) を使えば，表 8.4 に示すようにスプレッド・シート上で近似計算を行うことが可能となる．

表 8.4 RTI-C モデルのスプレッド・シートによる計算方法

t	T_g	v	τ	a	b	T_s
0	T_0					T_0
	—	—	—	—	—	—
	—	—	—	—	—	—
	—	—	—	—	—	—
$t-\Delta t$	$T_{g,n-1}$	—	—	—	—	—
t	$T_{g,n}$	v_n	$\tau=$式(8.9)	$a=$式(8.10)	$b=$式(8.11)	$T_{s,n}=$式(8.12)
$t+\Delta t$	—	—	—	—	—	—
	—	—	—	—	—	—

作動条件：$T_{s,n} \geq T_{th}$

例題 8.1

天井高 4 m の空間において，床面付近で火災が発生し，発熱速度が $Q = 0.0125\,t^2$ (kW) の速さで拡大したとき，火源から水平距離 3 m の天井面に設置された定温式感知器（$RTI = 15$，$C = 0.2$，$T_{th} = 70$℃）の作動時間 t とそのときの発熱速度 Q を求めよ．初期温度 T_0 は 25℃ とする．

〔解〕 式 (8.2)〜(8.4) を使って感知器付近の温度 T_g と v を時間の関数として求め，表 8.4 のスプレッド・シートに入力すると，感熱部温度 T_s が作動温度 T_{th}(70℃) を超えるのはおよそ $t = 205$ sec，$T_g = 80$℃，$Q = 525$ kW のときであることがわかる．

文　献

1) Alpert, R. L. : Calculation of Response Time of Ceiling-Mounted Fire Detectors, Fire Technology, Vol. 8, pp. 181-195 (1972)
2) Heskestad, G. and Smith, H.F. : Investigation of a New Sprinkler Sensitivity Approval Test ; The Plunge Test, Factory Mutual Research, FMRC Serial No. 22485 RC 76-T-50, December (1976)
3) Bill, R. G. : Thermal Sensitivity Limits of Residential Sprinklers, Fire Safety Journal 21, pp. 131-152 (1993)
4) Heskestad, G. : Physical Modeling of Fire, J. Fire and Flammability, Vol. 6, pp. 253-273 (1975)
5) Heskestad, G. and Delichatsios, M. A. : The Initial Convective Flow in Fire, 17 th Symposium (International) on Combustion, The Combustion Institute, Pittsburg, Pennsylvania, pp. 1113-1123 (1978)
6) Seader, J. D., and Einhorn, I. N. : Some Physical, Chemical, Toxicological, and Physiological Aspects of Fire Smokes, Flammability Research Center, Utah, 16 th Symposium (International) on Combustion

(1976)
7) Heskestad, G. and Delichatsios, M. A.：Environments of Fire Detectors-Phase 1：Effect of Fire Size, Ceiling Height and Material. Vol. 2 Analysis, National Bureau of Standards（U. S. A.），NBS-GCR-77-95, July（1977）

8.3 消火設備

消火設備は，初期消火を第一の目的としているが，火勢の抑制，延焼防止を目的とすることもある．この消火設備（消火器，水バケツ等の消火器具および消防用水，非常電源等を除く）を大別すると，ガス系消火設備，水系消火設備の2つに区分できる．

8.3.1 ガス系消火設備

ガス系消火設備は，不活性ガス消火設備およびハロゲン化物消火設備に加え，窒素等のガスを消火剤放射のための加圧源として使用する粉末消火設備があり，これら3種類を総称してガス系消火設備と呼んでいる．

ガス系消火設備に用いられる消火剤（粉末除く）の主な特徴を表8.5に示す．

A. 不活性ガス消火設備

不活性ガス消火設備は，放射する消火剤の種類として，二酸化炭素，窒素，IG-55およびIG-541の4種類がある．

a. 二酸化炭素消火設備　二酸化炭素は，通常高圧容器の中に液状で貯蔵され，使用に際しては液状で放射されるが，直ちに気化して対象物周囲の酸素濃度を下げると共に，二酸化炭素の熱容量および気化潜熱で火災から熱を奪い消火する．

二酸化炭素の消火剤としての特徴は，①電気絶縁性が大きい，②わずかな隙間にも浸透し，空間の隅々まで消火できる，③経年変化がほとんどないので長期間使用できる，④消火後の消火剤による汚損がない，⑤寒冷地でも凍結などによる性能の低下がない，⑥放出用動力源を必要としない，などである．

二酸化炭素消火設備は，このような優れた特性を認められ，1961年に消防法に定められた．以来，電気室，通信機器室，ボイラー室，危険物施設等の防火対象物に多数設置され，数多くの消火実績を持っている．しかし，二酸化炭素が放出された区画に人がいた場合には，消火剤が持つ中毒性等により，生命に危険を及ぼすことがある（表8.6参照）．

わが国では，戦後大いに普及したが，実火災でない誤放出による人身事故が発生するたびに，その設備の規制がきびしく行われるようになった．二酸化炭素による消火は，いわゆる窒息消火であるので，放出前に人を退避させる必要があり，音声による放出警報装置の設置などが義務づけられているが，過去の誤放出事故例から，消防庁からいくつかの安全対策通知が出されている（表8.7参照）．

二酸化炭素の誤放出を防止するための安全対策3点セットとして，①点検時に消火剤の放出を遮断する閉止弁，②閉止弁の開・閉表示機能付きの操作箱，③電路の短絡による誤放出防止機能付き制御

8.3 消火設備

表 8.5 ガス系消火設備に用いられる消火剤（粉末除く）の主な特徴

消火剤の分類 （　）内は通称	化 学 式	容器貯蔵状態 容器数の比[*1]	主たる 消火原理	設計濃度(%)[*2] 酸素濃度(%)	オゾン層破壊指数[*3] 地球温暖化指数[*4]
不活性ガス系 炭酸ガス	CO_2	液体 3.3	酸素濃度希釈冷却	34.0 13.9	0 1
不活性ガス系 IG-100 （窒素ガス）	N_2	気体 4.8	酸素濃度希釈	40.3 12.5	0 0
不活性ガス系 IG-541 （INERGEN）	$N_2:52\%$, $Ar:40\%$, $CO_2:8\%$	気体 6.7	酸素濃度希釈	37.5 13.1	0 0.08
不活性ガス系 IG-55 （ARGONITE）	$N_2:50\%$, $Ar:50\%$	気体 5.7	酸素濃度希釈	37.9 13.0	0 0
フッ素ガス系 ハロン1301	CF_3Br	液体 1	燃焼連鎖反応抑制	5.0 20.0	10 5600
フッ素ガス系 HFC-227ea （FM-200）	CF_3CHFCF_3	液体 2.0	燃焼連鎖反応抑制	7.7 19.4	0 2900
フッ素ガス系 HFC-23 （FE-13）	CHF_3	液体 1.8	燃焼連鎖反応抑制	16.1 17.6	0 11700

[*1] 容器数の比は，ハロン1301 を1.0 とした場合の数
なお，各消火剤の容器は，炭酸ガス：45 kg/68 L，ハロン1301：68 kg/68 L，
HFC-227 ea：55 kg/68 L，IG-100：20.3 m³/83 L，IG-541：13.2 m³/82.5 L，
IG-55：15.8 m³/82.5 L として比較した．
[*2] 設計濃度は，メーカにより異なる場合がある．
[*3] オゾン層破壊係数は，クロロフルオロカーボン11（CFC-11）を1 とした場合の数
[*4] 地球温暖化指数は，炭酸ガスを1 とした場合の数

表 8.6 二酸化炭素の人体への影響

二酸化炭素の濃度 （%）	症状発現までの 暴露時間(分)	人体への影響
2未満		はっきりした影響は認められない
2～3	5～10	呼吸深度の増加，呼吸数の増加
3～4	10～30	頭痛，めまい，悪心，知覚低下
4～6	5～10	上記症状，過呼吸による不快感
6～8	10～60	意識レベルの低下，その後の意識喪失へ進む，ふるえ，けいれんなどの不随意運動を伴うこともある
8～10	1～10	
10以上	数分以内	意識喪失，その後短時間で生命の危険あり
30	8～12呼吸	

（注）二酸化炭素消金設備の通常設計濃度は34%．

表 8.7 消防庁からの安全対策通知と対策のねらい

安全対策通知（消防庁）	対策のねらい
火災感知器による自動放出の場合，2種類の感知器の AND 回路とする	感知器の非火災報による誤放出防止
点検用閉止弁の設置	自動火災報知設備の点検時の操作ミスによる誤放出防止
短絡事故防止回路の付加	建物改修工事（ハツリ・貫通工事等）を原因とする電気回路の短絡による誤放出防止
隣接区画への退避放送および放出表示灯の設置	二酸化炭素放出時の隣接区画への漏洩による人身事故防止

盤，がある．二酸化炭素の採用にあたっては，このような安全対策が必要となるが，原則として無人の場所にのみ採用されるべき消火剤である．空気中には，酸素が通常21%存在するが，この濃度が15%以下になると一般に燃焼は継続し得ない．この値は，可燃物によって異なるが，電気機器の火災は，この一般の部に入る．二酸化炭素を用い，酸素濃度を低下させて消火する場合に必要な二酸化炭素の量は，次式で計算される．

$$\frac{21-Q}{21} \cdot V$$

ここで，Q は限界酸素濃度（%），V は防護空間の容積（m³）である．Q を15%とすると，この値は 0.28 V となるが，20%の余裕をみて 0.34 V，すなわち34%が二酸化炭素消火設備の通常の設計濃度となっている．

b. 窒素ガス消火設備（IG–100, NN 100）　窒素，IG–55 および IG–541 は，平成13年の消防法改正により不活性ガス消火設備として取り入れられたもので，主な消火原理は酸素濃度の希釈である．特徴としては，①電気絶縁性が大きい，②経年変化がほとんどないので長期間使用できる，③消火後の消火剤による汚損が少ない，④寒冷地でも凍結などによる性能の低下が少ない，⑤放出用動力源を必要としない，⑥人体に対する安全性が高い，⑦オゾン層に影響を与えない，⑧ガス放出時の視界が良好である，⑨地球温暖化係数がゼロ（またはゼロに近い），などがある．

窒素は，大気の78%を占めるガスで，高い消火効力とともに，オゾン層破壊や地球温暖化に作用することがなく，また二酸化炭素に比較して，消火剤放出時の人命への安全性が高いことが特徴である．窒素ガスを用いた消火設備は，古くからある方式で実績も多い．

消火原理は，酸素濃度15%以下への希釈である（21%→12.5%）．

c. IG–55 消火設備（アルゴナイト）　窒素（50%），アルゴン（50%）混合ガスで，火災空間の酸素濃度を15%以下に希釈して消火するものである．

d. IG–541 消火設備（イナージェン）　米国・ペンシルバニア大学のランバートセン博士が開発した窒素（52%），アルゴン（40%），二酸化炭素（8%）の混合ガスで，火災空間の酸素濃度を15%以下に希釈して消火するものである．

B. ハロゲン化物消火設備

ハロゲン化物消火薬剤は,炭化水素のハロゲン化物のことで,ハロン消火剤といわれる.ハロン 1301（CF_3Br：1臭化3フッ化メタン）,ハロン 1211（CF_2BrCl：1臭化1塩化2フッ化メタン）およびハロン 2402（$C_2F_4Br_2$：2臭化4フッ化エタン）と,平成 13 年施行規則に追加された HFC-23（CHF_3：FE-13）および HFC-227 ea（CF_3CHFCF_3：FM-200）がある.

ハロン消火剤は,オゾン層破壊の問題等により使用抑制が規定されている.これに対して HFC-23 および HFC-227 ea は,ハロンと同様の特性のほかに,オゾン層に影響を与えないという特徴を持っている.しかし,消火剤放射時は視界が悪くなること,および生ガスの人体に対する影響は小さいものの,ガスが高温下にさらされると HF（フッ化水素）を発生することから,特に火災時には避難の確実性が求められる.

① ハロン消火設備

ハロン消火剤,なかでも日本国内で最も普及しているハロン 1301 は,常温で気体の消火剤で,容器内では窒素により圧縮され液化している.ハロゲン化物の消火剤は,噴射ヘッドから放出されると速やかに気化して不燃性の重い気体となり燃焼物の周囲に滞留し,ハロゲン元素 Br,Cl,F が燃焼物の連鎖反応機構における活性物質に作用して燃焼を抑制する負触媒効果があることから,①消火剤の重量・容量当たりの消火力が大きい,②電気絶縁性が大きい,③経年変化がほとんどないので長期間使用できる,④消火後の消火剤による汚損が少ない,⑤寒冷地でも凍結などによる性能の低下がない（凝固点は－168℃）,⑥放出用動力源を必要としない,⑦生ガスの人体に対する安全性が高い,などの特徴を有している.

しかし,ハロン消火剤は,オゾン層を破壊する物質に指定され,新たな製造が禁止されている.ただし,ハロンバンク制度により,特定の用途に対しては補充および新規の供給が認められているため,リサイクルして有効に活用することが必要である.また,無用な放出を避けるための誤放出防止対策が必要である.

② HFC-23 消火設備

この消火剤は,米国のデュポン社が開発した消火剤（商品名：FE-13）である.

消火原理はハロゲン化物と同様,燃焼の連鎖反応の抑制である.この消火剤は,消火の際に炎や加熱された表面に接触し,分解生成物（フッ化水素,HF）が発生するため,消火剤の放出から終了までの時間が 10 秒以内と制限されている.このガスは,蒸気圧が高いため（臨界圧力 4.83 MPa）,窒素等による加圧は必要なく,自分の蒸気圧で噴射することができる.したがって,消火システムとしては,二酸化炭素消火設備とほぼ同様の機器が使用できる.

③ HFC-227 ea 消火設備

この消火剤は,米国のグレート・レーク・ケミカル社が開発した消火剤（商品名：FM-200）である.

この消火剤の消火原理,分解生成物,放射時間の制限などは,HFC-23（FE-13）と同じである.異なるのは,蒸気圧がハロン 1301 と同じくらいであり,蒸気圧のみの噴射は圧力変動が大きいので

窒素による加圧が必要なことである．したがって，消火システムとしては，ハロン1301消火設備とほぼ同様の機器が使用できる．

C. 設計方法

ガス系消火設備のうち，二酸化炭素/ハロン/粉末については，従来から多く使用されてきており，その設計方法についても多くの情報があると考えられるため，ここでは窒素，IG−55，IG−541，HFC−23およびHFD−227eaについて，その設計方法の概略を示す．

① 必要消火剤量

・必要消火剤量は，次式で求める．

$$W = K \times V$$

ここで，W は消火剤量（m³またはkg），K は消火剤算出係数（右表参照），V は防護区画の体積（m³）．

消火剤	算出係数 K	上限値 K_M
窒素	0.516 m³/m³	0.740 m³/m³
IG—55	0.477 m³/m³	0.562 m³/m³
IG—541	0.472 m³/m³	0.562 m³/m³
HFC-23	0.52 kg/m³	0.80 kg/m³
HFC—227ea	0.55 kg/m³	0.72 kg/m³

$$N \geq W/W_F$$

ここで，N は貯蔵容器の本数（本），W_F は貯蔵容器1本当たりの充填量（m³またはkg）．

② 容器室の必要面積

・貯蔵容器室の必要面積の概算は，次式で求める．

$$S = 0.3L + 0.2N + 2$$

ここで，S は容器室面積（m²），L は系統数，N は容器本数（本）．

③ 避圧開口面積

・消火剤を放出する際の内圧上昇を緩和するために必要な避圧開口面積は，次式で求める．

$$A = Z \times Q_M / \sqrt{P}$$

ここで，A は避圧開口面積（cm²），Z は消火剤により定まる定数（右表参照）：Q_M は消火剤最大流量

（不活性ガス系の場合）：平均流量（m³/min）×1.6

（フッ素ガス系の場合）：平均流量（kg/sec），

P は区画内許容圧力（Pa：パスカル）〔区画構成要素により異なる〕．

消火剤	定数 Z
窒素	134
IG—55	134
IG—541	134
HFC—23	2730
HFC—227ea	1120

例題 8.2

18m×12m×高さ5mの電気室に窒素ガス消火設備を設置する場合，窒素ガスの容器本数および貯蔵容器室の必要面積を求めよ．

ただし，貯蔵容器室は，83.0 l 容器で，消火剤（窒素）が20.3 m³（20℃，1気圧に換算した量）が充填されているものを使用することとする．

また，当該電気室において消火剤を放出する際の内圧上昇を緩和するために必要な避圧開口面積を求めよ．この場合の，区画内許容圧力は2000 Paとし，避圧開口は防護区画の外壁面に設けるものとする．

〔解〕 窒素ガス消火剤は，防護区画の面積 1 m³ につき 0.52 m³ が必要となるから，

$$室容積 = 18\,m \times 12\,m \times 5\,mH = 216\,m^2 \times 5\,mH = 1080\,m^3$$

$$所要消火剤量 = 1080 \times 0.52 = 561.6\,m^3$$

貯蔵容器 1 本当たりの充填量が 20.3 m³ であるから，

$$貯蔵容器本数 = 561.6/20.3 = 27.67 ≒ 28\,本$$

系統数 = 1，容器本数 = 28 本であるから，

$$0.3 \times 1 + 0.2 \times 28 + 2 = 7.9\,m^2$$

よって，貯蔵容器室の面積は，約 8 m² が必要となる．

平均流量は，561.6 m³/min であるから，最大流量 Q_M は

$$Q_M = 561.6 \times 1.6 = 898.56\,m^3/min$$

よって，避圧開口面積は，

$$A = 134 \times 898.56/\sqrt{2000}$$
$$= 120407.04/44.72$$
$$= 2693$$

2693 cm²（55 mm × 500 mm）以上の避圧開口面積が必要となる．

D. 粉末消火設備

現在，わが国で生産される消火器の約 95% が粉末消火剤を使用しており，粉末消火剤は一般にも良く知られている．主成分の微粉末に防湿処理をほどこし，流動性を与えたもので，油火災・電気火災に有効な BC 粉末と，普通火災にも有効な ABC 粉末に大別される．

BC 粉末は，さらにその主成分により 3 種類に細分されている．すなわち，①炭酸水素ナトリウムを主成分とするもの（第 1 種粉末），②炭酸水素カリウムを主成分とするもの（第 2 種粉末），③炭酸水素カリウムと尿素の反応物（第 4 種粉末）である．

第 1 種粉末は，粉末消火剤として最初に開発されたもので，白色または淡青色の消火剤である．第 2 種粉末は，紫色に着色されており，第 1 種粉末の 2 倍の消火効果があり一般にカリウムベース粉末と呼ばれる．第 4 種粉末は，第 2 種粉末よりさらに消火効果がある輸入消火剤で，モネックスの商品名で呼ばれるが，ほとんど普及を見ていない．

ABC 粉末は，りん酸塩類等を主成分とした消火剤（第 3 種粉末）で，本来白色粉末であるが，消防法の規定により他の粉末と区別できるよう淡紅色に着色されている．現在，わが国で作られている粉末消火剤の 90% 以上がこれで占められている．粉末消火剤の消火原理は，燃焼反応を連鎖的に起こすのに必要な H，OH などの遊離基（ラジカル）と粉末消火剤の主成分のナトリウム，カリウム，NH_4 イオンが反応して連鎖反応を抑制するもの（負触媒効果という）であるが，ABC 粉末では，加熱分解物質が燃焼表面を覆い，さらに付着・浸透することにより A 火災も消火する．

粉末消火剤の特徴としては，①消火効果が迅速強力である，②電気絶縁性が大きい，③寒冷地でも，凍結による性能の低下がない，④放出は，加圧式窒素ガス容器のガスまたは粉末消火剤タンクの蓄圧ガスで行われるので，特別の動力源を必要としない，などである．

ただし，冷却効果は期待できず，大量に放出された場合は，視界をさえぎるので注意を要する．また，粉末消火剤そのものには毒性はないが，ハンカチ等を鼻・口にあて，直接粉末を吸わないようにすることは必要である．なお，消火後，消火剤は振るい落とすことにより除くことができるが，通信機器などでは消火剤を完全に除去することは困難である．

粉末消火設備とは，このような粉末消火剤を放射して，防護対象物の火災を消火するもので，電気設備，液面露出の油槽，危険物の輸送ポンプ場，燃料ガスのコンプレッサ，LNG，LPG基地の防液堤内の集液槽や，ポンプヤード，航空機格納庫などの消火設備として採用されてきた．

8.3.2 水系消火設備

水系消火設備とは，消火剤として水を使用するか，あるいは水を主体とし，これに水以外の消火剤を混合して使用するもので，大きくは移動式と固定式に分類される．

移動式は，人がホース等を延長して消火活動を行うものであり，操作性の良いことが要求される．固定式は，自動起動となっている場合が多い．このため，火災現象を早期かつ確実に感知できることと，有効な消火性能を持っていることが要求されている．

ここでは，水系消火設備を代表する屋内消火栓設備とスプリンクラー設備について述べる．

A. 屋内消火栓設備

屋内消火栓設備は，火災の初期消火を目的としたもので，人が操作して使用する設備である．この設備は，水源，加圧送水装置（消火ポンプ），配管，起動装置および屋内消火栓などから構成される（図8.5参照）．

屋内消火栓の種類には，1号消火栓，易操作性1号消火栓および2号消火栓がある．

1号消火栓は，従来から使用されている消火栓であるが，操作には通常2名以上の者が必要であるとともに，ホースを全部引き出さないと放水できない構造となっている．

易操作性1号消火栓は，1号消火栓の操作性を向上させるため保形ホースを用いたもので，1人でも操作できる構造となっている．

2号消火栓は，1人でも操作できる構造であるとともに，放水量を1号消火栓より少なくし，さらに扱いやすくしたもので，特に旅館，ホテル，病院などの就寝施設に設置される．

屋内消火栓の配置については，次のように定められている．

・屋内消火栓は防火対象物の階ごとに，その階の各部分から一つのホース接続口までの水平距離が，1号消火栓は25 m以下（図8.6参照），2号消火栓は15 m以

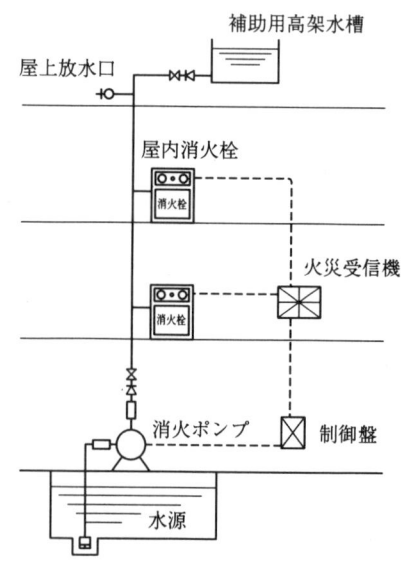

図8.5 屋内消火栓設備の系統例

下となるように設けること.
- 屋内消火栓は，階の出入口または階段に近い位置で，火災の際容易に操作でき，かつ避難の際障害とならない位置に設けること.

屋内消火栓の性能は，設置階のすべての消火栓を同時使用（最大2台）したとき，次を満足すること.
- 1号消火栓は，放水圧力が 0.17 MPa 以上 0.7 MPa 以下で，放水量が 130 l/min 以上であること.
- 2号消火栓は，放水圧力が 0.25 MPa 以上 0.7 MPa 以下で，放水量が 60 l/min 以上であること.

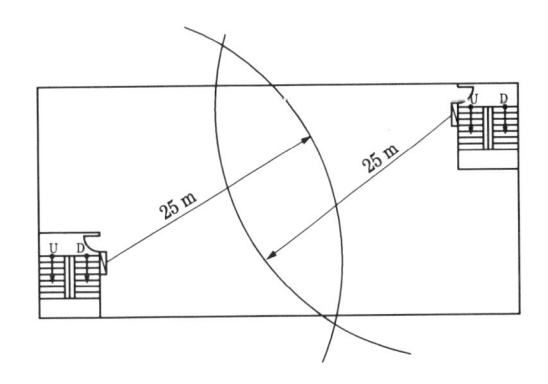

図 8.6　1号消火栓の配置例

例題 8.3

屋内消火栓設備（1号消火栓）について，以下の条件のもとで 1）～4）の問いに答えよ.
1）ポンプの全揚程 H(m) を求めよ．2）ポンプの吐出量 Q(m³/min) を求めよ．3）電動機の出力 P(kW) を求めよ．4）水源水量 W(m³) を求めよ．

条件　ア）消防用ホースの摩擦損失水頭 h_1：3.6 m
　　　イ）配管の摩擦損失水頭 h_2：14 m
　　　ウ）最上階の消火栓弁から消火ポンプのフート弁までの落差 h_3：20 m
　　　エ）屋内消火栓は，各階3台設置
　　　オ）電動機の出力式

$$P(\text{kW}) = \frac{0.163 \times Q \times H}{\eta} K$$

ポンプ効率 $\eta = 55\%$，伝達係数 $K = 1.1$

〔解〕1）　$H = h_1 + h_2 + h_3 + 17 = 3.6 + 14 + 20 + 17 = 54.6$ (m)

（注）17 m は，消火栓の放水圧力 0.17 MPa を水頭換算したもの.

2）　$Q = 150(l/\text{min}) \times 2 = 300(l/\text{min}) = 0.3(\text{m}^3/\text{min})$

（注）ポンプの吐出量は，消火栓1台で 150 l/min を見込む．消火栓の同時使用は，最大2台である．

3）　$P = \dfrac{0.163 \times 0.3 \times 54.6}{0.55} \times 1.1 = 5.34$ (kW)

4）　$W = 2.6(\text{m}^3) \times 2 = 5.2(\text{m}^3)$

（注）水源は，消火栓1台当たり 2.6 m³ を最大2台分保有する.

B. スプリンクラー設備

スプリンクラーとは，水を水滴状にして広範囲に散布する装置の総称であるが，消防用のスプリン

クラー設備とは，火災を早期に感知し自動的に散水して消火を行う設備である．

スプリンクラー設備の中で，広く普及している閉鎖型スプリンクラーヘッドを用いる設備を例にとって作動の流れを示す．

① 平常時はヘッドまで水が充満されている．
② 火災が発生して天井面の温度が上昇する．
③ 火災発生場所のヘッドが熱により開放し，それと同時に散水を開始する．
④ 自動警報弁によりスプリンクラー作動を知らせる．
⑤ ポンプが起動し送水され，ヘッドから散水を継続する．

――ここまでがすべて自動的に行われる．

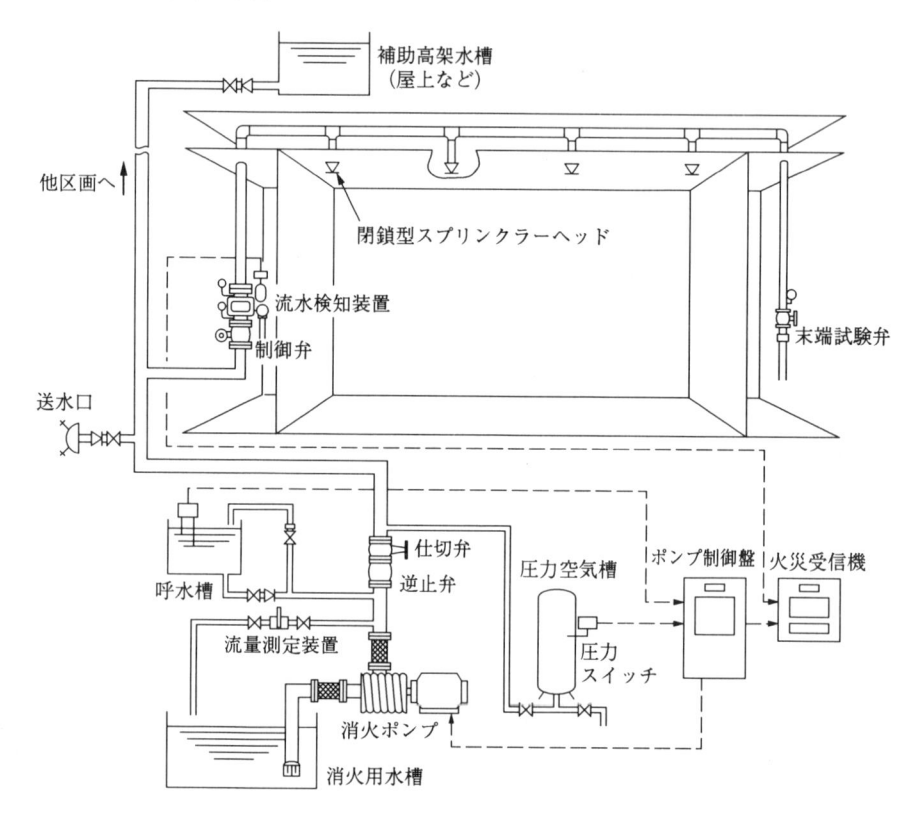

図 8.7 スプリンクラー設備の系統例

スプリンクラー設備は，水源，加圧送水装置（消火ポンプ），配管，流水検知装置（自動警報弁），受信部，音響警報装置，起動装置およびスプリンクラーヘッドなどから構成される．また，スプリンクラー設備には人が操作して消火する補助散水栓を接続する場合がある．これはスプリンクラーヘッドが設置されていない階段，浴室などの部分を警戒するためのもので，補助散水栓の構造，機能は屋内消火栓設備の2号消火栓とほぼ同じである．

閉鎖型スプリンクラーヘッドを用いる設備の他にも，設置環境や用途などに応じていくつかの種類が設置されている（表8.8）．

表 8.8 スプリンクラー設備の種類

種　　類			用　　途	
閉鎖型スプリンクラーヘッドを用いる設備	一般用	湿　式	一　般	高天井部分には使用できない
		乾　式	凍結対策	
		予作動式	凍結および不時放水対策	
	ラック式倉庫用		ラック式倉庫	
	共同住宅用		共同住宅	
開放型スプリンクラーヘッドを用いる設備			舞台部等	
放水型ヘッド等を用いる設備			高天井部	

　開放型スプリンクラーヘッドを用いる設備は，劇場などの舞台部に設置される．舞台部は天井が高いため，天井面における熱の蓄積が遅くなることと，「どん帳」のように垂れ下がっている布があり，これに火が着くと燃焼速度がきわめて速く消火困難であること，これらの理由で舞台部の天井面には開放型スプリンクラーヘッドを配置しておき，火災感知器の作動または手動起動により一斉開放弁を開放し，ヘッドから散水する方式になっている．

　放水型ヘッド等を用いる設備とは，アトリウムのような吹抜け空間やドームなどの大空間のように天井が高い部分に設けるスプリンクラー設備であり，壁面あるいは天井面に設置された固定式ヘッドから一斉に放水する方式と，放水銃など放水範囲が変えられる可動式ヘッドを用いた方式がある．

8.4　消防活動の拠点

8.4.1　消防活動の実態

ここでは広範囲な消防活動対象のうち大規模な耐火造建築物の火災を前提として説明する．

A．耐火造建築物の火災特性[1]

ここでは，建築構造からみた特性と消防活動上からみた特性を述べる．

a．建築構造からみた特性　　以下の点が考えられる．

①一般に多数の在館者がいることから，火災時には多数の救助を要する人の発生する確率が高い．

②対象物の責任区分が細分化されており，関係者の特定に苦慮する．

③一般的に対象物が大規模であるため，火災実態の把握に時間を要する．

④密閉構造のため煙が充満し，火点および状況把握の困難性が高い．

⑤縦穴区画等を通じて上階へ延焼する危険が大きく，またダクト配管等から水平方向，さらに上階へも延焼する危険性がある．

⑥内部区画等のために遠方から燃焼実体への放水が届きにくく，消火の効果を発揮するための水量がより多くなり水損を生じやすくなる．

⑦間仕切りが多いため，携帯無線機の交信に障害が生じやすく，命令，報告等に支障を来す．

⑧設置されている多くの消防用設備等および建築防災設備の有効活用により，消防活動の容易性が

高まる.

b. 消防活動上からみた特性　以下の点が考えられる.

① 外部からの接近や進入が限定され，かつ，活動スペースが狭い.

② 消防活動が多層階になることが多く，消防力が分断されやすい.

③ 濃煙熱気の充満，有毒ガス，危険物の漏洩および漏電等の危険要因が多く発生する.

④ 消防活動が長時間になり，隊員の疲労が激しい.

⑤ 窓ガラス，看板等の破損落下，さらには隊員の転落等受傷危険が多い.

B. 消防活動の基本[1)]

① 耐火構造建築物の火災は，活動隊が多く，かつ，危険要素が多くなることから，各消防隊の活動内容を強く統制する必要があり，活動隊に対する活動内容の明確な任務付与と活動内容の統制が必要である.

② ビル火災では，不燃性の区画等により濃煙熱気の充満しやすいなか，立体的な消防活動をしなければならない．したがって，迅速に各種情報を収集して実態を把握することが不可欠である.

③ 人命検索は，消防活動の中の最重要の任務であり，急変する火災性状に対応した手段を講じる必要がある．そのために，救出に際しては内部および外部から，あるいは上階および下階から，または積載梯子とロープ，梯子車の活用等同時に複数の救出手段を講じて活動にあたる.

④ 放水箇所へのノズル配備は，建物構造，火災状況および出場部隊数等を把握したうえで，消火救助および警戒の目的に合わせて重点配備する.

⑤ 本格消火の後の残火処理は，ダクト・パイプスペース等竪穴部分で残り火が生じやすい箇所を小破壊しながら火源を確認し，消火および残火処理の徹底を図る.

⑥ ビル火災は，濃煙や間仕切り等のために火点や延焼方向の確認が困難で，注水した場合も無効になりやすい．したがって，早期に火災の状況に応じたノズル数や放水量を考慮した注水を行い過剰注水を避ける．また，水損防止に配慮した措置を講じる等の配意をする.

⑦ ビル火災では，早期から排煙活動に務めて濃煙熱気による消防活動の阻害要因の除去を図る.

⑧ 大規模ビルでは多くの消防用設備等および建築防災設備が設置されていることから，その積極使用により早期の火災抑制や消防活動の迅速化を図る必要がある.

C. 警防計画の作成[2)]

消防活動は，より早くより効率化を図り，その災害を最小限の人的・物的損害に止めることが求められている．この事前の策として特定の防火対象物に対する消防活動を効率的に行うため，部隊指揮上考慮すべき事項，すなわち，各級指揮者の意思決定の判断要素となる資料，各出場隊の任務，活動概要および対象物等に関する資料等の他，災害が発生した際，その態様，規模に応じて出場する部隊，すなわち消防部隊の主体となる出場部隊の指定に係る出場計画，指揮資料および消防活動上の各種対策資料をも包含して事前に作成準備し，各出場隊に対して活動指針をあらかじめ任務を示して効果的な活動を展開するものである.

D. 消防隊の活動[1]

消防隊は，消防ポンプ車や梯子車等の車両を主体とする装備等とこれを操作し活動する隊員から成り立っており，それぞれの行動内容によって活動位置が異なっている．

消防車両は以下のように大別される．

① 消防ポンプ自動車：ポンプ性能が，規格放水性能で放水圧力 0.85 Mpa，かつ放水量 $2\,\text{m}^3/\text{min}$（A-2級）を標準としたもので，水槽を積載して早期の放水を行えるように配慮した水槽付消防ポンプ自動車や油脂火災対応の泡消火薬剤の混合装置を積載した化学車がある．これらは，基本的に火災発生建物に近い防火水槽，消火栓等に部署して，消防ホースで圧力水を送るほか，車両に積載する各種の資器材を用いた活動を行う．

② 梯子車：中高層建物における人命救助や消防活動をするために，起伏，旋回，伸縮自在の油圧式の梯子装置を装備した車両である．梯子長さは，最長約 50 m で最も多いのは 30 m 級である．梯子の許容先端荷重は，2人または 180 kg であるが，近年は3人または 250 kg のものも制作されている．類似の車両として屈折梯子付消防ポンプ自動車や屈折放水塔車がある．これらは，建物に直に面した作業内容となる．

③ その他：他にレスキュー隊が使用する救助工作車，夜間の消火活動時に用いる照明電源車，傷者を搬送する救急車，災害現場の指揮本部として消防本部や関係機関との情報交換する指令車等がある．

8.4.2 消防活動拠点[3]

A. 耐火建築物内に設ける消火活動拠点

火災建物において消防隊が消火活動に従事する場合，空気呼吸器の装着，消火や照明資器材の準備等のために火災室の手前に消火活動の拠点となる部分を要する．この部分は，大規模な建築物の場合，特別避難階段の付室・バルコニー，非常用エレベータの乗降ロビー等であり，中小規模の場合には階段である．

その活動拠点は，一定の広さを確保するとともに，連結送水管の放水口，非常コンセント等が法規に基づき設置される必要がある．

消火活動上必要な設備・施設がその性能を発揮すべき時間は，出火から消防隊の到着，放水準備の所要時間，放水開始から火勢を鎮静化するまでの時間を考慮すると最低 50 分，安全を見込んで2時間以上の確保が必要である．

B. 消防活動指揮本部の設置場所

指揮活動の内容は，火災実態の把握に基づき消防力の過不足をきたさない部隊の配置を行って人命の安全確保と延焼の防止ならびに早期の鎮圧を図るものである．その活動指揮の本部を設営する場所は，小規模建物の場合には落下物を避けられる直近の屋外に，大規模建物の場合には情報を収集しやすい防災センター等にすることが多い．

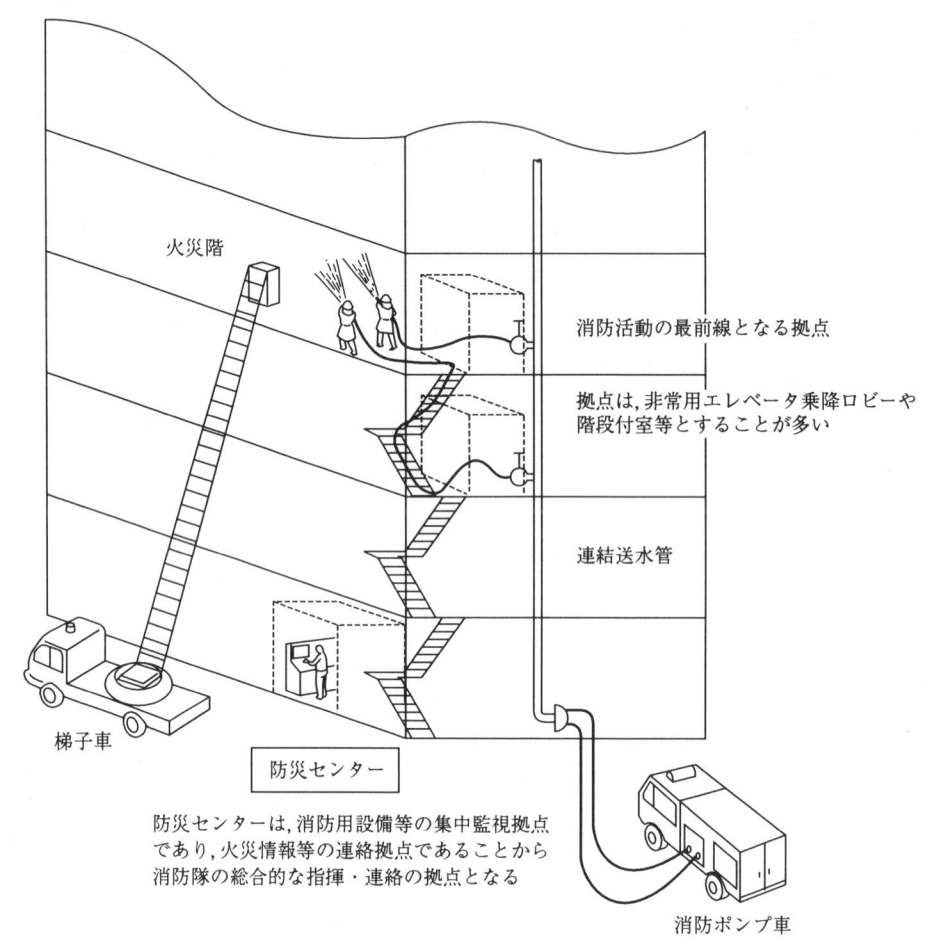

図 8.8 消防活動のイメージ

8.4.3 消火活動上必要な設備

火災の際に発生する煙による消火活動の遅れや，高層建築物または地下街における消火活動の困難性を緩和し，消防隊の活動を支援し，利便を提供するための設備として，排煙設備，連結散水設備，連結送水管，非常コンセント設備および無線通信補助設備等がある．また，建築基準法に基づく非常用エレベータや非常用進入口等も同種の設備といえる．

A. 設置基準

各設備の設置基準は，法令の定めるところによるが，明確化されていない部分もあることから，特に火災発生階における消防活動の拠点確保に係わる設備について，その必要要件を述べる．

a. 大規模建築物における場合 消防隊の到着時における情報が成否を分ける．火災の発生位置，延焼状況，消火栓やスプリンクラー設備等の消火設備の運転状況，防火区画の作動や排煙ファンの運転状況等設備の稼働状況の情報が即座に提供される必要があり，他に収容者の避難経路や消防隊の最短進入路等必要とする情報量が多い．これらの情報は，防災センターで集中把握できるだけでなく，

8.4 消防活動の拠点

建築物の規模によっては管理形態や行動距離に応じて棟や階あるいは用途単位においても把握できる必要もある.

b. 排煙設備 消防隊の活動の容易性を確保することを目的としている. ビル火災の多くがぼや火災で止まっている反面, 外周部の開口部に用いられるガラスの強度が向上して破壊されることが少ないことから, 閉塞状態となり, ビル内に充満した煙の排出対策として排煙設備は必要不可欠のものとなっている. 従前の排煙設備は, 機械排煙の吸引によって煙を排出する方式(図8.9参照)が多かったが, 排煙ファンの運転によって火災室の高温の煙を吸引することから継続運転を確保しにくく, 最近はファンによって付室等に給気加圧を行う方式(図8.10参照)が出現している. この加圧する方式は, 風圧を抑制する技術が確立してきたことに伴って普及しているものであり, 最大のメリットとして給気ファンやダクトが火災の熱的影響を受けることなく運転継続できることがあげられる. この設備の具体的任務は, 在館者の避難路の確保と消防隊の活動時に有益な出火室の直前までの区画をクリアーな状態に確保することを主眼としている. 一方, 排煙設備が充実していない場合の消防活動時には, 火災階の下階を活動拠点とすることが多く, クリアー域を確保する設備の有無によって消防隊の活動内容が大きく変わる[4].

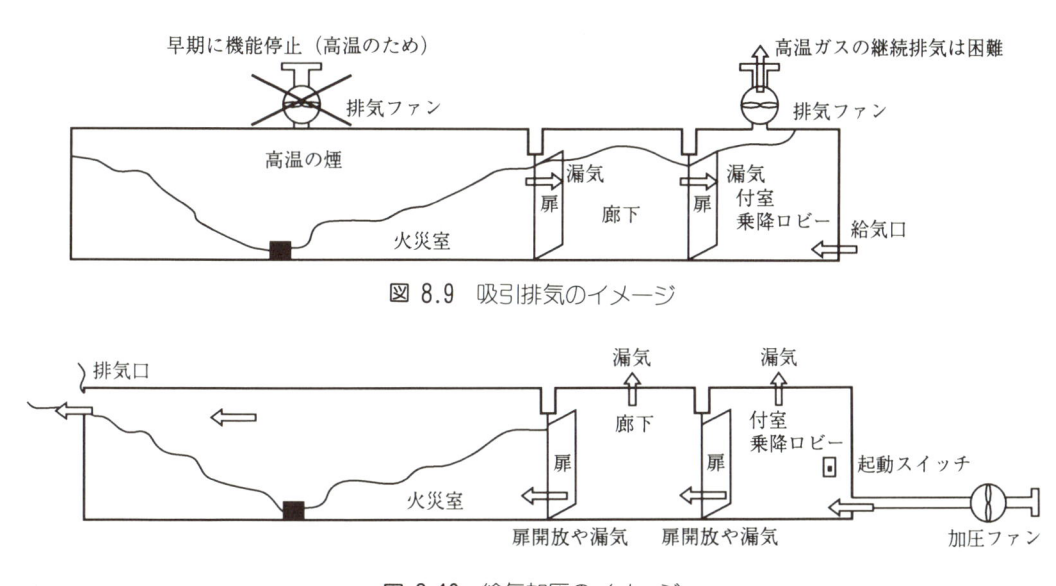

図 8.9 吸引排気のイメージ

図 8.10 給気加圧のイメージ

さらに, 給気加圧する方式では, 付室や廊下内の雰囲気が外気と同じになることから消防隊員の耐えうる温度の条件設定が不要になる.

加圧方式の最大の問題として, 付室や廊下のドアが閉鎖されて閉塞状態になった場合の圧力上昇によってドアの開閉障害を生じることが懸念されるが, 前述の風圧制御によって解決を図っている. また, 火災室の外気側に煙を排出させるため, バルコニー等屋外側の避難経路設定や梯子車等によった屋外側からの消防活動時の制限を生じる場合がある.

c. 連結送水管 消火活動に使用する圧力水を供給する設備であり, 放水口が活動拠点内に設けら

れていれば消火活動の容易性が高まることから，活動上の進入経路や確保すべき空間を考慮した設置を図る必要がある．なお，送水側は，消防ポンプ自動車や中継用加圧送水装置であり，これらの間と携帯無線機や有線電話等によった連絡手段が講じられていることが効果的である．

d. 非常コンセント設備　照明電源をはじめとして消防隊活動の容易性を高める設備として連結送水管の放水口と同様な位置に設置される必要がある．

e. 非常用エレベータ　消防隊の活動開始時に建築物内からの避難者がいるために階段以外の進入経路を確保し，かつ，放水器具や空気ボンベ等の活動資器材搬送の容易性を高めることができる設備である．法令の規制は，かご本体が扉を開いたまま運転できる等の機能を有し，昇降速度が $60\,\mathrm{m/min}$ 以上で，乗降ロビーが耐火構造で区画された $10\,\mathrm{m}^2$ 以上とする等々（建築基準法施行令第129条の13の3）がある．8.4.2，A項でも述べたとおり，この乗降ロビーは，加圧方式の排煙設備によってクリアーな区域を確保し，あるいは連結送水管の放水口，非常電話の連絡装置等の設置によって本格消火活動の拠点としても効果的な部分であり必要不可欠な場所である．

文　　献

1) 火災学会編：火災便覧第3版，共立出版（1997）
2) 火災学会編：新消防戦術　第6編　警防計画，東京連合防火協会（1995）
3) 東京消防庁：大規模建築物及び特異建築物等の消防対策に関する調査研究報告書，消火活動上必要な施設の設置評価について（1998）
4) 東京消防庁：大規模建築物及び特異建築物等の消防対策に関する調査研究報告書，高層・深層建築物等における排煙設備のあり方（1999）
5) 東京消防庁：消防科学研究所報，31号，p.131（1994）

9章　防排煙設計

9.1　防排煙設計の考え方

　防排煙設計とは，建物内部での火災時に発生する煙からの安全を確保するために行われるものであり，火災時の建物内部に生じる気流の物理的かつ合理的な制御を行う設計である．すなわち，火災性状の時間変化を把握した上で，煙と新鮮空気の動きを制御することを目的とするものである．気流は圧力の高い方から低い方に生じるので，気流の物理的な制御とは建物内部の圧力状態の制御のことでもある．

　温度の異なる気体が接することによって上下で圧力の違いが生じるために，図9.1に示すように建物の高さ方向には「煙突効果」と呼ばれる竪穴を通して建物全体に生じる大きな気流が発生することや，一つの開口部でも上下で煙の流出と空気の流入が生じることがある点に注意することが必要である．このような気流および圧力の性質を理解した上で，煙制御対策および防排煙設計を考える必要がある．

　煙制御とは，遮煙条件を達成することであると言い換えることができる．遮煙条件とは，特定の空間への煙侵入を防ぐためまたは汚染空間からの煙の流出を防止するために必要な開口部での圧力分布の条件をいう．図9.2に，空間全体が煙で均一に汚染された状態（完全混合または1層ゾーンという）および煙層と空気層に分離した2層ゾーン状態における遮煙条件を示す．遮煙条件には最小の条件があり，これを単に遮煙条件ということもある．

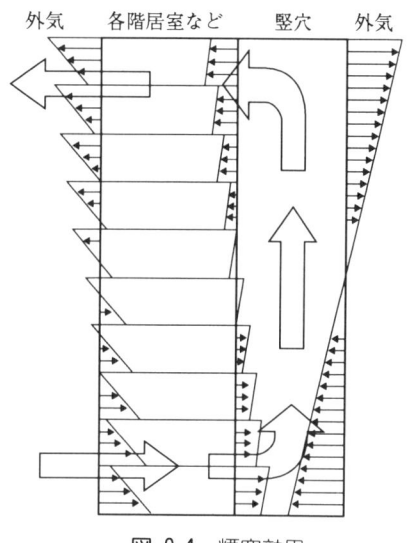

図9.1　煙突効果

　火災時にはその成長過程に伴って特徴的な様相が現れる．煙の状態は火災性状と人間側の対応とに影響されるために，火災状況，避難状況に応じた煙制御を考える必要がある．

　一般的に考えて，火災の進展に応じて避難状況および消防活動などに対して考えておくべき3つの段階がある．

①火災初期の火災室での避難（以下，「火災室避難」という）安全を確保する段階（図9.3）．
②火災室での火災が拡大したときの火災階での避難（以下，「火災階避難」という）安全を確保する段階（図9.4）．

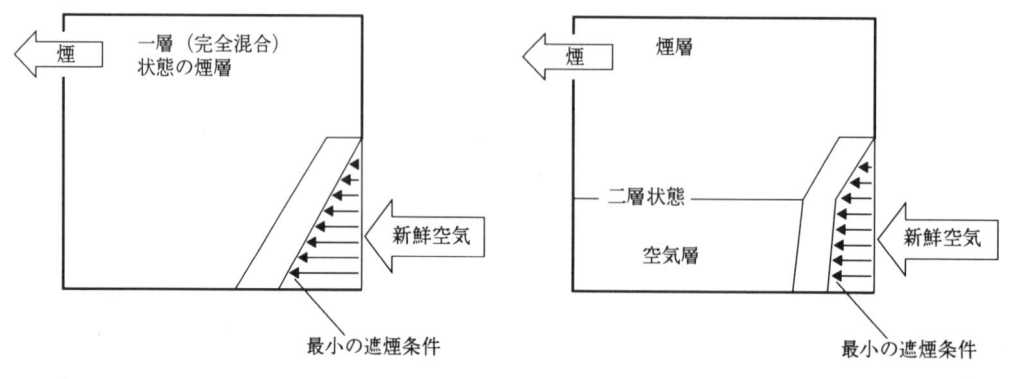

図 9.2 遮煙条件

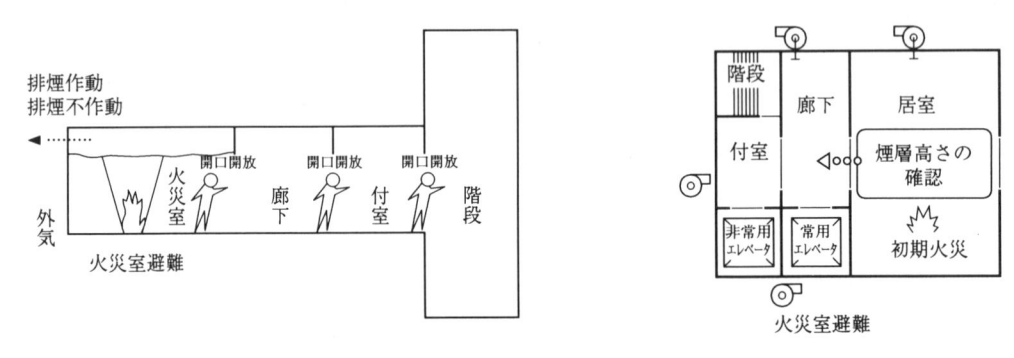

図 9.3 火災室避難における想定パターン

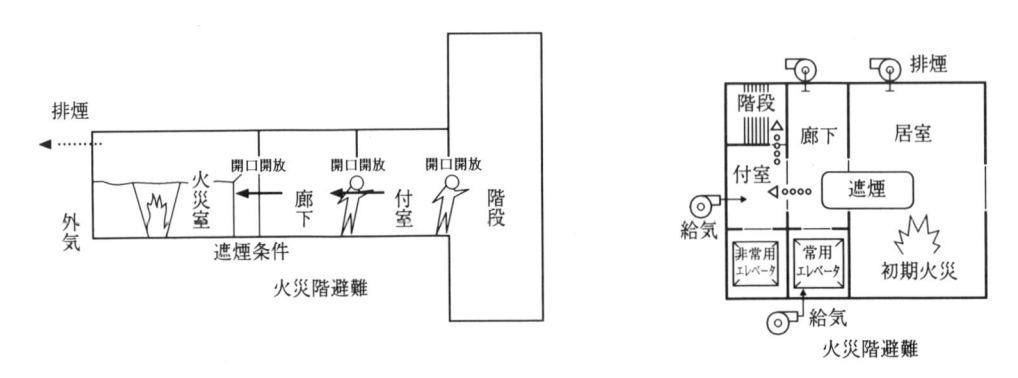

図 9.4 火災階避難における想定パターン

③火災階での火災の制御に失敗した盛期火災時（以下，「盛期火災」という）であり消防活動上の安全性も考慮した位置付けで考える段階（図9.5）．

である．

3つの段階に対して想定すべき条件，予測を行う必要がある項目および安全性判断基準を表9.1にまとめて示す．

なお，盛期火災については，防火防煙上の区画が火災期間のどの時点まで性能を保持できるかを判

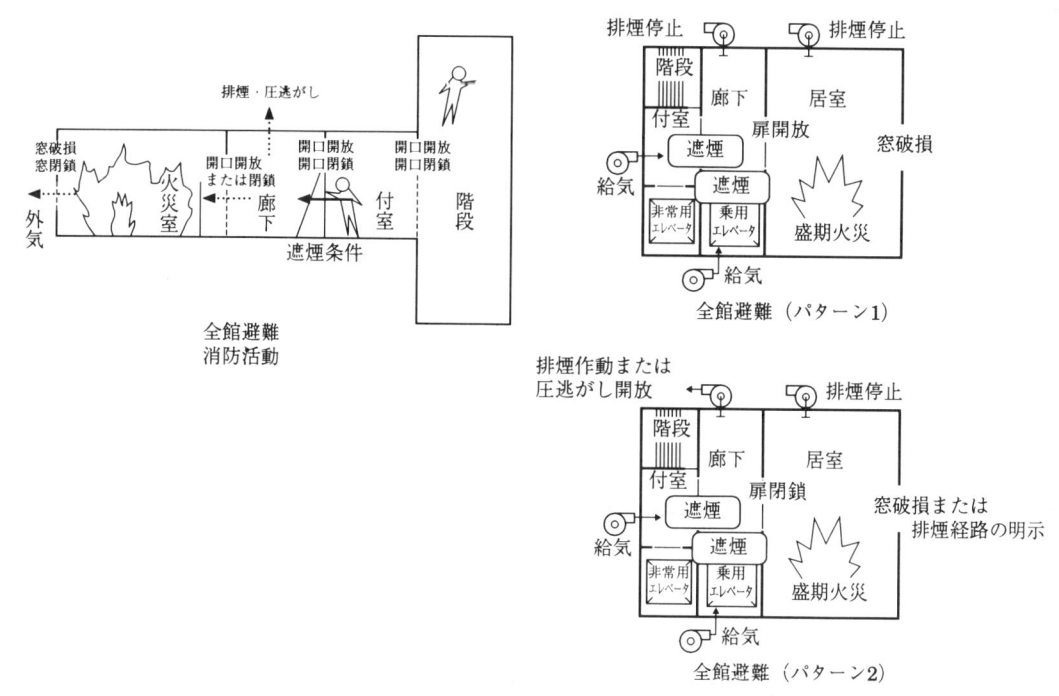

図 9.5 盛期火災時（全館避難）における想定パターン

断の上，適宜，区画形成の保持や窓ガラスなどの破損を考慮する．無窓空間などの窓ガラスの破損を想定できない場合の検討も行う必要があり，その場合でも火災階全体で外部から流入する新鮮空気と出ていく煙の双方の経路について考察し，遮煙する部位での遮煙条件が保持されていることを確認する必要がある．内部開口の開閉状態については，一般的には個々の建築物の特性によるべきであるが，常識的な範囲での不利側の想定をしたり，消防活動時に形成される開口条件を想定することが望ましい．火災室と廊下との間の扉については，開放の場合における火災室から廊下への煙の流入の問題や閉鎖の場合における機械力使用時の扉間圧力差が過大になる問題などが考えられるので，扉の開放と閉鎖の両方の場合を想定して検討しておく必要がある．また，自然排煙口の開放時や窓の破損時には，外気風の影響を受けやすいため，その地域での標準的な外気風のもとでの煙制御システムの有効性を検討しておくことが望ましい．

このように，防災設計とは画一的なものではなく，最悪の状態や設計条件の妥当性についての想像力と検討が必要であり，「思いやり」や「気配り」の心構えが重要である．

煙制御には大きく分類して次の3つの方法がある．

①火災室を密室化する方法（密閉法）

②火災室から煙を排出または吸引し，煙の漏出を防止する方法（排煙法）

③安全上必要な部分に新鮮空気を送り込み，煙の侵入を防止する方法（加圧法）

なお，火災初期において空間の高天井かつ大容積を利用して煙を天井部に蓄え煙層が危険域に降下するまでに避難を完了させる方法（蓄煙法）がある．蓄煙法は通常は過渡的な状態を対象としており，

表 9.1 想定すべき火災条件と安全の判定基準

	火災条件	予測すべき項目	安全性の確認
(1) 火災室避難	火災室における適切な火源(面積および規模)を設定する. 通常は標準火源の考え方, 初期火災時の開口条件の考え方に準ずる.	この段階で計画された煙制御運転状況に応じ, 火災室内での煙性状を予測する. 4.3.4項の火炎プルームのモデル, 2層ゾーンモデルによる天井面下の煙層厚さの予測に準じる.	避難設計による火災室避難完了時点まで, 煙層高さが許容高さまで降下しないことを確認する. ただし, 建築物の特殊性をもとに, 許容高さよりも煙の降下があっても煙層濃度が許容値以下のときに安全とみなしてもよいと判断できる場合もある.
(2) 火災階避難	火災室の火災状況を想定する. 通常は標準火源の考え方, 初期火災時の開口条件の考え方に準ずる.	この段階で計画された煙制御運転状況に応じ, 火災室および火災階廊下での煙性状を予測する. 4.3.4項の火炎プルームのモデル, 2層ゾーンモデルによる天井面下の煙層厚さの予測に準じる.	避難設計による火災階避難完了時点まで, 火災室と階避難のための経路(例えば廊下などの一次安全区画)との間の扉が開放された状態でも, 廊下に煙が流出しないこと(遮煙されていること)を確認する. ただし, 建築物の特殊性をもとに, 許容高さよりも煙の降下があっても煙層濃度が許容値以下のときには安全とみなしてもよいと判断される場合もある.
(3) 盛期火災	火災室は盛期火災状況とする. 標準的な想定条件を以下に示す. ①火災室は換気支配型火災を想定する. 火災室に窓がある場合には, 適宜, 窓の破損を想定する. 密閉度の高い空間の場合には, 適宜, 燃焼状態を考慮した火災室温度予測を行う. ②室温の時間変化予測のために用いる初期温度条件には, 季節や地域特性を考慮する. 煙突効果による上階への影響を考察する場合には, 標準的には冬期を想定する. ③扉については, 避難や消防活動による開放と圧力障害検討のための閉鎖の両方の場合を想定する. ④外気風は, 地域特性, 建物形状を考慮する. 標準的には火災室外壁が風上側, 加圧場所からの漏気に不利になる側を風下側とする.	付室扉直近の適切な温度予測を必要とする. また, 扉の開閉に対応した圧力予測を必要とする.	最後まで守られるべき付室や竪穴空間直前の扉位置で遮煙されていることを確認する. なお, 1層ゾーンモデル, 2層ゾーンモデルあるいはその他のモデルを使用してもよいが, 盛期火災時の状況を適切に想定していることが必要である. 扉が閉鎖の場合には, 機械排煙の作動や圧力逃しの開放を適宜考慮する.

　最終的には煙が空間全体を汚染する状態または排煙によって煙をある高さに維持する状態となり, 結局上記の3つの方法による煙制御を考えておく必要がある. 表9.2に各制御法の考え方を概略し, それぞれの特徴をまとめる. 各方法の長所および短所の詳細については次節以降に示す.

　火災様相の各段階に対応して, 各種煙制御法を用いて安全確保を図ることが防排煙設計法である.

表 9.2 煙制御方法

制御法	考え方と特徴	注意事項
密開法	室に存在する空気による燃焼はやむを得ないが，それ以上の新鮮空気の流入を防止して，酸素不足状態として燃焼そのものを抑制する方法である． 火災の燃焼そのものを制御する方法であり，火災を限定する効果が大きい．	燃焼中に密室化された部分の区画が突破されないことが必要である．区画面積など，建築空間の平面計画や使用形態を制御する． 様子確認のためや消火のための扉開放が，フラッシュオーバーやバックドラフトを誘発することがある．
排煙法	火災室から煙を排出することを主目的としており，その結果として火災室からの煙の流出を防止する方法である．汚染部位から汚染源を速やかに排出することにより，火災室以外への影響を減じることができる． 火災室からの煙の排出には，火災室が高温状態であり外部空気との温度差による浮力を利用した「自然排煙」「スモークタワー」，外気に直接面していない部位にも使用可能な機械力を用いた「機械排煙」に大別される．	「自然排煙」は，煙温度，夏と冬とで逆になる煙突効果，排煙口に作用する外部風など，不確定な要素が多く，その確実な作動に関しては問題点が多い．火災室からの煙流出防止効果についても，確実性を期待しにくい． 「機械排煙」は，火災状態と風量との条件次第で，火災室からの煙の流出防止を図ることが可能である．しかし，高温状態の煙温度に対する機械作動の継続性の問題，火災室の他の部分での排煙口が同時に開いた場合の排煙能力低下など，問題点が残る．
加圧法（加圧防煙法，加圧給気法ともいう）	付室や竪穴など，汚染を防止したい空間の圧力を高めて煙の進入を防止する方法である．遮煙の概念と守るべき部分を明確にすることが重要である．	給気空気による火災の助長，扉閉鎖時の圧力障害，給気経路が汚染された場合の他の空間の汚染助長などの問題がある．加圧法と機械排煙法とを組み合わせて，加圧防排煙という場合もある．
蓄煙法	大空間などでの避難中に煙層が危険な領域まで降下せず，避難安全性が確認できる場合に使用される方法である．	十分な蓄煙空間容積と天井高さとを有する空間に適用される． 最終的な煙層を消防活動上支障のない高さに維持するための，排煙と給気の開口を考慮する必要がある．

9.2 自然排煙

　温度が高く密度の小さい気体（煙）が，温度が低く密度が大きい気体（通常の大気）の中にあると，浮力が働く．自然排煙法は，煙の浮力を利用して汚染空間から煙を排出する方法である．スモークタワー方式と呼ばれる，専用に用意された煙突状の竪穴に煙を吸引させ，煙突効果を利用して頂部から排出する方法があるが，この方法も自然排煙の一つと考えられる．

　通常の室内火災では，煙の流出と新鮮空気の流入における質量の釣り合いが成立する．これを質量保存という．質量保存と同時に，火災による発熱と逃げていく熱との釣り合い，すなわち熱エネルギー保存も成立する．このような物理的な保存関係のもとで，その釣り合いがとれるような圧力分布が形成されて煙の流出量が決まり，また温度の時間変化が決定される．

　図 9.6 に開口部に生じる圧力差分布の概略図を示す．開口が排煙口だけの場合，開口部で生じる圧力分布は排煙口内に中性帯が形成され，排煙量は少ない．一般的には，天井近くの高い場所に排煙口

を，床面近くの低い場所に給気口を設置することが効果的である．排煙口を最上部，給気口を最下部に設けると，中性帯は排煙口と給気口の間に形成され，各開口部に生じる圧力差は反対向きの大きなものとなり，排煙量が大きくなる．ただし，流入する空気により燃焼量が増加する点には注意が必要である．なお，自然排煙は風の影響を受けやすいために，排煙口が風上側のみに偏らない配置計画上の考慮が必要である．

自然排煙法の長所と短所を表 9.3 にまとめて示す．

現在，有効な自然排煙のために法的に要求されている条件を表 9.4 にまとめる．法的な条件を完備することは最低限の条件であり，建物の特性に応じた，より有効な自然排煙計画が必要である．

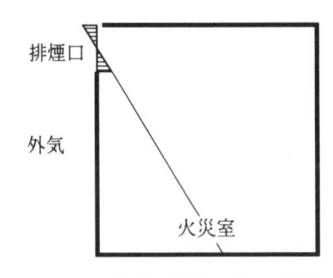

火災室で排煙口だけが開放され，給気口がない場合の開口部に生じる圧力分布（開口から外部に向かう部分が煙流出部分）

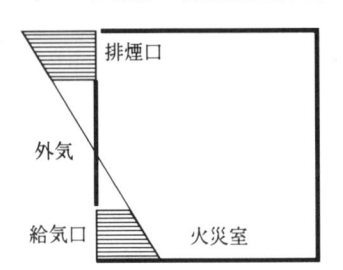

火災室で排煙口と給気口がともに開放された場合の開口部に生じる圧力分布（開口から外部に向かう部分が煙流出部分）

図 9.6 開口に生じる圧力差の分布

表 9.3 自然排煙法の長所と短所

長　　所	短　　所
①動力源が不要（停電による停止がない）	①風向きなどの自然条件に左右されるので，制御が思い通りにいかないことがあり，安定した性能が期待しにくい（煙突効果が排煙を阻害する向きに働く場合もある）
②天井高の高い空間では浮力の効果が上がる（排煙能力が大きくなる）	②排煙口が風上側の場合，建物内部に煙を押し込む（高層ビルなど）
③煙の温度が高いほど浮力の効果が上がる（排煙能力が大きくなる）	③排煙口，空気流入部位の配置に影響を受けやすい
	④煙の拡がり方を意図的に制御できない
④窓などの利用が可能	⑤外壁排煙部での高温排煙による上階延焼の恐れがある
	⑥機械排煙区画との間で床までの区画がされない場合，機械排煙部分に煙を誘導する恐れや自然排煙口が空気流入経路となって煙を攪拌する恐れがある
⑤装置が建物内部を貫通しない計画が可能	⑦排煙口が上階延焼経路，他の建物への延焼となる恐れがある
	⑧上部の空気温度が高い場合，火災初期の煙が上昇しきれずに途中で拡散する

表 9.4 自然排煙に要求される法的条件

項　　目	内　　　　　容
排煙口面積	床面積の 1/50（排煙口形状による有効面積に注意）
排煙口位置	天井（屋根），壁面（天井面から 80 cm 以内かつ防煙垂れ壁の範囲内）排煙受け持ち区画のどの位置からも 30 m 以内
開放装置操作位置	床面から 80～150 cm の高さ
開放装置の操作	(現地，遠隔，煙感知器連動)

9.3 機械排煙

　機械排煙は機械力を用いた煙の吸引であり，排煙口，排煙ダクト，排煙ファンで構成される．排煙口は通常閉鎖されており，一定の条件の下で開放される．通常は，排煙口の開放と同時に，排煙機を起動させる連動機構を設ける．機械力を用いるために安定した吸引量を期待できるが，煙を排出するということはそれと見合う空気が流入しているという事実を見落とすと，圧力バランスがくずれて扉の開閉障害や建築物への悪影響などを生じることに注意する必要がある．

　機械排煙においては排煙区画面積の大きさや排煙区画の火災特性などを考慮して行うゾーニングが重要である．一つの系統にぶら下がる個々の排煙区画面積の大きさに極端な差異を生じないことが，圧力バランスを考える上では必要である．火災の拡大に伴い排煙が必要とされる区域と時間とが変化する．火災室の排煙停止でも廊下は継続可能にする必要がある場合や，厨房と居室などの室用途の違いが明確に出る場合には，竪ダクトから別系統にしておくことが，排煙の有効性を長時間確保する上で重要である．

　機械排煙法の長所と短所を表9.5にまとめて示す．

　現在，有効な機械排煙のために法的に要求されている条件を表9.6にまとめる．法的な条件を完備することは最低限の条件であり，建物の特性に応じたより有効な機械排煙計画が必要である．

表 9.5　機械排煙法の長所と短所

長　所	短　所
①火災室の圧力，排煙量を必要な値に設定しやすく，火災室の圧力低下によって煙の拡散防止が図れる ②自然条件に左右されない安定した性能が確保できる ③外気に面しない（地下など）空間に適用できる ④温度上昇が小さい煙でも吸引できる	①排煙口，ダンパー，排煙口開放装置，非常電源，排煙機などが組み合わされて複雑なシステムを形成する ②必要なときに動作する維持管理が必要である ③耐熱性の点（280℃ 防火ダンパーで排煙口閉鎖）および停電時に，停止する ④均等な防煙区画面積（排煙口配置のバランスと各排煙口が分担する吸引量の均等化）を考慮しておく必要がある ⑤排煙量に見合う空気流入経路の確保が必要である．排煙量に見合う流入空気経路を確保しない場合には，異常な圧力低下による扉の開閉障害を生じる ⑥排煙口の開放場所を誤ると，煙を呼び込む可能性がある ⑦一度に多数の排煙口が開放されると，排煙風量が不足する可能性がある

表 9.6　機械排煙に要求される法的条件

項　目	内　容
排 煙 風 量	床面積の$1m^2$につき毎分$1m^3$以上
排 煙 機 能 力	毎分$120m^3$以上かつ最大区画の床面積について$1m^2$当たり毎分$2m^3$以上（最大区画の2倍の面積の同時開放まで保証）
排煙口の位置	自然排煙と同じ
開放装置の位置	自然排煙と同じ
予 備 電 源	必要

機械排煙のために必要な排煙口，排煙ダクト，排煙ファンについて，注意すべき事項を以下に列挙する．詳細については，新・排煙設備技術指針など[1~4]を参考にされたい．また，現在事務室空間などに採用されることが多い天井チャンバー方式の排煙についても注意点を示す．

① 排煙口

排煙口に要求される条件には，以下のようなものがある．

- 排煙口閉鎖状態では，気密性が高いこと（漏洩量が明確なこと）
- 排煙口と排煙風道との接続部の気密性
- 開放時の衝撃，作動中の振動対策
- 検査後の復帰の容易さ，確実さ，状態点検や確認の容易さ
- 耐熱性

② 排煙ダクト

排煙温度が高くなった場合に密閉防煙に移行し，他の部分の排煙機能を保持しつつ排煙ダクトを経由した他への延焼防止を考える必要がある．このほか，排煙ダクトについて注意すべきものとして，以下のような点がある．

- 排煙ダクトの長さが異常に長くないこと
- 防火区画貫通部の注意（防火ダンパーや耐火ダクトの使用）

③ 排煙ファン

排煙機の性能として，吸い込み温度280℃で30分以上異常なく運転可能，580℃で30分以上著しい損傷なく運転可能であることが要求される．排煙機の設置場所に関する注意として，以下の点がある．

- 最上部であること
- 空気の取り入れ口がない場所であること
- 高温の煙が排出されても安全な場所であること

④ 天井チャンバー

機械排煙法には，天井チャンバー方式と呼ばれる方式がある．この方式は，天井面全体を均一に排煙するために，間仕切りの変更に対応できることやチャンバー容積分の蓄煙量を期待できるなどの利点を有するが，その有効性を確保するためにはいくつかの注意が必要であり，以下に示す．

- チャンバー内の気密性が排煙能力に影響
- チャンバー内の梁背，抵抗によるチャンバー内圧力の均一性の確保
- 天井内の配線の耐熱性
- 排煙口の状態の確認が困難であり，開放（作動）表示機構が必要
- 天井内部に煙感知器の設置が必要
- 吸い込み口の開口面積を調整
- チャンバー内圧力分布の均一性のための天井面吸い込み口での大きな抵抗
- 吸い込み口での等風量性，チャンバー内での流れ（圧力降下）の評価

9.4 加圧防排煙

　加圧煙制御の考え方は，火災の影響を受けた階での最終安全区画または消防活動拠点の圧力を最も高くし，次にそれより低次の安全区画にいくに従って圧力を低下させていき，排煙を行う場所の圧力を最低にするものである．あるいは，高次の安全区画に向けて圧力が高められていると言い換えることもできる．

　排煙法は煙に汚染された部分を減圧して周囲からの新鮮空気を引き寄せているのに対し，加圧法は煙から防護する部分を加圧して周囲に新鮮空気を送り出しており，両者とも望ましい方向への新鮮空気の流れを作るという点では，物理的には同一の考え方で説明できる．しかし，従来の排煙法では汚染部分以外での空気の流れを特に明確にしていないことや，機械排煙停止時の扱いにおいて最終的に防護が必要である部分への煙の侵入防止の性能については明確でない．現状では，特別避難階段付室や非常用エレベータ乗降ロビーに排煙設備が設置されることが要求されているが，最後まで防護するべき空間を排煙することが，逆にその部分に積極的に煙を呼び込む可能性も指摘されている．また，排煙法では火災発生の恐れのある建物内のすべての部分での排煙を考慮する必要があり，さらに要求される排煙量が日常空調風量の数倍であることや別系統のダクトが必要であることなど，設計上の制約となる場合も多い．加圧法は必要な時点まで防護すべき空間の圧力を高めることが設計思想となっており，火災の進展の各段階で必要とされる排煙量を性能的に検討できるなどの利点もあると考えられる．一方，加圧煙制御の問題点としては，給気された新鮮空気が火勢を助長する恐れがあることや万一加圧部分の竪穴空間に煙が侵入した場合に火災階以外の空間に煙を押し込むことになり，煙汚染を急速に拡大させる可能性がある．したがって，このような現象や事態を引き起こさないための検討や対策を慎重に検討しておくことが必要である．

　なお，平成12年施行の建築基準法改正に伴い告示1437号で新しく登場した機械給気による「特殊な構造の排煙」は換気設備の分類呼称を踏襲して「第2種排煙」ともいわれるが，火災の最後まで煙を侵入させない空間およびその入口部分での遮煙を明確にすることを前提とする本章の「加圧法」の概念とはかなり性格を異にするものであり，排煙を主眼とした「押出し排煙」または「加圧排煙」と位置付ける方がよいと考えられる．すなわち，従来の「機械排煙」が汚染部分を外気よりも低圧にして煙の排出とともに暗黙の内に周囲から空気を導入する考え方であるのに対して，「第2種排煙（押出し排煙）」は，遮煙の考え方ではなく，

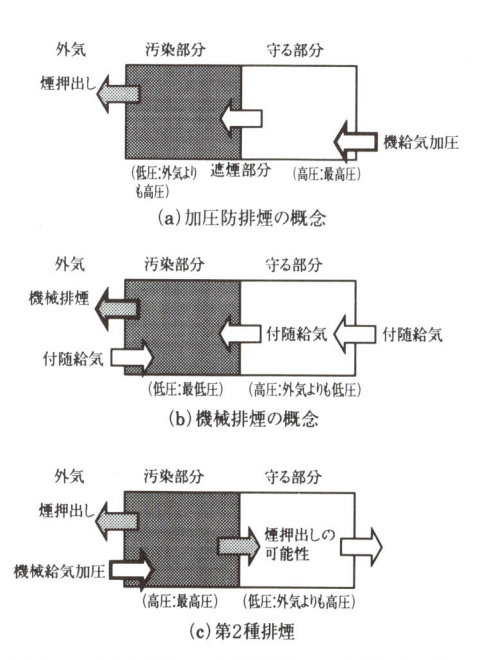

図 9.7　周囲空間との区画が不十分な場合などにおける第2種排煙（告示1437号）の懸念

汚染部分を外気よりも高圧にして煙を押し出す考え方であり，万一汚染空間と周囲との区画が確実でない場合などには建物内部への煙の急速な拡大を招く恐れがあることに，十分な留意が必要である．図9.7に示すような遮煙の概念を明確にしていない点において，告示1437号の第2種排煙の使用に当たっては慎重でなければならない．

加圧法における一般的な注意点を表9.7にまとめて示す．

表9.7 加圧法における注意点

項　目	注　意　点
給気取り入れ口の設置位置	・空気取り入れ口で煙を吸引したり加圧シャフト内に煙が流入した場合には，煙を他の部分に積極的に押し出すことになる危険性がある ・給気取り入れ口と排煙口が近くにあることによるショートサーキットへの注意が必要である ・取り入れ口が地上から高い場合，下階での火災により窓や壁面から上昇した煙を吸引する可能性への注意が必要である
漏　気	・想定部位以外に大きい漏気経路がある場合，加圧の結果として非火災部分に煙を押し出す可能性がある
火勢の助長	・送風空気量と火勢の助長との定量的関係は明確ではないが，過去の実験において多量の送風時においては火勢をあおることが報告されている
ガス系消火設備との対応	・ガス系消火設備使用階での消火設備の有効性を損なわないことへの注意が必要である
圧力逃し，バイパスダクト設計	・付室から天井裏を経由して廊下天井部で吹き降すバイパスダクトの場合，吹き降ろされる空気により廊下天井部の煙層を乱す恐れに注意が必要である ・扉のラッチの有無と開閉障害発生の関係に注意が必要である
常用エレベータシャフトの安全性	・廊下などに面して区画性能が不十分な常用エレベータ乗降ロビーがある場合，シャフトに煙を押し込む可能性がある
加圧煙制御システムの運転時間	・火災時の必要期間中，電源を確保する必要がある

加圧防排煙では，新鮮空気を送り続けることが必要である．そのため火災の影響を受けない専用の給気ダクトを用意することや，煙を押し返す上で有効な給気吹き出し口の注意（均等な圧力，吹き出し形状，気流方向など）が必要である．

加圧防排煙方式における設計では，建物全体の通気特性が結果に影響する．そのため，通気特性データが必要であり，今後データの蓄積について考える必要がある．

9.4.1 加圧防煙における圧力差の制御方式

煙制御においては開口部扉間の適正な圧力差（開放時の遮煙条件達成と閉鎖時の開閉障害防止）を保持する必要がある．特に付室と廊下間は人の移動による扉の開閉が頻繁であり，それに対応できる方式の確立が加圧煙制御システム採用の前提となる．また，圧力を観測するセンサーの設置位置，応答性とそれに対応した制御速度の追随性に十分な注意を払う必要がある．特に，圧力差を得るために基準となる圧力を使用する場合の観測点については，その安定性を十分に考慮しておくことが必要で

表 9.8 加圧法における扉間の圧力制御法

方　　法	注　意　点
・付室給気ファンを回転数（インバーター）制御	・扉開閉の時間と比べて反応が遅いという欠点がある点に注意すること
・付室給気ダクトに圧力調整用バイパスダンパーを設置	・圧力調整用ダンパーの設置位置に注意し，有効性を確認すること
・付室と廊下の間にレリーフダンパーを設置 ・廊下（または付室）の外気に面する部分にレリーフダンパーを設置	・レリーフダンパーの防火性能に注意すること．防火ダンパーを設置した場合には，閉鎖時における付室圧力の過度の上昇に注意すること
・壁に防火ダンパー付ガラリを使用	・防火ダンパーとした場合には，閉鎖時における付室圧力の過度の上昇に注意すること
・付室と廊下の間にバイパスダクトを使用	・天井裏を通じて配管して，天井面から吹き降ろす方式は煙の成層化を乱す恐れがあり好ましくないので，廊下側開口の位置に注意すること
・付室防火扉の下部に隙間を設置 ・付室防火扉に防火ダンパー付ガラリを使用 ・防火扉を上下2段にし，上部扉を煙感知器連動で閉鎖	・防火扉としての認定の問題がある．火災時における廊下側の性状を十分に把握しておくこと
・付室給気ファンを扉開閉に合わせて台数制御	・圧力観測方法とその応答性，台数制御の方法と応答性について，その有効性を確認すること

ある．

扉の開閉に伴う付室の圧力変化に追随して圧力差を適正に保つために，現在のところ提案されている方法とその注意点をまとめて表9.8に示す．

9.4.2 加圧給気量の決定方法

考慮しているシナリオ（温度および開口状態の設定）と，遮煙部分の開口が開放された状態での遮煙条件（圧力および流量）を明示したうえで，給気量の決定を行う．加圧給気する場所については，階段付室，階段内部などが考えられるが，わが国では加圧法が採用される場合には階段付室が用いられることが多く，米国やカナダで用いられる階段加圧の例[5]は現在のところあまりない．階段付室と階段内部への給気とで考え方が大きく異なるわけではないが，階段内部を直接加圧する場合における扉の開閉条件について不確定な点が多く，その取り扱いが確定されていないことも一つの原因と考えられる．以下に，わが国で現在提案されている階段付室への給気量決定法の代表的な3つを示す．

方法1　火災初期避難を想定し，火災室扉での遮煙条件を考え，機械排煙と組み合わせて給気量を決定する方法[6~8]

①火災室への給気量＝機械排煙量の条件下で，火災室圧力が外気圧と等しいとし，火災室〜廊下の扉間の圧力差または扉面風速を規定して扉開放状態での風量を求める．

②上記で規定された廊下圧力をもとに，廊下などでの漏気を考え，廊下への給気量を求める．

9章 防排煙設計

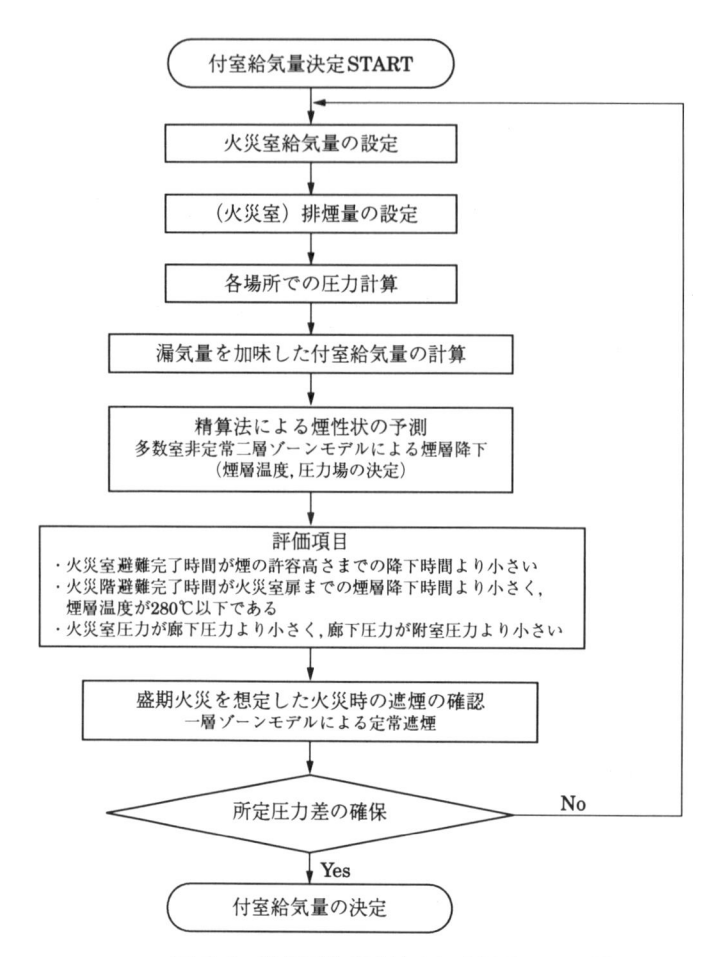

図 9.8 給気量決定方法1におけるフロー図

付室給気量決定START
↓
火災室給気量の設定
↓
(火災室)排煙量の設定
↓
各場所での圧力計算
↓
漏気量を加味した付室給気量の計算
↓
精算法による煙性状の予測
多数室非定常二層ゾーンモデルによる煙層降下
(煙層温度,圧力場の決定)
↓
評価項目
・火災室避難完了時間が煙の許容高さまでの降下時間より小さい
・火災階避難完了時間が火災室扉までの煙層降下時間より小さく,煙層温度が280℃以下である
・火災室圧力が廊下圧力より小さく,廊下圧力が附室圧力より小さい
↓
盛期火災を想定した火災時の遮煙の確認
一層ゾーンモデルによる定常遮煙
↓
所定圧力差の確保 — No → (戻る)
↓ Yes
付室給気量の決定

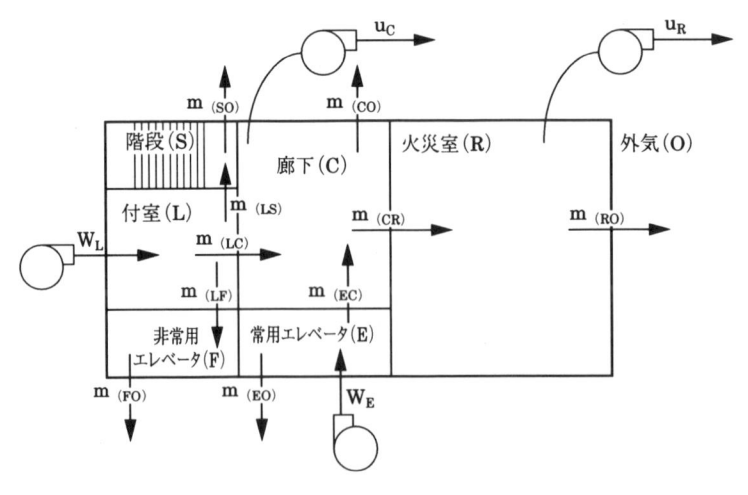

図 9.9 平面モデル

階段(S) / 付室(L) / 廊下(C) / 火災室(R) / 外気(O)
非常用エレベータ(F) / 常用エレベータ(E)

u_C, u_R, $m_{(SO)}$, $m_{(CO)}$, $m_{(LS)}$, $m_{(LC)}$, $m_{(LF)}$, $m_{(EC)}$, $m_{(CR)}$, $m_{(RO)}$, $m_{(FO)}$, $m_{(EO)}$, W_L, W_E

9.4 加圧防排煙

表 9.9 給気量決定方法1における手順

手　順	具 体 的 な 内 容
遮煙条件	2つの方法が提案されている（方法Bを推奨） 方法A：開放された扉間の圧力差を規定（等温系での扉面風速を規定）した場合の扉通過風量 m_{CR}（kg/s）を求める 方法B：火災室温度は適宜仮定（2層ゾーンを扱う場合は，さらに煙層高さを適宜指定）し，火災室扉での遮煙条件より m_{CR} を決定すると圧力差 Δp_{RO} が求まる
火災室圧力の計算	2つの方法が提案されている（方法Bを推奨） 方法A：$m_{CR}=u_R$ を仮定し，火災室の収支より，$m_{RO}=0$ となるので，$p_R=p_0$ とする 方法B：u_R を与え，火災室の収支，$m_{RO}=m_{CR}-u_R$ から Δp_{RO} が求まり，したがって，p_R が決定される
廊下圧力の計算	・$\Delta p_{CR}=p_C-p_R$ より，p_C が求まる
廊下漏気量の計算	・$\Delta p_{CO}=p_C-p_0$ より，Δp_{CO} が求まり，したがって圧力差と流量との関係から m_{CO} が求まる
廊下～付室間の圧力差の計算	・m_{EC} を与える（$u_C=0$ とする） ・廊下での収支 $m_{LC}=m_{CR}+m_{CO}-m_{EC}$ から，Δp_{LC} が求まる
付室圧力の計算	・$\Delta p_{LC}=p_L-p_C$ より p_L が求まる
漏気量の計算	2つの方法が提案されている（方法Bを推奨） 方法A：$\Delta p_{LS}=p_L-p_S$ より，$p_S=p_0$ を仮定すると Δp_{LS} が求まり，したがって m_{LS} が決定される 方法B：付室から階段室を経由して外気までの合成有効開口面積*を与えると，m_{LS} が決定される（非常用エレベータシャフトを経由する場合も同様） * $m_{LS}=\overline{(\alpha A)}_{LSO}\sqrt{2\rho_a p_L}$ 　$m_{LF}=\overline{(\alpha A)}_{LFO}\sqrt{2\rho_a p_L}$ ただし，直列結合：$\overline{(\alpha A)}^2 = 1/\sum_i \left(\dfrac{1}{\alpha A}\right)_i^2$ 　　　　　並列結合：$\overline{(\alpha A)} = \sum_i (\alpha A)_i$
給気量の計算	・$W_{LC}=m_{LS}+m_{LC}+m_{LF}$ から，W_{LC} が決定される

　③付室からの外気や階段室などへの漏気を考慮し，付室給気量を決定する．

　④避難行動と対応して火災の進展状況に対応して，2層ゾーンモデルや1層ゾーンモデルによる精算により安全性の確認を行う．

方法2　手計算によって火災の各状態における給気量を決定する方法[9,10]

　①火災室避難時の居室避難安全条件を満足する排煙量を，2層ゾーンモデルにおけるプルーム流量を考慮した流量収支，煙層温度の計算から決定する．

　　［安全性の判定］　火災室避難完了時の煙層高さ（z）が，避難安全高さ（例えば，$1.6+0.1H_R$）や 1.8 m（建築基準法告示 1441 号）または開口高さ（H_{CR}）よりも高いことが示されていること．

　②火災階避難時の廊下の安全条件を満足する（廊下に煙が漏れない）給気量を，火災室扉が開いた状態での遮煙条件から求め，この条件下での建物内の圧力を決定した後，漏れ量を含めた付室，エレベーターシャフトへの送風量を決定する．

　　（注）　この方法では，非等温系を等温系に準じて扱う方法として，平均圧力差および近似平均

9章 防排煙設計

```
┌─────────初期火災─────────┬─────盛期火災─────┐
                    加圧煙制御システム作動 ──────→
```

| 火災室避難 | 火災階避難 | 全館避難 |

1. 火災室避難終了時の煙層高さを確認

2. 給気量の算定
① 廊下—火災室間の開口で遮煙するのに必要な平均圧力差と流量の算定
② 居室排煙の算定
③ 付室およびエレベータシャフトへの必要給気量の算定

3.
① 付室—廊下間およびエレベーター—廊下間の開口で遮煙するのに必要な平均圧力差と流量の算定
② 付室およびエレベータシャフトへの必要給気量の算定

4. 付室とエレベータシャフトへの設計給気量の決定

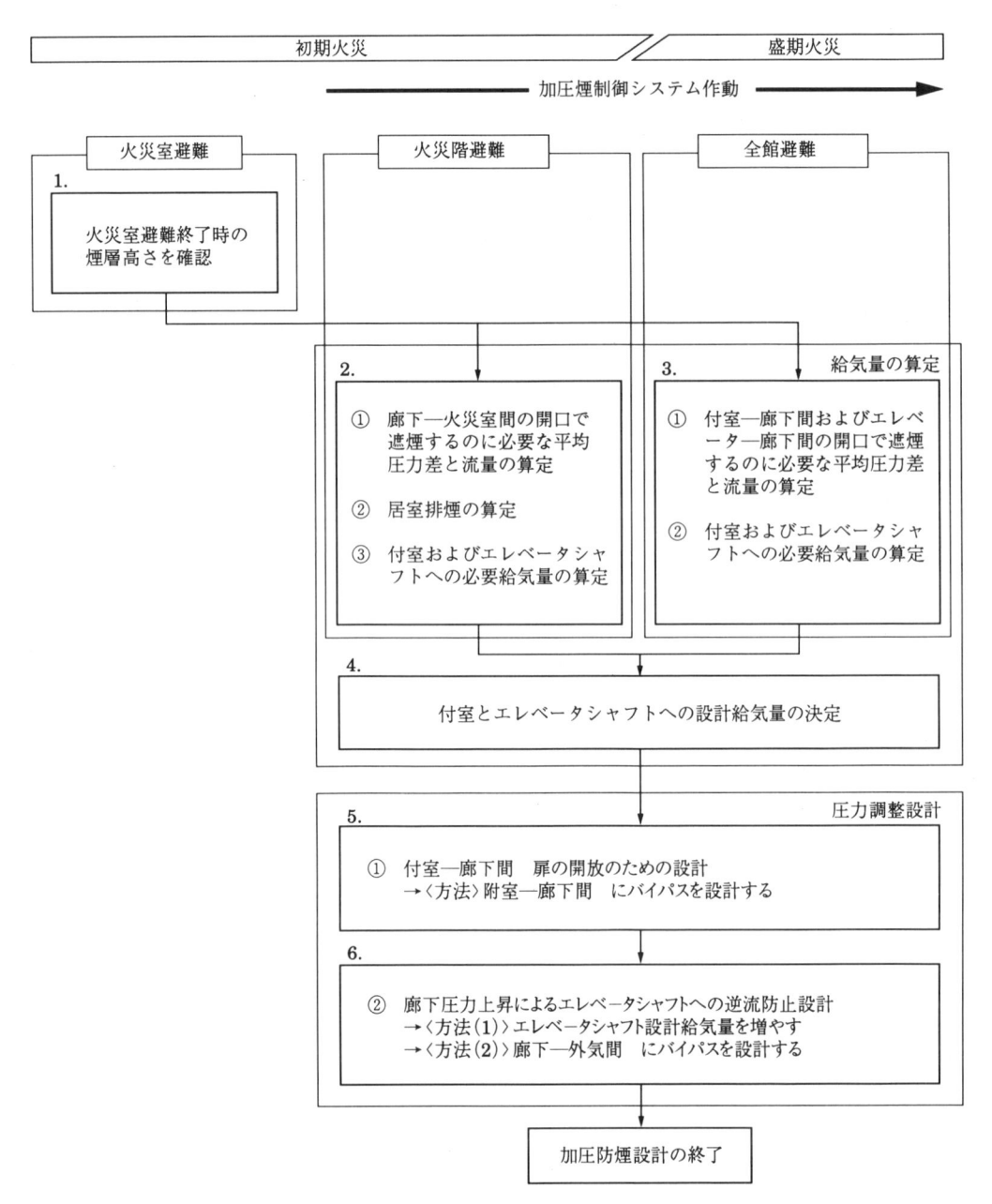

5. 圧力調整設計
① 付室—廊下間 扉の開放のための設計
→〈方法〉附室—廊下間 にバイパスを設計する

6.
② 廊下圧力上昇によるエレベータシャフトへの逆流防止設計
→〈方法(1)〉エレベータシャフト設計給気量を増やす
→〈方法(2)〉廊下—外気間 にバイパスを設計する

加圧防煙設計の終了

図 9.10 給気量決定方法2におけるフロー図

圧力差の概念を使用する．平均圧力差とは，考えている面全体が均一の圧力差とみなして，非等温の条件下で生じる開口部正味流量と等しい流量を与えるように定義される圧力差のことであり，近似平均圧力差とは，考えている開口部の正味流量が0になるときの中性帯高さ位置に生じる圧力差のことである．非等温系での開口部流量を求める際には，近似平均圧力差が開口面全体にかかる圧力差とみなし，等温系に準じて扱う．近似平均圧力差を用いた流量は，実際の中性帯が開口部内に存在するとき，正味流量が0のとき以外は相対

誤差が大きくなる傾向を示すが，流量の絶対値が大きくないために妥当な近似を与えると考えられる．また，遮煙条件とは，遮煙を達成できる最小の圧力差または流量のことである．

③盛期火災を想定した全館避難時の付室〜廊下間の遮煙条件から，想定した付室開放状態でも付室への煙の侵入がない給気量を求め，この条件下での建物内の圧力を決定した後，漏れ量を含めた付室，エレベーターシャフトへの送風量を決定する．

④過度の圧力上昇がない確認の後，①〜③の中で最大のものが，給気流量として与えられ，同時に火災の全過程に対しての遮煙条件が達成されたことになる．

方法3　盛期火災時に対しての安全性を重視し，（1層ゾーン）煙流動計算プログラムを転用して，遮煙条件を満足する流量を決定する方法[11]

この方法は，従来のコンピュータを用いた煙流動計算[12]の手順の中に，上述の給気量決定のための追加が組み込まれたものである．遮煙場所と給気場所とを必ずしも一致させる必要はないが，遮煙場所の個数と給気場所の個数が一致している必要がある．手順は以下の通りである．

①温度状態が既定されたある時間において，通常の煙流動計算と同様の取り扱いを行う．すなわち，発熱量，仮定した給気・排煙に伴うエネルギー変化，周壁からの熱損失などが与えられた条件のもとでの，開口部流量 w (kg/s) を決定する．

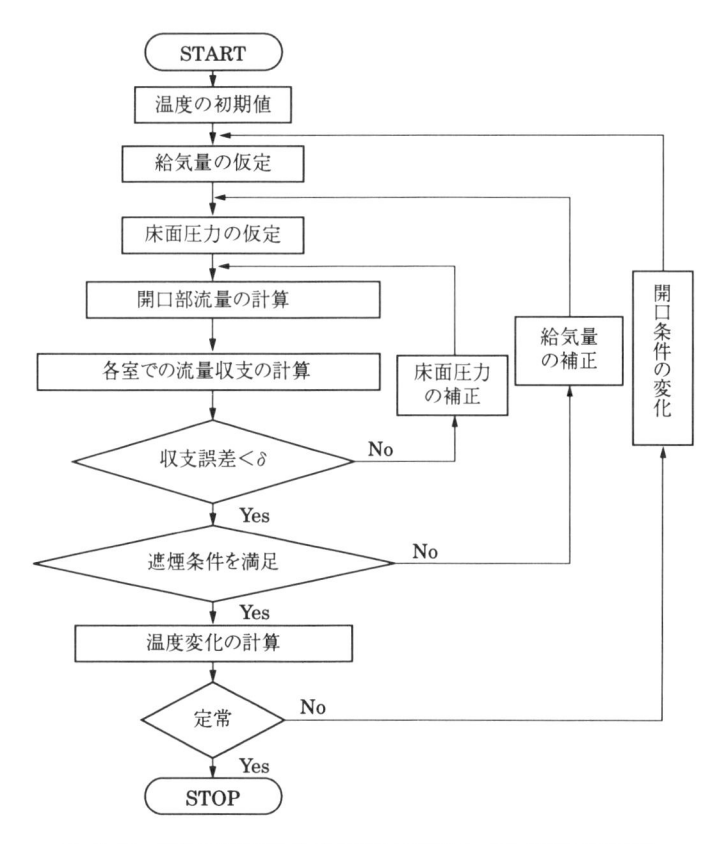

図 9.11　給気量決定方法3におけるフロー図（圧力仮定法）

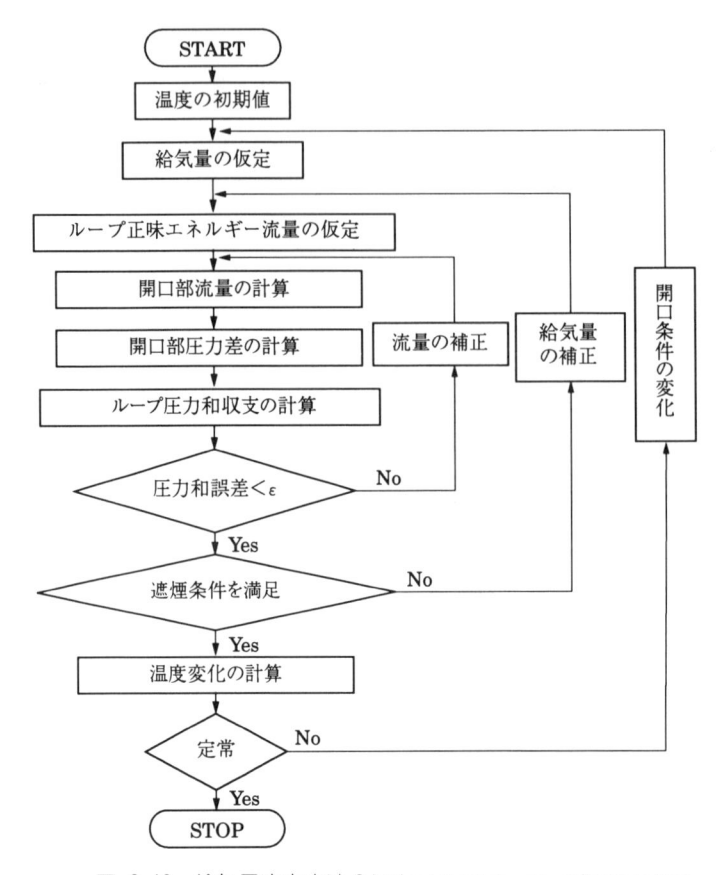

```
                    START
                      │
              ┌───────▼────────┐
              │  温度の初期値   │◄──────────────┐
              └───────┬────────┘                │
              ┌───────▼────────┐                │
              │  給気量の仮定   │◄──────────┐   │
              └───────┬────────┘            │   │
      ┌───────────────▼──────────────┐      │   │
      │  ループ正味エネルギー流量の仮定 │◄─┐  │   │
      └───────────────┬──────────────┘   │  │   │
              ┌───────▼────────┐         │  │   │
              │  開口部流量の計算│         │  │   │
              └───────┬────────┘         │  │   │
       ┌──────────────▼───────┐  ┌─────┐ │  │ ┌───────┐
       │ 開口部圧力差の計算    │  │流量の│ │  │ │開口条件│
       └──────────┬───────────┘  │ 補正 │ │  │ │の変化 │
       ┌──────────▼───────────┐  └──┬──┘ │  │ └───┬───┘
       │ ループ圧力和収支の計算│     │    │  │     │
       └──────────┬───────────┘     │    │  │     │
              ┌───◇────┐ No         │    │  │     │
              │圧力和誤差<ε├────────┘    │  │     │
              └────┬───┘                  │  │     │
                  Yes                     │  │     │
              ┌───◇────┐ No         ┌─────┴┐ │     │
              │遮煙条件を満足├──────►│給気量 │ │     │
              └────┬───┘            │の補正│ │     │
                  Yes               └──────┘ │     │
         ┌────────▼──────┐                   │     │
         │  温度変化の計算 │                   │     │
         └────────┬──────┘                   │     │
              ┌──◇──┐ No                     │     │
              │ 定常 ├────────────────────────┴─────┘
              └──┬──┘
                Yes
                 ▼
                STOP
```

図 9.12 給気量決定方法 3 におけるフロー図（流量仮定法）

② ①で仮定した給気量 w（kg/s）が正しくなければ，遮煙部分の開口部流量（または開口間圧力差）が遮煙条件を満足しない．このとき，遮煙を考慮している開口部分について，温度を T (K)，比熱を C_p（kJ/kg・k）とすると①の収束計算で得られた開口部エネルギー流量 $C_p\overline{\{wT\}}$ を本来の遮煙条件を満足する開口部エネルギー流量 $C_p\{wT_c\}$ に変更してエネルギー収支式を計算しなおすと誤差 $\{\Delta E'\}$ が発生する．この誤差を用いて，$\left\{W-c\cdot\dfrac{\Delta E'}{C_pT}\right\}$ を新たな給気量として再度①の計算を行う．ただし C は収束をはやめるための補正係数である．この手順を，$\{\Delta E'\}$＜$\{$許容誤差$\}$ となるまで繰り返す．

　計算の流れとしては，圧力仮定法と流量仮定法とがある。図 9.11，9.12 にそれぞれ圧力仮定法，流量仮定法における計算の流れを示す．

9.4.3 性能の確認

　扉や開口部等の隙間を想定して行った設計について，計画通りにシステムが作動することを確認するための性能確認実験を竣工時に必ず実施することが必要である．確認方法は，設計時における流量係数として用いた値の妥当性を確認できればよい．しかしながら，設計時の想定条件を竣工時に確認実験することは，現実的には不可能であるため，表 9.10 に示す 2 つの方法のどちらかによるとする提案がなされている[10]．

9.4 加圧防排煙

表 9.10 加圧法の竣工時の性能確認

方法	手　　順	確　認　内　容
方法1	加圧煙制御システム設計時の開口条件に準じて，常温（竣工時の条件を反映すること）の条件下での気流性状および圧力場を求めておく	加圧煙制御システムを想定した開口条件の下で作動させ，常温下で予測通りの気流性状および圧力場が形成されることを確認する
方法2	火災階避難条件下での気流性状および圧力場の予測結果を使用する（方法1のような別計算を必要としない）	火災階避難における予測条件下での火災室温度に対応した風量（体積流量と質量流量の関係を考慮すること）を常温下での補正を行って排煙量として与え，予測通りの気流性状および圧力場が形成されることを確認する

なお，いずれの方法においても，測定部位としてはすべての階について行うものとし，測定内容としては最低限，以下の項目が必要と考えられる．

・加圧風量，排煙風量
・加圧部位の外気圧基準の圧力
・加圧空間および遮煙部位の扉の開閉条件下での圧力差（開放時の必要風量と閉鎖時の開閉障害防止の確認）と気流性状（風速または風量）
・竪穴内の圧力分布：最低限，最上部，中央部，最下部の3点の計測を行うこと．
・避難経路上の扉の開閉障害がないことの確認

文　　献

1) 新・排煙設備技術基準，日本建築センター（1987）
2) 実務家のための耐震・防火建築ハンドブック，建設産業調査会（1991）
3) 新・建築防災計画指針，日本建築センター（1995）
4) 日本火災学会編：火災便覧　第3版，共立出版（1997）
5) Klote, J. H;：Design Manual for Smoke Contraol Systems, NISTIR 4551（1991）
6) 山名：建築設備と配管工事，Vol.33, No.8（1995）
7) 森山：建築設備と昇降機，Vol.2（1996.7）
8) 田中：建築設備と配管工事，Vol.33, No.8（1995）
9) 久次米ほか：日本建築学会計画系論文集，第531号（2001.5）
10) 建築学会近畿支部加圧防煙研究会：加圧煙制御システムにおける給気量の算定方法，事務所ビルにおける附室加圧の場合（1999.9）
11) 松下ほか：日本火災学会論文集，Vol.51, No.1（2001.7）
12) 煙流動及び避難性状予測のための実用計算プログラム解説書（第2版），日本建築センター（1992）

10章　避難設計

10.1　避難設計の概念

10.1.1　避難計画を考える

　避難安全の確保に関する規定の多くは，主に避難施設などをどのような場合に設置するのか，どのような構造でなくてはならないかを仕様書的に定めている．例えば，建築基準法においては，劇場など集会施設における客席からの出口扉の開き勝手，廊下の最小幅，階段の数と構造，物販店舗における階段および出入口の合計幅などである．しかし，避難施設をどのように設置すべきかに関しては直通階段までの歩行距離およびその歩行距離の重複部分を制限する規定がある程度なので，避難施設の配置や容量に偏りを直接規制していないため，特定の場所に避難者が集中し，避難に非常に時間がかかることがある．また，居室と廊下との区画に関しても特別な規制が設けられていないので，この区画の性能が十分でなければ出火から短時間に避難経路が利用できなくなる恐れもある．

　このように避難安全を確保するためには，避難安全に関する仕様書的な規定を満たしているだけでは十分でない場合がある．基準を満たすように避難施設を設置するだけではなく，建物の利用者をどのように避難させるか，避難経路をいかに火災から守るかということを考えた避難計画をつくることが重要である．

10.1.2　避難安全性能の目的と機能的要件

　建築物の火災安全を考える主たる目的の一つは，火災発生時に建物利用者の人命を確保することである．この目的を達成するために建築物に期待される避難安全性能とは，想定される火災に対して避難手段の提供と救助活動の支援を実現することである．

　避難手段の提供とは，基本的には，自力で避難することが可能な在館者に対して，容易に使用可能な避難手段と，適切な避難の機会を与えることである．通常予想される避難手段が使えない場合のために，自力で利用することを前提とした脱出の手段も用意することも含まれる．

　救助活動の支援とは，自力での避難が困難な人や，万が一逃げ遅れた人に対して，消防などによる救助活動を支援する手段を用意することである．避難には不確実な要因が多く存在するため，救助活動の支援をフェイル・セーフの仕組みとして位置づけておくことが重要である．

　さて，上記に示した避難安全の目的を達成するためには，より具体的な目標を定める必要がある．「避難手段の提供」を達成することは，以下に示す4つの機能的要件を満たすことである．

　① 火災に起因する危険が避難者に及ばないこと

火災から発生する熱や煙，ガスなどにより，避難者の生命が危険な状態にならないことである．避難に対しては，火災からの煙による影響が最も大きいので，単純には避難中に煙にさらされるかどうかの問題となる．他に火災に起因する危険としては，火炎からの輻射熱による火傷などがある．

② 火災時に避難可能な経路が1つは確保されること

通常，避難者の存在が想定される空間から最終避難場所までの避難経路が，想定される出火場所の位置に関わらず確保されることである．一般的には二方向避難の確保と呼ばれている．しかし，二方向の避難経路があるだけでは，火災で同時に使えなくなることもある．ある避難経路が火災の影響で利用できなくなる場合でも，別な避難経路が確保されていることが必要である．

③ 避難経路は連続し，明快であること

避難経路の連続とは，避難者が最終避難場所まで移動できることを保証するもので，避難経路の途中に火災危険のある空間を通らないことなどである．また，明快とは，複雑な避難経路で避難者が迷うことがないように，わかりやすい避難経路とすることである．

④ 避難経路が避難に支障のない構造，設備を有すること

上記以外の避難に支障がないための対策である．具体的には，避難経路の最小寸法，床面の明るさ，過度の滞留防止などである．

以上の各機能的要件に照らして，必要な性能を満たすように計画案を作成することが避難設計である．仕様的な基準に適合するか否かだけを判断するのではなく，計画案が必要な性能を満たしているかどうかを判断するために，適切な性能評価に基づいて設計を進める．

表 10.1 避難手段の提供を達成するための機能的要件

機能的要件	主な性能評価の方法	関連する現行法令
①火災に起因する危険が避難者に及ばないこと 火災に起因する危険としては，煙，火炎，輻射熱，空気温度，接触による火傷	・避難性状予測 ・煙性状予測	・階段への歩行距離 ・避難経路の幅 ・排煙設備 ・内装制限 など
②火災時に避難可能な経路が1つは確保されること 通常予想されるすべての在館者に，避難可能な手段を最低1つは確保すること	・避難不能人数の期待値	・2以上の直通階段 ・重複歩行距離 ・敷地内通路 など
③避難経路は連続し，明快であること 通常在館者が存在する場所から最終避難場所まで	・連続性の評価 ・明快性の評価	・歩行距離 ・行き止まり部分 など
④避難経路が避難に支障のない構造，設備を有すること 過度の滞留防止 避難可能な明るさ 最小幅，最低幅など	・滞留人数の予測	・内開き戸の禁止 ・避難経路の最小幅 ・非常用の照明装置 など

10.2 避難計画の考え方

10.2.1 避難計画の基本原則

避難計画の目的は，火災による危険が生じる空間にいる在館者が迅速，かつ混乱なく安全な場所へ避難ができるよう建築設計を具現化することである．避難経路が煙などによって危険な状況にさらされないようにするため，空間を秩序立てて避難施設や通路を配置し，区画を計画する必要がある．避難計画を行う際，用途や規模などの建物の特性と，その建物を利用する在館者の避難能力や建物の内部の状況を熟知しているかといった避難者の特性を考慮する必要がある．

ここでは，避難計画の基本原則として避難経路の設計をする際に考慮すべき事項について示す．

A. 避難経路の配置

a. 二方向避難の確保　建築物内では，火災発生の可能性がある場所の在館者が，安全な場所へ至るための経路が少なくとも一つ確保されるように避難経路を計画することが重要である．すなわち，避難計画上，安全な場所へ至る独立した2つの経路を確保することが必要となる．

火災の発生が想定される居室内において二方向避難を確保する場合は，居室に2つ以上の出入口を相互にできる限り離して配置することが望ましい．また，共同住宅のように共用廊下に面して一住戸当たりの間口が大きく取れない場合や，病院，社会福祉施設などのようにその用途の性格上，居室と廊下との間を防火区画することが難しい場合は，外気に面するバルコニーなどを設けて居室からの二方向の避難経路を確保することも有効である．

避難経路となる廊下などにおける二方向避難を確保するためには，行き止まり状の部分が可能な限り生じないように計画する．

b. 避難経路の明快性　居室の各部から直通階段に至るまでの避難経路は，避難行動上の混乱を防止するために明快であることが重要である．避難経路を明快にするためには，通路の不必要な曲がりを少なくする，避難経路の見通しを確保する，行き止まりを少なくすることなどに配慮する．例えば，直通階段を平面内にバランスよく配置し，居室の各部から階段に至る移動距離のばらつきを小さくすることにより，避難経路として一定の明快性を確保することが可能となる[1,2]．

B. 避難経路の容量

避難経路の配置を考えると同時に，避難群衆が円滑に避難できるために通路や階段，出入口などの幅，階段付室の大きさ等は，十分な広さを確保することが必要である[3]．すなわち，建物用途ごとの在館者密度から計算される利用人数に応じた避難経路の容量を確保する．避難経路の途中では，群衆流動の妨げになるようなネック部分を設けず，過大な滞留が生じないように計画する．また，階段付室の大きさは，避難者が煙や火炎からの影響を受けることなく一時的に滞留できるのに十分な面積を確保する．

C. 避難経路の保障

避難行動中の避難者を火煙から守るため，また，避難に必要な時間を延ばすために火災の影響から経路を確保することが必要である．安全な避難経路を確保するために，避難経路の防火防煙対策を行

い，避難経路の内装を不燃化する．また，特別避難階段の付室は階段への煙伝播を防止するためにきわめて有効である．

　大規模建築物や高層建築物など，避難時間が長くなることが予想される場合には，居室から階段に至る避難経路が，安全な区画からさらに安全な区画へ順次避難できるように区画を段階的に設定し構成することが原則となる．このような区画を安全区画と呼び，居室から近い順に廊下を第一次安全区画，階段付室を第二次安全区画と呼ぶ（図10.1）．

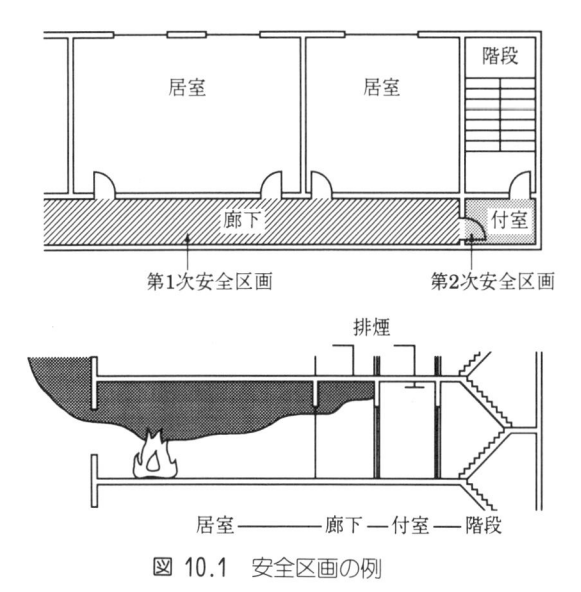

図10.1　安全区画の例

10.2.2　避難特性

A．避難開始

　火災の発生から在館者が避難を開始するまでのプロセスは，過去の火災事例調査・研究[4~8]などからも明らかなとおり，火災が発生した空間的状況と時間的状況により千差万別である．避難開始に至るプロセスは，火災時の情報伝達がどのようになされるかという問題と関わりが深い．避難開始するまでの火災情報の流れに着目し，類型化すると図10.2のようになる．

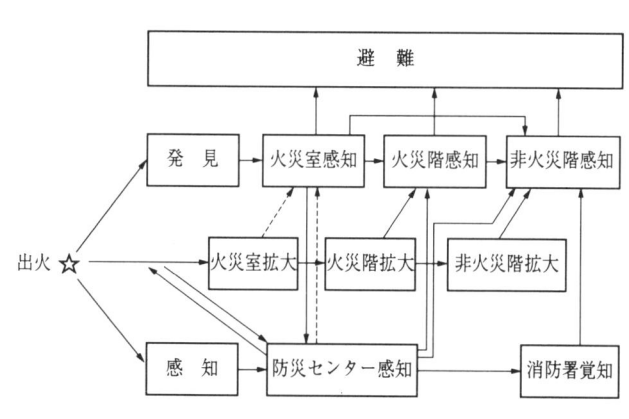

図10.2　避難開始のプロセス

B．避難行動

　火災時の在館者の避難行動は，表10.2に示すように避難者や避難経路などの条件と密接な関係がある．これらの因子の組み合わせが，在館者の様々な避難行動をとらせることとなり，避難者特有の心理特性や行動特性などを誘発することとなる[8,9]．

　a．心理特性　　火災等に直面し人命に危険が及ぶような状況下では，不安や恐怖等によって理性的な判断に基づく行動をとることが困難となり，本能的あるいは感情的な対応行動をとる可能性が高

表 10.2 避難行動因子と関連する項目[10]

			避難行動因子		
			歩行速度	経路選択, 判断	避難開始
避難行動因子に関係する項目	避難者	群衆構成			
		人数, 密度	○	○	○
		肉体的ハンディ（身体障害, 身体拘束, 病気, …）	○		
		年齢	○	○	
		建物熟知度		○	
	心理	危機感	○		○
		指光性		○	
		追従性（グループ行動）		○	
		環境や状況から受ける印象, 感覚		○	○
	その他	就寝, 入浴			○
		飲酒（酩酊）	○	○	
		熱中			○
		火災経験		○	○
	避難経路	構成	○	○	○
		容量	○	○	
		長さ, 距離		○	
		形状（水平, 階段, 開口, …）	○	○	
		開口の形状（常閉扉, 開放, シャッターくぐり戸, …）	○	○	○
		交差, 合流, 分岐	○	○	
		ディテール（床仕上げ, 凹凸, 階段寸法, …）	○		
		明るさ	○	○	
		内部/外部		○	
		明快性		○	
		施錠		○	
	環境	騒音			○
		煙, 熱, 火災, 臭い	○	○	
	避難誘導システム			○	○

い[11]．不安や恐怖等に対する感受性には個人差があるが，思考能力が低下した状況下では，避難者は単独行動をとらず群衆の一員として行動する可能性が高くなる．このような状態の群衆は，デマや誤情報に対して過度に反応し，いわゆるパニック状態に陥りやすいことから，避難者に対する火災に関する適切な情報の提供，あるいは避難誘導を行うことが重要になる．

b. 行動特性 火災時の避難者がとる行動には，表 10.3 に示すような特性があるとされている．避難計画を検討する際には，これらの特性を利用した計画とすることが望ましい．

c. 避難行動能力 火災に伴う煙の発生が避難者に与える影響は，在館者の避難経路の熟知度や煙の濃さにより大きく異なる．不特定多数の人の利用が見込まれる建物用途，例えば，百貨店やホテル等の火災では，煙が在館者に与える影響はきわめて大きい．また，避難経路等を熟知している場合であっても煙によって目や喉が刺激され，生理的に耐えられない状況下では，心理的な動揺を引き起こすことがわかっている[12]．表 10.4 に煙中での見通し距離とその状況に対応する煙の状態を示す．ま

10.2 避難計画の考え方

表 10.3 避難行動特性

	行動内容
日常動線志向性	日頃から使い慣れた経路や階段を使って逃げようとする
帰巣性	入ってきた経路を逆に戻ろうとする傾向で，特にはじめて入った建物で内部の状況をよく知らない場合に多く現れる
向光性	一般に暗闇に対しては不安感を抱くことから，明るい方向を目指して逃げる
向開放性	向光性と類似した特性だが，開かれた感じのする方向へ逃げようとする
易視経路選択性	最初に目に入った経路や目につきやすい経路へ逃げようとする
至近距離選択性	自分のおかれている位置から最も近い階段を選択する（近道を選択しようとする）
直進性	見通しのきく真っ直ぐな経路を逃げる（突き当たるまで経路を真っ直ぐ進む）
（本能的）危険回避性	危険現象（煙や火炎）からできるだけ遠ざかろう（視界に入らない所まで逃げよう）とする
（理性的）安全志向性	自分が安全と思い込んでいる空間や経路に向かう
追従（付和雷同）性	避難先頭者や人の多く逃げる方向を追っていく

表 10.4 見通し距離と煙の状況[13]

見通し距離	状況の説明
20〜30 m	うっすらと煙がただようときの濃度．煙感知器はこの程度の濃度で作動する．また，建物に不慣れな人はこれ以上濃くすると避難に支障が出る
5 m	建物をよく知っている人が避難するときに支障を感じる濃度
3 m	薄暗い感じがするときの濃度．この濃度ではやや手さぐり的な避難となる
1〜2 m	この濃度ではほとんど前方が見えなくなる
数十 cm	最盛期の火災階の煙の濃度．暗闇状態でほとんど何も見えない．誘導灯も見えない
—	出火室から煙が噴出するときの煙の濃度

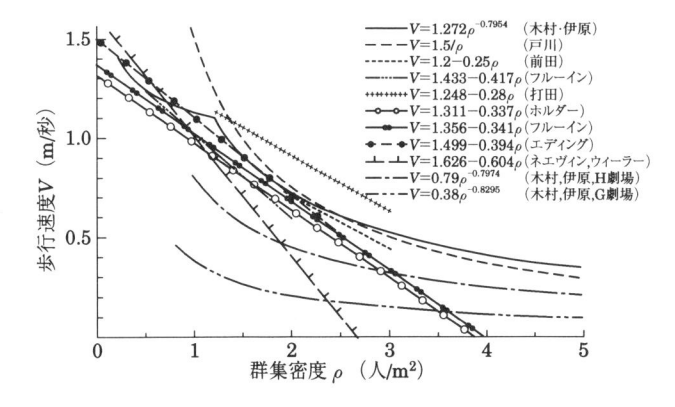

凡例:
- $V = 1.272\rho^{-0.7954}$ （木村・伊原）
- $V = 1.5/\rho$ （戸川）
- $V = 1.2 - 0.25\rho$ （前田）
- $V = 1.433 - 0.417\rho$ （フルーイン）
- $V = 1.248 - 0.28\rho$ （打田）
- $V = 1.311 - 0.337\rho$ （ホルダー）
- $V = 1.356 - 0.341\rho$ （フルーイン）
- $V = 1.499 - 0.394\rho$ （エヂヴィング）
- $V = 1.626 - 0.604\rho$ （ネエヅヴィン, ウィーラー）
- $V = 0.79\rho^{-0.7974}$ （木村, 伊原, H劇場）
- $V = 0.38\rho^{-0.8295}$ （木村, 伊原, G劇場）

図 10.3 水平歩行時の群衆密度と歩行速度の関係[14]

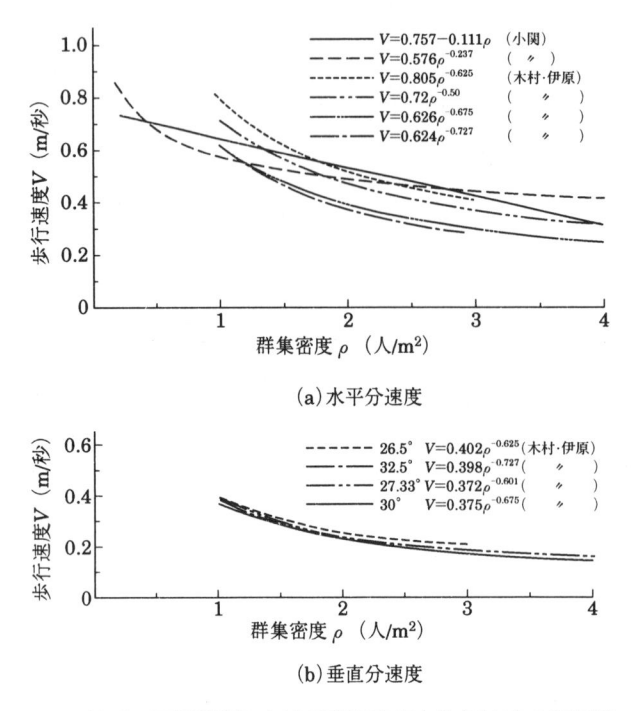

図 10.4 下り階段における群集密度と歩行速度の関係[14]

た，避難行動能力の一部である歩行速度について以下に述べる．

① 群衆の歩行速度

平常時の歩行速度は，一般に群衆密度の影響を強く受ける．図 10.3 に示すように，群衆密度の増加に伴い歩行速度が減少する傾向にある．また，階段における歩行速度も群衆密度に影響を受け，その関係は図 10.4 のようになる．

② 明るさと歩行速度

歩行速度は，廊下の明るさに影響される．図 10.5 に示すように，平均照度の低下に伴って歩行速度が遅くなり，平均照度が 1 (lx) 以下では顕著になる．

③ 煙中での歩行速度

煙は避難者に対して生理的・心理的な影響を与えるとともに，歩行速度に対しても影響を与える．煙濃度を示す指標である減光係数と歩行速度の関係について実験的に求めた結果を示したのが図 10.6 である．煙中での歩行速度は，減光係数が増加，すなわち，煙濃度の増加に従って遅くなる．また，刺激がある煙では歩行速度が著しく低下する．

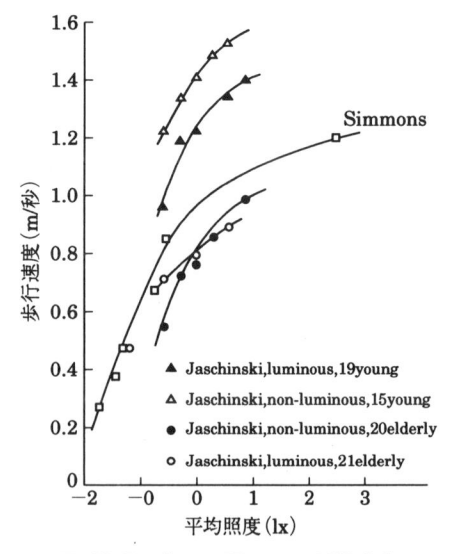

図 10.5 廊下の明るさと避難速度

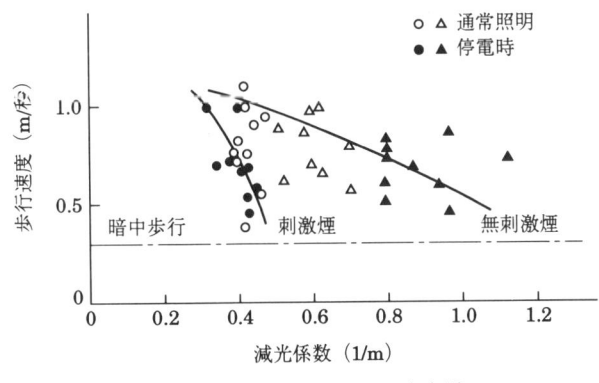

図 10.6 煙濃度と歩行速度[16]

④ 避難者の怒限度

火災からの煙や熱に対して人間がどの程度耐えられるかを怒限度という．この怒限度について，過去の実験から以下のことが示されている．

燃焼に伴い発生する煙など人体に有害な火災生成ガスの成分は，燃焼する可燃物の種類により異なる．一酸化炭素（CO）は火災時に発生する最も危険な有毒ガスの一つであるが，その怒限度はCO濃度と吸入時間の関係で示すことができる．例えば，CO濃度が同じであっても呼吸量が大きくなる運動を行う場合，安静時より時間的に早く死亡する．一般的にCO濃度が0.5～1％，吸入時間1～2分で呼吸障害や死亡に至る．

二酸化炭素（CO_2）の場合，CO_2自体による中毒とCO_2の過剰生成によるO_2濃度の低下により人体に害を及ぼす．CO_2濃度が10％で視覚障害などが起こり，30％で即時に意識が消失し死亡に至る．CO_2の増加に伴うO_2濃度の低下からみれば，O_2濃度が12～13％で視覚障害などが起こり，10％で意識の消失，6％以下で死亡に至る．

火炎や煙から人間が受ける輻射熱について，輻射熱の強さが$2\,kW/m^2$を超えるあたりから人間の我慢できる時間が急速に落ちはじめる傾向にある．具体的には，輻射熱の強さが$1950\,kcal/m^2h\,(2.27\,kW/m^2)$の場合で12分まで，$2100\,kcal/m^2h\,(2.44\,kW/m^2)$の場合で6分までである．ちなみに，$2000\,kcal/m^2h\,(2.33\,kW/m^2)$を50秒程度暴露した場合に痛みを感じ，$10000\,kcal/m^2h\,(11.64\,kW/m^2)$を10秒程度暴露した場合，火傷が生じるといわれている[17]．

一方，空気温度でみるならば，無風および低湿度の条件では空気温度と限界時間の関係は表10.5のようになる．ただし，高湿度の条件などでは発汗作用が抑制されるため，表10.5に比べて限界時間はきわめて短くなる[18]．

表 10.5 避難者の限界温度

空気温度（℃）	限界時間（分）
50	60以上
70	60
130	15
200～250	5

10.2.3 避難施設

火災時に在館者が，建物の内部から地上などの安全な場所へ移動するために使用される施設が避難施設である．これら避難施設は，日常的な動線計画などを考慮した上

で，適切に建物内に配置を行うことにより，非常時に避難者が有効に活用することが可能となる．以下に代表的な避難施設の特徴について示す．

A. 避難扉

避難扉は，室ごとに火災からの危険に曝される時間までに避難が完了するような幅を確保するとともに，二方向避難を考え適切な位置に配置する．また，避難終了後は自動的に閉鎖する機構を有し，一定時間火災を閉じ込めておけることが望ましい．避難扉は，在館者が避難する方向に開くことが原則である．ただし，両方向に避難する可能性のある廊下や居室の中間に設置される扉は，スウィング式とするなどの工夫が必要である．また，避難扉は子供や高齢者などでも容易に開放可能な構造とする．

煙制御を行った場合においても，避難扉の開放・閉鎖障害が生じないように注意しなければならない．自動式扉は，故障や停電対策等が必要であり，玄関ロビーなどに用いられる回転扉は，群衆の通過に問題があるため避難扉として利用することは好ましくない．

B. 廊　下

いくつかの居室を連絡している廊下が，一室の火災によって早期に煙で汚染されると火災室以外からの避難を困難にする．居室の出入口には自動閉鎖式扉等を設けるなどの対策を行い，火災発生後すぐに煙や火炎等が廊下やロビーに漏れないよう区画する．万一，煙が廊下等に漏れた場合でも，すぐに煙が充満しないようにする．例えば，片廊下型では，一面を外気に開放する構造とする．中廊下型では，外気に面した開口が取りづらいので，排煙口を適所に配置し，煙が廊下に充満することを防止する．また，避難者が転倒することを防止するために，廊下の床面は段差などを設けないことが望ましい．

C. 階　段

階段は，最も重要な縦方向の避難経路であり，その配置，構造，出入り口などについて避難上，十分な配慮が必要である．特に火災時に発生した煙が階段室に侵入し，上階への伝播経路とならないような構造とする．また，救出，消火活動などの拠点としても最後まで利用できるように計画する．階段の位置は，避難上わかりやすく，かつ防煙上有利な場所を選ぶべきである．例えば，百貨店，マーケットのような大空間の場合には四隅など外気に面する位置が有利である．事務所，学校，ホテルなどに見られる中廊下式の場合には，廊下の端部または屈曲部に設けるのが有効である．

避難施設として要求される階段は，直通階段として建築基準法で位置づけられている．直通階段とは，直接屋外へ避難できる避難階まで連続している階段である．地上階と地下階を連続している階段の場合，避難してきた人が避難階を通過してしまうことがないよう，上下からの避難経路を扉や棚で分離したり，色彩やデザインで避難階を意識させる必要がある．避難階段には，屋内避難階段と屋外避難階段の2種類がある．屋内階段は耐火構造の壁で囲み，屋外階段は耐火構造の壁に接し，図10.7に示す条件を満たしていなければならない．

直通階段のうち，高層建築物や地下階へ通じる階段は避難階段または特別避難階段とすることが要求されている．特別避難階段は，避難階段の前に排煙設備を設けた，付室あるいは屋外に十分開放されているバルコニーを設ける．付室やバルコニーは避難者の滞留スペースや消防活動上の拠点として

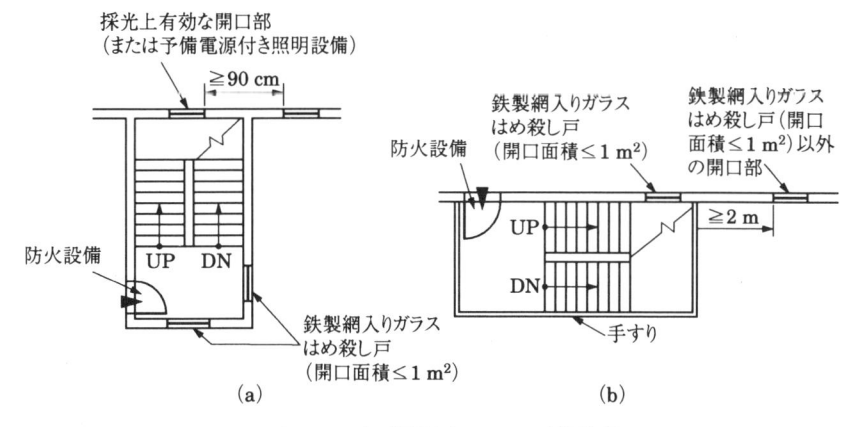

図 10.7 屋内避難階段と屋外避難階段

の役割も期待されている．

D．バルコニー

バルコニーは，外気に面し配置されるため，煙に対し安全性が高い．特に災害弱者の多い施設では避難に有効なバルコニーを設置することが望ましい．また，ホテル・旅館などの就寝施設のように避難開始が遅れる可能性のある用途などもバルコニーを設置し，万一の場合でも使える避難経路を確保したい．避難に有効なバルコニーを設置できない場合でも，部分的なバルコニーと避難タラップの設置を併用して下階へ避難する経路を確保することも可能である．

E．避難器具

避難器具は，直通階段を主体とした避難経路を確保した上で，万一のための最終避難手段として位置づけられる．消防法では，避難はしご，緩降機，救助袋，避難ロープ，すべり棒，すべり台，避難タラップ，避難橋が避難器具として定められている．多くの避難器具は，構造上多くの人間が一度に利用することは困難であり，操作も熟練を必要とする．したがって，あらかじめ使用方法などを知るために，避難訓練をしておくことが重要がある．

10.3 避難設計の手順と方法

ここでは，避難者の安全性を確保するための避難設計の手順と，避難安全性を評価する方法の一つである避難予測計算について述べる．避難予測計算とは，建築物内の任意の空間において在館者が火災による危険に曝されるまでの時間内に，その空間からの避難が完了するか否かを確認するための方法である．

まず，建築物の計画段階で，火災に起因する危険が避難者に及ばないことを確認するための手順および方法について述べる．図 10.8 では，避難者に対する危険要因として特に重要な煙を対象とした場合について示している．

最初に，達成しようとする避難安全性能の目標水準を決定する．目標水準とは，例えば，「避難者が煙等の有害ガスに巻かれないこと」，「避難者が熱に曝されないこと」等の機能的要件を満足する目標

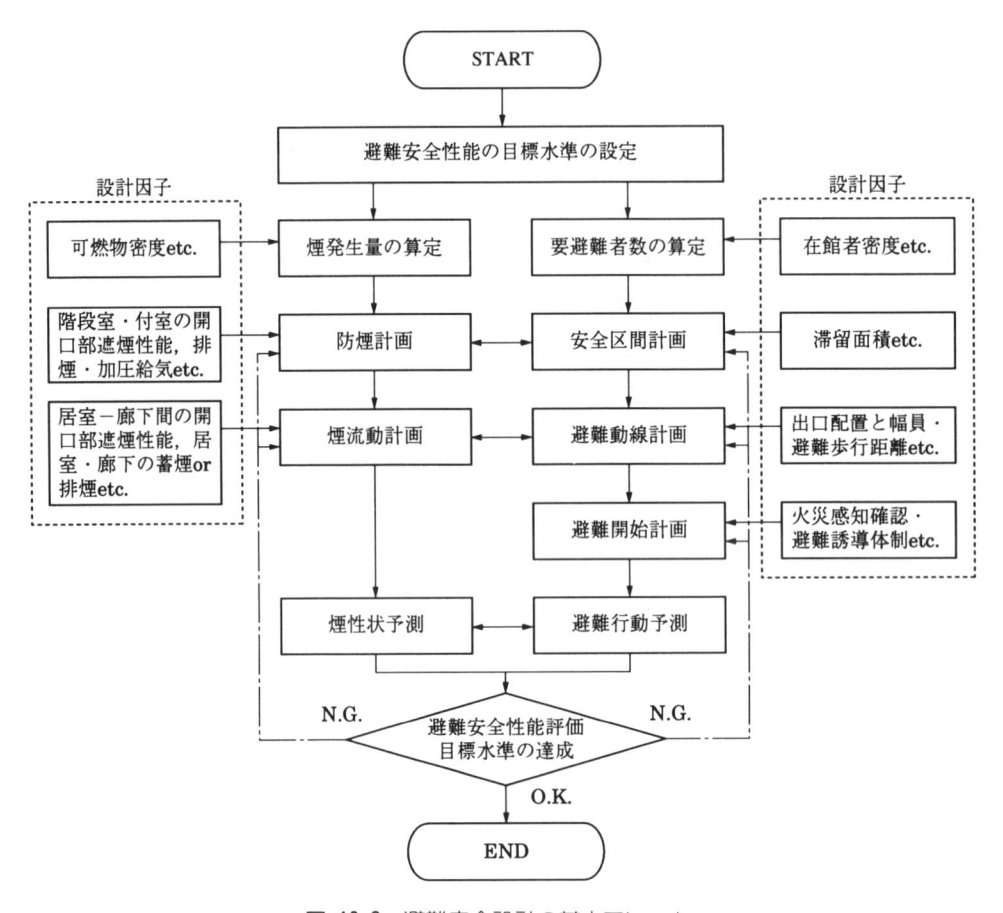

図 10.8 避難安全設計の基本フレーム

値であり，前節で述べた忍限度などに基づいてその水準が決定される．具体的には，空間上部に形成される煙層の下端が避難に支障をきたす煙層高さ位置 S_{critical} (m)（例えば，人間の身長から算出された値 $H_{\text{lim}}=1.8$ (m)[19]）まで降下しないこと，火炎，煙層，そして火災区画から在館者が受ける輻射熱流束 $I_{\text{in, critical}}$ が 2.0 (kW/m²)[17] 以下であることなどである．

目標水準を決定したのち，それを達成するための各設計因子の値を決める．図 10.8 の左側のフローは在館者に危険を及ぼす煙性状予測，右側のフローは在館者の避難流動予測に関しそれぞれ示している．計画案に対して，これらの予測計算を並行して行い，目標水準が達成されているか否かを評価する．目標水準に満たない場合は計画案の変更などを行い，目標水準に達するまで評価を繰り返し行う．計画案の変更は，避難時間を短縮させる，煙拡散を遅延させる，煙汚染範囲を縮小させる等の様々な手段があり，設計者により多様な空間の実現が可能となる．

10.3.1 避難設計の方法

A. 避難計画

避難計画では，最初に避難者数を設定する必要がある．避難者数は，在館者密度（人/m²）と空間の

表 10.6　避難計算用の在館者密度[19]

居室の種類		在館者密度（人/m²）
住宅の居室		0.06
住宅以外の建築物における寝室	固定ベッドの場合	ベッド数を床面積で除した数値
	その他の場合	0.16
事務室，会議室その他これらに類するもの		0.125
教室		0.7
百貨店または物品販売業を営む店舗	売場の部分	0.5
	売場に附属する通路の部分	0.25
飲食室		0.7
劇場，映画館，演芸場，観覧場，公会堂，集会場その他これらに類する用途に供する室	固定席の場合	座席数を床面積で除した数値
	その他の場合	1.5
展示室その他これに類するもの		0.5

床面積（m²）との積として算出することができる．在館者密度は空間の用途別に実態調査などから得られた統計値（平均値，標準偏差あるいは最大値）がおおむね明らかとなっている[20]．一般的な在館者密度を表 10.6 に示す．

　避難経路は，安全区画を形成するように計画する必要がある．安全区画は，煙が拡散し汚染される空間と在館者が避難時に滞留する空間を隔てるための対策である．火災の発生した階以外の階の在館者は，火災覚知および避難開始が遅れることから直通階段の階段室を区画する．また，就寝用途や平面的に拡がりがあるプランにおいては，各居室を区画し廊下の煙汚染を遅延させることも重要である．次に，火災が発生した際に在館者がどの経路を通って安全な場所に避難するのかを決定する．10.2.2 節で述べた避難行動特性を考慮しながら動線を計画する．できるだけ，日常使用している動線と避難動線が一致することが望ましい．この段階で二方向避難経路の確保に関しても検討する必要がある．また，避難者数に対して安全区画の滞留スペースと，円滑な群衆避難が実行できるために十分な出口幅員を確保する．

　火災が発生した際に，より速やかに在館者に火災を覚知させ，避難を開始させることを計画することも重要である．火災発生後，早期に避難を開始するには，火災感知システムの導入や避難誘導体制の整備を行う．これにより在館者が早期に火災発生の情報を入手できるばかりでなく，的確な情報入手によって安全な避難経路の選択や落ちついた避難行動が期待される．

B. 煙制御計画

　煙性状予測では，まず想定した火災によりどの程度の煙が発生するか予測することから始まる．煙発生量の算定方法は幾つか存在するが，その中で可燃物密度[21][22]から予測する方法などがある．

　火災の初期段階では，煙発生量を算定した結果から火災室と廊下間に設置された扉の遮煙性能や火災室に設けられた排煙設備の能力を考え，廊下への煙伝播を制御する計画が必要となる．火災室が盛

期火災に移行した段階では，火災の温度上昇によって排煙ダクトに設置された防火ダンパーが閉鎖し，居室や廊下での機械的な排煙は機能が失われるため，このような条件下においては全館避難完了まで階段室あるいは階段付室を煙汚染から防ぐ煙制御計画が必要となる．また，逃げ遅れの救助や消火活動等の消防活動を行うための消防活動拠点の安全性確保を考慮した煙制御の計画も必要となる．

10.3.2 避難予測計算

避難予測計算については，出火から避難開始までの避難開始時間，避難開始から避難完了までの避難行動時間に分け，その算定手順および方法を示す．

A. 避難開始時間

出火から避難を開始するまでに要する時間，すなわち避難開始時間の算定方法をまず述べる．ここで避難開始とは，対象とする範囲に存在する在館者すべてが避難を開始することを意味している．

a. 出火室の避難開始時間 任意の室で火災が発生した場合，その出火室の在館者がまず火災を覚知して避難行動を開始するものと考える．出火室の在室者が火災を覚知するまでに要する時間を，火源から発生する煙や臭いが室全体に行き届く時間として，

$$t_{\text{start, room}} = 2\sqrt{A} \quad (\text{s}) \tag{10.1}$$

が提案されている．なお，式 (10.1) において，A は室床面積 (m^2) である．

また，煙の降下時間に着目し，天井高 $H(\text{m})$ の9割まで煙層が降下した状況 (図 10.9) で火災を覚知するという考え方もある．この場合，火源の発熱速度 $Q = Q_0 t^n (\text{kW})$ とし以下の式が提案されている[23]．

$$t_{\text{start, room}} = \left(\frac{(0.9H + z_0)^{-2/3} - (H + z_0)^{-2/3}}{\{2/(n+3)\}(k/A)Q_0^{1/3}} \right)^{3/(n+3)} \quad (\text{s}) \tag{10.2}$$

z_0 は仮想点熱源位置を表す補正値 (m)（仮想点熱源位置が火源より下方に存在するならば正の符号となる）

k は火災プルームの特性係数 ($\text{kg} \cdot \text{s}^{-1} \cdot \text{kW}^{-1/3} \cdot \text{m}^{-5/3}$) ($= C_m(\rho_\infty^2 g / c_P T_\infty)^{1/3}$) を煙層密度 ρ_s (kg/m^3) で割った値 ($\text{m}^{4/3} \cdot \text{s}^{-1} \cdot \text{kW}^{-1/3}$)

n は時間 $t(\text{s})$ に伴う火災の成長を表す定数（－）（定常燃焼火源ならば $n=0$ となり Q_0 は発熱速度 (kW)，または時間の二乗に比例して燃焼拡大する火源ならば $n=2$ となり Q_0 は火災成長率 (kW/s^2)）

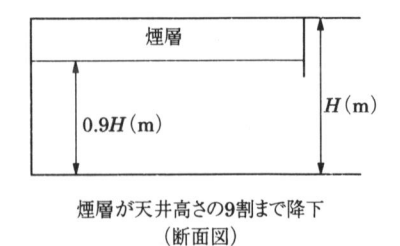

図 10.9 避難を開始する室内の状況

b. 出火階の避難開始時間　階避難では，出火室以外のその階に存在する全在館者が避難を開始するまでの時間である．出火室避難と同様の考えに基づいて，火源から発生する煙ばかりでなく，火災を覚知した在館者が他の在館者に知らせる情報伝達も考慮に入れて次式が提案されている[20]．

$$t_{\text{start, floor}} = 2\sqrt{A_{\text{floor}}} + a \quad (\text{s}) \tag{10.3}$$

なお，式 (10.3) において，A_{floor} は出火階において要避難者が存在するとされるすべての室の床面積の合計 (m^2) であり，a は建築物の用途が共同住宅，ホテル等については $a=300$，その他については $a=180$ が設定されている．また，単純に非出火室は出火室の2倍とする考え方もある[20]．

なお，在館者が避難を開始するまでの過程を細かく分けて避難開始時間 ($t_{\text{start, floor}}$) を算定する方法も提案されている[24]．

$$t_{\text{start, floor}} = t_{\text{detection}} + t_{\text{operation}} + t_{\text{response}} + t_{\text{finding}} + t_{\text{report}} + t_{\text{announce}} \quad (\text{s}) \tag{10.4}$$

ここで，$t_{\text{detection}}$ は感知器が作動する時間，$t_{\text{operation}}$ は感知器作動後に火災警報システムが発報する時間，t_{response} はシステム発報後に防災センター等の管理者が感知器作動の警戒区域に到達する時間，t_{finding} は管理者が警戒区域内で火災を発見する時間，t_{report} は火災発見後防災センター等へ連絡する時間，t_{announce} は防災センター等から避難誘導放送をする時間である．

B. 避難行動時間

避難行動時間とは，避難の開始からすべての在館者が避難を完了するまでの時間である．避難行動時間は，出火室からの避難（居室避難）と出火階からの避難（階避難）に分けて考えられることが多いが，基本的にはその算定方法は以下に示す考え方に基づき，歩行時間と滞留解消時間から算定される．

最大歩行距離 $L(\text{m})$ の避難経路を避難者が歩行速度 $v(\text{m/s})$ で避難するのに要する歩行時間 $t_L(\text{s})$ は，

$$t_L = L/v \quad (\text{s}) \tag{10.5}$$

となり，ここでの歩行速度の代表的な値として表 10.7 に示す値が用いられる．

また，幅 $B(\text{m})$ の出口前に避難者 P（人）が集結，滞留した状態から全員が出口を通過するのに要する時間，すなわち滞留解消時間 $t_B(\text{s})$ は，

$$t_B = \frac{P}{NB} \quad (\text{s}) \tag{10.6}$$

となる．ここで，N は流動係数（人/m・s）と呼ばれる単位時間，単位幅当たりの通過人数である．一般的には流動係数 N は，1.5（人/m・s）を用いる．

これらの算定式が出火室および出火階の避難行動時間を算定する際の基本式となるが，以下にそれらの関連事項を示す．

a. 出火室の避難行動時間　出火室の在館者が火災を覚知して室外へ避難行動を一斉に開始すると想定する．まず，居室内に均一に分布している在館者が避難動線計画で策定した動線に従って居室出口へ向かい到達するまでの歩行時間 $t_{\text{travel}}(\text{s})$ を算定する．この時間は，$l_{\text{max, room}}$ を最大歩行距離 (m)，v を歩行速度 (m/s) として式 (10.7) のように表される．

表 10.7 避難予測計算に用いる歩行速度[19]

建築物または居室の用途	建築物の部分の種類	避難の方向	歩行速度 (m/s)
劇場その他これに類する用途	階段	上り	0.45
		下り	0.6
	客席部分	—	0.5
	階段および客席部分以外の部分	—	1.0
百貨店，展示場その他これらに類する用途または共同住宅，ホテルその他これらに類する用途（病院，診療所および児童福祉施設等を除く）	階段	上り	0.45
		下り	0.6
	階段以外の建築物の部分	—	1.0
学校，事務所その他これらに類する用途	階段	上り	0.58
		下り	0.78
	階段以外の建築物の部分	—	1.3

$$t_{\text{travel}} = l_{\text{max, room}}/v \quad \text{(s)} \tag{10.7}$$

すべての在館者が出口に到達した時点から出口から避難流出が開始されるものとして，その流出に要する滞留解消時間 t_{queue} (s) は，式 (10.8) より求められる．

$$t_{\text{queue}} = \frac{P_{\text{room}}}{NB} \quad \text{(s)} \tag{10.8}$$

なお，P_{room} は在館者数（人）であり，在館者密度 p（人/m²）と室床面積 A_{room} (m²) との積として求める．

避難行動時間 $t_{\text{move, room}}$ (s) は，これらの和であるので，式 (10.9) となる[19]．

$$t_{\text{move, room}} = t_{\text{travel}} + t_{\text{queue}} = \frac{l_{\text{max, room}}}{v} + \frac{P_{\text{room}}}{NB} \quad \text{(s)} \tag{10.9}$$

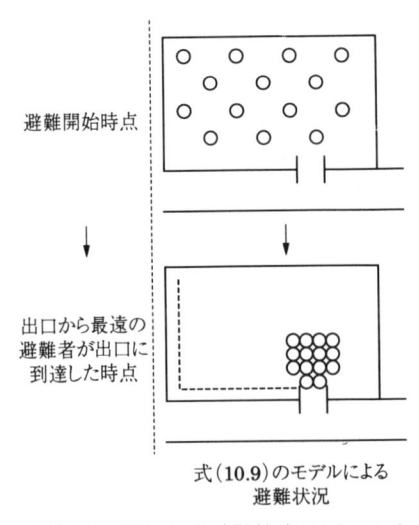

図 10.10 避難行動時間算定モデルの違い

b. 出火階の避難行動時間　　出火階の避難行動時間とは，避難の開始から全在館者が階段室に避難を完了するまでの時間である．あらかじめ設定された各居室からの避難経路に従った避難流動に基づいて時間を算定する．出火階の避難行動時間の計算では，各居室からの避難群衆の移動および扉開口部での流動を，図 10.11 のようにグラフ解法を用いて算定する方法がある．

しかし，出火階の各居室から階段室への到達の時間差が，避難行動時間を算定するための避難流動予測を煩雑にする場合が多いことから，その点を簡略化し階段室までの最大歩行時間と避難経路上の最大滞留解消時間との和から算定する方法も提案されている[25]．居室出口ではその居室の避難者数を，階段室への出口ではその階段室を避難に使用する全空間の避難者数の合計を最大滞留人数として解消時間を計算する．この方法によれば，避難計画上，居室から遠い位置に階段室を配置することを，より厳しく制限することになる．この考え方に基づく階避難における避難行動時間 $t_{\text{move, floor}}$ (s) の算定式は式 (10.10) のように表される．右辺第一項が階避難対象エリアの各部分から出火階想定避難場所までの最大歩行時間，右辺第二項が避難経路上の最小幅員出口での滞留解消時間を表している．

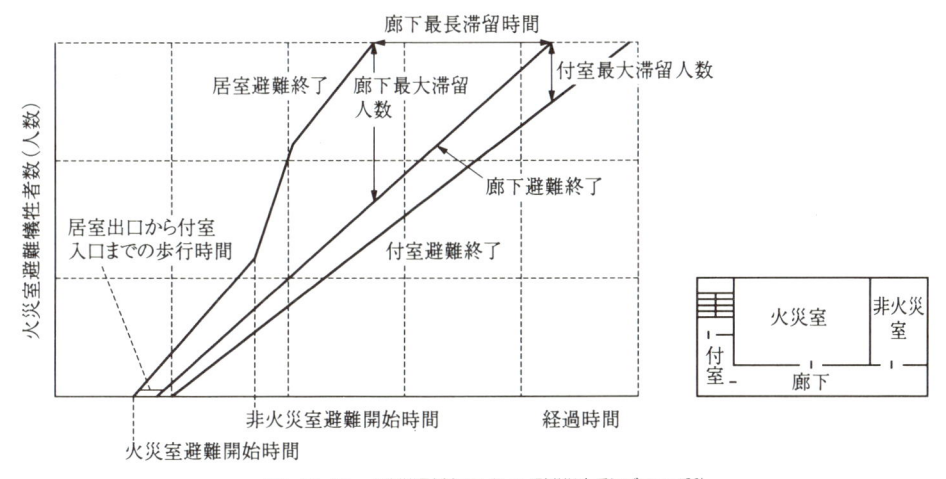

図 10.11　避難計算による避難流動グラフ[26]

$$t_{\text{move, floor}} = \frac{l_{\text{max, floor}}}{v} + \frac{P_{\text{floor}}}{NB_{\text{min}}} \quad (\text{s}) \qquad (10.10)$$

$l_{\text{max, floor}}$ は階避難対象エリアの各部から出火階の想定避難場所（通常階段室，場合によっては階段付室）までの最大歩行距離 (m)，

P_{floor} は出火階の想定避難場所への出口を使用する要避難者数（人）（$P_{\text{floor}} = \sum P_{\text{room}} = \sum p A_{\text{room}}$），

B_{min} は避難経路上において最小幅員の出口幅 (m)

ここで示した避難予測計算の方法は，実務性などを考慮し手計算レベルで簡易に予測が可能となるように提案されたものがほとんどであるが，より精緻な計算を行う場合には，コンピュータプログラムを用いた避難シミュレーションを行う[27, 28]．

10.4 用途ごとに見る避難設計の留意点

ここでは，建築物の用途ごとに避難設計を行う上での留意点について述べる．

10.4.1 事務所
A. 在館者の特性

事務所ビルは，所有形態と利用形態から，自社の使用のための自社ビル，賃貸を主たる目的とするテナントビルに分類できる．在館者は，自社ビル，テナントビルの両方とも，主にその建築物の従業員である成人の男女の特定者（日常的にその建物を使用している人）である場合が多い．特に自社ビルでは，非常時の役割なども明確にされていることも多く，避難訓練の有効性も高い．また，使用時間帯も就寝を伴わないため，避難上は他の用途の建築物と比較して有利である．しかし，近年，身体障害者のオフィスへの参加も活発になってきており，避難弱者が存在することも忘れてはならない．

B. 避難設計の留意点

階段，エレベータ，設備等のコアの配置は，建築物の規模，利用形態等により異なるが，執務空間をできる限り大きくとるために効率良く計画することになる．コアの階段配置を決める際には，法規に定められる歩行距離や重複距離の制限を受けることとなるが，センターコアや片コアはできる限り階段を離して計画する．両端コアは独立した避難経路により，同時に火煙に汚染されることが少ないという利点がある．また，小規模の計画の場合，廊下を設けずに居室から直接階段に接続することが

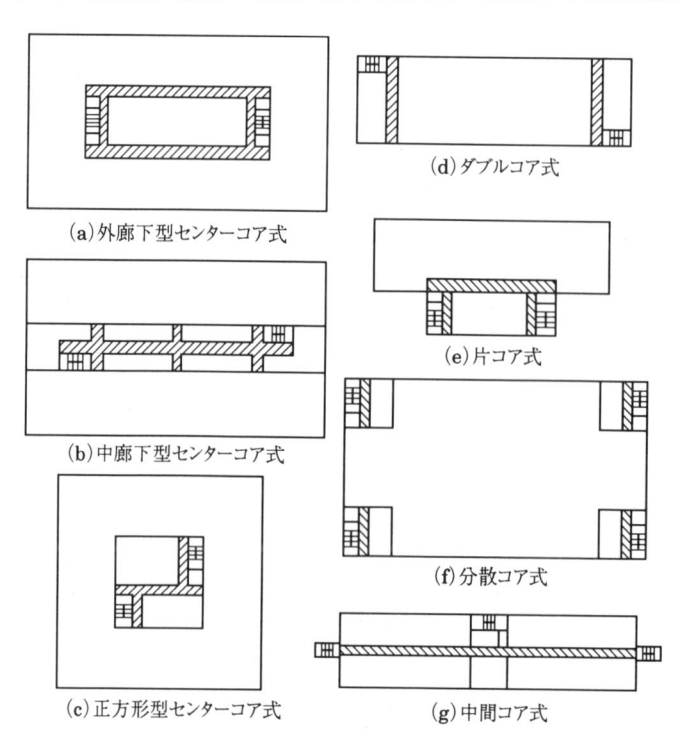

(a) 外廊下型センターコア式
(b) 中廊下型センターコア式
(c) 正方形型センターコア式
(d) ダブルコア式
(e) 片コア式
(f) 分散コア式
(g) 中間コア式

図 10.12　高層ビルのコアの配置[29]

多いが，煙が階段に侵入しやすい危険性があるので避ける．

　高層事務所ビルでは，垂直方向の移動をほとんどエレベータに頼るので，階段をトイレやリフレッシュコーナー等の日常的に使用が期待される空間の近くに配置し，避難経路の認識を高める．また，外部に面した開口部を有する廊下の突き当たりに階段入口を設置する等，避難行動特性との対応を図った配置計画とする．さらに，車椅子を移動手段とする身体の不自由な人を，近年のオフィスで見受けることはめずらしくないので，車椅子が一時的に滞留可能なスペースを付室に設ける等の対策も重要である．

10.4.2　大規模物販店舗
A．在館者の特性
　物販店舗の在館者は，不特定者である買い物客と，特定者である従業員とに分けられる．事務所用途と比較して様々な特性を持つ人が利用するという特徴がある．特に，火災時には避難上弱者となりやすい子供や高齢者等が多い．また，歳末やバーゲンセール等のときは在館者の密度が著しく高くなる．

　従業員の特性としては，売り場では正社員のほかパートやアルバイト，さらに商品によってはメーカーから派遣で来ている人まで多種多様である．また，売り場以外の部分でも，事務職員から商品搬入関係者，警備員，清掃員，建物自体の維持・管理者などの様々な職種の人々がいる．さらに，営業時間以外には，店内改装の作業員等が多く存在する場合もある．基本的には火災時の消火活動や避難誘導は正社員が行い，その他の従業員にはそれらの対応を期待しなくても成立する計画とする．

B．避難設計の留意点
　避難設計では，建物に不慣れで様々な特性を持つ客を，いかに安全に避難させるかが課題となる．従業員のうち少なくとも正社員に対しては，非常時に対応可能な知識を定期的な訓練によって習得させ，効率的な避難誘導が行えるように普段からその体制を整えなければならない．

　避難経路となる階段は，平面的にできるだけ分散させてバランスよく配置する．また，多くの避難者が速やかに無理なく通行可能なように十分な階段幅と階段への出口幅を確保する．物販店舗の売り場に直接面する形で階段が設置され，階段部分と売り場部分とを防火シャッターで区画する計画が少なくないが，このシャッター部分は避難経路として利用できないため，階段への出口幅が不足することになる．避難階においては，階段から売り場部分を通過せずに直接外部に避難できる構造とする．各階の売り場面積が大規模な場合は，平面を大きく2つの区画に分割し，隣接区画へ水平に一時避難する計画も有効である．

　最近の傾向として，同じ物販店舗の中でも物販部門の営業時間と異なり，深夜まで営業する飲食店舗やシネマ・コンプレックスと呼ばれる映画館が併設される形態が増えてきた．これら用途が複合している場合は，それぞれの用途ごとに避難計画が完結するように計画することを原則とする．

10.4.3 病院

A. 在館者の特性

病院は，患者（入院，外来，救急），職員（医師，看護婦，事務員等），来訪者（見舞客，付き添い，出入り業者等）など多様な在館者が想定される．特に患者は乳幼児から老人に至るまであらゆる年齢層を含み，防災計画上の対応も単純ではない．特に重症患者は自力歩行が困難であるため，特別な対策を必要とする．

入院患者の避難行動を移動能力から区分すると，独歩（独立で移動できる人）1/2，護送（移動に付き添いが必要な人）1/4，担送（担架による移動）1/4の割合が一般といわれている．ただし，外科系の看護単位では60％が護送または担送の患者であるという例もあり，病棟の性格によってその比率は大きく異なる．なお，独歩といっても車椅子使用者や杖使用者がいることに注意する必要がある．これらの患者は介護者が付き添っても階段を使うことは非常に難しい．

B. 避難設計の留意点

病棟においては自力で歩行し階段によって避難できる人はごく少数で，多くの人は何らかの介助が必要となる．また，深夜には各看護単位（一つの看護婦チームが担当する患者グループのまとまり）の看護婦や看護士が少ないため，患者全員を避難させるためには長い時間を必要する．したがって，病棟では水平避難方式やバルコニー避難方式などを検討する．

水平避難方式とは，一つの階を複数のゾーン（防火区画や防煙区画）に区画しておき，あるゾーンに危険が生じた場合には，他のゾーンに水平に移動することによって安全を確保する方法である．バルコニー避難方式は患者をまずバルコニーに誘導し，そこから順に階段やスロープなどの避難施設に誘導する方法である．

また，日常利用のエレベータを非常用エレベータと同等の構造とすることによって安全性を高め，救助用のエレベータとして利用する新しい試みも実施されている．

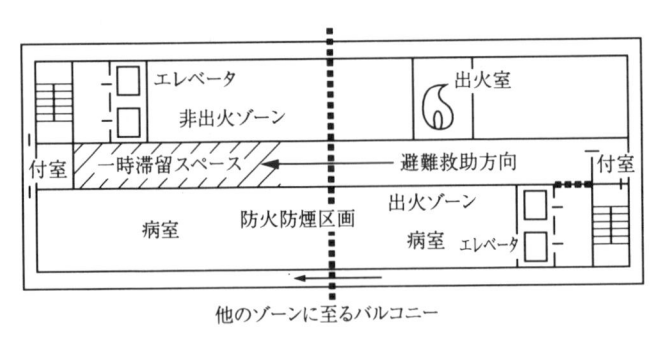

図 10.13 病院の水平避難方式[20,30]

10.4.4 宿泊施設

A. 在館者の特性

宿泊施設の在館者は，宿泊客，宴会場・飲食施設・娯楽施設等を利用する宿泊客以外の利用客，従

業員の3つに分けられる.特に,夜間は就寝状態となるため,火災の発見や避難開始が遅れる傾向がある.また,宿泊客の中には健常者だけではなく,高齢者,身体障害者や泥酔者等の避難弱者が含まれる可能性も少なくない.

B. 避難設計の留意点

基本的には,宿泊客が階段の位置を認識していないことが多いので,どこで煙が発生しても避難できるように,客室から二方向に直通階段を配置する.また,廊下を何度も曲がらないと階段にたどりつけないプランは避けなければならない.やむを得ず行き止まり廊下となる場合は,避難タラップ付きのバルコニーを設ける等の対策を行う.しかし,高齢者などの避難弱者の存在を考えると,避難タラップは最後の手段として考えるべきである.

宴会場・飲食施設等のパブリック部門では,不特定多数の在館者が飲酒を伴う飲食,集会等を行うため,避難計画には特別な配慮が必要になる.二方向避難や十分な容量の避難経路を確保することに加え,避難経路をわかりやすい配置とし,避難経路に家具などの障害物を置かないような管理面での対策が必要である.また,展示物等の可燃物を会場内に持ち込む場合は,防火管理や避難誘導の体制を整えておくことが重要である.

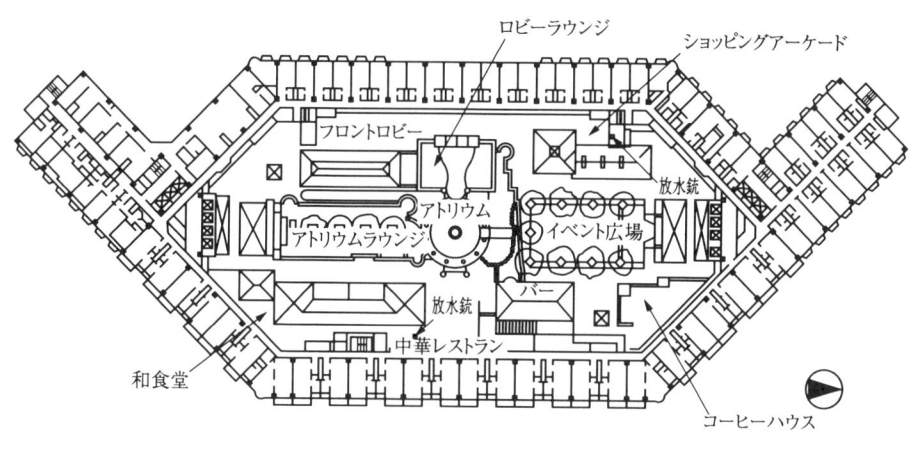

図 10.14 アトリウムのあるホテル[26]

10.4.5 共同住宅

A. 在館者の特性

共同住宅の在館者は,その建築物に居住することで特定できるが,高齢者や乳幼児の避難弱者が多く含まれる.また,就寝を伴うため,火災の発見や避難開始が遅れる傾向がある.さらに,調理や暖房などのために火気を使用するので出火危険性が高い.

B. 避難設計の留意点

多くの共同住宅では,住戸ごとに防火区画されているため,隣接する住戸への延焼を防止する上では有利であるが,反面,他の住戸で発生した火災を覚知しにくいことから避難開始が遅くなりやすい問題がある.

共同住宅では，廊下側に給湯器，ガス配管等のシャフトスペースを配置することが多く，廊下の安全を確保することが重要となる．また，住戸からの二方向避難を考えると，住戸の窓側に避難上有効なバルコニーを設置することが望ましい．しかし，1996年の広島基町の共同住宅火災でみられたように，バルコニーに置かれた可燃物は上階延焼媒体になる危険性を持っており，さらに避難上の障害にもなりうるので適切に維持管理する必要がある．なお，避難タラップ等は避難弱者には使用できないこともあるので，バルコニーを全周にまわし，階段に接続することが望ましい．

高層住宅では，構造上の制約や風害への配慮から，中廊下やボイド等を取り囲む形で住戸が配置されるものが多い．このような場合，廊下の気密性が高い，あるいは強風の影響で煙が排出されにくいという問題が起こりやすい．また，タラップ経由の避難は風の影響や心理的なストレスから躊躇されることも多く，在館者が速やかに避難するためには，廊下の安全性を高めることが大切である．廊下や階段等に漏煙しないようにするためには，住戸と廊下の間の防火戸および特別避難階段付室等の防火戸の閉鎖が確実に行われるような機構とすることや，ボイド空間への十分な大きさの給気ルートの確保，加圧防排煙を行う等の対策が重要である．

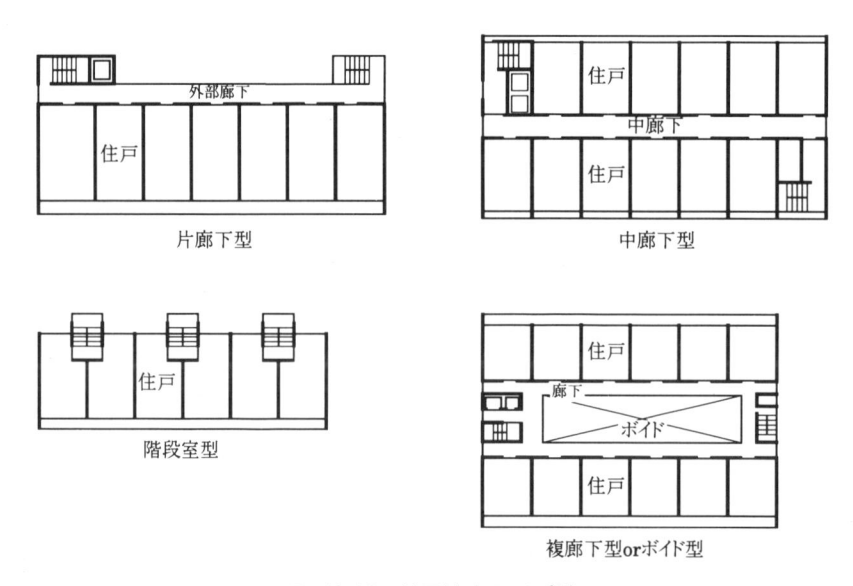

図 10.15 共同住宅タイプ[26]

10.4.6 集会施設
A. 患者の特性
集会施設の在館者は，観客，出演者，裏方，従業員等で構成される．不特定者である観客が多数，高密度の状態で利用していることが特徴である．また，出演者は必ずしもその施設をよく知った者とは限らないので，観客と同様に避難誘導を行う必要がある．

B. 避難設計の留意点
楽屋周りは複雑な形状になりやすいので，袋小路や迷路状の部分をつくらないように計画する．一

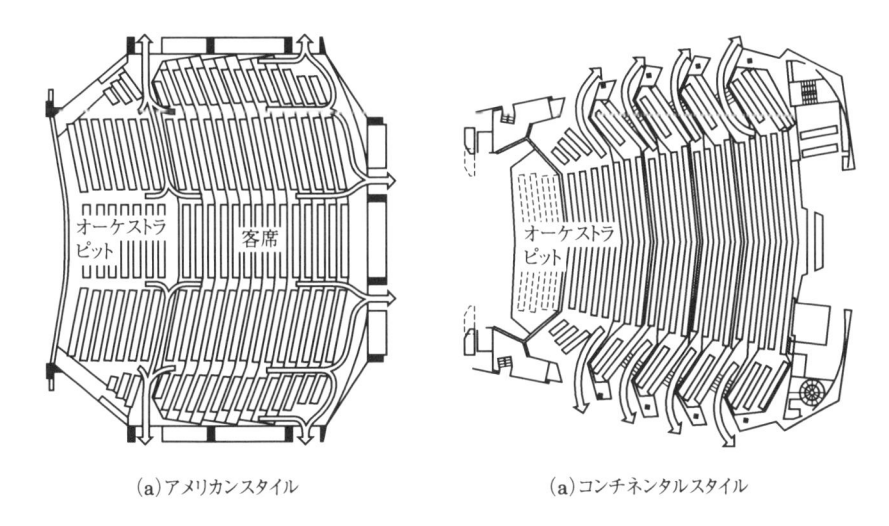

(a)アメリカンスタイル　　　　　　　　(a)コンチネンタルスタイル

図 10.16　劇場の避難経路[31]

方，劇場等の客席は見通しの良い空間であるので，客席内で火災が発生した場合は，在館者は火災の発見を比較的早く行える．しかし，客席部分の避難通路は座席によって限定されており，通路面は勾配や段であることから，避難上問題が生じやすい．また，無窓で開口部が少ない空間であることから非常時に停電した場合に，パニックを引き起こす恐れもある．出入口扉を通路の突き当たりに設置する，出入口扉を避難方向に開くようにする，避難経路上にネックをつくらない等の対策が重要である．避難階ではない階に客席がある場合は，十分な広さのロビーを確保し，在館者がスムーズに流れるような階段の配置とする．客席が多層階にある場合には，屋外デッキを設けることにより階段への避難者の集中を避けている例もある．

問　題

10.1 図 A は，高層オフィスビルの基準階平面図である．基準階には事務室が 2 室，避難階段が 2 箇所に配置されている．そこで，事務室 2 で火災が発生したものとして，下表を参考にしながら以下の設問に答えよ．

計算条件

	床面積 A_{room} (m^2)	居室扉までの最大歩行距離 l_{room} (m)	階段までの最大歩行距離 l_{floor} (m)
事務室 1	900	30	52
事務室 2	400	26	39

設問 1　事務室 1 および 2 における避難者数を求めよ．ただし，事務室の在館者密度は 0.125（人/m^2）とする．
設問 2　出火室の避難開始時間を求めよ．
設問 3　出火階の避難開始時間を求めよ．ただし，出火階の床面積 A_{floor} は 1600 m^2 とする．
設問 4　出火室の避難行動時間を求めよ．ただし，在館者の歩行速度 v は 1.3（m/s），流動係数 N は 1.5（人/m・s）とする．
設問 5　出火階の避難行動時間を求めよ．ただし，事務室 1 の在館者は，階段 1 のみを使用し，事務室 2 の在館者

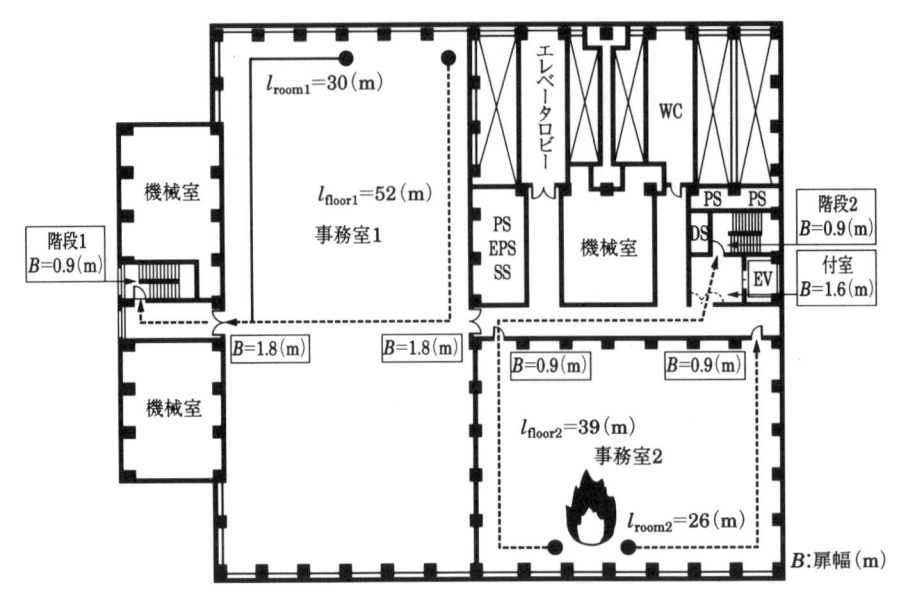

図 A 基準階平面図

は，階段2のみを使用するものとする．

設問6　出火室からの避難完了時間および出火階からの避難完了時間を求めよ．

文　献

1) 吉村英祐：目標計画法による避難施設配置の有効性の定量的評価方法について，建物内における避難施設配置に関する研究その2，日本建築学会計画系論文報告集，第403号（1989）
2) 野竹宏彰，海老原学，矢代嘉郎：避難距離期待値を用いた避難経路の明解性の評価に関する研究，清水建設研究報告，第64号（1996）
3) 萩原一郎，田中哮義：避難安全規定の国際比較，日本建築学会計画系論文集，第470号，pp. 1-10（1995）
4) 室崎益輝，大西一嘉，中出聡：火災覚知過程および避難開始時間に関する研究（その1，2），日本建築学会学術講演梗概集（1986）
5) 建設省南砂町高層共同住宅調査委員会：南砂町高層共同住宅火災調査報告書（1990）
6) 海老原学，池畠由華：「避難開始時間に関する既往研究のレビュー」，関沢愛：長崎屋尼崎店火災における火災概要と避難行動について」，火災時の人間行動と避難安全性能評価，シンポジウム資料，pp. 4-31（2000．2）
7) 大宮喜文，水野雅之，中野美奈：「ホテル火災時における従業員の対応行動に関するアンケート調査」，日本建築学会技術報告集，第10号，pp. 125-128（2000）
8) 水野雅之，大宮喜文，若松孝旺：「ホテル火災における在館者の避難行動－ホテル従業員に対するヒアリング調査－」，日本建築学会技術報告集，第10号，pp. 129-134（2000）
9) 小林正美，堀内三郎：オフィスビルにおける火災時の人間行動の分析，その1，2，日本建築学会論文報告集（1979）
10) 高橋清ほか：最新耐震・防火ハンドブック，p. 727，建設産業調査会（1991）
11) 久保田勝明，室崎益輝：ストレスを加えた防災訓練時の生理的指標と心理的指標の関係，日本建築学会計画系論文集，第536号，pp. 1-6（2000）
12) 神忠久：煙の中での心理的動揺度について，日本火災学会論文集，Vol. 30, No. 1, pp. 1-6（1980）
13) 神忠久：煙中の見透し距離について（I～IV），日本火災学会論文集（1969～1973）

14) 岡田光正, 吉田勝行, 柏原士郎, 辻正矩：建築と都市の人間工学, 鹿島出版会 (1972)
15) Webber, G. M. B.：Emergence Lighting Recommendations, National Lighting Conference (1984)
16) 神忠久：火災誌, Vol. 25, No. 2 (1975)
17) 長谷見雄二, 重川希志依：火災時における人間の耐放射限界について, 日本火災学会論文集, 第 291 号 (1981)
18) 東京消防庁：消防科学研究所報, 第 31 号, pp. 131 - 136, 東京消防庁 (1994)
19) 建設省：平成 12 年施行建設省告示 (2000)
20) 日本建築センター：新・防災計画指針－建築物の防火・避難計画の解説書－, p. 131, 日本建築センター (1995)
21) 日本鋼構造協会：学校建築可燃物量実態調査報告書 (1975)
22) manu 都市建築研究所：建築物内の可燃物量に関する実態調査 (1983)
23) 田中哮義：建築火災安全工学入門, p. 254, 日本建築センター (1993)
24) Harada, K. et al.：Fire Safety Design of Commercial Complex (Japan's Case Study) Project report, Third International Conference on Performance-Based Codes and Fire Safety Design Methods, pp. 15 - 17, Lund, Sweden (2000)
25) 水野雅之, 萩原一郎：実務的避難計算手法の開発その 1, 2, 日本火災学会研究発表会梗概集, pp. 244 - 251 (1998)
26) 日本火災学会編：火災便覧第 3 版, 共立出版 (1997)
27) 田中哮義, 高橋清：建物火災時の避難性状予測モデル, 建築研究報告, No. 119, 建設省建築研究所 (1981)
28) 海老原学, 掛川秀史：オブジェクト指向に基づく避難・介助行動シミュレーションモデル, 日本建築学会計画系論文報告集, 第 467 号 (1995)
29) 吉田克之：新建築学大系, 建築安全論 12, 彰国社 (1989)
30) 矢代嘉郎：病院防災計画の考え方, 病院設備, Vol. 36, No. 5 (1994)
31) 日本建築学会編：新・建築設計資料修集成 10, 技術, p. 15 (1983)

11章 耐火設計

11.1 耐火設計の考え方

　建築物内に発生した火災または外からの貰い火によって全館が丸焼けになることを防ぐため，建築物の内部は耐火性のある床・壁・防火戸などの区画部材により区画されている．区画することにより火災を封じ込め，避難活動や消防戦闘をやりやすくする．ひいては，財産を保全し，建築物の再使用を容易にする．建物内火災の延焼拡大を防止することが耐火設計の出発点である．

　区画部材の耐火性能は加熱試験によって多くの場合は確認される．これらを支える柱・梁部材に関しては設計手法も整備されてきた．ここではこれらの架構部材の耐火設計について述べる．

　架構部材が火災時に加熱を受けると部材温度が上昇し，部材の熱膨張による熱応力や構成材料の劣化による耐力低下が生じる．発生した火災の激しさや架構に作用する荷重・架構条件によっては，区画部材を支える架構部材が破壊や倒壊に至ることがある．架構部材の倒壊が生じると避難や消防活動が危険にさらされる他，周辺の建築物にも危害を及ぼす可能性がある．

　建築物の防火区画を支える架構部材の倒壊を防止する耐火設計の手順を図11.1に示す．まず，建築物の構造部材が火災時に保持すべき耐火性能の安全係数を設定する．安全係数は，建築物の用途や建設される地域または建築物に施される防火対策などに基づいて設定される．この安全係数を火災荷重に乗じることにより，設計火災時間が決定される．

　次に建築物内に存在している火災荷重と防火区画の形状寸法・仕様等に基づいて火災性状が予測される．一般に耐火設計で対象とする火災はフラッシュオーバー以降の盛期火災であるが，可燃物の量や配置・空間条件によってはフラッシュオーバーに至らず，局所的な火災となることもある．また，外壁の外側に架構部材を露出した建築物では外壁の開口部から噴出する火災や近隣火災により架構部材が加熱を受けるため，これらについて予測する必要がある．

　部材温度予測では上記の火災性状予測で求められた火災温度－時間曲線やプルーム温度を加熱条件とし，架構部材の断面寸法と構成材料の熱定数等に基づいて，部材温度－時間曲線や部材の最高到達温度を算定する．

　架構条件や部材の断面寸法・構成材料の高温時の力学的性質や作用荷重等に基づいて，上記部材温度のもとでの架構または部材の熱応力変形性状を予測する．

　最後に，別に定められた耐火性能評価基準に基づいて，架構や架構部材に破壊や倒壊が生じないか否かを判定する．評価基準を満足しない場合には，耐火被覆や部材の仕様を変更するなどして，再度，火災性状予測以降の解析を進め，評価基準を満足するまで作業が繰り返される．

　以下に火災荷重・火災性状・部材温度・熱応力性状の概要について述べる．

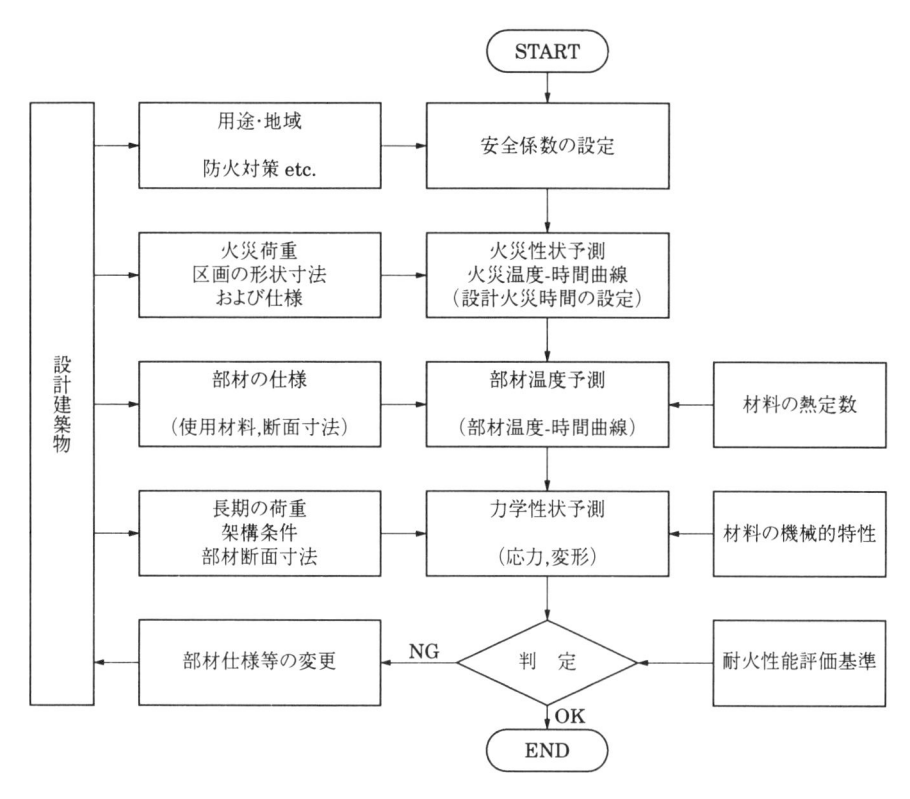

図 11.1 耐火設計の手順[1]

11.2 火災荷重

　建築物の火災において，火災の温度とその継続時間を支配する最大の要因は，その建築物内に含まれる可燃物の量と開口部の大きさである．可燃物の量を火災室の床面積で除して火災荷重と呼んでいる．したがって，建築物の耐火設計を行うにあたっては，設計する建築物内の可燃物の量を適確に把握することが必要である．

　建築物内の可燃物は，大きく分けると固定可燃物と積載可燃物の2つになる．固定可燃物は床・壁・天井の下地と内装材料および建具・造りつけ家具などの建築時に持ち込む可燃物であり，一方，積載可燃物は家具・書籍・衣類・寝具などの建築後に持ち込む可燃物である．

　これらの可燃物には多種類の材料があり，燃焼時の発熱量も材質によってそれぞれ異なる．この発熱量を同発熱量の木材重量に換算した値を等価可燃物量といい，耐火設計を行う場合は，この等価可燃物量を用いると便利である．

　固定可燃物は建築物を設計する段階で決めることができるため，構造計算を行う場合の固定荷重の評価と同様に容易であり，かつ正確に求めることが可能である．表11.1にわが国における事務所建築の固定可燃物量調査例を示す．

　積載可燃物量は，可燃物が収納されている家具の材質と収納量（密度）によって，火災時における

燃焼率が異なってくる．表 11.2 はスチールキャビネット内の書籍の燃焼率が火災継続時間によって異なることを示したものである．表 11.3 は収納容器の違いによる燃焼率の違いと，収納量（密度）の違いによる燃焼率を示したものである．

このように，積載可燃物量の評価は困難で，まだ正確に把握されていない．しかし，近年，生活様式の著しい変化と，スチール家具の普及によって，特に事務所建築などでは積載可燃物量は大幅に減

表 11.1 事務所建築の固定可燃物量[2]

建築名称	可燃物量 (kg/m²)	建築名称	可燃物量 (kg/m²)
A	19.0	G	13.0
B	15.5	H	16.5
C	19.0	I	24.0
D	15.0	J	23.0
E	25.5	K	14.0
F	20.0	L	14.2

表 11.2 スチールキャビネット内の収納書類の燃焼率[3]

火災継続時間（分）	燃焼率（％）
15	10
30	20
60	40
90	60
120	80

表 11.3 燃焼率[4]（％）

収納容器	収納量		
	1/2 以下	1/2〜3/4	3/4 以上
スチール棚	60	50	25
スチール机 スチールキャビネット	40	20	10
耐火庫	0	0	0

少しているものと思われる．表 11.4 はわが国における室内可燃物の実測値である．

次式に示す等価可燃物量の値を火災荷重と呼び，火災性状を論ずる場合の基本的な要素となる．

$$q = \frac{\sum G_i H_i}{H_0 A} = \frac{\sum Q_i}{18.9 A}$$

ここで，q は火災荷重（kg/m²），G_i は可燃物の重量（kg），H_i は可燃物の単位発熱量（MJ/kg），H_0 は木材の単位発熱量（MJ/kg），A は火災区画の床面積（m²），$\sum Q_i$ は火災区画内可燃物の全発熱量（MJ）$=(\sum G_i H_i)$ である．

11.2 火災荷重

表 11.4 用途別積載可燃物量[5]

建物用途	室用途	積載可燃物量(kg/m²)			調査数	
		範囲	平均値	標準偏差	棟数	室数
事務所	事務系事務室	14.4〜34.9 (14.4〜54.2)	25.7 (30.1)	6.5 (11.3)	7 (8)	8 (10)
	技術系事務室	30.8〜42.4	35.6	5.0	5	6
	行政事務室	68.3〜78.6	74.9	4.2	1	5
	設計室	44.5〜61.4	55.4	6.6	4	5
	打合せ室 会議室 応接室 役員室等	2.5〜15.5	7.8	4.6	6	13
	資料室 図書室	66.8〜185.8	115.8	38.3	7	10
	倉庫	209.5〜369.0	285.2	80.1	2	3
	ロビー	4.2〜19.4	12.3	6.6	4	4
ホテル	客室	7.9〜13.3	10.5	1.5	2	15
	宴会室	2.9〜6.8	4.4	1.5	1	6
	ロビー		2.8		1	1
体育館	球技場		0.2		1	1
	柔道場		4.8		1	1
	器具庫	13.0〜42.3	26.8	14.7	1	3
	更衣室	1.8〜3.3	2.6		1	2
	玄関ホール		5.8		1	1
	クラブ室	6.2〜10.0	8.8	1.5	1	4
劇場	大道具製作室		43.6		1	1
	大道具倉庫	56.9〜75.3	66.1		1	2
	奈落		10.2		1	1
	舞台		4.5		1	1
	舞台袖	20.6〜21.1	20.9		1	2
倉庫	紙倉庫	844.6〜1,261.0	1,061.4	142.6	1	6
デパート	売場	9.3〜31.0	19.2	8.6	1	6

注) ( ) 内は,広報関係の2室を含めたときの値

11.3 火災温度と火災継続時間

防火区画内の火災の進展は，図 11.2 に示すように，成長期・火盛り期・冷却期といった経過をたどる．このような火災を盛期火災と呼ぶ．放火・タバコなどの何らかの原因で発生した火災は，防火区画内の酸素を消費しながら燃焼範囲を徐々に拡大していき（成長期），天井面に溜るガスの温度が 500℃ くらいになると，窓ガラス破損により十分な空気が流入し，生成可燃ガスに着火し，未燃の可燃物が一斉に燃焼し始め，急激に火災温度が上昇するフラッシュオーバーを迎える．その後，時間の経過とともにゆっくりと火災温度は上昇を続ける火盛り期を経て，可燃物が燃え尽きる頃に最高温度に達し，その後に火災温度は急速に低下する冷却期に至る．

耐火設計で考慮すべき火災としては，防火区画内に発生したフラッシュオーバー以降の盛期火災が主なる対象であるが，大空間内の局所火災と窓などの開口部からの噴出火炎ならびに近隣からの火災も対象となる場合もある．ここでは，フラッシュオーバー以降の盛期火災について述べる．

火盛り期の火災温度と火災継続時間を予測する手法は，川越・関根の研究[6]により基本理論が確立されて以来，幾つかの提案がなされている[7〜10]．架構への火熱の影響を論ずる観点からすれば，川越・関根のモデルが実用的であるので，以下にその概要を述べる．

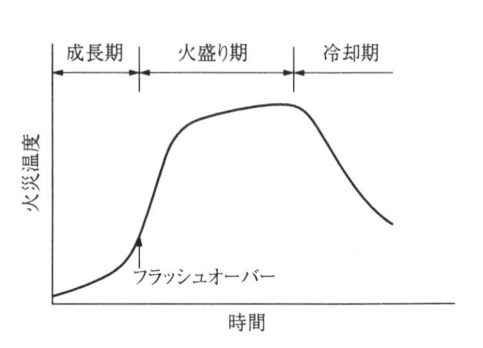

図 11.2 区画内の火災進展

本理論の基本仮定は，防火区画内の火災温度は均一であり，開口部からの流入空気量に支配されるので可燃物の燃焼速度が一定の値を示すことにある．燃焼速度は実験から式 (11.1) のように決定されている．

$$R = (5 \sim 6) A_B \sqrt{H} \tag{11.1}$$

ここで，R は木材換算燃焼速度 (kg/min)，A_B は開口部面積 (m^2)，H は開口部高さ (m) である．

防火区画内での微小時間当たりの熱収支は，式 (11.2) のようになる（図 11.3 参照）．

$$Q_H = Q_W + Q_B + Q_L + Q_R \tag{11.2}$$

ここで，Q_H は防火区画内の発熱量，Q_W は床・壁・天井など周壁への吸収熱量，Q_B は開口部から外へ放射される熱量，Q_L は開口部から噴出する火炎が持ち去る熱量，Q_R は防火区画内ガスの温度を上昇させる熱量である．

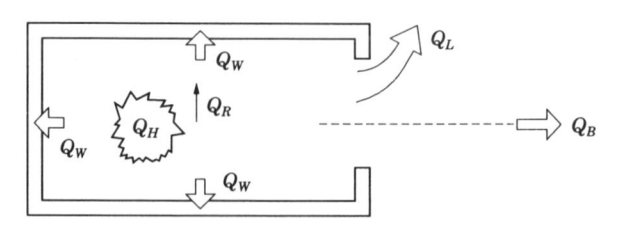

図 11.3 区画内熱収支

防火区画内の熱収支式と壁体内への熱伝導式を組み合わせて，火災温度と周壁加熱面温度を微小時間ごとに逐次求めていくことにより，防火区画内の火災温度と時間の関係を定めることができる．

火災継続時間 t_f は，防火区画内の可燃物量が木材換算で W(kg) ならば，燃焼速度で除した式 (11.3) で求めることができる．

$$t_f = W/R \quad (\text{min}) \tag{11.3}$$

燃焼速度が大きいと，火災継続時間は短くなるが火災温度は高くなり，防火区画内の全表面積が大きいと，周壁への吸収熱量が増して火災温度は低くなる．したがって，要因 $A_B\sqrt{H}/A_T$ (A_B：開口面積，H：開口高さ，A_T：防火区画内の全表面積) は温度因子と呼ばれ，火災温度を支配する重要な因子である．周壁の熱定数を異にする計算例を図 11.4 と図 11.5 に示す．ここで λ は熱伝導率 (kcal/mh℃) であり，C は比熱 (kcal/kg℃)，ρ は密度 (kg/m³) である[†]．このようにして求められた火災温度時間曲線は温度因子によって大きく異なる．この火災温度時間曲線を耐火試験に用いられる標準的な加熱温度曲線と等価にする試みが図 11.6 に示すようになされている．等価にした場合の火災の継続時間を等価火災継続時間と呼ぶ．

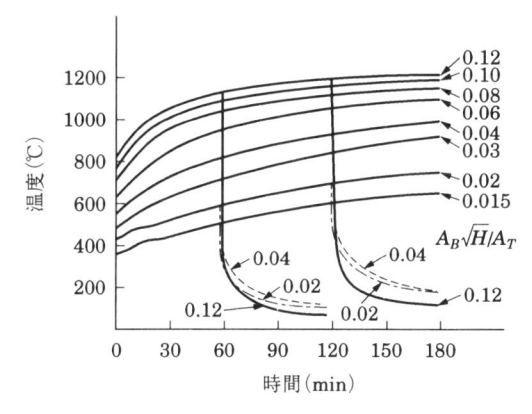

図 11.4 種々の温度因子に基づく火災温度−時間曲線（$\lambda=1.0$, $C=0.3$, $\rho=2400$）

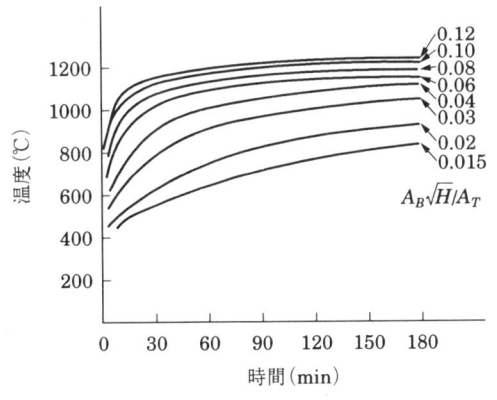

図 11.5 種々の温度因子に基づく火災温度−時間曲線（$\lambda=0.5$, $C=0.24$, $\rho=1700$）

[†] ここで用いる単位は，原文献の単位を踏襲している．

228   11章 耐火設計

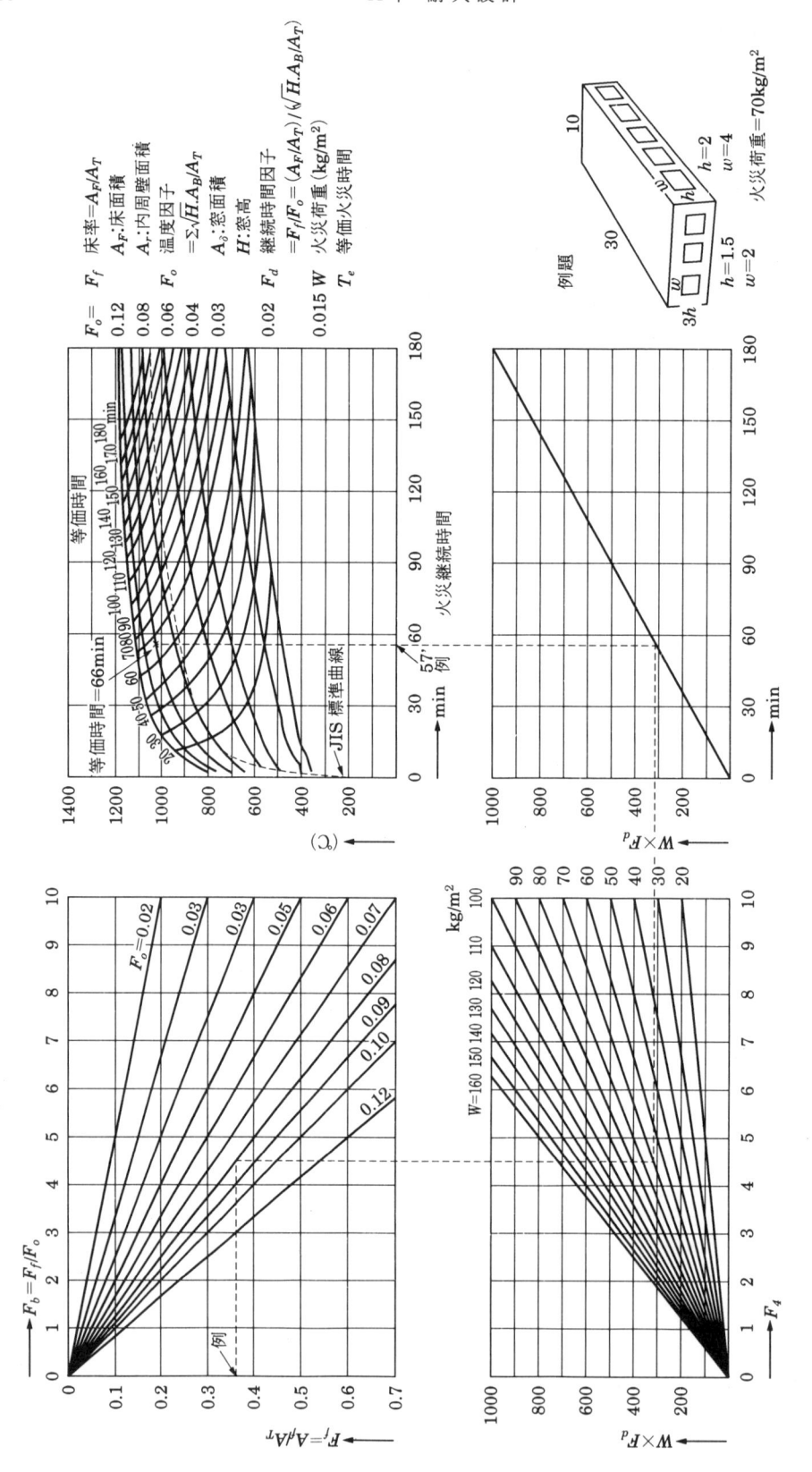

$F_o =$ F_f 床率$=A_F/A_T$
  A_F:床面積
0.12 A_T:内周壁面積
0.08 F_o 温度因子
0.06 $=\Sigma\sqrt{H}\cdot A_B/A_T$
0.04 A_B:窓面積
0.03 H:窓高
0.02 F_d 継続時間因子
      $=F_f/F_o=(A_F/A_T)/(\sqrt{H}\cdot A_B/A_T)$
0.015 W 火災荷重(kg/m²)
      T_e 等価火災時間

例題: $w=1.5$, $h=2$, $w=2$, $h=2$, $w=4$, 3h, 30, 10
火災荷重=70kg/m²

図 11.6 火災温度曲線および等価火災時間算定図表(コンクリート内周壁の場合)[11]
($\lambda=1.0$ kcal/mh°C, $C=0.3$ kcal/kg°C, $\rho=2400$ kg/m³, 含水率=5%, 壁=15cm)

11.4　部材の内部温度[17]

柱・梁などの架構部材の温度は，火災性状予測で求めた火災温度を加熱条件とし，部材の断面寸法と構成材料の熱特性に基づいて熱収支式を解くことにより求められる．

火災から部材への熱の伝わり方としては，対流熱伝達と放射熱伝達があり，部材内の熱の伝わり方としては熱伝導がある．具体的な手法としては，三次元非定常熱伝導解析手法[12,13]や熱伝導とともに水分の移動を考慮した解析手法[14]が提案されている．二次元の熱伝導解析の例としてH形鋼のフランジ部分にコンクリートを充塡した合成梁の解析例を図11.7に示す．このような手法を用いることにより断面内の詳細な温度分布を知ることができる．

上述の詳細な温度解析手法は，鉄筋コンクリート構造や合成構造などの部材に対して多用されるが，鉄骨構造は鋼材の熱伝導率が大きく比較的均一な温度分布が予測されることから，より簡易に計算できる．以下に，鉄骨部材が裸鉄骨と耐火被覆を施されている場合についてその概要を述べる．

① 裸鉄骨部材が周辺から一様に加熱を受ける場合

裸鉄骨部材が火災に巻き込まれる場合や盛期火災に曝された場合などは式（11.4）により鋼材温度を予測することができる．

$$T_S(t+\Delta t) = T_S(t) + \frac{F_S}{C_S \cdot \rho_S \cdot V_S} \{\alpha_f(T_f(t)-T_S(t)) + \varepsilon \cdot \sigma \cdot (T_f(t)^4 - T_S(t)^4)\} \cdot \Delta t \qquad (11.4)$$

ここで，$T_S(t+\Delta t)$ は時間 $(t+\Delta t)$ の鋼材温度，$T_S(t)$ は時間 (t) の鋼材温度，$T_f(t)$ は時間 (t) の火災温度，F_S は部材の単位長さ当たりの表面積，V_S は部材の単位長さ当たりの体積，C_S は部材の比熱，ρ_S は部材の密度，α_f は対流による熱伝達率，ε は火炎と部材の合成放射率，σ はステファン・ボルツマン係数である．

② 耐火被覆が施された鉄骨部材の場合

耐火被覆が施された鉄骨断面を加熱周長に沿って層分割し，図11.8のようにモデル化することにより一次元差分法を用いて鉄骨部材の温度上昇を求めることができる．

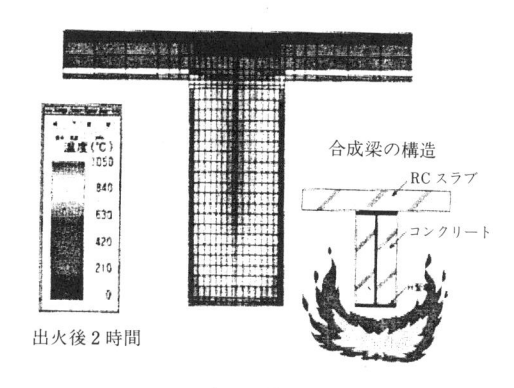

図 11.7　二次元熱伝導解析の例

このような単純化を行うにあたっては，鉄骨断面内の温度分布および耐火被覆材各層の温度が一様であるとの仮定がなされている．したがって，著しく不均一な温度分布が予想される部材に対しては，本法を適用することはできない．例えば，床スラブ付きの鉄骨梁は，温度が比較的均一となることが予想される上フランジ・ウェブ・下フランジの各部材に分割し，それぞれに図11.8のようなモデルを適用することにより改善が図られる[1]．

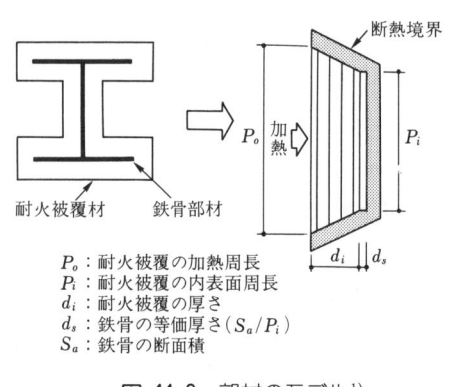

図 11.8 部材のモデル[1]

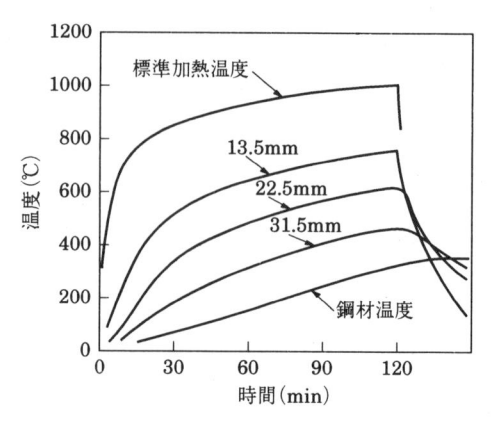

P_o：耐火被覆の加熱周長
P_i：耐火被覆の内表面周長
d_i：耐火被覆の厚さ
d_s：鉄骨の等価厚さ (S_a/P_i)
S_a：鉄骨の断面積

図 11.9 耐火被覆が施された部材の温度算定例[1]

耐火被覆が施された角形鋼管（□-300×300×9）が標準加熱温度曲線に沿って加熱を受けたときの計算例を図 11.9 に示す．耐火被覆材は吹付けロックウールとし，厚さ $d=45$ mm，密度 $\rho=400$ kg/m³，熱伝導率 $\lambda=0.1$ kcal/mh℃，比熱 $C=0.3$ kcal/kg℃，含水率は 0 とした．

各曲線は，加熱表面からの深さ 13.5 mm，22.5 mm，31.5 mm の位置における耐火被覆材の温度と鋼材温度を示している．鋼材温度は 140 分のとき，最高 348℃ に到達している．

11.5 構造材料の高温性状

11.5.1 鋼の力学的性質

構造用鋼材の代表例として，SS400(SS41)・SM490(SM50)・SM570(SM58) の熱間での応力-ひずみ曲線を図 11.10 に示す．

SS400・SM490・SM570 のいずれの場合においても，温度の上昇により，降伏強度（0.2% 耐力）および弾性係数ならびに引張強度等の力学的性質が劣化する．弾性係数と降伏強度の低下率と加熱温度の関係を図 11.11～図 11.12 に示す．構造用鋼材の加熱冷却後の力学的性質を図 11.13 に示す．履歴温度 600℃ くらいまでは耐力回復がみられる．

作用応力の増大に伴い発生する弾性ひずみと塑性ひずみとは異なり，一定応力下でも時間の経過に従ってひずみが発生する．このようなひずみはクリープひずみと一般には呼ばれている．鋼のクリープひずみは，常温においてもわずかに見られるものであるが，温度が高くなると急激に増大する．図 11.14 に示すように，構造用鋼材において，500℃ 前後からのクリープひずみの発生は顕著であり，また，クリープひずみは，温度だけでなく，応力レベルの影響も受けやすい．

11.5 構造材料の高温性状

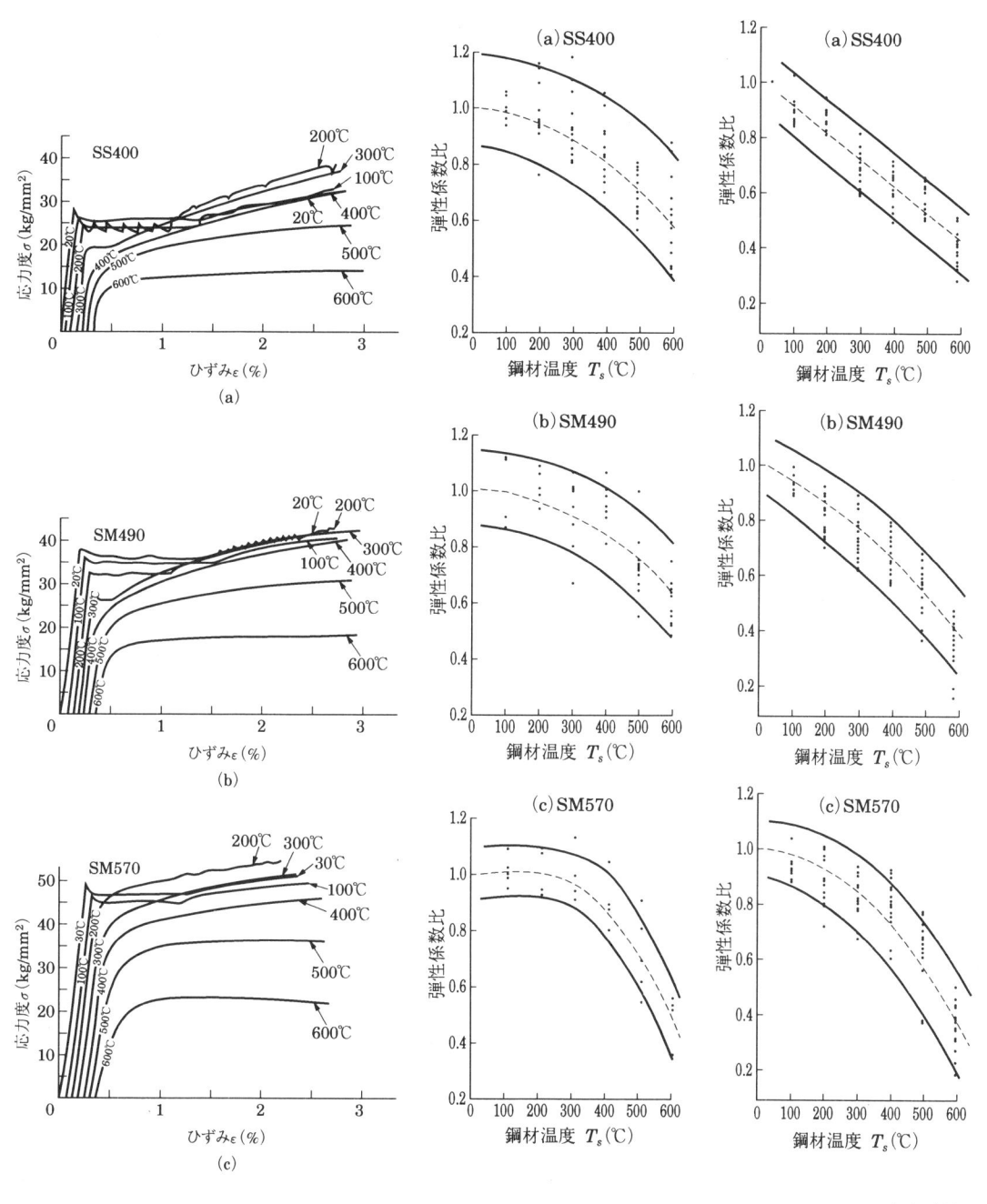

図 11.10 構造用鋼材の高温での応力–ひずみ曲線[15]

図 11.11 鋼材の弾性係数比 (E_T/E_{RT})[5]

図 11.12 鋼材の降伏応力度比 ($\sigma_{y,T}/\sigma_{y,RT}$)[5]

232　　　　　　　　　　　　　　　　　　　11章　耐火設計

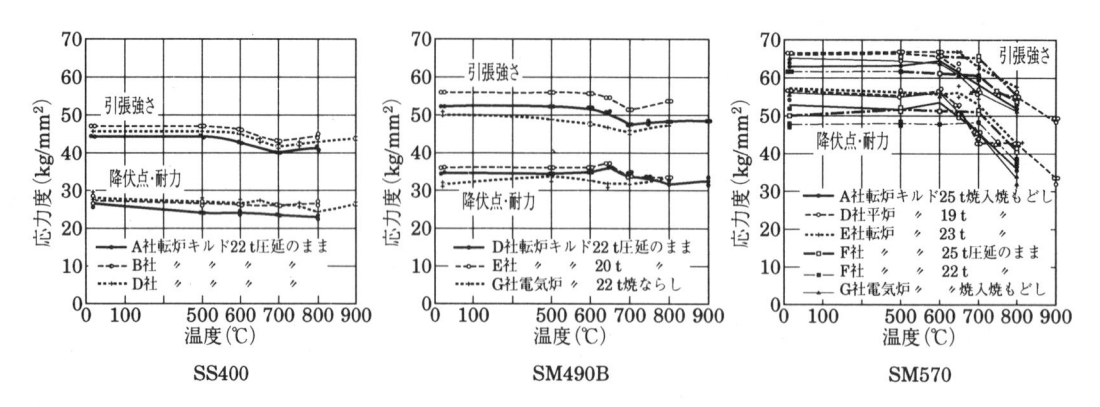

図 11.13　加熱冷却後の強さ[16]

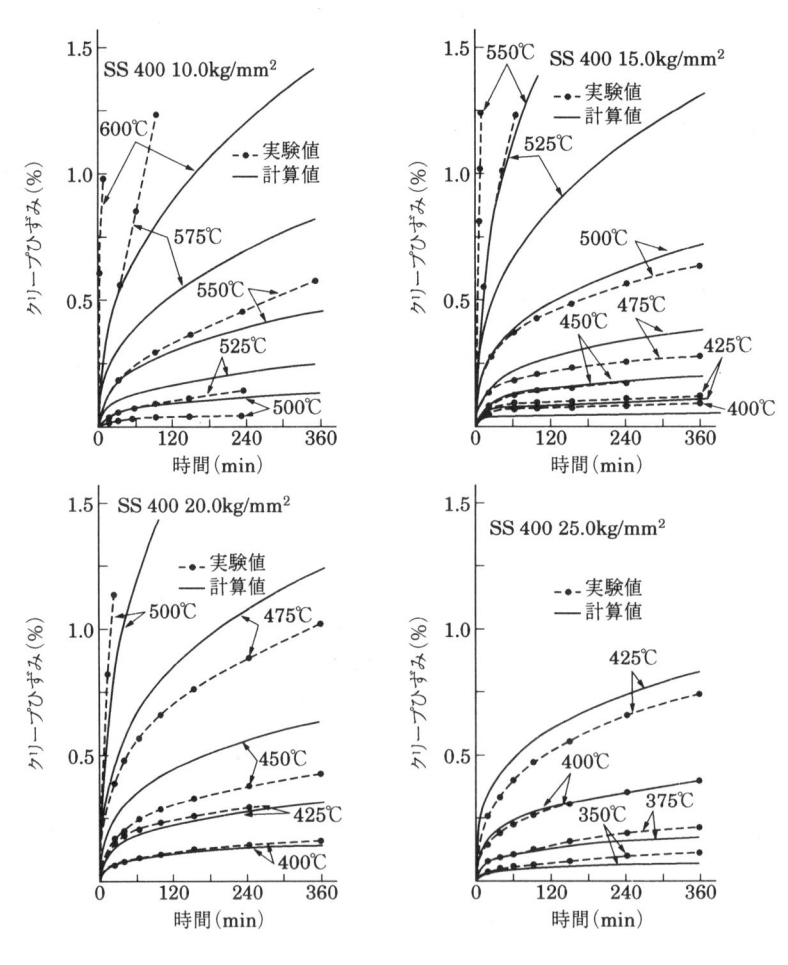

図 11.14　SS400鋼材の高温クリープ曲線[17]

11.5.2 コンクリートの力学的性質

高温下で圧縮応力を受けるコンクリートには，熱膨張ひずみと弾塑性ひずみならびにクリープひずみの他，過度ひずみが生じる．

普通コンクリートおよび軽量コンクリートの熱間での応力-ひずみ曲線を図 11.15 に示す．

コンクリートの力学的性質は，熱に対してきわめて敏感である．図 11.15 からもわかるように，温度上昇に伴って応力-ひずみ曲線は大幅に低下し，特に弾性係数は激減する．強度も一般には減少するが，弾性係数の減少ほどではない．

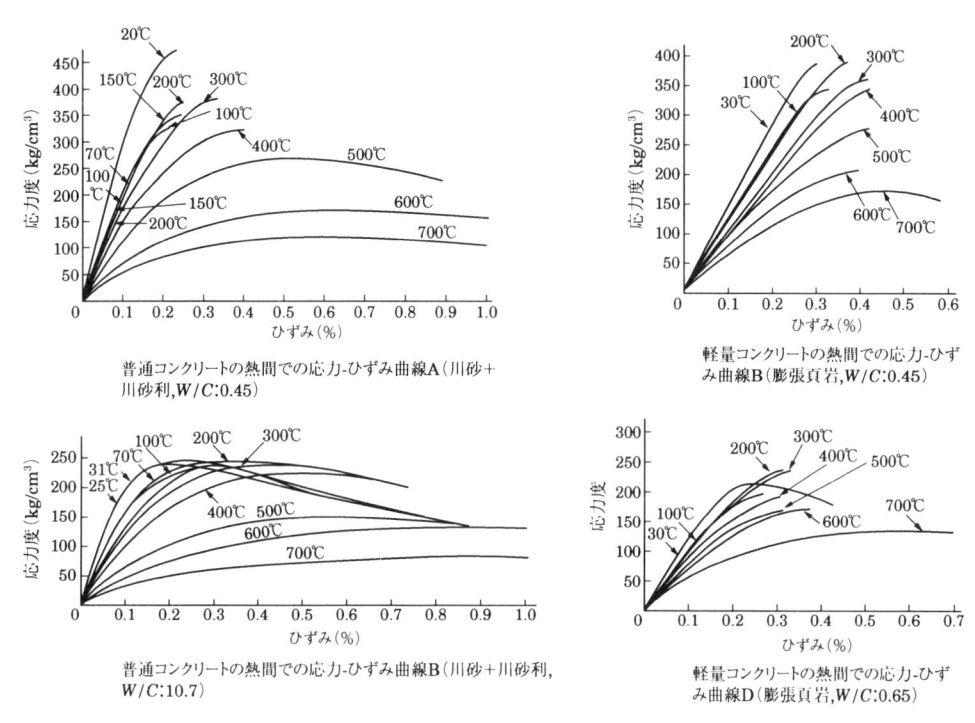

図 11.15 普通コンクリートおよび軽量コンクリートの熱間での応力-ひずみ曲線[18]

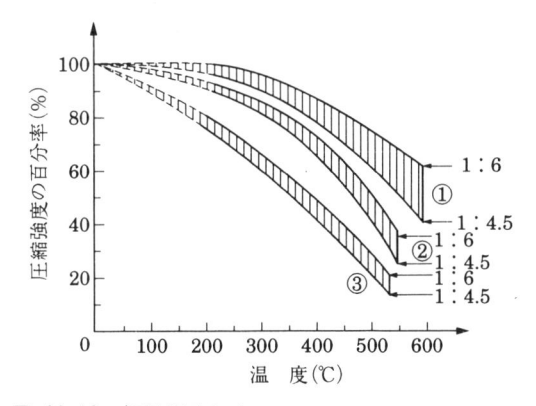

図 11.16 加熱温度によるコンクリート圧縮強度の変化[19]
①33kg/cm²の荷重の作用下で加熱し，熱間で試験，②無荷重で加熱し，熱間で試験，③無荷重で加熱し，冷却後試験（コンクリートは川砂＋川砂利を用い，図中の数字はセメント：骨材の比を示す）

コンクリートの強度は，加熱温度だけでなく，加力条件や加熱条件などによっても異なってくる．図 11.16 に示す曲線群は，加熱温度とコンクリート強度の百分率の関係を示したものである[19]．図中の①の部分は約 33 kg/cm² の圧縮応力を作用させた状態で加熱し，所定の温度に到達した後，そのまま熱間で圧縮強度を求めたもの，②は無荷重で加熱し，所定の温度になった後，熱間で圧縮強度を求めたもの，また③は無荷重で加熱し，所定の温度に到達した後，室温まで徐冷して試験したものである．

図 11.17 は，高温度におけるコンクリートのひずみ（弾塑性ひずみ＋クリープひずみ）曲線を示したものである．図 11.18 に過渡ひずみを示す．図中の圧縮応力レベル 0 ％の曲線は，熱膨脹ひずみを意味している．圧縮応力レベルが高くなるに従い．全ひずみは小さい値を示している．この熱膨脹ひずみと全ひずみの差が過渡ひずみである．常温耐力の 35％ 応力下では熱膨張が相殺されている．

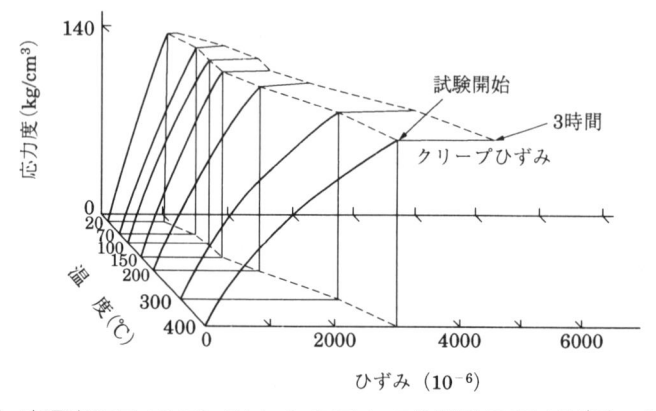

図 11.17 高温度におけるコンクリートのクリープ試験時における応力－ひずみ曲線[18]

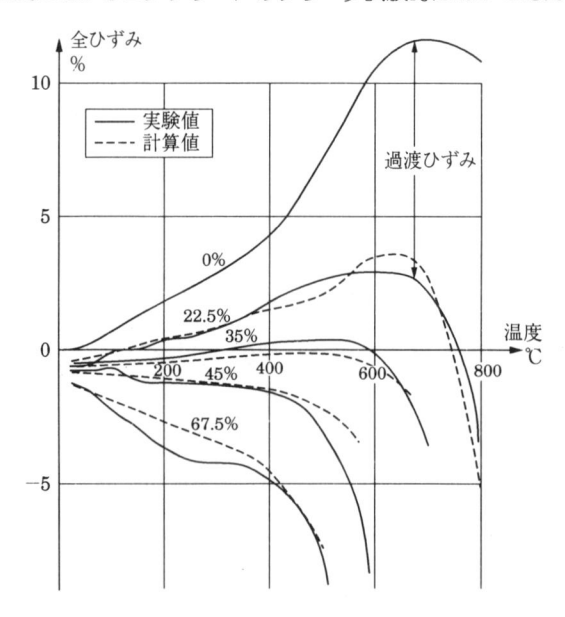

図 11.18 一定応力下の全ひずみと過渡ひずみ[20]

11.6 構造部材の火災時の熱応力変形性状

11.6.1 鋼構造部材の火災時の熱応力変形性状

A. 単純支持曲げ部材

一般に，長さ l で梁丈 d の単純梁の中央たわみ δ は式（11.5）で示される．

$$\delta = C \cdot \frac{\sigma}{E} \cdot \frac{l^2}{d} = C \cdot \varepsilon \cdot \frac{l^2}{d} = D \cdot \frac{l^2}{d} \tag{11.5}$$

ただし，$D = C \cdot \dfrac{\sigma}{E} = C \cdot \varepsilon$

ここで，C は荷重形式による定数で，E は弾性係数であり，σ と ε は縁応力度と縁ひずみ度である．

梁断面の鋼材温度が一様に上昇すると，鋼材の弾性係数 E は低下するため，鉄骨梁に生じているひずみ度 ε は増大する．

また，降伏点 σ_y も低下するため，その低下が存在応力度 σ の値に達したときに降伏現象を示す．すなわち，鉄骨梁のひずみ度 ε が，降伏時のひずみ度 ε_y に達したときに降伏現象を示す．したがって，塑性変形を起こさせないための単純梁の許容たわみ限度は，式（11.6）となる．

$$\delta = D_y \cdot \frac{l^2}{d} \tag{11.6}$$

ここで，$D_y (= C \cdot \varepsilon_y)$ は荷重形式と鋼材温度による定数である．

縁応力度が 200，400，……kg/cm² の単純梁が火災を受けて，鋼材温度の上昇していく場合を考えると，中央たわみは図 11.19 に示すような経過をたどり D_y の曲線上で塑性変形を起こし崩壊に至る．

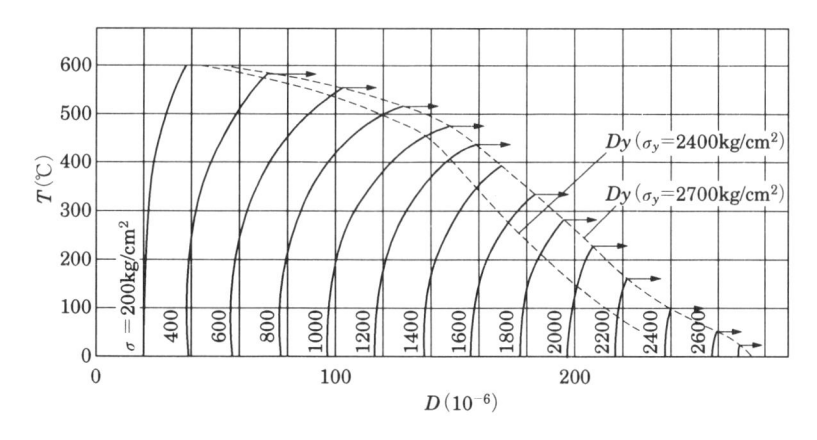

図 11.19 単純梁のたわみ（等分布荷重 $\delta = D \cdot (l^2/d)$ の場合）[21]

この温度上昇による降伏現象は，温度上昇による鋼材の降伏点の低下が，存在応力度の値に達したときに生ずるものである．図 11.20 に示す実大試験結果から得た鉄骨梁の縁応力度と降伏時鋼材温度の関係は，とりもなおさず，鋼材の高温時の降伏点の低下を示すと考えてよい．

実験結果の大部分は，ソ連の実験式によく一致しており，存在応力度が大になると，降伏時鋼材温度の低下する傾向がはっきり認められる．ソ連では普通の構造用軟鋼に対して，その高温時降伏点を 300℃ から 750℃ まで直線的に低下するものと規定し，式 (11.7) で与えている[23]．

$$\frac{\sigma_y'}{\sigma_y} = \frac{750-T}{450} \qquad (11.7)$$

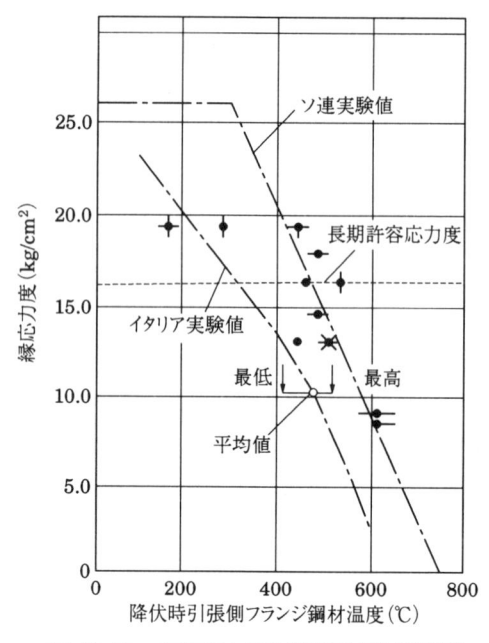

図 11.20 存在応力度と降伏時鋼材温度[22]

ここで，σ_y' と σ_y は高温時と常温時の降伏応力度であり，T は鋼材温度である．

B. 端部拘束部材

構造部材は，一般に火災時に加熱された場合，断面内の温度上昇による材長の変化と，断面内の不均等な温度分布による彎曲を生ずる．部材の端部を拘束されていない単一の部材では，これらの変形がそのまま現れるので問題はないが，通常の構造部材は材端が拘束されているために，これらの変形は拘束されて内部応力を生ずる．この内部応力，すなわち火災時の加熱による熱応力が大となれば，部材は破壊し構造耐力は激減する．

鋼構造部材の場合には，断面内の温度分布は比較的均等であるので，彎曲による熱応力は一般に考えなくてもよい．しかし，材長変化は大きいので，材端で軸方向伸びが拘束されている場合の鋼構造部材の熱応力は，きわめて大となる．理論的・実験的研究の結果，材端拘束のある鋼構造部材を火災時に無損傷に確保することは，不可能に近い[24]．

材端を拘束されている部材に，火災前，初応力度 σ_1，ひずみ度 ε_1 が存在し，火災時の加熱により部材温度が均等に T℃ 上昇して，熱応力度 σ_T を生じたとする．このとき σ_1 と σ_T による火災時の部材のひずみ度は ε_T となり，熱膨張による部材の見かけの伸張率は ε になるとする．すなわち，次式が成立する．

$$\sigma_1 = E \cdot \varepsilon_1 \qquad (11.8)$$

$$\sigma_1 + \sigma_T = E_T \cdot \varepsilon_T \qquad (11.9)$$

$$\varepsilon = \alpha \cdot T - \varepsilon_T + \varepsilon_1 \qquad (11.10)$$

ここに，E，E_T は常温時および高温時の鋼材の弾性係数，α は鋼材の線膨張係数である．

11.6 構造部材の火災時の熱応力変形性状

部材断面積 A，部材長 l の梁が，バネ定数 k の柱で，熱膨張を拘束された場合，式（11.11）が成立する．

$$\sigma_T = \frac{k}{A} \cdot l \cdot \varepsilon = K \cdot \varepsilon \tag{11.11}$$

ここに，K は材端拘束度である．

したがって，火災時の部材の存在応力度と見かけの伸張率はそれぞれ次式のように誘導される．

$$\sigma_1 + \sigma_T = \frac{E_T}{1+(E_T/K)}\left\{\left(1+\frac{E}{K}\right)\varepsilon_1 + \alpha \cdot T\right\} \tag{11.12}$$

$$\varepsilon = \frac{1}{1+(K/E_T)}\left\{\alpha \cdot T - \left(\frac{E}{E_T}-1\right)\varepsilon_1\right\} \tag{11.13}$$

下記の数値を用いて式（11.12），式（11.13）を図示すると，図11.21 となる．

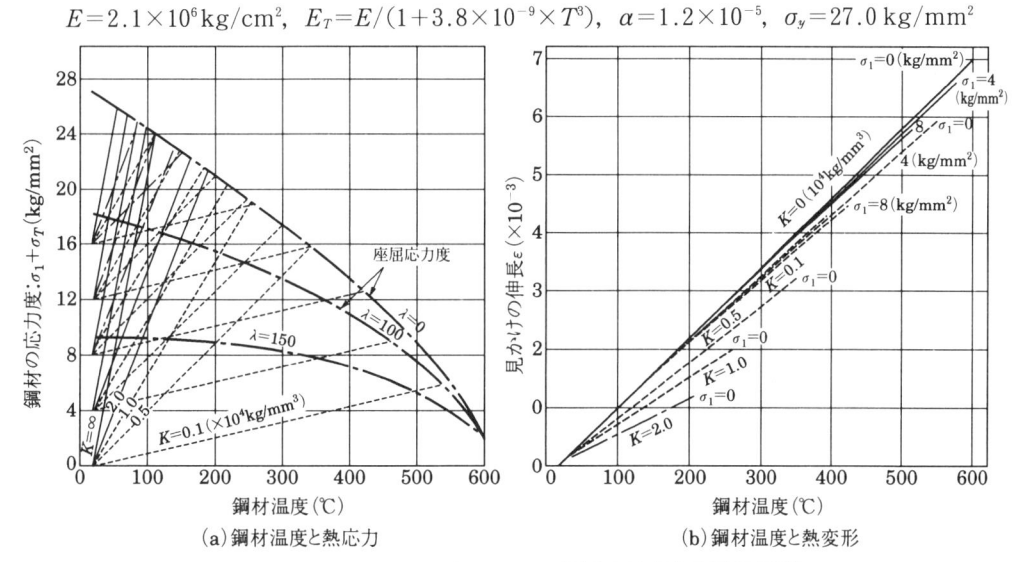

$E = 2.1 \times 10^6 \text{kg/cm}^2$, $E_T = E/(1+3.8 \times 10^{-9} \times T^3)$, $\alpha = 1.2 \times 10^{-5}$, $\sigma_y = 27.0 \text{kg/mm}^2$

図 11.21 端部拘束を受ける鋼材の熱応力と熱変形[24]

(a) 鋼材温度と熱応力　　(b) 鋼材温度と熱変形

熱応力度と熱変形の増加率は，材端拘束度 K の値によって大きく左右される．初期の存在応力度の値によって出発点は異なるが，熱応力度は温度の上昇とともにほぼ直線的に増加し，部材の細長比 λ によって決定される高温時の座屈応力度に達すると，座屈を起こす．図11.22 に実験結果の一例を示す．

一般の建築構造の場合，材端拘束度 K は，拘束を与える部材のバネ定数によって決定される．したがって，K が大で，加熱された部材が比較的低温で座屈するときは，拘束を与える部材は無損傷であるが，K が小で，加熱された部材がかなり高温まで座屈しないときは，拘束を与える部材はかなりの強制変形を受けることになる．これを簡単に示すと図11.23 のようになる．

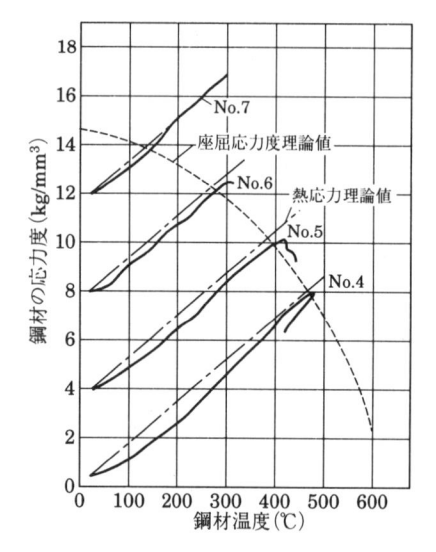

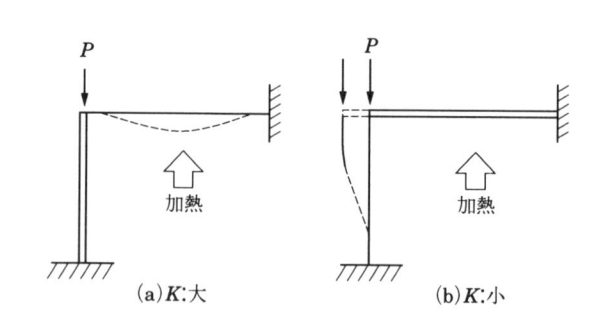

図 11.22 中心拘束の場合の鋼材温度と熱応力[24]

図 11.23 柱の拘束と梁の伸び出し

普通には，梁が加熱されて柱が拘束を与えると考えてよいので，柱の剛性を高めて梁に対する材端拘束度を大にし，柱が大きく外側に押しだされるような強制変形を防止しないと建物全体の崩壊を招くおそれもある．つまり，意識的に梁を早期に局部座屈させて，熱応力の緩和をはかる必要があるといえる．

11.6.2 鉄筋コンクリート構造部材の火災時の熱応力変形性状

鉄筋コンクリート構造部材が加熱されると，コンクリートの高温時の熱伝導によって内部温度の分布が決定され，コンクリートおよび鉄筋の高温膨張・強度性状によって，部材の応力分布・変形が決定され，各材料の高温強度の低下によって，部材の終局耐力が決定される．

プレストレストコンクリート構造部材の場合には，鋼材の高温性状が多少異なる点と初期応力が導入されている点が異なるだけであり，鉄筋コンクリート構造部材の場合と本質的には同じである．

A. 曲げ応力を受ける部材

床板や梁は火災のとき下面から加熱されるので，下端鉄筋は急速に温度上昇する．鉄筋に引張り応力が作用している場合は，その存在応力度の値まで鉄筋の降伏点が低下したときに，鉄筋は降伏して変形が急速に増加し，圧縮側コンクリートが圧縮破壊して部材の破壊に至る．

11.5.1項において，高温時における鋼の力学的性状を述べたが，鉄筋についても類似した傾向が得られている[25]．鉄筋が降伏する温度は，鉄筋の種類と存在応力度に影響される．したがって，存在応力度の大きい部材は，存在応力度の小さい部材よりも低い温度で部材の破壊に至る．

プレストレストコンクリート構造の場合は鉄筋の存在応力度がはるかに大きいため，普通の鉄筋コンクリートの場合よりも低温で，クリープ現象が生じてプレストレス力を失ない，部材の曲げ変形が急増する．図11.24に示すオランダの実験結果は，普通の鉄筋コンクリートとプレストレストコンクリート構造の曲げ変形性状の差をはっきり表している[26]．

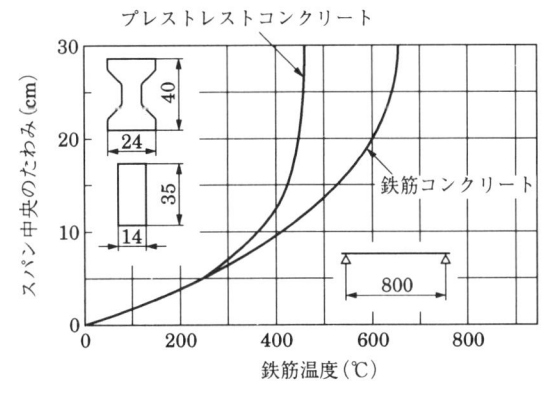

図 11.24 鉄筋温度と梁のたわみの関係[26]

B. 圧縮応力を受ける部材

柱のように圧縮応力を受ける鉄筋コンクリート構造部材の火災時の破壊は，鉄筋とコンクリートの高温時の圧縮強度と弾性係数の低下によってもたらされる．

圧縮荷重を受ける柱の耐力p'は，加熱時においても常温時と同様に次の累加強度式で近似的に表現できる[27]．

$$p' = F_c \cdot A_{co} + \sigma_y' \cdot A_S \tag{11.14}$$

ここでF_cは常温時のコンクリート強度であり，σ_y'は高温時の鉄筋の降伏応力度であり，A_Sは鉄筋の断面積である．

式 (11.14) のA_{co}はコンクリートの等価断面積を示し，式 (11.15) のようになる．

$$A_{co} = \frac{1}{F_c} \int F_{cn}' \cdot dA = (A_C - A_S) - A_{CT} \tag{11.15}$$

ここに，F_{cn}'は表面よりn層目のコンクリートの高温時強度，A_Cは柱断面積，A_{CT}は高温時の強度低下を生じたコンクリートの欠損断面積である．

柱の常温時耐力を$F_c(A_C - A_S) + \sigma_y A_S$とし，式 (11.14) で示される高温時耐力$p'$の$k$倍とするならば，式 (11.15) を式 (11.14) に代入することにより欠損断面積A_{CT}は式 (11.16) のように誘導される．ただし，式 (11.16) 中のμは(A_S/A_C)鉄筋比である．

$$A_{CT} = \frac{A_c}{k}\left[(k-1)(1-\mu) - \frac{\mu}{F_c}(\sigma_y - k\sigma_y')\right] \tag{11.16}$$

柱の耐火時間をtとすると，$A_{CT}/t = f_t$ (cm^2/min) は，単位時間当りの柱コンクリート断面の欠損を示し，柱の耐火性能を示す基準となる．

ソ連およびアメリカの実験結果[27,28]よりf_tの値は主として粗骨材の種類に関係し，粗骨材が一定であれば，f_tの値は一定であることがわかった．石灰岩質骨材では1.55 cm^2/min，花崗岩質骨材では2.5 cm^2/minとなる．普通のかぶり厚さの鉄筋コンクリート柱では，耐火限界に達するときの鉄筋温度は700℃以上となるので，$\sigma_y' = 0$と考えてよい．したがって，通常の場合の鉄筋コンクリート柱の耐火時間tは式 (11.17) で求まる．

$$t=\frac{A_c}{f_t \cdot k}\left[(k-1)(1-\mu)-\frac{\mu}{F_c}\sigma_y\right] \tag{11.17}$$

断面積・骨材を変化させたプレキャストコンクリート柱の耐火試験結果を図11.25に示す．断面積が大となれば耐火性能は向上する．石灰岩質骨材は良好な性状を示すことがわかる．

柱の細長比・鉄筋比の異なる場合の試験結果を図11.26に示す．柱長が小の場合にも柱断面と耐火性能は比例関係を持ち，柱長が大の場合よりも耐火性能は増加する．鉄筋比を大きく変化させてもほとんどその影響を認めることができない．

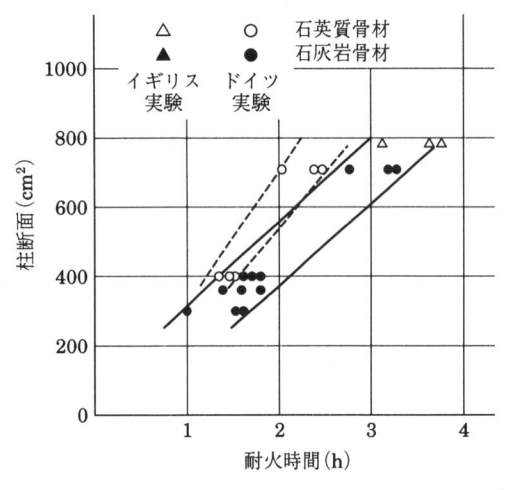

図 11.25 鉄筋コンクリート柱の断面積および骨材と耐火時間の関係[29,30]

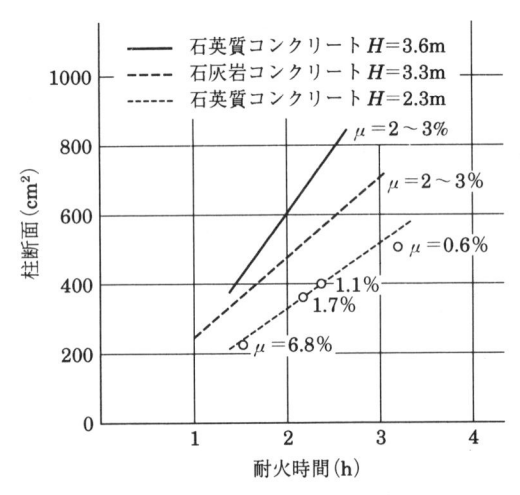

図 11.26 鉄筋コンクリート柱の断面積鉄筋比と耐火時間の関係[30,31]

C. 端部拘束を受ける曲げ部材[32]

構造部材は火災時の加熱によって，部材内の温度上昇による材長方向の伸びと，部材内の不均等温度分布による彎曲を生ずる．材端を拘束されない単純支持部材は，その加熱による変形がそのまま現れるが，実際の部材の場合には一般に材端が弾性固定となっているため，これらの加熱による変形が拘束されて，内部応力を生ずる．この内部応力が部材の耐火性能に影響を与える．図11.27(a)の断面を持つコンクリート部材が底部より急加熱を受け，図11.27(b)のような温度分布になったとき，

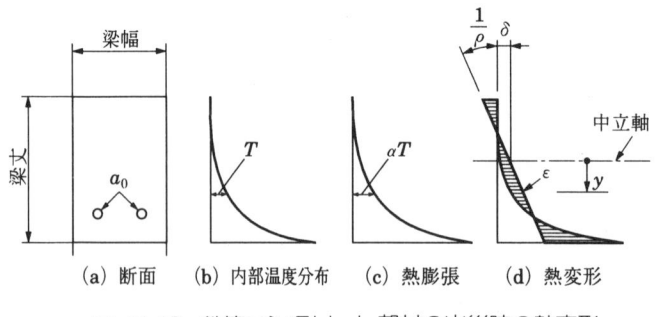

図 11.27 鉄筋コンクリート部材の火災時の熱変形

図 11.27 (c) の熱膨張の分布が直線形でないため，図 11.27 (d) のような内部ひずみを生ずる．このときの部材内部のコンクリートひずみ度 ε は式 (11.18) で示される．

$$\varepsilon = \delta + \frac{1}{\rho} y - \alpha_c T_c \tag{11.18}$$

$$\delta = \frac{\int E_c' \alpha_c T_c da_c + \int E_s' \alpha_s T_s da_s - \int E_s' \varepsilon_t da_s + P_0 + P}{\int E_c' da_c + \int E_s' da_s}$$

$$= \frac{\int E'\alpha T da - \int E_s' \varepsilon_t da_s + P_0 + P}{E_c A_e'} \tag{11.19}$$

$$\frac{1}{\rho} = \frac{\int E_c' \alpha_c T_c y da_c + \int E_s' \alpha_s T_s y da_s - \int E_s' \varepsilon_t y da_s + M_0 + M - (P_0 + P)y_n}{\int E_c' y^2 da_c + \int E_s' y^2 da_s}$$

$$= \frac{\int E'\alpha T y da - \int E_s' \varepsilon_t y da_s + M_0 + M - (P_0 + p)y_n}{E_c I_e'} \tag{11.20}$$

加熱による部材中心軸の伸びによって材端拘束力が生じ，曲率の変化によって拘束曲げモーメントが生ずるのであるから，材端拘束係数を η，曲げ拘束係数を γ とすると，式 (11.21) と式 (11.22) が成立する．

$$\frac{P}{E_c A_e} = -\eta \times \left\{ \left(\delta - \frac{1}{\rho} y_n\right) - \left(\delta_0 - \frac{1}{\rho_0} y_0\right) \right\} \tag{11.21}$$

$$\frac{M}{E_c I_e} = -\gamma \times \left(\frac{1}{\rho} - \frac{1}{\rho_0}\right) \tag{11.22}$$

ここに，式中の文字の意味を示す．

δ_0：常温時の中心軸のひずみ
A_e'：加熱時の等価断面積
$\alpha_c T_c$：コンクリートの熱膨張ひずみ
E_c：常温時のコンクリートの弾性係数
P_0：外力による軸方向力
ε_t：鋼材の初期導入ひずみ
E_s'：鋼材の高温時弾性係数
P：加熱による拘束軸力
da_c：コンクリートの微少断面積
y：中立軸からの距離
y_0：中心軸から中立軸までの距離
y_n：加熱時の中心軸から中立軸までの距離

αT：熱膨張ひずみ
ρ_0：常温時の曲率半径
I_e'：加熱時の等価断面 2 次モーメント
$\alpha_s T_s$：鋼材の熱膨張ひずみ
E_c'：コンクリートの高温時弾性係数
M_0：外力による曲げモーメント
da：微少断面積
E'：高温時弾性係数
M：加熱による拘束曲げモーメント
da_s：鋼材の微少断面積
A_e：常温時の等価断面積
I_e：常温時の等価断面 2 次モーメント

これらの式から，火災時のコンクリート部材の変形および拘束軸力ならびに拘束曲げモーメントが求まる．

コンクリート曲げ部材の火災時の性状を各種拘束条件について理論計算した結果を図 11.28 と図 11.29 に示す．火災時の部材内部の応力分布が加熱時間の経過に伴い変化していく状況がみられる．

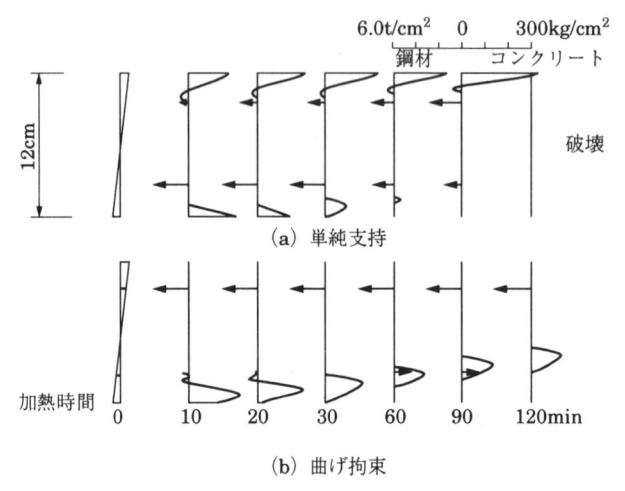

図 11.28　鉄筋コンクリート部材の火災時の応力分布[32]

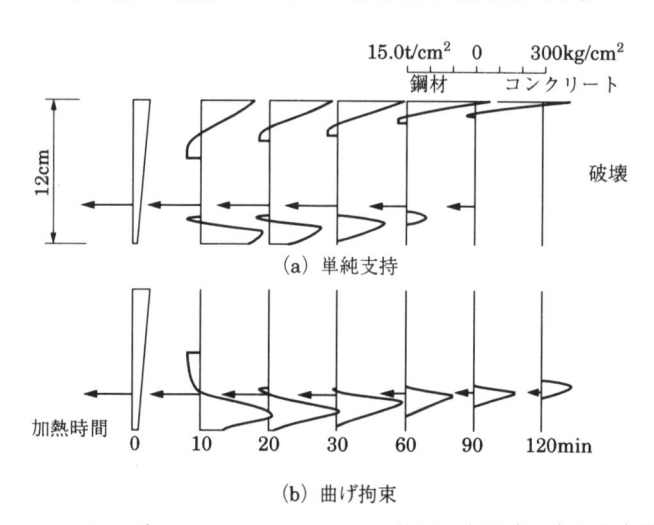

図 11.29　プレストレスコンクリート部材の火災時の応力分布[32]

図 11.30 (a) に示すように，材軸拘束のアメリカの実験結果は複雑な材端拘束装置によるため，伸び拘束に伴って曲げ拘束も加わる．しかし，最大拘束度の 0.05 in の伸び拘束の場合の実験結果は，完全伸び拘束の理論値に近似した傾向をたどることが認められる[33]．

曲げ拘束のある場合には，図 11.30 (b) と図 11.30 (c) に示すように火災初期に急速に拘束曲げモーメントが発生・成長して，その断面の降伏モーメントにまで到達する．その後は徐々に，その断面の降伏モーメントの低下に従って減少していく．

単純支持の曲げ部材が引張り側から加熱されると，下方にたわみを生ずる．このたわみは部材の曲

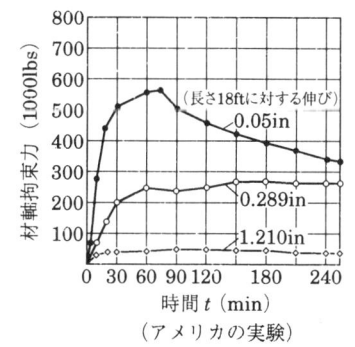

11.6 構造部材の火災時の熱応力変形性状

(a) プレストレストコンクリート梁の材軸拘束力[33]

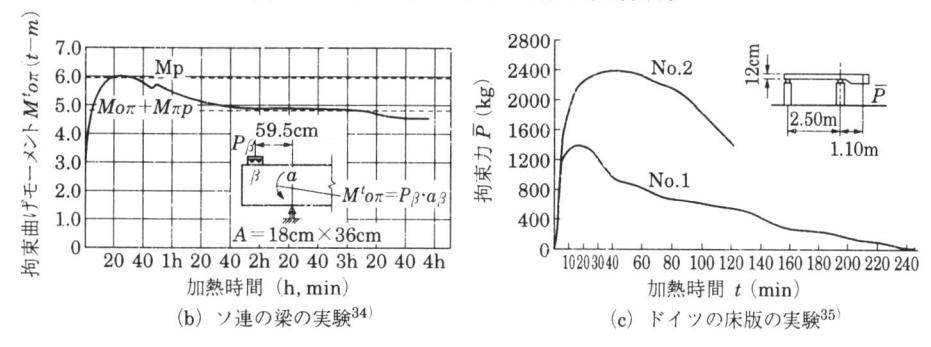

(b) ソ連の梁の実験[34]

(c) ドイツの床版の実験[35]

図 11.30 鉄筋コンクリート梁および床版の拘束曲げモーメント

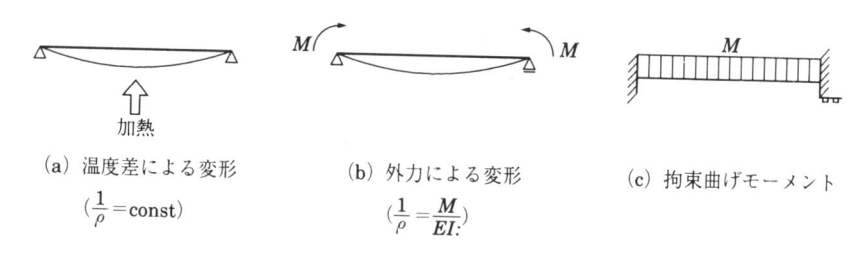

(a) 温度差による変形
$\left(\dfrac{1}{\rho}=\text{const}\right)$

(b) 外力による変形
$\left(\dfrac{1}{\rho}=\dfrac{M}{EI}\right)$

(c) 拘束曲げモーメント

図 11.31 材端曲げ拘束

げ剛性低下によるものと，部材内部の温度差による熱変形とに分離できる．この温度差による熱変形は図 11.31 (a) に示すように部材全長にわたり曲率一定である．

もしこの変形を外力によって生じさせようとすると，図 11.31 (b) に示すように，部材全長にわたり一定の曲げモーメントが作用しなければならない．したがって，材端曲げ拘束のみが作用しているときは，材端の回転変形のみが拘束されるのであるから，熱変形を打ち消すような拘束曲げモーメントが，図 11.31 (c) に示すように生ずる．そして，この拘束曲げモーメントの値は，火災初期に急速に増大し，その後は部材の応力状態・断面配筋の状況などによって，図 11.32 に示すような経過をた

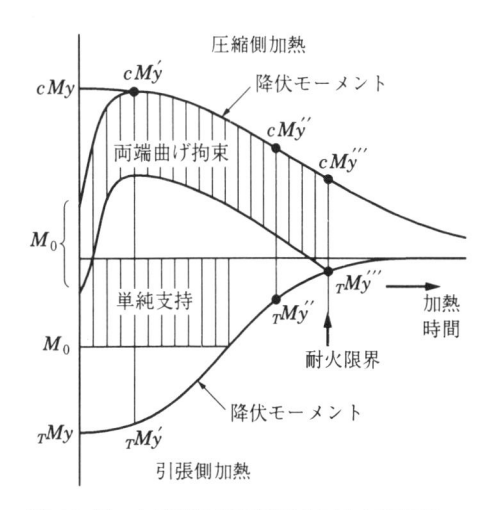

図 11.32 材端曲げ拘束部材の耐火限界[32]

どるのである．

さて，単純支持曲げ部材が引張り側より加熱された場合と圧縮側より加熱された場合の降伏破壊モーメントと加熱時間の関係を図 11.32 に示すようなものと仮定する．単純梁の場合には，スパン中央の引張り側曲げモーメントが一定であるため，引張り側加熱降伏モーメントがこの値まで低下したときに耐火限界に達する．これに対し両端曲げ拘束のある部材では，拘束曲げモーメントが，スパン中央の引張り側曲げモーメントを打消すように作用し，通常の断面では，部材全長が圧縮側加熱の状態になる．圧縮側加熱と引張り側加熱の降伏モーメントの和が，その部材の外力による全モーメントの値まで低下したときに，両端および中央に降伏ヒンジが発生した状況となって，耐火限界に達するのである．

このように，曲げ拘束のある部材は，単純支持部材よりもはるかに大きな耐火性を持つことが，はっきり説明できる．

D. コンクリートの爆裂

コンクリート部材は，火災初期に表面層コンクリートの剝落を生じて鉄筋を露出してしまう．

図 11.33 に示す特異な破壊現象の起ることがある．これがコンクリートの爆裂と呼ぶもので，コンクリート部材の耐火性能を大きく左右する問題である．この現象は特にプレストレストコンクリート構造およびプレキャストコンクリート構造部材に生ずる危険が大きいとされている．

いままでの耐火試験の結果から，次の条件の場合に，プレストレストコンクリート部材は爆裂を生じやすいことが判明している[36]．

図 11.33 天井側コンクリートの床板の爆裂

①耐火試験の初期，②急激な加熱，③コンクリートの含水率が大，④導入プレストレス力が大，⑤部材厚が薄い，⑥梁および柱の隅角部，⑦Ⅰ形梁の薄いウェブ爆裂の現象は上記いくつかの不利な要因が重なって生ずるのであるが，部材内部熱応力がより大きい役割を果している，とされている[37]．

11.7 架構骨組の火災時挙動

11.7.1 解析手法[38]

架構に生ずる火災加熱の熱応力は地震時のように建物全体を揺るがすようなものではなく，防火区画が有効に働いている限り一般には局所的である．直接火に曝される区画の柱梁部材とこれに隣接する部材の熱応力変形は非常に大きく，鋼材温度 200℃ あたりでは弾性域を超え塑性域に入っている[39]．火災部位より数層，もしくは数スパン離れると，加熱部位の熱膨張の影響は比較的小さく，さらに離れるとほとんど見られなくなる．熱応力分布のこのような局所性を利用するため，架構骨組を図 11.34 に示すように，局部架構と周辺架構および外周架構に区分する．ここで，局部架構とは火災加熱

11.7 架構骨組の火災時挙動

の影響を著しく受け塑性解析の必要な部分であり，周辺架構は熱膨張の影響を受けるが弾性的挙動に止まる局部架構の隣接部分であり，外周架構はこれらの二区分を除いた架構骨組全体のことである．

火災加熱を受ける局部架構は，その熱膨張を周囲の架構に拘束される．図 11.34 に示すように，局部架構は周辺架構から切り離すと境界接点で拘束力 R を受ける．この拘束力 R は，境界節点の変位と周辺架構ならびに外周架構の剛性および周囲より伝達される力によって定まる．この拘束力は局部架構の端部に作用するものであるので，以降，端部拘束力と呼ぶ．局部架構は，端部拘束力を導入することにより周辺架構から切り離されて，局部架構単独で解析が可能となる．逆に，端部拘束力を周辺架構に作用させることにより，周辺架構および外周架構の弾性解析が可能となる．

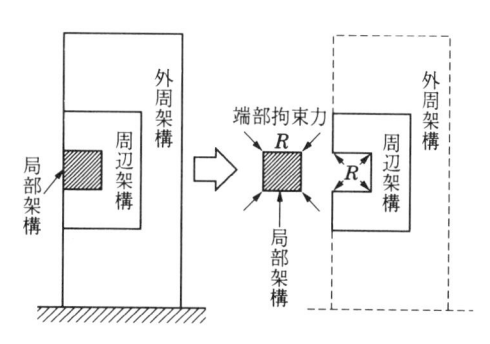

図 11.34 架構の分割と凝縮

局部架構の解析においては，柱梁部材の温度が加熱時間によって刻々と変動し，また，ある時刻での部材内での温度分布も一様でなく，長さ方向や断面内で温度勾配を有したものとなる．さらに，応力ひずみ関係も弾性域に止まらず塑性域にわたって考えておく必要がある．このような非線形現象に線形式で対処するためには，図 11.35 (a) と図 11.35 (b) に示すように，時間の分割と柱梁部材の細分化が必要となる．したがって，局部架構に含まれる接点は，周辺架構との境界接点の他にこの細分

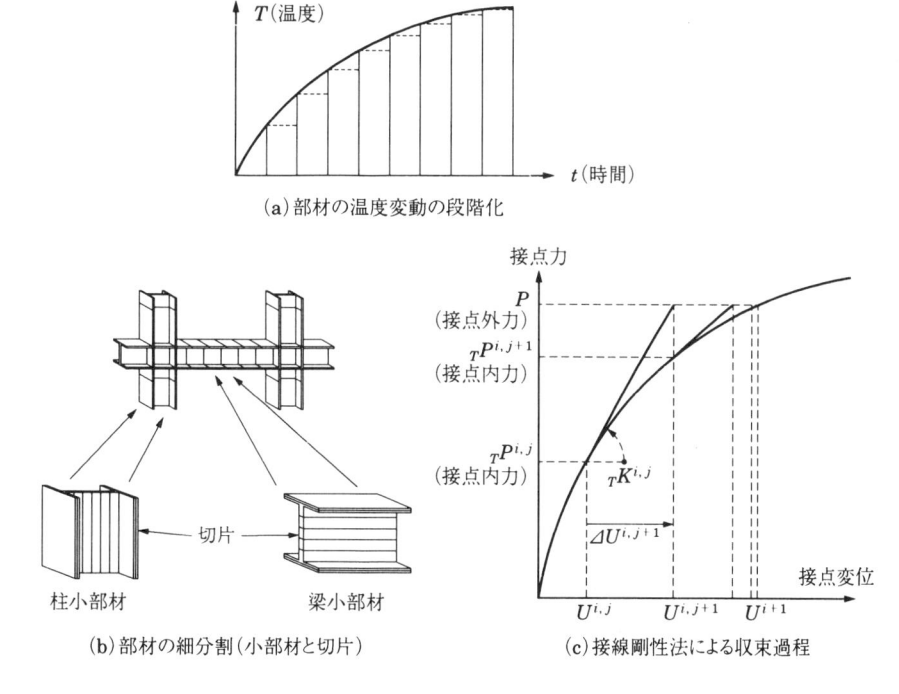

(a) 部材の温度変動の段階化

(b) 部材の細分割（小部材と切片）

(c) 接線剛性法による収束過程

図 11.35

化によって生ずる接点が含まれる．局部架構内の各接点での力の釣合式および変位とその増分の関係は次のように定式化される（図11.35（c）参照）．

$$\begin{vmatrix} R^i - {}_TR_R^{i,j} \\ P_L - {}_TP_L^{i,j} \end{vmatrix} = \begin{vmatrix} {}_TK_{RR}^{i,j} & {}_TK_{RL}^{i,j} \\ {}_TK_{LR}^{i,j} & {}_TK_{LL}^{i,j} \end{vmatrix} \cdot \begin{vmatrix} \Delta U_R^{i,j+1} \\ \Delta U_L^{i,j+1} \end{vmatrix} \quad (11.23)$$

$$U_R^{i,j+1} = U_R^{i,j} + \Delta U_R^{i,j+1} \quad (11.24)$$

式中の文字 R は端部拘束力，P は接点力，K は剛性，U は接点変位を意味し，添字 R は端部拘束力の作用する周辺架構との境界接点についてであり，添字 L は局部架構の構成部材の細分化によって生ずる接点に関するものであり，添字 T は温度の影響を受けることを意味する．添字 i は時間区分を示し，j は非線形近似を行うための繰返数を意味する．${}_TP_R^{i,j}$，${}_TP_L^{i,j}$ は，部材内力より導かれる接点力である．部材内力は，熱膨張ひずみとクリープひずみを全ひずみより差し引いた応力ひずみと応力ひずみ曲線を用いて応力を算定し，これらを断面内で積分して求める．したがって，${}_TP_R^{i,j}$，${}_TP_L^{i,j}$ に応力ひずみ曲線，熱膨張およびクリープの影響が集約される．

架構骨組の全体より局部架構を切り離し，図11.34に示したように，境界接点に端部拘束力 R を逆に作用させ周辺架構および外周架構の各接点で力の釣合式を作成すれば式（11.25）のように構成される．

$$\begin{vmatrix} P_R - R^i \\ P_A \\ R_G \end{vmatrix} = \begin{vmatrix} K_{RR} & K_{RA} & 0 \\ K_{AR} & K_{AA} & K_{AG} \\ 0 & K_{GA} & K_{GG} \end{vmatrix} \cdot \begin{vmatrix} U_R^{i,j+1} \\ U_A \\ U_G \end{vmatrix} + \begin{vmatrix} {}_oP_R \\ {}_oP_A \\ {}_oP_G \end{vmatrix} \quad (11.25)$$

式中 ${}_oP$ は途中荷重による等価接点力であり，添字 A，G は周辺架構と外周架構に関するものを意味している．式の第1行目は，局部架構と周辺架構の境界接点での力の釣合式であり，2行目および3行目は各々周辺架構および外周架構の各接点での力の釣合式である．局部架構の熱影響の少ない外周架構の剛性 K_{GG}，K_{AG} および接点力 ${}_oP_G$，${}_oP_A$ を凝縮し，局部架構と周辺架構の境界接点まで縮約する．実際の手順は，K_{GG} を上方後退消去し，K_{AA} を正方消去し単位化すれば，境界接点変位 $U_R^{i,j+1}$ に関する項に凝縮された形の次式となる．

$$\begin{vmatrix} P_R' - R^i \\ P_A' \\ P_G' \end{vmatrix} = \begin{vmatrix} K_{RR}' & 0 & 0 \\ K_{AR}' & I & 0 \\ 0 & K_{GA}' & K_{GG}' \end{vmatrix} \cdot \begin{vmatrix} U_R^{i,j+1} \\ U_A \\ U_G \end{vmatrix} + \begin{vmatrix} {}_oP_R' \\ {}_oP_A' \\ {}_oP_G' \end{vmatrix} \quad (11.26)$$

凝縮された上式の第1行より，端部拘束力を導くと次式となる．

$$R^i = -K_{RR}' \cdot U^{i,j+1} - \{{}_oP_R' - P_R'\} \quad (11.27)$$

端部拘束力 R^i は，局部架構と周辺架構の境界接点変位に凝縮された剛性 K_{RR}' と周囲からの伝達力（${}_oP_R' - P_R'$）の和として導かれる．周辺架構と外周架構の影響を厳密に考慮に入れた端部拘束力を定める本式（11.27）を式（11.23）に代入し，式（11.24）を用いて変位の適合を取り整理すると，周囲から拘束を受ける局部架構の弾塑性解析が可能となる式（11.28）が得られる．

11.7 架構骨組の火災時挙動

$$\begin{vmatrix} P_R' - {}_0R_R' - K_{RR}' \cdot U_R^{i,j} - {}_TP_R^{i,j} \\ P_L - {}_TP_L^{i,j} \end{vmatrix} = \begin{vmatrix} {}_TK_{RR} + K_{RR}' & {}_TK_{RL}^{i,j} \\ {}_TK_{LR}^{i,j} & {}_TK_{LL}^{i,j} \end{vmatrix} \cdot \begin{vmatrix} \Delta U_R^{i,j+1} \\ \Delta U_L^{i,j+1} \end{vmatrix} \quad (11.28)$$

変位増分 $\Delta U_R^{i,j+1}$, $\Delta U_L^{i,j+1}$ を図 11.35 (c) に示すように 0 に収束させることにより，ある時刻段階での局部架構の解析を終了する．局部架構を囲む周辺架構の接点変位は，式 (11.26) より次のように導かれる．

$$U_A = -K_{AR}' \cdot U_R^{i,j+1} + \{P_A' - {}_0P_A'\} \quad (11.29)$$

局部架構の解析の結果 $U_R^{i,j+1}$ が得られ，それを式 (11.29) に代入することにより，周辺架構の各接点変位が定まり周辺架構の応力算定が可能となる．

11.7.2 超高層鉄骨架構への適用

超高層架構の一防火区画に火災を想定して熱応力解析を試みる．架構の形態は，図 11.36 に示すように 32 層 3 スパンで，上部構造の鋼構造部分を解析対象とする．火災加熱を受ける部分は，14 層の片側の防火区画とする．弾塑性解析を必要とする局部架構は，図 11.37 に示すように，火災加熱を受ける柱梁と 1 層上の柱を含めた H 形架構とし，全体架構より切り離して端部拘束力を作用させる．周辺架構は局部架構の上下 2 層を含む 6 層とする．外周架構は全体架構より局部架構と周辺架構を除いた部分であり，上部構造の大部分を占める．

局部架構の熱応力解析は，いわゆる時間積分直接剛性法[40]による繰り返し計算によって行う．

局部架構内の小部材の剛性と内力を図 11.38，図 11.39 に示す手順に従って算定し，局部架構に含まれる各接点で力の釣り合いをとることによって，式 (11.23) が組み立てられる．

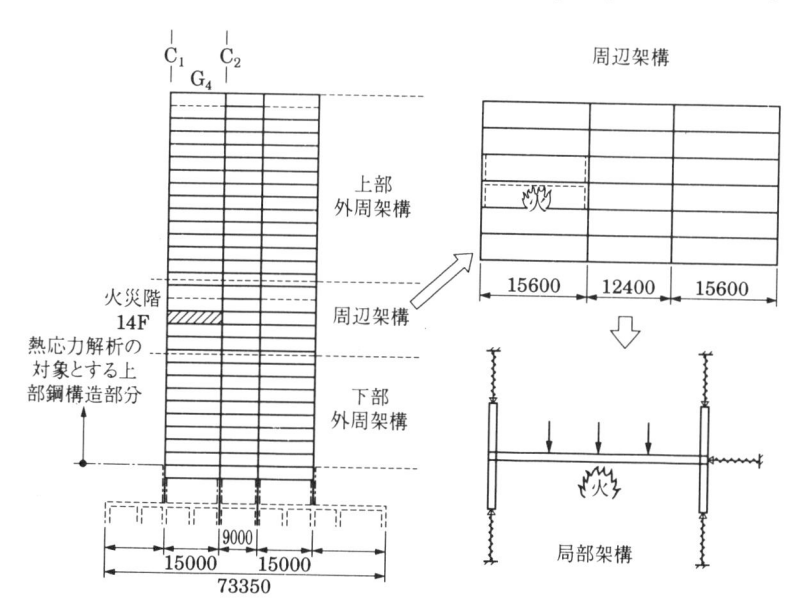

図 11.36 建物概要と架構の分割

建物No.28-14F

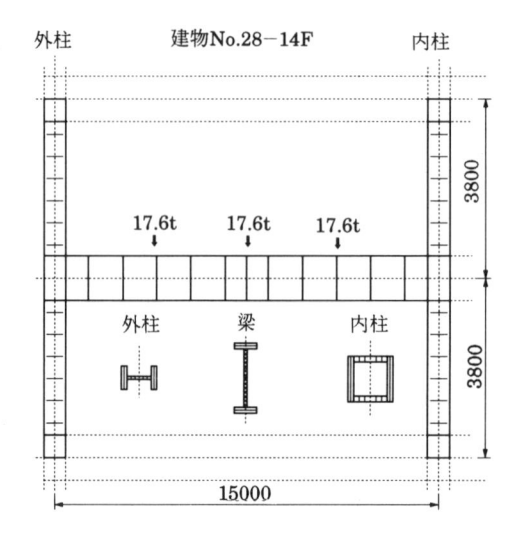

位置	仕用部材（SM50）	A cm²	I cm²	Z cm²
外柱	H-428×407×20×34	341	115500	5400
内柱	□-500×500×28	529	197000	7880
梁	H-800×200×11×17	152	160000	3640

図 11.37 局部架構造（小部材と切片）

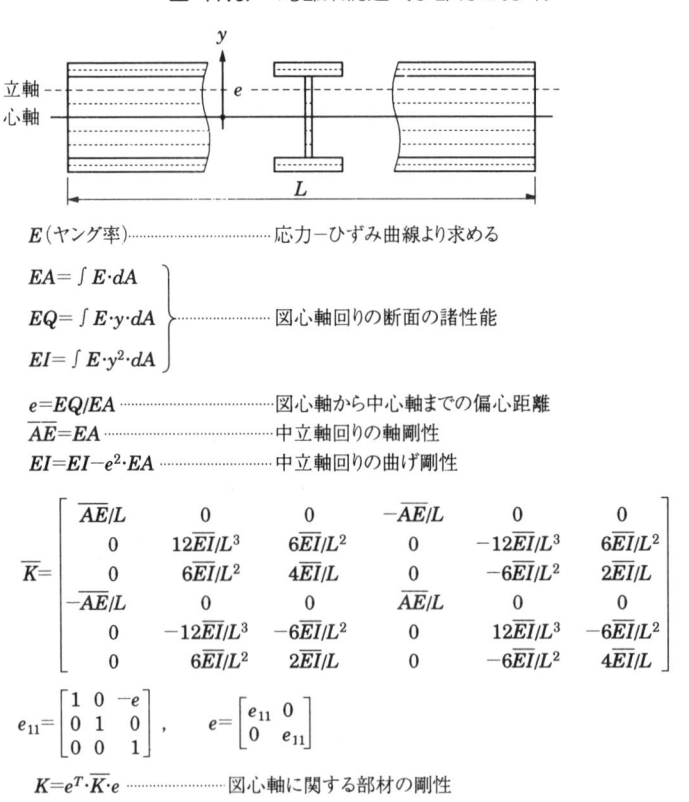

E（ヤング率） ……………… 応力－ひずみ曲線より求める

$EA = \int E \cdot dA$
$EQ = \int E \cdot y \cdot dA$ ……………… 図心軸回りの断面の諸性能
$EI = \int E \cdot y^2 \cdot dA$

$e = EQ/EA$ ……………… 図心軸から中心軸までの偏心距離
$\overline{AE} = EA$ ……………… 中立軸回りの軸剛性
$\overline{EI} = EI - e^2 \cdot EA$ ……………… 中立軸回りの曲げ剛性

$$\overline{K} = \begin{bmatrix} \overline{AE}/L & 0 & 0 & -\overline{AE}/L & 0 & 0 \\ 0 & 12\overline{EI}/L^3 & 6\overline{EI}/L^2 & 0 & -12\overline{EI}/L^3 & 6\overline{EI}/L^2 \\ 0 & 6\overline{EI}/L^2 & 4\overline{EI}/L & 0 & -6\overline{EI}/L^2 & 2\overline{EI}/L \\ -\overline{AE}/L & 0 & 0 & \overline{AE}/L & 0 & 0 \\ 0 & -12\overline{EI}/L^3 & -6\overline{EI}/L^2 & 0 & 12\overline{EI}/L^3 & -6\overline{EI}/L^2 \\ 0 & 6\overline{EI}/L^2 & 2\overline{EI}/L & 0 & -6\overline{EI}/L^2 & 4\overline{EI}/L \end{bmatrix}$$

$$e_{11} = \begin{bmatrix} 1 & 0 & -e \\ 0 & 1 & 0 \\ 0 & 0 & 1 \end{bmatrix}, \quad e = \begin{bmatrix} e_{11} & 0 \\ 0 & e_{11} \end{bmatrix}$$

$K = e^T \cdot \overline{K} \cdot e$ ……………… 図心軸に関する部材の剛性

図 11.38 部材剛性の算定手順

11.7 架構骨組の火災時挙動

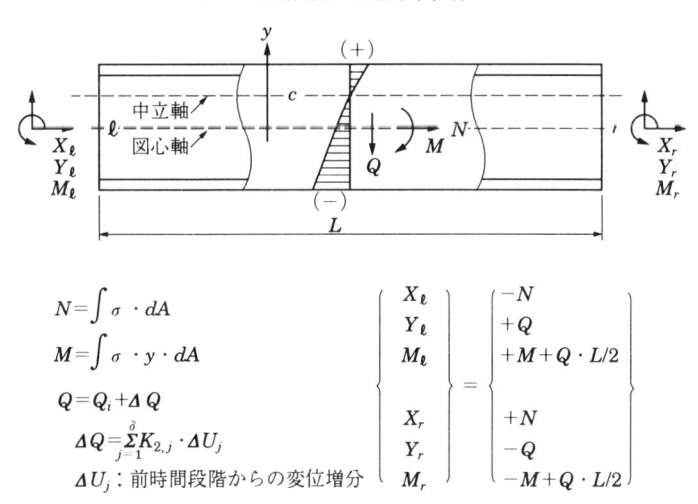

$$N = \int \sigma \cdot dA$$
$$M = \int \sigma \cdot y \cdot dA$$
$$Q = Q_i + \Delta Q$$
$$\Delta Q = \sum_{j=1}^{\delta} K_{2,j} \cdot \Delta U_j$$
ΔU_j：前時間段階からの変位増分

$$\begin{Bmatrix} X_\ell \\ Y_\ell \\ M_\ell \\ X_r \\ Y_r \\ M_r \end{Bmatrix} = \begin{Bmatrix} -N \\ +Q \\ +M+Q\cdot L/2 \\ +N \\ -Q \\ -M+Q\cdot L/2 \end{Bmatrix}$$

図 11.39 材端力の算定手順

図 11.36 に示した超高層架構の 14 層部分の片側の防火区画に火災を想定し，防火区画を覆う柱梁が均一に 600℃ まで 60 分で温度上昇するものと仮定して，時間増分は 1 分ピッチで熱応力解析を試み，この解析結果を図 11.40〜図 11.43 に示す．なお，本解析例においては，クリープひずみは割愛している．

図 11.40 は，鋼材温度 400℃ での局部架構と周辺架構に発生する曲げモーメント分布を示したもの

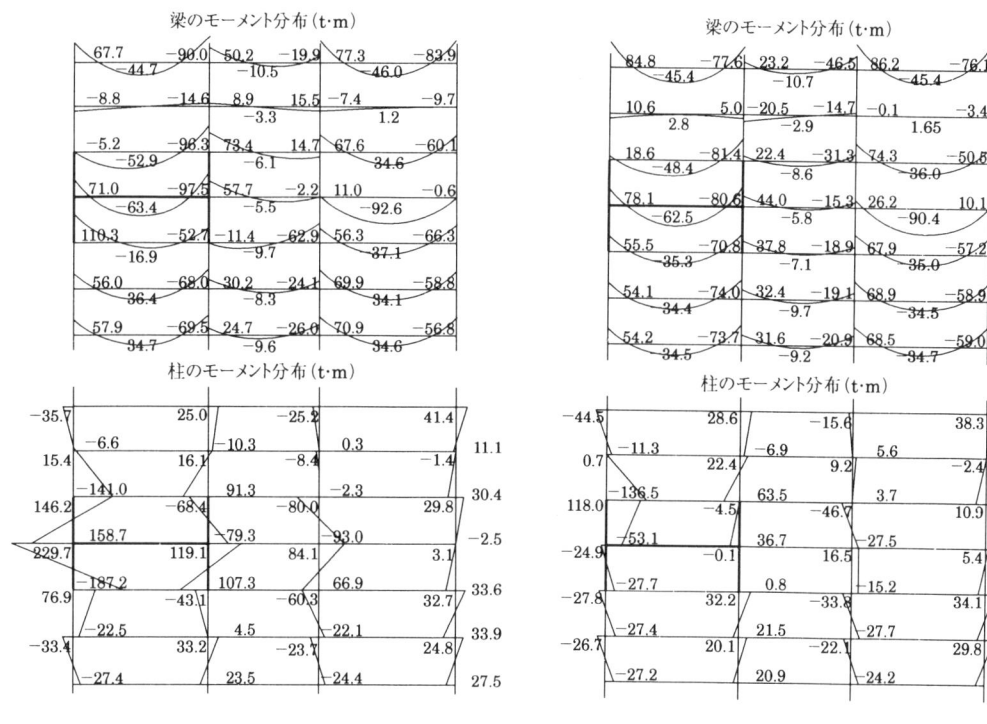

図 11.40 局部架構と周辺架構のモーメント分布（400℃）

図 11.41 局部架構と周辺架構のモーメント分布（600℃）

である．加熱された梁の伸び出しによって，この加熱梁に直接つながれる柱に生ずる曲げモーメントは大きく，特に外柱では顕著であるが，加熱部位より離れるに従い急速に減少し，2層もしくは2スパン離れると無視し得るくらい小さいものとなる．曲げモーメントの発生が，架構の中で非常に局所的であることが示されている．鋼材温度600℃での曲げモーメント分布を図11.41に示したが，柱に生ずる曲げモーメント分布は鋼材温度400℃の場合とは様相を異にしている．加熱を受ける外柱と内柱に生じている曲げモーメントは非常に小さい値となっており，直上階の外柱に加熱梁の伸び出しによる大きな曲げモーメントが発生している．このような現象が現れるのは，鋼材温度が600℃の高温になると常温時の30％くらいに耐力が低下し，加熱を受ける外柱と内柱は，主として軸力を支えるために曲げモーメントを負担する余力を失うためと考えられる．

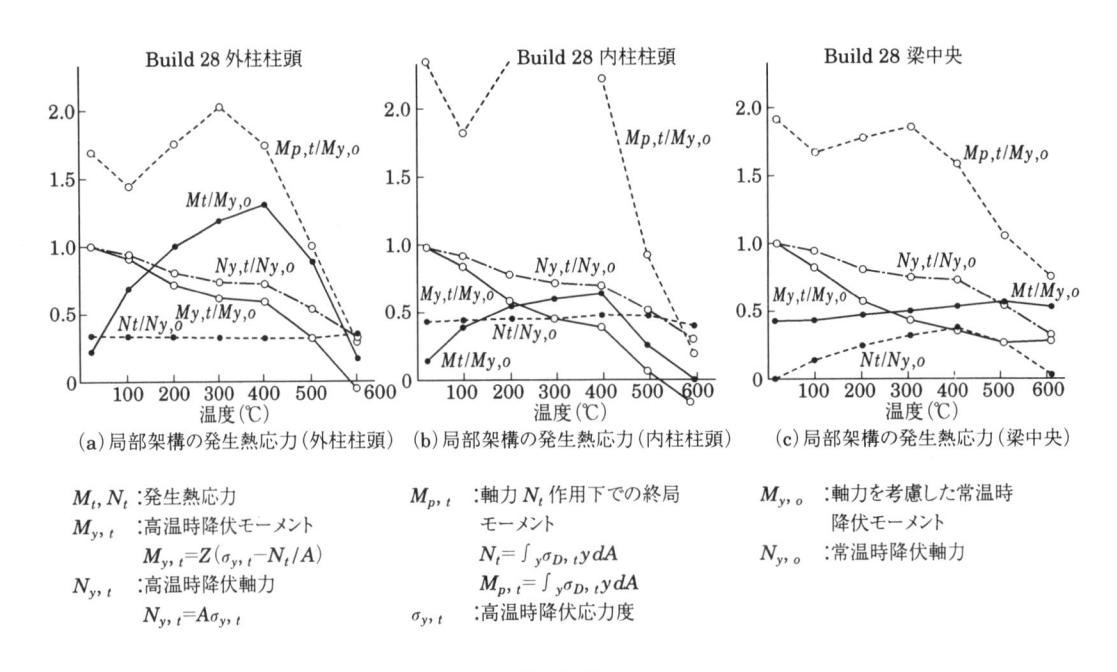

(a) 局部架構の発生熱応力（外柱柱頭）　(b) 局部架構の発生熱応力（内柱柱頭）　(c) 局部架構の発生熱応力（梁中央）

M_t, N_t：発生熱応力
$M_{y,t}$：高温時降伏モーメント
　　$M_{y,t}=Z(\sigma_{y,t}-N_t/A)$
$N_{y,t}$：高温時降伏軸力
　　$N_{y,t}=A\sigma_{y,t}$

$M_{p,t}$：軸力N_t作用下での終局モーメント
　　$N_t=\int_y \sigma_{D,t} y dA$
　　$M_{p,t}=\int_y \sigma_{D,t} y dA$
$\sigma_{y,t}$：高温時降伏応力度

$M_{y,o}$：軸力を考慮した常温時降伏モーメント
$N_{y,o}$：常温時降伏軸力

図 11.42

温度の上昇に伴う熱応力の増大と減衰を，外柱と内柱の柱頭および梁中央部について図11.42(a)から図11.42(c)に示す．外柱柱頭（図11.42(a)参照）に発生する曲げモーメントは温度上昇に伴い増大し150℃近くで降伏に達し，400℃を超えて最大に至り，その後は高温による部材耐力の低下に従い急速な減衰を示す．一方，外柱の軸力は，温度上昇による変動が500℃まではわずかな増大を示す．内柱柱頭（図11.42(b)参照）に発生する曲げモーメントの増大減衰の傾向は外柱と類似しているが，量としては半減している．熱膨張による加熱梁の伸び出しの大部分が外柱側に現れ，内柱側が少ないためである．内柱の軸力は500℃まではわずかな増大を示すが，その後は若干減少する．この減少は外柱の軸力増大と対応するものと思われる．加熱梁中央部（図11.42(c)参照）の軸力は，400℃くらいまでは梁の伸び出しを押さえる柱の拘束によって増大するが，その後減少して600℃ではほとんど消滅している．他方，曲げモーメントの増減はわずかである．

火災階の柱頭変位および梁の中央部たわみを図 11.43 に示す．加熱梁の伸び出しを受けて生ずる外柱柱頭部の水平変位は，500℃までは温度上昇に比例して現れ，その後は停滞する．一方，内柱柱頭部の水平変位は外柱側に比べて圧倒的に少ないが，加熱梁の伸び出しを受けて 500℃ までは温度に比例して増大し，その後は減少に転じて 600℃ までは元の位置に戻っている．外柱柱頭部の水平変位が内柱より大きく現れるのは，外柱の剛性が内柱側に比べて小さく，しかも早期に外柱の柱頭柱脚に降伏が生じ塑性ヒンジ化するためである．梁の中央部のたわみは 500℃ 近辺より急増する傾向にある．この現象は，梁の熱膨張による伸び出しが，当初は柱を押出しているが，500℃ を超えると柱の拘束によって梁自身のたわみに転化することを示している．

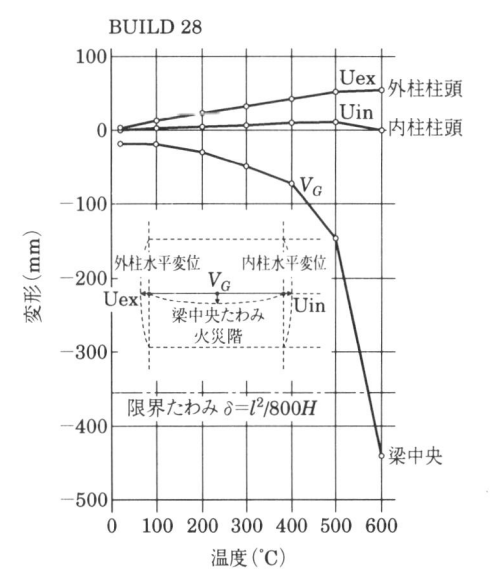

図 11.43 局部架構の熱変形（柱頭・梁中央）

11.8 架構骨組の崩壊温度[41,42]

架構崩壊を決定する塑性理論は，耐震設計においては崩壊荷重を求める際に適用されている．耐火設計においては，荷重が既知であるので崩壊温度が決定できる．

架構崩壊を決定する塑性理論は，次に示す 2 つの仮定に基づいている．

仮定①：任意の温度下における部材の曲げ挙動は，耐力低下のない塑性挙動とする．

仮定②：架構における力の方向は変形後も変わらない．

11.8.1 部材の塑性耐力

架構の崩壊は，部材が曲げられて発生する塑性関節の形成によって生ずる．部材の曲げ挙動は，素材の応力-ひずみ曲線に支配される．鋼における降伏後の耐力挙動は，常温では上昇する傾向を，高温では一定か，下降する傾向を示す．塑性理論を適用する際には，安全側の低い耐力を設定する．

各温度における降伏応力 $_T\sigma_y$ は，素材の高温時引張試験から得られる応力-ひずみ曲線上のひずみ 5％時の応力とする．これらを常温時規格降伏応力 $_0\sigma_y$ で除した値を強度低下率と呼ぶ．強度低下率は式（11.30）のように折れ線で定義する．温度 300℃ までは値 1.0 であり，それ以降は 750℃ で 0 になるように低下する（図 11.44）．

$$\kappa_T = \frac{_T\sigma_y}{_0\sigma_y} = \left| \begin{array}{ll} 1\cdot 0 & : T \leq 300℃ \\ 1.0-(T-300)/(750-300) & : T > 300℃ \end{array} \right. \tag{11.30}$$

高温時における部材の塑性曲げ耐力 $_TM_p$ と塑性軸耐力 $_TN_p$ の関係は，強度低下率 κ_T を用いて，安全側の近似として式（11.31）のように示される．

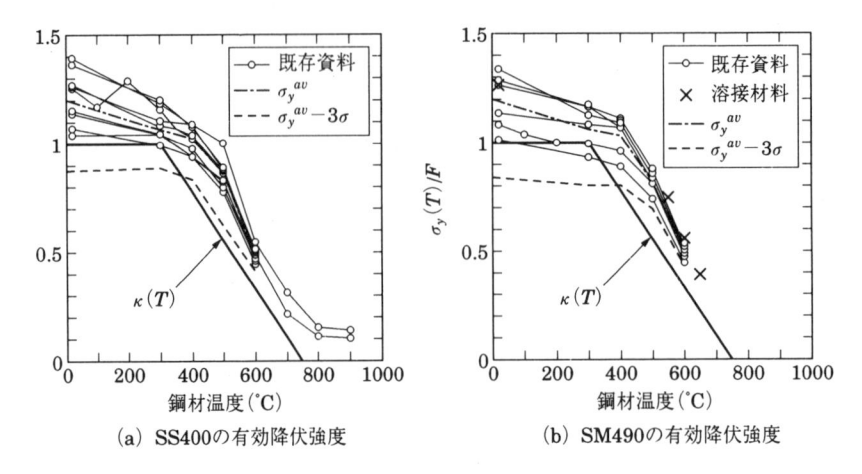

図 11.44 鋼材の高温時有効降伏強度[40]

(a) SS400の有効降伏強度
(b) SM490の有効降伏強度

$$\left.\begin{array}{l}{}_TM_{\max}=\kappa_T\cdot{}_0M_{\max}\\{}_TN_{\max}=\kappa_T\cdot{}_0N_{\max}\\{}_TM_p/{}_TM_{\max}+{}_TN_p/{}_TN_{\max}=1\end{array}\right\} \quad (11.31)$$

ここで ${}_0M_{\max}$ と ${}_0N_{\max}$ は，常温時の最大塑性曲げ耐力と最大塑性軸耐力である．

11.8.2 崩壊温度

ラーメン架構の2層分の外柱とこれに接する梁を例にとり，崩壊温度の算定法を解説する．変形が無限大であることを塑性理論においては仮定しているので，熱膨張は無限大の変形に吸収されてしまい，架構の崩壊温度に影響を与えない．崩壊機構としては，柱と梁のそれぞれの単独機構と連成崩壊（これも厳密には梁崩壊である）が図 11.45 に示すように考えられる．

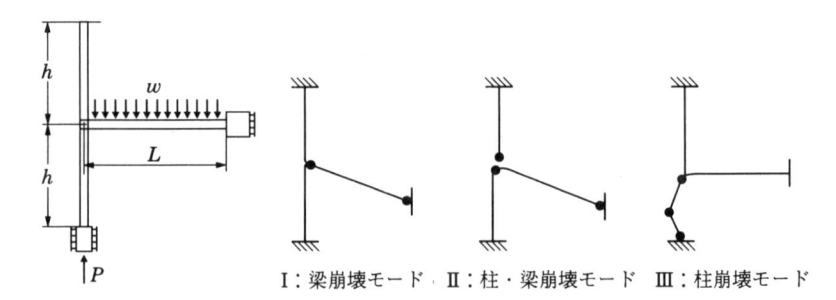

Ⅰ：梁崩壊モード　Ⅱ：柱・梁崩壊モード　Ⅲ：柱崩壊モード

図 11.45 単純塑性理論の架構モデルと崩壊型

火災階の上下柱と梁の全塑性モーメントをそれぞれ ${}_0M_p$ と ${}_TM_p$ ならびに ${}_TM_{pB}$ とすれば，各崩壊機構に対応する力の釣り合いは，梁上荷重を w とするならば次式で与えられる．

$$\text{梁崩壊機構}\quad:wL^2=4\,{}_TM_{pB} \quad (11.32)$$

$$\text{柱梁崩壊機構}:wL^2=2\,{}_0M_{pB}+2\,{}_TM_p+2\,{}_TM_{pB} \quad (11.33)$$

$$\text{柱崩壊機構}\quad:P={}_TN_{\max} \quad (11.34)$$

式中の $_TM_{pB}$ は軸力が 0 のときの梁の全塑性モーメント，$_0M_p$ は柱軸力 P を考慮した常温時の全塑性モーメント，$_TM_p$ は柱軸力 P を考慮した高温時の全塑性モーメント，$_TM_{max}$ は柱の高温時の塑性軸耐力である．これらの高温時の塑性モーメントは強度低下率 κ_T と式（11.31）を用いて常温時の塑性モーメントで次式のように表される．

$$\left.\begin{array}{l}_TM_{pB}=\kappa_T \cdot {_0M_{pB}} \\ _0M_p = {_0M_{max}}(1-P/_0N_{max}) \\ _TM_p=\kappa_T \cdot {_0M_{max}}(1-P/_TN_{max})\end{array}\right\} \quad (11.35)$$

ただし，$_0M_{pB}$ は常温時の梁の全塑性モーメントである．

式（11.35）を式（11.32）～（11.34）に代入整理することにより，次式が得られる．

梁崩壊機構　：$q = 4\kappa_T$　　　　　　　　　(11.36)

柱梁崩壊機構：
$$q = 2m_0(1-n_0) + 2m_T(1-n_T)\kappa_T + 2\kappa_T \quad (11.37)$$

柱崩壊機構　：$P/_0N_{max} = \kappa_T$　　　　　(11.38)

ただし，q，m_0，m_T，n_0，n_T は次式である．

$$q = wL^2/_0M_{pB}, \quad m_0 = {_0M_p}/{_0M_{pB}},$$
$$m_T = {_TM_p}/{_0M_{pB}}, \quad n_0 = P/_0N_{max}, \quad n_T = P/_TN_{max} \quad (11.39)$$

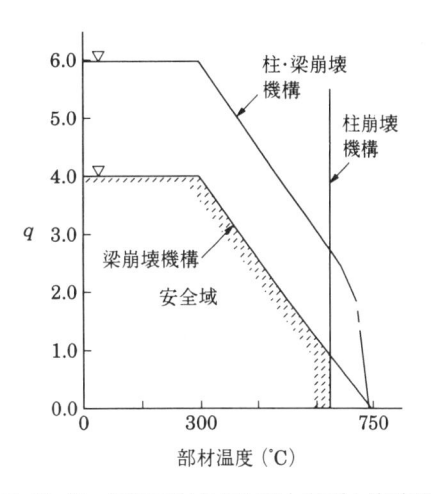

図 11.46　無次元化された梁上荷重と崩壊温度

崩壊温度を示すと図 11.46 のようになる．無次元化された梁上荷重 q と崩壊温度の関係が図上で示されている．

11.9　耐火性能の評価基準

建築構造物に耐火性を附与する目的は人命保護と財産保全にあることは論ずるまでもないことであるが，その耐火性能の判定・評価の基準は，各国・各地域で異なり時代と共に動いている．表 11.5 に 1990 年に筆者が調査した鉄骨構造の柱・梁に関する評価基準を示す．評価基準は，限界の変形もしくは変形速度を規定するか，限界温度を定めるかの二様に分かれている．前者は載荷加熱試験の判定に用いられ，後者は簡便な加熱試験の基準である．その後, ISO 834 規準も変形もしくは変形速度を規定する大幅な改定作業が進められており，日本でも建築基準法が改定されつつあり，国際的に統一化の傾向にある．ISO 834 の改訂案では，圧縮部材・曲げ部材ともに縁ひずみが 1 ％になる時点を限界変形としている．

表 11.5 既往の耐火性能評価基準（鉄骨造）

耐火試験法 耐火設計法	柱		梁	
	載荷試験	無載荷試験	載荷試験	無載荷試験
JIS A1304	有害な変形	平均：350℃ 最高：450℃	有害な変形	平均：350℃ 最高：450℃
ASTM E-119	作用荷重に 耐えること	平均：538℃ 最高：649℃	平均：593℃ 最高：704℃	平均：538℃ 最高：649℃
DIN 4102	崩壊せず	500℃	$d\delta/dt = l^2/9000H$ (mm/min)	―
BS 476	作用荷重に 耐えること	―	$\delta = l/20$ $d\delta/dt = l^2/9000H$ (mm/min)	―
ISO 834	$\delta = h/100$	―	$\delta = l^2/400H$ $ds/dt = l^2/900H$ (mm/min)	―
Robertson Ryan[43]	―	―	$\delta = l^2/800H$ $d\delta/dt = l^2/150H$ (mm/hour)	―
スウェーデン 設計規準[44]	座屈応力度		$\delta = l^2/800H$	
ECCS 設計規準[45]	座屈温度 $h/30$		崩壊機構構成温度 $l/30$	

δ：たわみ，t：時間，l：スパン長，H：梁背，h：柱高さ

文　献

1) 日本火災学会編：火災便覧　第3版，pp. 1358-1370，共立出版（1997）
2) 斎藤光・飯塚幸治：耐火設計における可燃物量の評価（その1，評価方法）日本建築学会大会梗概集（1968）
3) Hoogstraten, C. W. van：Een onderzoek naar het gedrag bij verhitting van met papier gevulde stalen archiefkasten, Rapport Brandveilig heids instituut T. N. O. (1962)
4) Fire Resistance Classification of Building Constructions. National Bureau of Standards, BMS 92 (1942)
5) 日本建築センター：建築物の総合防火設計法―第4巻　耐火設計法（1989）
6) Kawagoe, K., Sekine, T.：Estimation of Fire Temperature-Time curve in rooms., B. R. I Occasional Report, No. 11 (1963)
7) Harmathy, T. Z.：Post-flashover compartment fires., FIRE AND MATERIALS, Vol. 7, No. 2 (1983)
8) Babrauskas, V., Williamson, R. B.：Post flashover compartmentfires., FireResearch Group Report, No. UCB FRG 75-1, University of California, Berkeley (1975)
9) Tanaka, T.：A mathematical model of a compartment fire., B. R. I. Research Paper, No. 70 (1977)
10) Mitler, H. E., Emmons, H. W.：Documentation for CFC V, The Fifth Harvard Computer Fire Code., Home Fire Project Technical Report, No. 45, Harvard University (1981)
11) 川越邦雄：コンクリート造建物の室内火災温度（その3　推定方式の実用化），日本建築学会論文報告集，第140号（1967）
12) 若松孝旺：火災時における建物部材の内部温度算定に関する研究（第一報），―算定式の誘導，算定条件及び算定要素―，日本建築学会論文報告集，第109号（1965）
13) 若松孝旺：火災時における建物部材の内部温度算定に関する研究（第二報），―算定式の解法―，日本建築学会

論文報告集，第 111 号（1965）

14) Teral, Harada : Heat and Mass transfer in an intensly Heated Mortal Wall, Proc. 3rd, Int. Symp. on Fire Safety Science（1991）

15) 古村福治郎：コンクリートと鋼材の協力，コンクリート工学　Vol. 17, No. 7（1979）

16) 日本鋼構造協会高温強度班：構造用鋼材の高温時ならびに加熱後の機械的性質，JSSC, Vol. 4, No. 33,（1968）

17) Fujimoto, Furumura, Ave & Shinohara : Primary Creep of Structural Steel at High Temperatures, Report of the Research Laboratory of Engineering Materials, Tokyo Institute of Technology, No. 4（1979）

18) 古村福治郎：コンクリートと熱（2），コンクリート工学　Vol. 17, No. 9（1979）

19) Malhotora, H. L. : The effect of temperature on the compressive strength of concrete, Magazine of Concrete Researh, Vol. 18, No. 23（1956）

20) Anderberg, Y. and Thelandersson, S. : "Stress and Deformation Characteristics of Concrete at High Temperatures 2. Experimental Investigation and material Behavior Model", Division of Structural Mechanics and concrete Construction, Lund Institute of Technology, Bulletin No. 54, Lund, Sweden（1976）

21) 斎藤　光：鉄骨構造の火災に対する安全率，日本建築学会論文報告集，No. 76（1962）

22) Saito, H. : Research on the Fire Resistance of Steel Beam, B. R. I. Research Paper No. 31（1968）

23) Н. И. Зенков : О Прочности Строителъньых Сталей при Высоких Температурах Промышленное Строителъство No. 11（1958）

24) 斎藤　光：端部拘束鋼構造部材の火災時の性状，日本火災学会論文集，Vol. 15, No. 1（1966）

25) 日本鋼構造協会高温強度班：鉄筋コンクリート用棒鋼および PC 鋼棒鋼線の高温時の強度性状に関する研究，日本鋼構造協会誌，Vol. 5, No. 45（1969）

26) Haas, Ophorst, Rengers (Commissie voor Uitvooring van Reseach) : Brandproeven op voorgespannen Betonliggers, CUR–Rapport 4, 13（1958）

27) А. И. Яковлев : Огнестойкость Железобетонных Кодонн, Строительная Промышленность No. 3, 1955.

28) Ingberg, S. H., Griffin, H. K., Robinson, W. C., Wilson R. E. : Fire Test of Building Columns, Technical Paper No. 189, Bureau of Standards（1921）

29) Davey, N., Ashton, L. A. : Investigation on building Fires, Part. V, Fire Tests on Structural Elements, National Building Studies, Research Paper No. 12, Her Majesty's Stationar y Office（1953）

30) Seekamp, H., Becker, W., Struck W.: Brandversuche an Stahlbetonfertigsäulen D. A. f. St. Heft 162（1964）

31) Fackler, J. P.: Essais de résistance au feu d'eléments de Construction（8éme série），Cahiers du C. S. T. B. No. 44, 1960, No. 49（1961）

32) Saito, H. : Behavior of End Restrained Concrete Member in Fire, B. R. I Research Paper No. 32（1968）

33) Selvaggio, S. L., Carlson, C. C. : Effect of Restraint on Fire Resistance of Prestressed Concrete, P. C. A. Research Department Bulletin 164（1963）

34) А. И. Яковлев : Экспериментальное Изучение Огнестойкости Железобетонных Конструкций, Теория Расчета и Конструирования Железобетон ных Конструкций, Москва（1958）

35) Ehm, H., von Postel, R.: Versuche an Stahlbeton–konstruktionen mit Durchlaufwikung unter Feuerangriff, Feuerwiderstandsfähigkeit von Spannbeton, Bauverlag GmbH, Wiesbaden–Berlin（1966）

36) 斎藤光：プレストレストコンクリート部材の爆裂について，日本火災学会論文集，Vol. 15, No. 2（1966）

37) 斎藤光：プレストレスト・コンクリートの耐火性（第5回FIP国際会議・委員会報告）日本火災学会論文集, Vol. 16, No. 2 (1967)
38) 上杉英樹, 小池浩：高層鉄骨架構の熱応力解析（その1）, 日本建築学会構造系論文報告集, 381号 (1987, 11)
39) 斎藤　光, 上杉英樹, 古平章夫, 今野　修：既存超高層建築の熱応力性状, 日本建築学会学術講演梗概集 (1983)
40) Becker, J., Bresler, B. : "FIRES-RC-A Computor Program for the Fire Response of Structure-Reinforced Concrete Frames", Report No. UCB FRG 74-3, University of California Berkley, July (1974)
41) 鈴木弘之他,「火災加熱を受ける鋼構造骨組の崩壊温度」, 日本建築学会学術講演梗概集（北陸）(1992)
42) 日本建築学会編：鋼構造耐火設計指針 (1999)
43) Robertson, A. F., Ryan, J. V. : "Proposed Criteria for Defining Load Failure of Beams, Floors and Roof Constructions during Fire Test, "Journal of Research, National Bureau of Standards, Vol 63 C, p. 121 (1959)
44) Pettersson, O., Magnusson, S. E., Thor, J. : Fire engineering design of steel structures., Swedish Institute of Steel Construction (1976)
45) ECCS (European Convension for Constructional Steelwork) : "European Recomedations for the Fire Safety of Steel Structures, " Elsevier, Amsterdam-Oxford-New York (1983)

12章　住宅防火設計

　一般住宅における火災は，発生件数や火災による死者数も多く，最も身近な災害である．しかしながら，大規模建物や高層建物，あるいは不特定多数の人が利用する業務用建物等が建築基準法や消防法の規制の対象となっていて種々の防火対策が施される場合が多いのに対して，一般の住宅は防火対策という点からの規制はあまりない．つまり，個々の住宅の防火安全は，居住者自身の防火に対する認識と努力いかんにかかっているといえる．以下では，まず火災の実態，住宅火災の基礎について記し，それから住宅火災の発生と延焼拡大危険を減らすための技術，防火対策，防火設計について概説する．

12.1　住宅火災の実態

12.1.1　住宅火災の件数と死者数

　毎年，建物火災の約50%，そして建物火災による死者数の約90%が住宅から発生していて（表12.1），防火対策とりわけ火災による死者数の低減という目標の上で住宅火災はきわめて重要な対象

表 12.1　建物火災の火元用途別損害状況（平成9年度中）[1,2]

用途区分	火災件数	火災による死者数	焼損床面積（m^2）	損害額（百万円）
住宅	19,271	1,165	833,340	67,525
劇場等	94	0	2,099	113
遊技場等	145	3	4,711	945
飲食店舗	598	5	26,504	3,917
物品販売店舗	475	3	5,248	2,616
旅館，ホテル	180	0	6,281	705
病院，社会福祉施設等	231	4	3,941	499
学校，大学	419	0	5,974	494
図書館，美術館等	9	0	532	151
工場，作業場	2,532	25	294,336	32,657
倉庫	934	6	108,804	10,570
事務所	849	9	55,609	4,614
複合用途	3,678	75	103,611	14,135
その他	5,104	83	346,936	23,104
合計	34,519	1,378	1,807,926	162,045

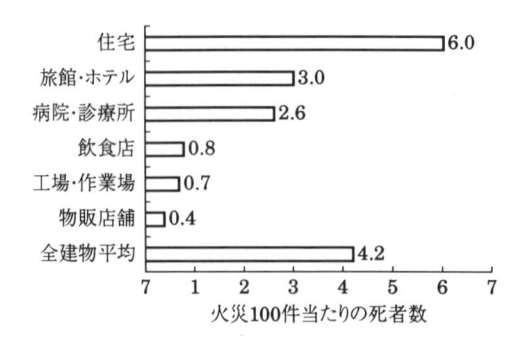

図 12.1 建物用途別にみた火災による死者の発生率
（全国データ：1994〜1998の平均）

となっている．この理由には，もちろん母数として一般住宅の数が多いということもあるが，図12.1にみるように建物用途別の火災100件当たりの死者発生率でみても，住宅は他の建物用途に比べ死者の発生率が非常に高い．

12.1.2 住宅における典型的な出火パターン

住宅内には種々雑多の火気が持ち込まれており，出火原因の種類は非常に多様である．しかし，住宅火災の出火原因を少し詳しく見てみると特定のパターンで出火しているケースが多い．全国の火災データにより，台所と居室の各出火源について，その着火物（最初に燃えだしたもの）を調べ，主な出火パターンともいうべきものを整理してみる．

A. 台所の主な出火パターン

台所の出火パターンは，調理中にその場を離れ，放置・忘れたために動植物油，すなわち食用油に火が入ったいわゆる"天ぷら油火災"がほとんどである（表12.2）．

表 12.2 台所における火源と着火物のパターン（全国データ：1989〜1994）[3]

発火源＼着火物	布団類	衣類・繊維	紙類	内装・建具	動植物油	灯油類	その他・不明	合計(%)
調理器具	23	455	230	1264	20335	40	2169	24516 (82.40)
電気器具・配線	2	31	48	155	67	1	563	867 (2.92)
暖房器具	37	129	36	106	31	266	251	856 (2.88)
タバコ	44	30	190	24		2	113	403 (1.36)
裸火	2	10	42	34	5	17	119	229 (0.77)
火遊び	2	11	92	14	28	1	57	205 (0.70)
その他不明	35	169	233	340	175	166	1550	2668 (8.97)
合計	145	835	871	1937	20641	493	4822	29744 (100)

B. 居室の主な出火パターン

居室の場合は，火気の使用用途が多種類であるが，それでも"その他・不明"を除けば，"タバコ"と"暖房器具"の2つが飛び抜けている．居室での代表的な出火パターンは，一つには，タバコの不

12.1 住宅火災の実態

表 12.3 居室における火源と着火物のパターン（全国データ：1989～1994）[3]

発火源＼着火物	布団類	衣類・繊維	紙類	内装・建具	動植物油	灯油類	その他・不明	合　計（％）
タ　バ　コ	5777	834	2339	1005	0	12	701	10668 (25.7)
暖 房 器 具	2351	2285	518	957	9	1227	1525	8872 (21.4)
電気器具・配線	627	431	238	762	3	4	1848	3913 (9.4)
火　遊　び	389	321	1221	377	1	3	307	2619 (6.3)
裸　　　火	444	238	405	238	0	90	478	1893 (4.6)
調 理 器 具	127	121	102	84	69	1	155	659 (1.6)
その他不明	965	1268	1337	1470	8	790	7053	12891 (31.0)
合　　計	10680	5498	6160	4893	90	2127	12067	41515 (100)

注意な放置や寝タバコによって布団類へ着火するケース，そしてもう一つは，暖房器具のつけっぱなしや可燃物の接近により布団類，衣類・繊維類に着火するケースである（表12.3）．

12.1.3 住宅火災による死者の実態

図12.2は，人口当たりの住宅火災による死者発生率を5歳刻みの年齢区分別にみたものである．高齢になるに従い急激に死者発生率が高くなり，とりわけ71歳以上にその傾向が強く現れている．

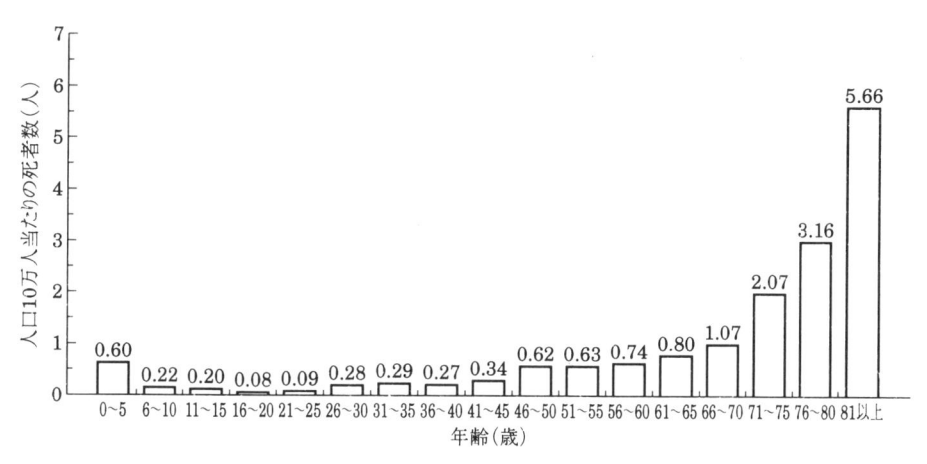

（注）年齢不明者6名を除く．人口は，平成9年10月1日現在の推計人口(総務庁統計局)による．

図 12.2 住宅火災における年齢階層別死者発生状況（放火自殺者を除く）[4]

火災による死者の発生状況を，住宅統計調査より得られる住宅形式・構造別住戸数の母数との比較で，住宅形式・構造別の年間百万戸当りの焼死者数で見ると，戸建て，共同住宅とも，耐火造→防火木造→木造の順に焼死者発生率が高くなっており，その値も戸建て，共同住宅の別にかかわらずよく似ている（表12.4）．つまり，火災の延焼拡大のしやすさが焼死に至る危険の程度に影響しているということができる．具体的には，木造住宅は防火木造住宅の2倍から3倍，また耐火造住宅の5倍から7倍の焼死者発生危険があることになる．

表 12.4 住宅形式別にみた火災発生率および火災による死者発生率[5]

	出火率 (百万戸当たり出火件数)	火災当たり死者発生率 (火災千件当たり死者数)	住戸当たり死者発生率 (百万戸当たり死者数)
木造・戸建て	630.4	58.5	36.9
防火木造・戸建て	210.4	40.3	8.5
耐火造・戸建て	153.1	40.8	6.3
木造・共同住宅	673.0	60.9	41.0
防火木造・共同住宅	388.2	41.4	16.1
耐火造・共同住宅	197.3	25.1	4.9

注) 住宅数は 1993 年住宅統計調査による．また，火災データは 1990～1993 の年平均値による．放火や放火自殺を除く．

文　　献

1) 自治省消防庁予防課：火災による死者の実態について（1997）
2) 自治省消防庁防災情報室：火災年報（1997）
3) 直井英雄，関沢愛，加藤勝，若井正一：住まいと暮らしの安全，理工図書（1996）
4) 自治省消防庁：消防白書（1998）
5) 関沢愛：最近の火災による死者の傾向と死者低減方策についての考察，月刊フェスク，10 月号，日本消防設備安全センター（1998）

12.2　住宅防火の基礎

12.2.1　火災性状に及ぼす諸要因

住宅火災に限らず，建物の火災は様々な要因に支配されて進展することが知られている．とりわけ，住宅火災は，生活スタイルの多様性を反映して，他の用途に比べて出火原因，第一次着火物の種類，出火場所は多い．図 12.3 は，火災がぼやで止まるか否かに関連する要因を示したものである．住宅火災の初期拡大には，住宅の構造種別も支配要因ではあるが，原因・経過ともにそこに生活する人が大きく関与することが指摘される．図 12.4 は，準耐火・耐火構造住宅の火災盛期に関連する要因である．これらの図にみるように，設計段階では安全を制御・選択できる要因とそうでないものとがあることを理解することが火災安全設計の本質である．

12.2.2　住宅構造と火災性状

在来軸組木造住宅の火災は，図 12.5 に示す東大第一回火災実験の時間－温度曲線の計測結果のように窓から火炎が噴出した後，数分で最盛期（火盛り期）を迎える．消防活動に失敗すれば，すべての可燃物を焼失するまでは多くは熾きの状態で燃焼を継続する．防火上の改良を加えた住宅では，図 12.6 に示すようにおおむね JIS A 1304 の標準加熱曲線に類似した曲線へと近づいている．最近の準耐火建築物の火災は，多くの耐火建築物の火災と同様な燃焼性状を示している．図 12.7 は鉄筋コンクリート造住宅の実験結果である．

12.2 防火の基礎

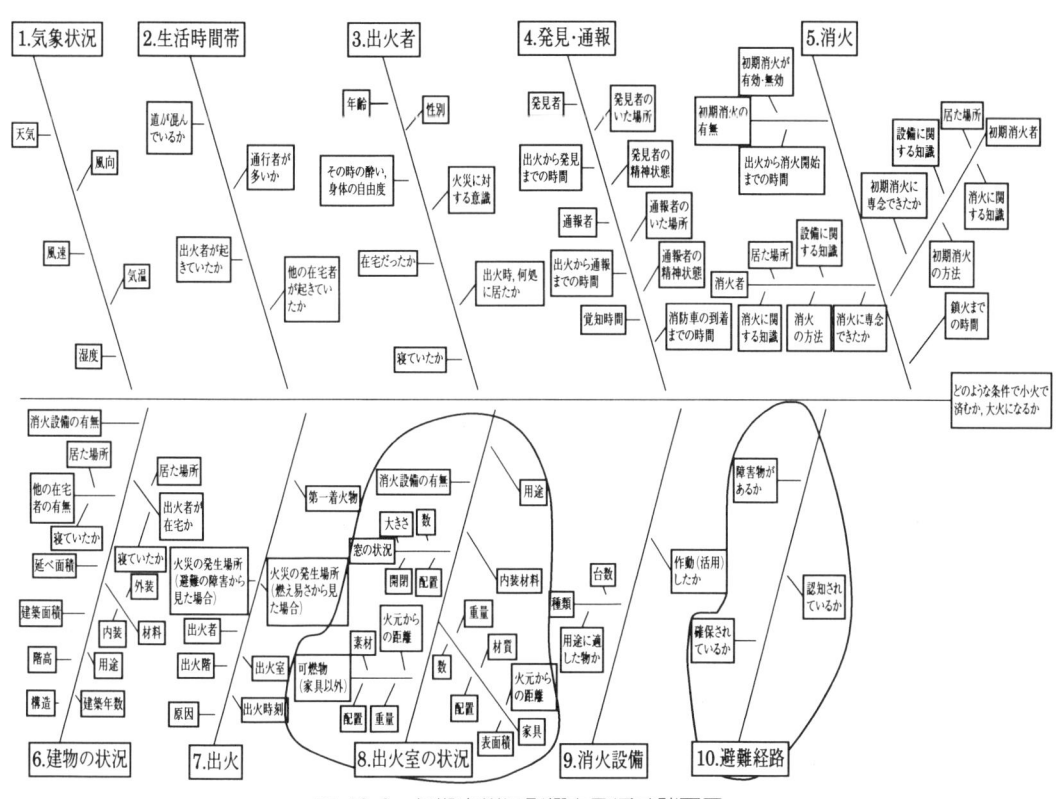

図 12.3 初期火災に影響を及ぼす諸要因

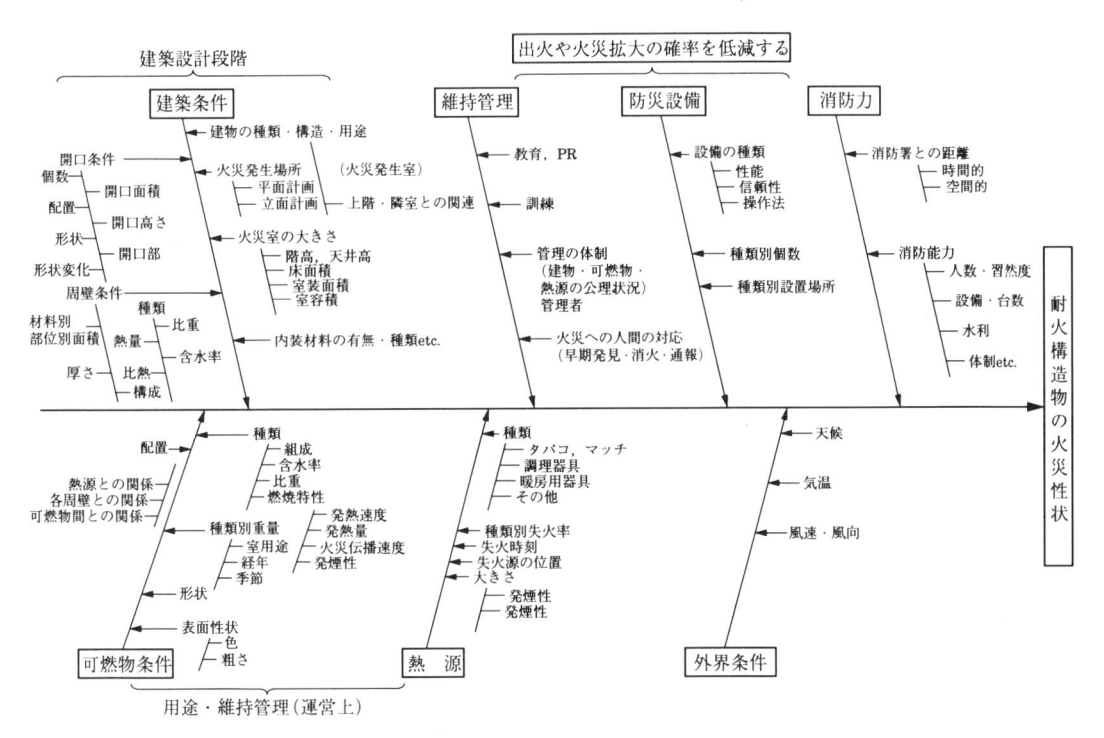

図 12.4 盛期火災に影響を及ぼす諸要因

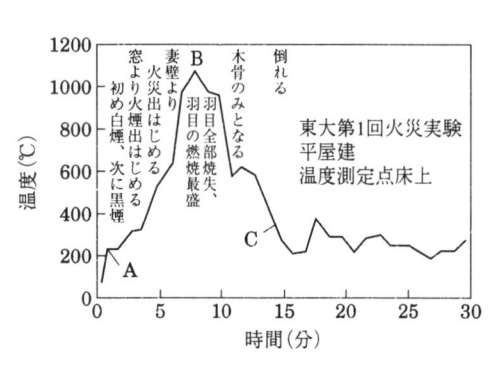

図 12.5 木造家屋火災実験（東大実験）[1]

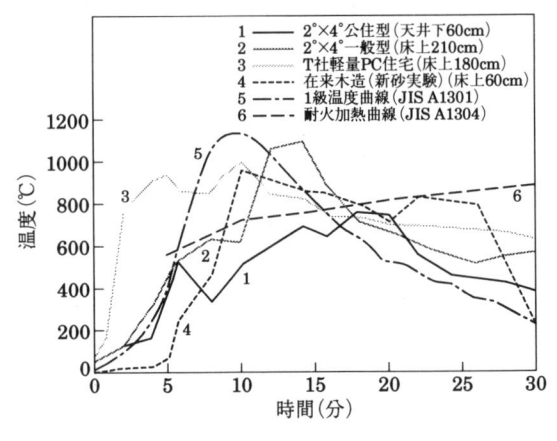

図 12.6 各種工法住宅の火災実験[1]

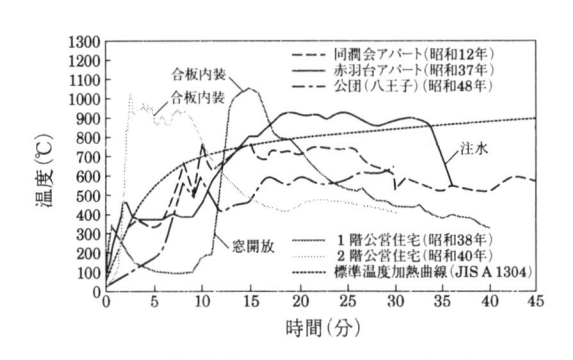

図 12.7 コンクリート系実験[1]

12.2.3 生活形態と火災性状

住宅の火災性状は，生活に密着している．生活に関連する諸要因のうち，特に，可燃性の家具類や生活用品などが出火源の近傍にあれば，火災の進展は著しく急激なものとなる．したがって，火災安全設計において，対象とする空間に「どのような種類の可燃物がどのような状況でどのくらいの量」が存在するかを想定することが重要となる．

A. 可燃物の空間配置

住宅の耐火性能を検証するための可燃物量に関しては，住宅居室の用途に係わらず平成12年5月31日建設省告示第1433号では $720 \, \mathrm{MJ/m^2}$ （$45 \, \mathrm{kg/m^2}$）と規定しているが，どのように配置されているかについては規定していない．火盛り期の安全性能評価にはこれで十分であろう．しかし，火災初期性状の評価には不十分な情報である．感知・初期消火や避難行動の余力などを評価・検討するためには，空間内部の可燃物の3次元的な情報が必要不可欠である．佐藤ら調査によれば[2]，住宅内部の空間用途によって可燃物量が異なることや可燃物の空間内部での配置状況，例えば，部屋中央部に比べてと周辺が圧倒的に多く，また開口部の形状も支配されるなどのことが指摘できる．

B. 家具類の燃焼

火災初期の燃料支配燃焼領域では，燃焼速度は着火状況や燃料となる製品の材質・形状によって支配される．図12.8はその計測例である．

(a) 家具類燃焼時の放射熱量

(b) 家具類の燃焼特性

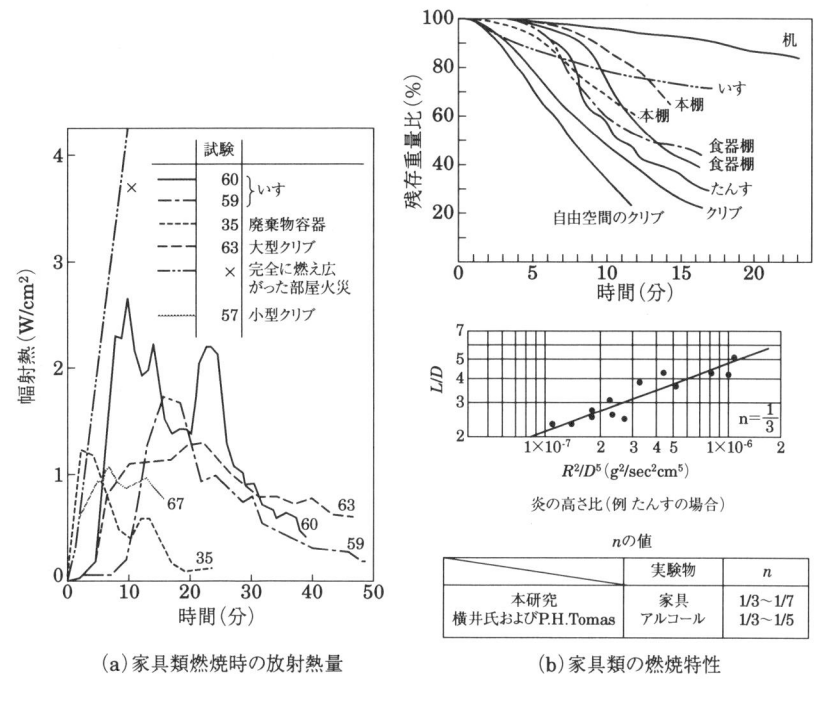

図 12.8 家具類の燃焼特性実測例[1]

12.2.4 木造住宅の可燃物の実態と燃焼速度

木造住宅の火災では，内部の可燃物のみならず軸組材も燃焼する．表12.5は戦前の実験における可燃物量であり，表12.6は昭和50年代の実験での値である．後者は，構造材が小さいこと，内外装に不燃性の材料が多用されていることなどから固定可燃物量は減少傾向にある．

積載可燃物量に関してはおおむね30 kg/m²程度である．積載可燃物には，プラスチック系のよう

表 12.5 木造家屋の可燃物量[1]

項　目	実　験　別	東大第1回	東大第2回		東大第3回		水　戸　実　験		
			2戸建	1戸建	第1次	第2次	1号	2号	3号
種　　　類		住宅	住宅	住宅	学校	学校	工場	工場	宿舎
床　面　積　(m²)		29.9	57.9	34.7	182	182	65	65	145
床面積1m²当り可燃物量(kg/m²)	家屋構造材	77	135	127	152	152	68	77	132
	造作家具類	42	23	20	14	18	7	7.4	6.1
	計	119	158	147	166	170	75	84	138
総　　　量　(t)		3.55	9.12	5.11	30.5	30.9	4.85	5.44	20.1

表 12.6 木質系住宅建物の可燃物量[1]

項　目	実　験　別	在来工法住宅	枠組壁工法住宅	工業化工法住宅
床　面　積（m²）	1 階	55.48	37.68	50.10
	2 階	30.64	36.85	38.92
	3 階	—	14.49	25.66
	計	86.12	89.02	114.68
固定可燃物量（kg/m²）	1 階	66.85	64.10	53.46
	2 階	178.54	66.10	81.76
	3 階	—	166.90	81.72
	平均	106.58	81.70	69.37
積載可燃物量（kg/m²）	1 階	26.50	21.20	28.60
	2 階	37.10	28.30	23.30
	3 階	—	27.00	21.40
	平均	30.30	25.20	25.20
床面積1m²当りの可燃物量(kg/m²)		136.90	106.90	94.57

に燃焼時に木材の2倍程度の発熱量を示すものもある．そこで，一般にはその発熱量と等価の木材重量に置き換え，これらの表のように等価木材量で表す．

12.2.5　各種材料の燃焼特性など

各種木材の炭化速度を表 12.7 に示す．図 12.9 は，比重による着火時間の違いである．表 12.6 には木材の引火・発火温度を，表 12.7 に各種材料の発熱量を示す．

表 12.7 平均炭化速度（JIS A1304加熱）[5]

試　験　体					平均炭化速度(mm/分)	
部位	種類	樹種	含水率(%)	気乾比重	残留断面から算出	内部温度から推定
柱	集成材	とどまつ	6.0〜 9.5	0.38〜0.44	0.67	0.72
		べいまつ	8.6〜 9.6	0.55〜0.58	0.67	0.66
		すぎ	15.2	0.42	0.74	0.77
	製材	とどまつ	40.9	0.56	0.52	—
		すぎ	36.9	0.50	0.66	—
梁	集成材	とどまつ	6.0〜11.0	0.36〜0.48	0.60	0.73
		べいまつ	8.7〜10.2	0.53〜0.57	0.59	0.70
		べいつが	9.3〜10.5	0.46〜0.59	0.66	—
		すぎ	13.6	0.41	0.59	0.73
	製材	とどまつ	40.9	0.56	0.63	—
		すぎ	36.9	0.50	0.49	—

12.2 防火の基礎

図 12.9 木材の比重による着火時間の違い[3]

表 12.8 木材の引火・発火温度[1]

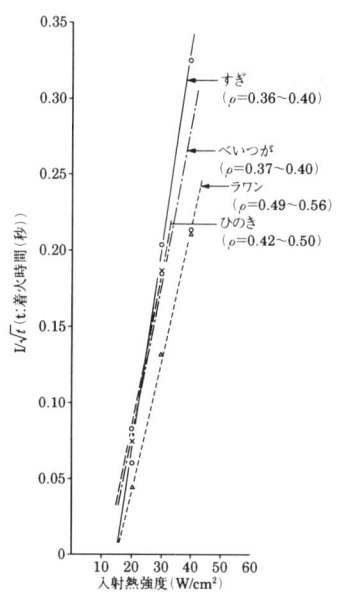

樹　種	引火温度（℃）	発火温度（℃）
すぎ	240	
ひのき	253	
つが	253	445
あかまつ	263	430
からふとまつ	271	
えぞまつ	262	437
とどまつ	253	
けやき	264	426
かつら	270	455
ぶな	272	
しらかば	263	438
きり	269	
あかがし		441
つげ		447
くり		460
トネリコ		416
やまざくら		430
べいまつ		445

表 12.9 材料の発熱量[3]

	材　料	発熱量 (kcal/kg)	材　料	発熱量 (kcal/kg)
壁	紙　　　（難燃処理あり）	10.1(17.6)†	すぎ板（比重0.45）	18.9
	麻　　　（難燃処理あり）	10.1(16.7)	合　板（比重0.50）	18.8
	レーヨン（難燃処理あり）	7.9(15.0)	パーティクルボード（比重0.55）	16.7
	塩化ビニル(無機質55%,難燃処理あり)	8.8(18.0)	軟質繊維板（比重0.40）	14.7
	アクリル（塩化ビルニ50%）	18.0(31.3)	硬質繊維板（比重0.85）	20.1
	ポリエステル（無機質70%）	7.12(22.9)	パルプセメント板（パルプ15%）	2.1
	ポリクラール（難燃処理あり）	18.0(22.5)	パルプセメント板（パルプ 8%）	1.5
紙	石　綿　（パルプ18%）	3.8	石綿吸音板（デンプン 7%）	0.8
	ヒル石	8.3	石綿吸音板（デンプン12%）	2.1
	ガラス繊維	3.4	せっこうボード（紙あり）	6.3
衣	綿　　　（100%）	16.1	せっこうボード（紙なし）	0.4
	麻　　　（100%）	16.7	木毛セメント板（木毛45%, 比重0.77〜0.85）	3.1〜5.4
	レーヨン（100%）	15.0		
	羊　毛　（100%）	21.9	石綿スレート（比重1.8）	0
	ナイロン（100%）	27.4	塩化ビニルタイル（塩化ビニル30%）	19.4
	アクリル（100%）	29.2	塩化ビニルタイル（塩化ビニル10%）	15.1
	ポリエステル（100%）	21.8	アスファルトタイル	17.3
	〃　　95%：ナイロン5%	19.7	ゴムタイル	15.9
	〃　　85%：麻15%	24.9	リノリウムタイル	21.4
	〃　　80%：麻20%	20.6		
	〃　　65%：綿35%	21.6		
類	〃　　40%：麻60%	14.7		
	〃　　35%：アセテート65%	18.2		
	アクリル80%：羊毛20%	25.9		
	羊　毛80%：レーヨン20%	11.2		

† （　）内の数値は未処理の値を示す．

文　献

1) 日本火災学会編：火災便覧　新版, 共立出版 (1984)
2) 佐藤博臣ほか：住宅における可燃物配置のモデル化に関する調査, 日本建築学会大会梗概集 (2001)
3) 日本火災学会編：火災便覧, 理化書院 (1955)
4) 建設省総プロ：新木材建築技術の開発, 昭和62年度報告書, 建設省建設研究所 (1988)
5) 小国：昭和51年度日本火災学会大会梗概集 (1976)
6) 日本建築センター編：大断面木造建築物設計施工マニュアル (1988)

12.3　住宅火災実験

　住宅の火災を低減することは，建物火災を低減する最大の方法であることから，これらの燃焼の本質を見定めるためや個別の問題点・解決策を探る目的でこれまで多数の実大火災実験が実施されている．

　昭和8年に東大構内で実施された木造平屋での火災実験を端緒として，数多くの実大火災実験が行われ，それぞれの時代を背景として住宅・都市の不燃化が段階的に進められてきた．表12.10は戦前および戦後に実施されたものであり，表12.11は昭和50年代に実施されたもの，表12.12は昭和60年代以降のものである．

　表12.10に示した一連の実験は，住宅火災の本質を知る目的で実施された．

　東大木造火災実験は，「火災の温度は比較的高いが，その継続時間はきわめて短い」との結論を得，用途や規模の相違はあまりないとした．その後，住宅実験の結果をもとに建築学会（都市防空調査委員会）は火事温度標準曲線を定めている．また，これに引き続いた昭和13年の内務省を中心とした一連の実験は，各種材料を用いた外壁が火災家屋からの距離でどのようになるか，裸木造と防火木造の延焼限界距離はどのくらいか，などの基礎的な情報を与え，昭和14年の防空建築規制の根拠となった．さらに外壁を木造下見板張りとしないモルタル塗りへの改修効果の啓蒙のために，昭和14年から18年に全国30余都市で延べ150余の火災実験が実施されている．これらの結果をもとに，浜田稔博士は防火材料の防火試験に用いるための試験用火事温度標準曲線を定めた．これがその後，JIS A 1302の1級曲線となった．さらに，浜田は，戦後火災時の熱気流や風速などを考慮した延焼限界距離や延焼速度式を提案した．また，内田祥文博士は上記実験のうち，水戸市などでの15都市での実験から，今日の基準法の「延焼の恐れのある部分」の根拠となるグラフを決定した．

　耐火構造を対象とした実験は，同潤会アパートでの火災実験が昭和12年に行われた．さらに，空襲火災により生じた焼けビルの診断の必要から，昭和21年以降の研究は耐火造の室内性状の研究に重点がおかれた．ここでの実験結果から，後日，川越－関根の式として世界的に著名な換気支配型の式が導かれた．その後は，大規模ビルの火災性状，特に煙拡散性状の把握とモデル化のための実大実験へと進み，住宅の実大実験は一段落の状態となった．

　おおよそ，30年の時間経過を経て，同じ木質系の建物でありながら，従来の木造とは異なって，耐火造の燃焼に似た性状を持つ枠組壁工法の住宅が出現したことにより，それらの火災性状を解明する

表 12.10 戦前および終戦直後の主な実験

実験年	建物構造形式	建物概要	実験概要
昭和8年 〜 昭和13年	木造	・平屋（10坪） ・平屋2棟（10.175坪） ・2階建（27坪）	内田祥三博士によるわが国最初の実大火災実験 ・東大構内にて実施[1]（互葺，下見板張り，6〜8分で1100℃に） ・東大構内にて実施[2]（鉄板葺，下見板張り，平均885℃） ・月島にて実施[3]（1回目は2階に点火，2回目は1階に点火） 　瓦葺，下見板張り，2回目最高1340℃
昭和10年	鉄筋コンクリート	3階建アパートの2階住戸を利用．1戸22.6 m²	内田祥三博士による実験，同潤会アパート深川三好町．鉄筋コンクリートアパートの火災性状を観察[4]． 3回の実験を実施． ・1回目は6畳の部屋でアイロンを加熱放置，60分後でも着火せず中止 ・2回目は開口をすべて閉鎖， ・3回目は開口部をすべて開放し，両者を比較した 2回目は70〜80℃にしか温度上昇せず．3回目は最高840℃に達した．
昭和13年1月 11月	木造	木造平屋 木造2階建	この実験は，内務省と防火施設研究会の共催．淀橋専売局跡にて実施[5] この実験は，内務省と日本建築学会都市防空調査委員会の共催．同じく淀橋専売局跡で実施[5]．大規模．参加機関も多数．昭和14年の防空建築規制へ成果反映．
昭和14年 〜 昭和18年	木造	防火改修 木造（平屋2階建）で様々	木造家屋の防火改修[6]（下見板張りからモルタル塗りへ）の効果を啓蒙する目的で実施[6]．全国30都市，150家屋で実施．地方性もみられる．戦後の基準法の"延焼の恐れのある部分"に成果が反映された．
昭和15年	鉄筋コンクリート	PC造2階建（118.8 m²）	大阪府主催（坂 静雄博士ほか）（プレミヤハウス北館実験）[7] 火災後のRC床の弾性的性質や変形を調査．1200℃が30分程度継続（181 kg/m²） 火災実験の報告はあまり詳細ではない．
昭和23年 〜 昭和32年	鉄筋コンクリート系（含むブロック造）	規模は様々である． 川越-関根式 $q=5.5A\sqrt{H}$ を導出	建築研究所川越邦雄博士による一連の実験（12回の実験）[8]． ・9.3 m²のパスキンコンクリートブロック造での火災荷重を48, 48, 108, 120 kg/m²と加え4回の実験． ・16 m²のNISSAプレハブ枠組造での50 kg/m²での実験． ・21.28 m²のSASAKIブロック造での62 kg/m²の実験． ・15 m²松井ABSコンクリートブロック42 kg/m²，補充コンクリートブロック（31.2 kg/m²） ・28.9 m²サーモコン構造50 kg/m²．軽量鉄骨造17.6 m²（50 kg/m²）での2回の実験． ・12.9 m²ナガノコンクリートブロック（27 kg/m²）

表 12.11 戦後に行われた木造住宅の主な実大火災実験（1976年～1984年)[1]

実験年月	昭和51年7月(1976年)	昭和53年12月(1978年)	昭和54年1月(1979年)	昭和56年3月(1981年)	昭和56年8月(1981年)	昭和59年9月(1884年)
建物構造形式	枠組壁工法	枠組壁工法	在来軸組工法	在来軸組工法	木質系プレハブ工法	在来軸組工法
建物概要 延べ床面積	総2階建て 40 m²	小屋裏利用3階建て連続住宅 101 m²（1F：41, 2F：35, 3F：25)	2階建戸建て住宅 93.5 m²（1F：62.9, 2F：30.6)	総2階建て 79.5 m²	小屋裏利用3階建て連続住宅 114.7 m²（1F：50.1, 2F：38.9, 3F：25.7)	総2階建て 59.62 m² 1階：29.81 m² 2階：29.81 m²
主な内装材料	せっこうボード等	せっこうボード等	ラスボード下地 繊維壁 せっこうボード等	せっこうボード せっこうプラスター等	せっこうボード等 木製防火戸	けいカル板 せっこうボード等 木製防火戸
実験実施場所	埼玉県野田市	千葉県浦安市	東京都江東区	茨城県つくば市	愛知県江南市	茨城県つくば市
実験実施者協力者等	国土開発センター 建研，東京理科大等	ツーバイフォー建築協会，建研，東大等	日本住宅・木材技術センター，建研，林試，東大等	建築研究所，林試等	プレハブ建築協会 建研，林試，東大等	建築研究所
その他	枠組壁工法導入の契機となる戦前最初の木造建物の実大火災実験	小屋裏利用の3階建て住宅，界壁の防火性能の把握	住宅金融公庫融資住宅に適合する一般的な仕様の木造住宅の火災性状	一般的な戸建て住宅の防火改修法の検討	プレハブ工法の火災性状の把握	防火総プロの一環として火災性状予測の検証を行う

表 12.12 戦後に行われた木造住宅の主な実大火災実験（1986年～1996年)[1]

実験年月	昭和61年1月(1986年)	昭和61年1月(1986年)	昭和62年1月(1987年)	昭和62年1月(1987年)	昭和62年11月(1987年)	平成3年12月(1991年)	平成8年3月(1996年)
建物構造形式	在来軸組工法 内装大壁仕様	在来軸組工法 内装真壁仕様	在来軸組工法 第1住戸	在来軸組工法 第3住戸	枠組壁工法	枠組壁工法	枠組壁工法
建物概要 延べ床面積等	2階建戸建住宅 109.2 m² 1F：61.8 2F：47.4	2階建戸建住宅 109.2 m² 1F：61.8 2F：47.4	3階建長屋住宅 99.4 m² 1F：34.8, 2F：34.8, 3F：29.8	3階建長屋住宅 99.4 m² 1F：34.8, 2F：34.8, 3F：29.8	総3階建戸建住宅 198 m² 1F：66, 2F：66, 3F：66	3階建共同住宅 268.2 m² 1F：89.4, 2F：89.4, 3F：89.4	3階建共同住宅 各階2戸計6戸 328 m² (1F・2F・3F：各109 m²)
主な内装材料	せっこうボード等 木製防火戸	せっこうプラスター仕上げ等 木製防火戸・窓	けいカル板 強化せっこうボード 木製防火戸等	せっこうボード等 戸，窓一部開放	せっこうボード 強化せっこうボード等	せっこうボード 強化せっこうボード等	せっこうボード 窓一部開放
実験実施場所	東京都江東区	東京都江東区	東京都江東区	東京都江東区	茨城県つくば市	茨城県つくば市	茨城県つくば市
実施者協力者等	住・木センター，建研，林試，東大等	住・木センター，建研，林試，東大等	住・木センター，建研，林試，東大等	住・木センター，建研，林試，東大等	ツーバイフォー協会，建研等	住宅生産団体連合会 建研，東大等	建築研究所 住宅生産団体連合会
その他	柱・梁を防火材料で被覆した大壁工法の火災性状の把握	柱・梁および2階床板を露出した真壁工法の火災性状の把握	3階建の防火仕様の有効性の評価，避難安全性の検証	戸，窓の開放による延焼状況の検証	準防火地域に建築できる木造3階建住宅の技術基準の実証	3階建共同住宅火災性状の把握隣戸，上階住戸への影響の把握	市街地火災を想定し，類焼・延焼状況の把握

ために一連の実験が行われた．さらに，これに引き続き，在来軸組住宅の防火改修効果の確認，工業化住宅の耐火性能の確認などを目的とした実験も行われた．

表 12.11 および表 12.12 は，主として木質系住宅の実験をリストアップしたが，鉄骨系，コンクリート系などの工業化住宅，あるいは鉄筋コンクリート造の共同住宅の火災実験も相当数実施されている．例えば，赤羽台住宅（昭和 31 年），RC 量産住宅（昭和 38 年），ナショナル住宅（昭和 44 年），住宅公団大阪千島（昭和 47 年），住宅公団八王子（昭和 48 年），スタンハイム（昭和 49 年），カプス（昭和 50 年），軽量 PC（昭和 52 年），ハウス 55（昭和 54 年），PC 住宅（昭和 53 年）などがあげられる．

文　　献

1) 内田祥三ほか：木造家屋の火災実験について，建築雑誌 47 (1933)
2) 内田祥三ほか：木造家屋の火災実験について，建築雑誌 49 (1935)
3) 内田祥三ほか：木造家屋の本質，特に 2 階建ての場合，建築雑誌 53 (1939)
4) 内田祥三ほか：鉄筋コンクリート造アパートの火災実験，建築雑誌 52 (1938)
5) 新海五郎ほか：淀橋火災実験報告，建築雑誌 53 (1939)
6) 内田祥三：建築と火災，相模書房 (1953)
7) 坂　静雄：鉄筋コンクリート家屋の火災実験，建築雑誌，日本建築学会 (1941)
8) 川越邦雄：Fire Behavior in Rooms，建築研究報告 No. 27，建築研究所 (1958)

12.4　住宅火災と対策

12.4.1　住宅用防災機器や安全な火気器具

A．消火器による初期消火

消火器には，従来からあるホースとレバーのついた一般的な消火器のほかに，住宅専用のホースのない小型消火器が開発されている．普段目にすることが多い一般的な消火器の主流は，ABC 粉末消火器[†]と呼ばれるもので，ホースのついている一般的な消火器の使い方は，なるべく火元に近づいて煙や炎にまどわされずに火元に向けて放射することが必要である．なお，放射時間は 10〜15 秒で，いったん放射をはじめると放射は止まらない．

一方，住宅専用の消火器は，住宅火災の初期消火専用の消火器として開発されたもので，女性やお年寄りでも簡単に扱うことができるよう，小型化・軽量化されている．ホースがないのでノズルを直接火元に向けてレバーを握れば放射を開始し，離すと一時放射がストップするようにできており，従来の消火器に比べ操作が容易になっている．

消火器による初期消火で気をつけねばならないのは，初期消火の限界と避難開始の見極めである．一般に火災の拡大が天井へ着火する段階が初期消火の限界であり，一刻も早く避難することが必要であるが，実際にはその頃になると上層部が煙で見えない可能性もあり，天井面が見えないほど上層部の煙が濃くなった時点では避難開始をする必要がある．

[†] 名前についている ABC の意味は，A 火災（木材や紙が燃えた場合の普通火災），B 火災（油が燃えた場合の油火災），そして C 火災（電気器具や電気配線が燃えた場合の電気火災）の 3 種類の火災のどれに対しても消火能力があることを表している．

B. 簡易自動消火装置

ポータブルな消火器とは別に固定型の住宅用の簡易自動消火装置というものがある．これには，次の下方放出型と天ぷら油消火用がある．

a. 下方放出型簡易自動消火装置 これは，一般家庭などで天井や壁等に設置し，下方に消火薬剤を放出して火災を覆い消火する方式のもので，一般火災，台所火災，油火災またはこれらの複数の火災に適応するものなどの種類がある．

b. 天ぷら油消火用簡易装置 一般住宅の台所部分に設置するもので，台所の天ぷら油から出火したとき，火災による熱で感知し，自動的に消火薬剤を放出して消火するものである．

C. 住宅用スプリンクラー

今後の住宅防火対策の新しい可能性として注目されているのが，住宅火災の抑制，高齢者の安全対策をコンセプトとして開発された住宅用スプリンクラーであるが，わが国では平成元年12月に特例検定第1号が合格し，本格的普及に向かってスタートしたばかりである．一般家庭に広く普及するよう安価で故障が少ないことを条件に考慮して開発された「水道直結式住宅用スプリンクラー」のシステムでは，火災が発生すると天井面に設置されたスプリンクラーが自動的に作動して火災を抑制または消火をする．また，散水開始と同時に，警報ブザーを鳴動させ，居住者の避難，救助および消防機関への通報を行うことができるものもある．

D. 住宅用火災警報器

住宅における焼死者を減少させる手段として，その簡易性，経済性，効果等を考えた場合，まず第一に挙げられるのが住宅用火災警報器である．有効な設置場所は，寝室や居間などよく利用する部屋，また，寝室に近い廊下や階段の天井などである（図12.10）．住宅用火災警報器は，米国や英国などの一般家庭ではかなり普及が進み，例えば米国では，現在では90％以上の家庭に設置されていて，最もポピュラーな住宅用防災機器となっている（図12.11）．米国の火災統計によると，住宅用火災警報器を設置している住宅からの発生火災当たりの死者発生率は，そうでない住宅と比べて42％の低減効果があることが示されている．

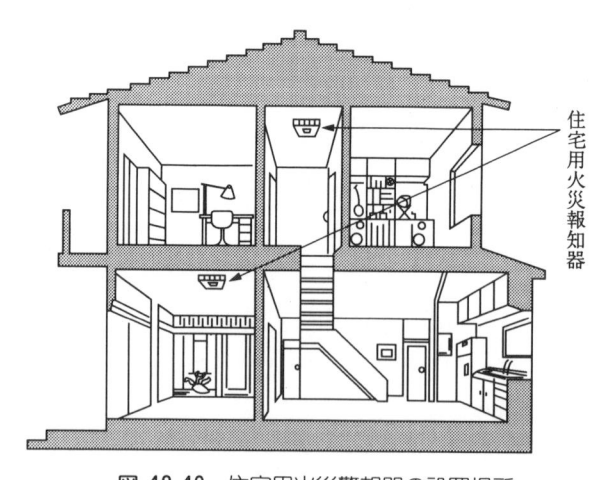

図 12.10 住宅用火災警報器の設置場所

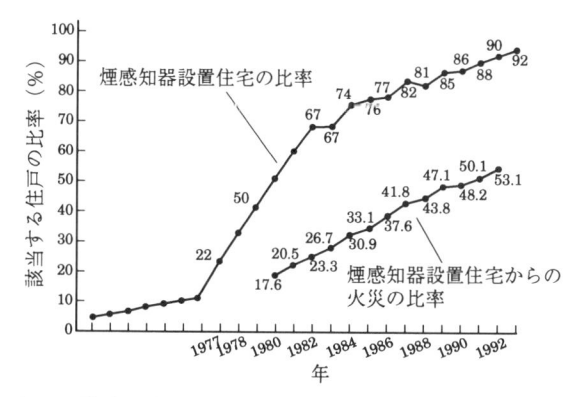

図 12.11 米国における住宅用火災警報器（煙感知器）の普及率の推移（文献1より引用作成）

E. 防炎物品や防炎製品

小さな火種からの火災を大きく拡大させないように，カーテンや絨毯（防炎物品の対象物），寝具や衣類（防炎製品の対象物）などを燃えにくく処理したものを防炎物品，防炎製品と呼んでいる．防炎物品や製品は，火災の発生を少なくするためにも，また，家庭内の災害弱者である幼児やお年寄りなどの着衣に着火する火災を防ぐ意味でも，重要な対策の一つである．

F. 天ぷら油火災防止機能付きガスコンロ

毎年，多く発生するいわゆる天ぷら油火災に対して，天ぷら油火災防止機能付きガスコンロが，最近登場した．このガスコンロは，コンロバーナに温度センサーを取り付け，鍋底の温度を測ることによって天ぷら油火災を防止できるようにしたものである．

G. 緊急通報システム

緊急通報システムというのは，火災や急病のとき，他人の助けの必要な一人暮らしの高齢者等災害弱者の方が，こうした緊急事故の際，胸にかけたペンダントのボタン等を押すことによって，自動的に消防署や福祉事務所などに電話がかかり，消防署や近所の協力員の人が家にかけつけてくれるシステムである．これは，火災だけでなく急病やその他の家庭内事故でも対応がなされるシステムであり，最も普及が進みつつある対策の一つである．

文　献

1) Hall, J. R. : "The U S. Experience with Smoke Detectors", NFPA Journal, September/October (1994)

12.4.2　木造の防火基準と構造

木造建築物等に関しては，昭和62年，平成4年および平成10年（平成12年6月施行）に木造に関する建築基準法の改正が行われた．木造工法には，在来軸組工法，枠組壁工法，木質系プレハブ工法があり，これらすべての工法に対して防火基準が適用される．防火性能を有する構造としては，準防火構造，防火構造，準耐火構造および耐火構造が建築基準法令で定められている．一般的な木造住宅は，表12.13に示すように準防火地域内では500 m² 以下，無指定地域では3000 m² 以下の2階建て建

12章 住宅防火設計

表 12.13 木造住宅等の建築可能範囲

用途	地域	100	150	200	300	500	1500	2000	3000	2	3	4
木造3階建て共同住宅	防火地域					●					●	
	準防火地域					●					●	
	その他の地域					◎		●		◎		●
木造2階建て共同住宅	防火地域	◎				●				◎	●	
	準防火地域			○		◎	●			◎	●	
	その他の地域			○		◎		●		◎	●	
木造3階建て戸建て住宅	防火地域					●					●	
	準防火地域			○		◎	●				◎	●
	その他の地域				○		◎				○	
木造2階建て戸建て住宅	防火地域	◎				●				◎	●	
	準防火地域			○		◎	◎	●		◎	●	
	その他の地域				○			◎	●	◎	●	

○：普通木造（準防火構造，防火構造を含む）建築物　　◎：木造準耐火構造建築物　　●：耐火構造建築物

表 12.14 木造特殊建築物の建築可能範囲

用途	地域	100	150	200	300	500	1500	2000	3000	2	3	4
劇場・映画館・演芸場・観覧場・公会堂・集会場等	防火地域	◎				●				◎	●	
	準防火地域			○		◎	●			○	●	
	その他の地域			○		◎			●			
病院・診療所・ホテル・旅館・養老院等　下宿・共同住宅・寄宿舎	防火地域	◎				●				◎	●	
	準防火地域				○	◎		●		◎		●
	その他の地域				○		◎		●		◎	●
学校・体育館・博物館・美術館・百貨店・マーケット・展示場・カフェ等　倉庫	防火地域	◎				●				◎	●	
	準防火地域				○		◎	●		○	●	
	その他の地域				○（ただし，倉庫は 1,500 m² 以下）		◎		●			
自動車車庫・自動車修理工場等	防火地域	◎				●				◎	●	
	準防火地域		○			◎		●				
	その他の地域		○				◎		●			
一定以上の危険物の貯蔵所・処理場	防火地域	◎				●				◎	●	
	準防火地域					◎		●			●	
	その他の地域				○				●		●	

○：普通木造（準防火構造，防火構造を含む）建築物　　◎：木造準耐火構造建築物　　●：耐火構造建築物

12.4 住宅火災と対策

表 12.15 建築構造・部位と要求耐火性能

建築物の区分			構造方法	準防火構造	防火構造	準耐火構造	木造3階共同住宅	耐火構造
壁	間仕切壁	耐力壁				45分	1時間	1・2時間
		非耐力壁				45分	2時間	1時間
	外壁	耐力壁				45分	1時間	1・2時間
		非耐力壁	延焼の恐れのある部分	20分[1]	30分[1]	45分	1時間	1時間
			それ以外の部分			30分	30分	30分
床						45分	1時間	1・2時間
柱						45分	1時間	1・2・3時間
梁						45分	1時間	1・2・3時間
屋根				飛火防止	飛火防止	30分	30分	30分
軒裏	延焼の恐れのある部分				30分	45分	1時間	30分
	それ以外の部分					30分	30分	
階段						30分	30分	30分

1):耐力壁,非耐力壁とも延焼の恐れのある部分に限る.

物が建築可能であり,準防火地域に建築する場合は,外壁の延焼の恐れのある部分は防火構造とすることが規定され,防火地域・準防火地域以外で建築基準法22条で指定される地域の外壁で延焼の恐れのある部分は準防火構造(土塗り壁等)とすることが規定されている.準耐火構造建築物は,防火地域では2階建て以下で延べ面積100 m²以下,準防火地域では3階建て以下で建築面積1500 m²以下,防火地域・準防火地域以外の地域では3階建て以下で建築面積3000 m²以下の木造建築物が建設可能である.木造共同住宅では3階建てまで可能であるが,それ以外の特殊建築物では表12.14に分類されるように2階建て以下の木造建築物が建築可能である.

建物の構造方法と建物の部位ごとに表12.15に示すように必要とされる耐火性能が分類され,準防火構造は周囲の通常の火災に対し20分間の類焼防止性能を有し,防火構造は周囲の通常の火災に対して30分間の類焼防止性能を有することが要求されている.準耐火構造は,通常の火災に対して(屋外側からと屋内側からの火災に対して)45分の準耐火性能が要求されているが,3階建て共同住宅や軒高9 m・棟高13 mを超える建築物の場合は1時間の準耐火性能が要求される.

また,2000年の建築基準法の改正により,主要構造部が木材やプラスチック等で構成されている構造であっても,耐火構造試験を行って耐火性能の評価基準に適合すれば耐火構造として指定されることが可能となったため,今後の技術開発により木造の耐火構造が開発されれば,4階以上や延べ面積が3000 m²を超えるような木造建築物を建設することが可能となる.

12.4.3 木造の防火性能と仕様

A. 準防火構造の仕様

建築基準法22条で指定された地域では，屋根を飛び火に対して有効な不燃材等で葺くこととともに法23条では外壁で延焼の恐れのある部分（道路中心線や隣地境界線等から1階部分で3m以内，2階以上で5m以内の部分）を準防火構造とすることが必要とされている．準防火構造の代表的な仕様として，屋外側に土塗り壁（裏返し塗りのないもの），屋内側に厚さ9.5mm以上のせっこうボードを張ったものがある（平成12年建設省告示第1362号）．

B. 防火構造の仕様

準防火地域に建築される住宅の外壁および軒裏で，延焼の恐れのある部分には周囲の火災に対して類焼防止性能を有することが必要であり，代表的な仕様として，屋外側に厚さが20mm以上の鉄網モルタル塗りで，屋内側に厚さ9.5mm以上のせっこうボードを張る（平成12年建設省告示第1359号）．

C. 準防火地域の木造3階戸建て，長屋住宅の仕様

準防火地域には，延べ面積が500 m²以下の木造3階建て戸建て・長屋住宅が建築でき，その防火的措置の概要を図12.12に示す（平成12年建設省告示第1384号）．軒裏および外壁の屋外側は防火構造の屋外側の仕様とし，外壁の屋内側は厚さ12mm以上のせっこうボード等を張ること，3階部分の階段と居室との区画を壁または戸で仕切ること，床の直下の天井を厚さ12mm以上のせっこうボード等で張ること，主要構造部の柱や梁は厚さ12mm以上のせっこうボード等で被覆すること，屋根部分は周囲の火災からの火の粉による類焼を防ぐ材料で葺くことならびに屋根直下の天井は厚さ12 mm＋厚さ9 mmのせっこうボード等を張ることとなっている．これらの仕様の中で，外壁の構造は

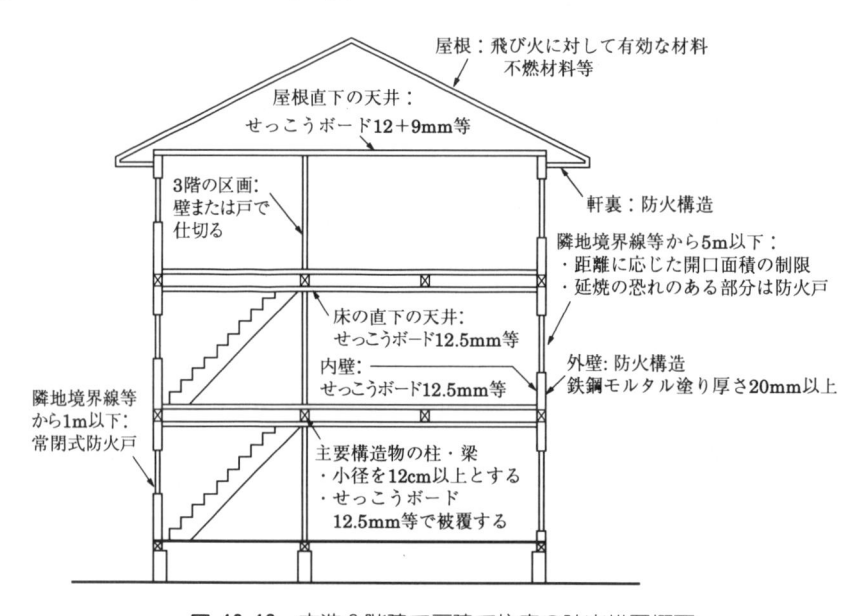

図 12.12 木造3階建て戸建て住宅の防火措置概要

防火構造の屋内側の仕様より厚い材料を用いて防火構造の 30 分より高い性能を要求しているが，防火構造が周囲の火災に対して類焼防止性能を必要としていることに対し，3 階建て戸建て住宅等は屋内側からの火災に対しても屋外への火災拡大を遅らせる性能を必要としているからである．屋根においても，屋根直下の天井を強化していることならびに外壁の開口部の面積を隣地境界線からの距離に応じて制限していることは，屋根部分や開口部から建物周囲への火災拡大を抑制することを目的としている．

D. 準耐火構造の仕様

準耐火構造は表 12.15 に示したように主要構造部の耐火性能が定められている．準耐火性能は平成 12 年建設省告示第 1358 号に規定されているように，外壁構造であれば，図 12.13 に示すように屋外側の仕様と屋内側の仕様の組み合わせならびに国土交通大臣により個別指定された構造を用いることができる．床構造においては図 12.14 の概要に示すように床の表側と裏側（天井側）の仕様の組み合わせにより必要とされる性能が確保される．間仕切壁構造は両面を同一材料で構成することが基本であるが，両面を異なる材料で構成する場合は，別途個別指定（性能試験と評価を受けて国土交通大臣の指定を受ける）を得る必要がある．

屋外側
①せっこうボード 12mm 下張り，金属板またはスレート上張り
②木毛セメント板またはせっこうボード下地・モルタル 15mm 塗りまたは漆喰 15mm 塗り
③モルタル下地・タイル張り（総厚 25mm）
④セメント板または瓦下地・モルタル塗り（総厚 25mm）
⑤石綿スレートまたは石綿パーライト板 2 枚重ね張り（総厚 15mm）等

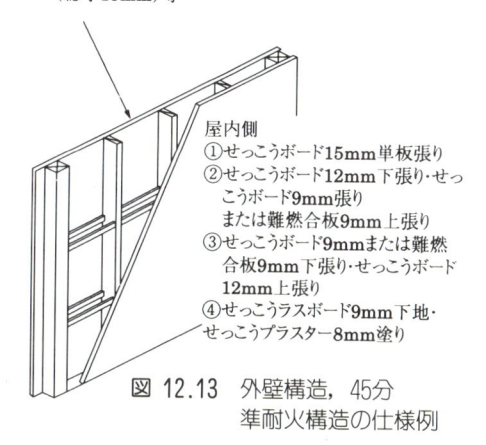

屋内側
①せっこうボード 15mm 単板張り
②せっこうボード 12mm 下張り・せっこうボード 9mm 張りまたは難燃合板 9mm 上張り
③せっこうボード 9mm または難燃合板 9mm 下張り・せっこうボード 12mm 上張り
④せっこうラスボード 9mm 下地・せっこうプラスター 8mm 塗り

図 12.13 外壁構造，45 分準耐火構造の仕様例

表側：
①厚さ 12mm 以上の合板等の上に厚さ 9mm 以上のせっこうボードもしくは軽量気泡コンクリートまたは 8mm 以上の硬質木片セメント板を張ったもの
②厚さ 12mm 以上の合板などの上に厚さ 9mm 以上モルタル，コンクリートまたはせっこうを塗ったもの
③厚さ 30mm 以上の木材
④畳

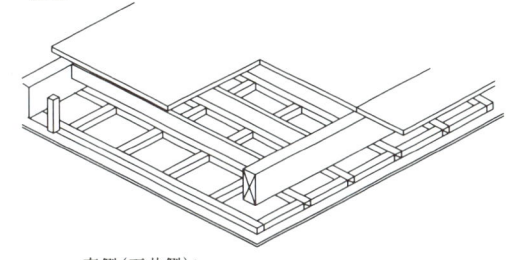

裏側（天井側）：
①厚さ 15mm 以上の強化せっこうボード
②厚さ 12mm 以上のせっこうボードの上に厚さ 50mm 以上のロックウールを張ったもの

図 12.14 床構造，45 分準耐火構造の仕様例

E. 木造 3 階建て共同住宅の仕様

木造 3 階建て共同住宅は，準防火地域では 1500 m² 以下，無指定地域では 3000 m² 以下で建築が可能である．そのためには，図 12.15 に示すように主要構造部には 1 時間の準耐火性能が必要とされる．準防火地域に建築する場合は，3 階戸建て住宅と同様に隣地境界線等からの距離に応じて外壁面の開口部の面積が制限される．階段部分は 30 分の準耐火性能が要求されているが，厚さ 60 mm 以上の木材を用いること，床の表側には厚さ 40 mm 以上の木材や畳を用いること等が一般指定され（平成 12 年建設省告示第 1380 号），これらは可燃性材料であるが，厚い材料では耐火性能を有するとして使用

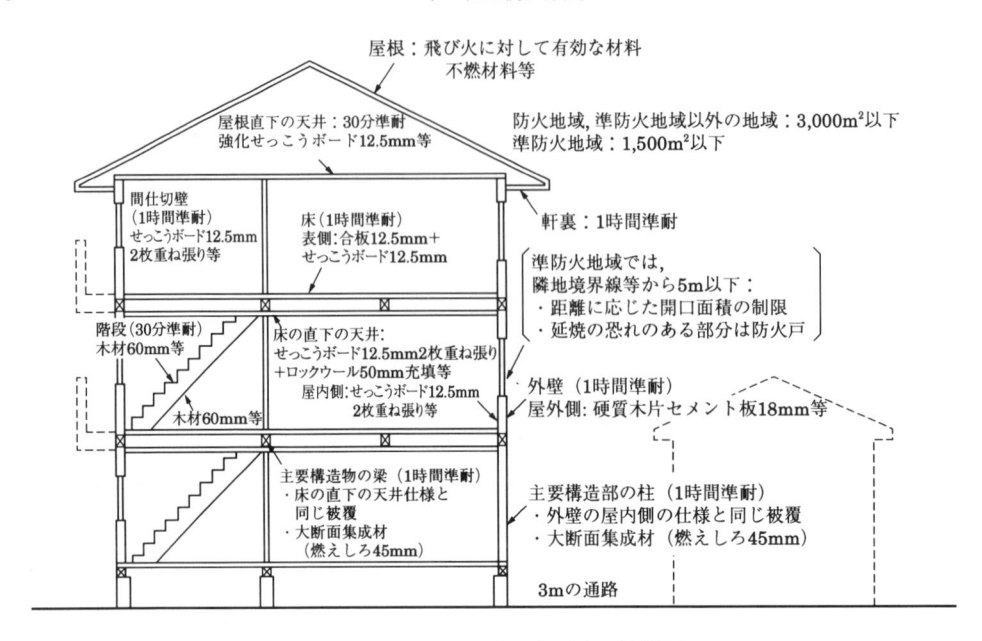

図 12.15　1時間準耐火構造，仕様例

することが許されている．

F. 大断面集成材を用いた木造建築物

昭和62年の建築基準法の改正により，大断面構造用集成材の柱や梁を用いて大規模木造建築物を建築することが可能となった．木材は火災により燃焼するが，断面が大きくなれば表面に炭化層が生じた後では内部の燃焼が緩慢となり，容易に燃え尽きることがない．2階建て以下で倉庫や自動車車庫を除く建築物や体育館やプール等のスポーツ施設等では25 mm，45分準耐火建築物では35 mm，1時間準耐火建築物では45 mmの燃えしろ設計と接合部の火災安全性を考慮した構造とすることが要求されている．燃えしろ設計とは，図12.16に示すように部材にかかる長期の応力を合計し，燃えしろ量を除いた断面に生じる長期許容応力度を求める．この長期許容応力度が当初の部材断面の短期許容応力度を超えないことを確かめる．

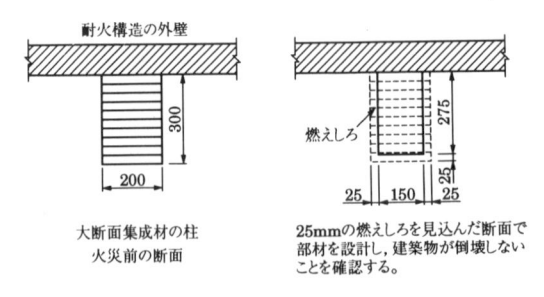

図 12.16　大断面集成材の燃えしろ設計例

12.5 共同住宅（主として耐火構造）の火災安全設計

12.5.1 戸建て住宅と共同住宅の火災の違い

A. 形態的な特性と火災安全計画

　戦後の住宅ストック拡大政策上，都市レベルの大火を防止する目的での住宅の不燃化推進以外には，住宅建設を後退させるような費用のかかる住宅内部の火災安全性に関しては，建築基準法も消防法も特段の対策を，特に戸建て住宅には要求していない．しかし，共同住宅には前述のような潜在的な危険があることから，最近はある規模以上になれば，防災計画書を作成させるなど強化している側面も見られるが，火災感知・警報設備，消火設備，区画化，排煙設備，避難施設などについて，一般の建築物に比べては自分の責任で自分自身を守ることを前提とした最低限の規定がされている．なお，これまでの高層住宅では，$100 m^2$ ごとに防火区画を要求していたが，平成12年の法改正によって $200 m^2$ ごとと規制が緩和された．さらにこの区画も想定される火災の火炎が隣の区画へ到達しないことを確認できれば，どのような方法であってもよい（いわゆる性能規定化）ことになった．木賃アパートと呼ばれる木造の小規模な共同住宅においては，特に防火的な性能を持たない壁一枚で隣の住宅と接していることから戸建て住宅以上に火災拡大危険はきわめて高い．一方，耐火造などの防火区画を持つものであっても，施工不良などがあれば，煙の漏れや水損が発生することもある．

　最近の高層化，大規模化に伴って，①共用部分という死角が増大すること，②安全指示や確認のための情報の伝達は困難になること，③避難経路が長大化・迷路化すること，④上階への延焼危険が増大すること，⑤消火や救助活動が困難になること，⑥居住者相互の状況把握も不完全になりやすいこと，⑦災害弱者が多数存在すること，などが火災安全計画上に指摘される．また，タワー状住宅の中廊下の排煙や避難誘導に関しては特段の注意が必要である．

B. 生活的な特性と火災安全計画

　共同住宅の生活的な特性として，生活の多様性，プライバシー，空間・設備の共有などがあげられる．多くの居住者は自分の家と共有部分だけしかわからないのが一般的で，壁一つ隔てた隣家において，どのような危険行為が存在するのか全く無知な状態で生活し，災害時に適切な対応ができにくい状態にある．また，空間や設備の共有は，管理を他人まかせの無責任なものとし，死角となる可能性が大きい．最近の火災統計によると，戸建て住宅と共同住宅の火災原因の違いは放火の増大が指摘され，放火箇所の多くは，このような死角である．特段の注意が望まれる．

　なお，平成12年建設省告示の避難検証法では，住宅用途の空間の居住者密度は 0.06 人$/m^2$ となっている．どのような行動能力・判断能力の人が存在しているかは言及されていない．

12.5.2 南砂構高層住宅火災と広島基町構高層住宅火災からの教訓

A. 南砂高層住宅火災と教訓

　平成元年8月24日午後4時ころに発生した28階建て超高層マンション（東京都江東区）の24階住宅戸での火災は，関連法規を十分に満たした建物であったにもかかわらず，新たな課題を顕在化し，

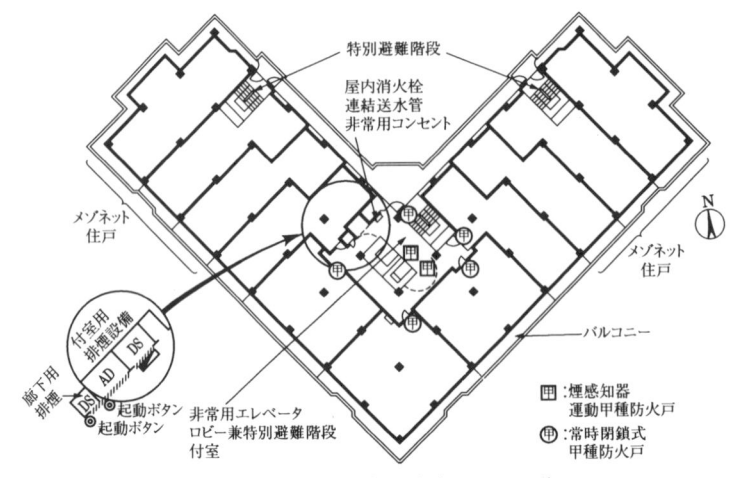

図 12.17 南砂高層住宅の平面図[1]

防災計画の内容を管理人や居住者へ如何に伝達するかが必要と感じられた．図 12.17 にその平面図を示す．

- 要介護者が居住する住戸の通報・初期消火・避難経路の確保，玄関扉の構造などに課題があった．
- 中廊下自然排煙設備の手動開放装置の位置や表示が分かりにくい．管理人も慌てて遠隔操作を忘れた．管理人の資質・居住者の訓練などが指摘された．
- 住戸バリエーションの多いことも，迷路化に拍車をかけるとともに，消火活動の障害となった．屋上への出口が閉鎖しており，ヘリコプター救助の障害となった．

B. 広島基町高層住宅火災と教訓

平成 8 年 10 月 28 日午後 2 時 30 分ころに発生した 20 階建て高層住宅（広島市中区）の 9 階の住戸

図 12.18 広島基町高層住宅のバルコニー経由の延焼拡大状況[2]

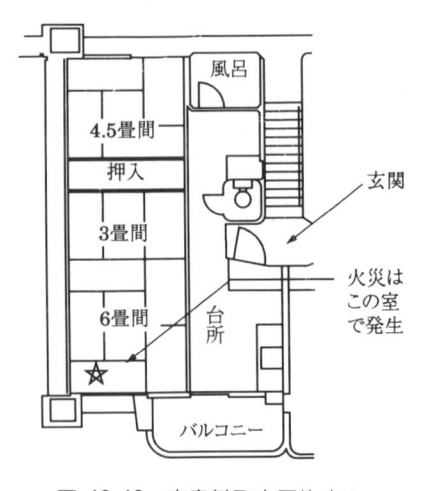

図 12.19 広島基町高層住宅の平面図（奇数階）[3]

12.5 共同住宅（主として耐火構造）の火災安全設計

での火災は，消防機関の覚知からわずか 19 分間で 20 階までバルコニーを経由して延焼拡大し，83 世帯 158 人という多数の罹災者を出した．この延焼の速さが社会的な問題となり，建築研究所や消防研究所などでバルコニー経由の火災拡大のメカニズムの解明を目的とした研究が進められた．図 12.18 はバルコニー経由の延焼拡大状況であり，図 12.19 は火災住戸の平面図である．

この火災で長大な火炎を形成した理由として，火災初期の対応の遅れ，バルコニー目隠し板がアクリル板であったこと，各階ともにバルコニーに可燃物が置かれていたこと，バルコニーの形状・構造，住戸開口部の形状・構造，建物が L 字型形状であることなどがあげられ，多数の要因の組み合わせ災害とされた．

文　　献

1) 日本火災学会編：火災便覧　第 3 版，共立出版（1997）
2) 田村：広島基町高層住宅火災の概要，火災学会誌，227（1997）
3) 須川修身：広島基町高層住宅火災の延焼状況，火災学会誌，227（1997）

13章　火災安全設計の例

13.1　火災安全設計の概要

13.1.1　設計例の概要

　平成12（2000）年6月，建築基準法は告示まで改正され，従来の仕様書的規定から性能規定が施行された．防火対策も避難安全検証法と耐火性能検証法によって性能を確認することにより性能的に設計できることとなった．なお，この性能的な設計のほか，従来の仕様書的な規定も残れされており，下記の3つの方法のいずれかで設計すればよいことになっている（図13.1参照）．

　　仕様書的規定　　ルートA　　施行令の仕様書的基準
　　性能規定　　　　ルートB　　避難安全検証法（告示）による避難安全基準の確認
　　　　　　　　　　　　　　　耐火性能検証法（告示）による耐火性能基準の確認
　　性能規定　　　　ルートC　　高度な避難安全性評価手法による避難安全基準の確認，大臣認定
　　　　　　　　　　　　　　　高度な耐火性能の評価手法による耐火性能基準の確認，大臣認定

```
A：仕様的な規定に基づく防火対策の設計

B：計算による性能評価に基づく防火対策の設計
   避難安全性能 ┬ 避難時間予測
               └ 煙による危険時間予測    → 避難施設設計
                                          煙制御設計
   耐 火 性 能 ┬ 火災継続時間予測
               ├ 構造体の温度予測
               └ 構造体の変形予測        → 耐火被覆設計
                                          構造体の設計

C：高度な火災性状予測による性能評価に基づく防火対策の設計
   出火拡大防止性　　―― 収納可燃物，内装材の燃焼性状予測
   避難安全性　　　　―― 避難時間予測，煙伝播予測，煙制御
   構造耐火性　　　　―― 火災継続時間予測，温度予測，構造体の挙動予測
   延焼/類焼防止性　―― 隣棟への延焼，隣棟からの受害予測
   消防活動への支障防止性
```

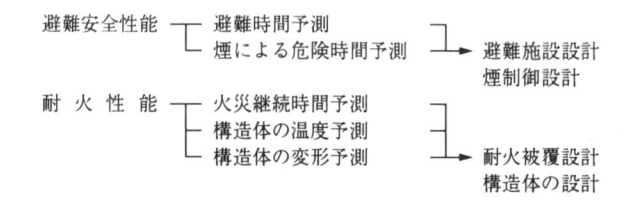

図13.1　火災安全設計のタイプ

　ここには性能的防火設計の例として，避難安全性に関しては，13.2節に事務所建築における煙制御設計を示す．13.3節には不特定多数が在館し，避難が問題になる大型物品販売店舗の避難計画例を示した．また，13.4節には最近多く設計されている開放的なアトリウムの防火設計例を示した．これらは，上述の改正基準法にのっとったものではなく，総合防火設計法に基づく方法で性能的に設計した

ものであり，改正基準法によるルートCに準じるものといえる．

耐火設計に関しては，鋼構造の事務所建築物を対象にして，告示に示される方法と高度な検証法による耐火設計を例示した．

13.1.2 火災安全設計のプロセス

A. 火災安全設計のプロセス

火災安全性は火災現象に対する建築物ハードのみによって得られる性能ではなく，建築物躯体のほか，その空間形態，各種設備，建築物の使われ方，さらには利用者の行動，維持管理，非常時の対応行動，消防活動というような諸要素が関わっている．しかも，現実の火災安全には，設備の維持管理の問題や非常時の対応の失敗などが大きく影響を及ぼしている．このような要素から分るように，建築物の基本構成を策定する建築計画の段階で火災安全性の大枠が決まってしまうという性格のものである．

建築計画の段階で防火性を持たせるためには，まず，建築の用途や企画設計における空間構成の段階で，万が一火災が発生した場合にはどのような状況が起きるかをイメージする．つまり，火災の性状を前提に，火，煙の拡大や避難状況を思い描く．そして，それを防ぐために出火拡大の防止，初期消火，防火区画の配置，避難施設の配置，構造の耐火性，これらをどのようにするか，というように建築設計のなかでの防火対策の基本方針を設定することが第一である．

火災安全性を計画するプロセスは，耐火設計，防災設備設計などの分野により詳細は異なるが，設計された建築物に対して火災性状を予測し，避難安全性や耐火性の基準に対して評価することよって防火対策を計画する過程をたどる．

このような防火対策のコンセプトを，建築物の基本計画から設計，施工，そして維持管理まで通すことによって火災安全性が確保されるものである．

B. 火災安全性能の評価のフロー

火災安全性の評価の項目には，図13.1に示される出火拡大防止性，避難安全性，構造耐火性，延焼・類焼防止性，そして，消防活動支援の5つの性能を評価する．このうち，避難安全性と構造耐火性については火災性状を予測評価し定量的に性能評価する方法が確立されている．次節からの設計例はこれらを例示したものである．

火災安全性の評価の流れを概念的に示したものが図13.2である．定量的性能評価のためには，まず，予想される火災を設定する．予想される境界条件のもとに，火，煙の性状を予測し，また避難状況を予測し，安全性の基準（例えば，避難中煙にまかれないこと）を満足するかどうかによって評価する．構造耐火性については，火災継続時間，火災温度を予測し，構造体の保有耐火時間との比較により安全性が評価される．そして，基準を満たさない場合，防火対策の設計に，あるいは建築計画にフィードバックする．

ここで重要なことは，火災性状を予測評価するにしても，検討の境界条件をどのように設定するか，が性能的火災安全設計の鍵になる．すなわち，火災のシナリオをつくることであり，火災安全設計の

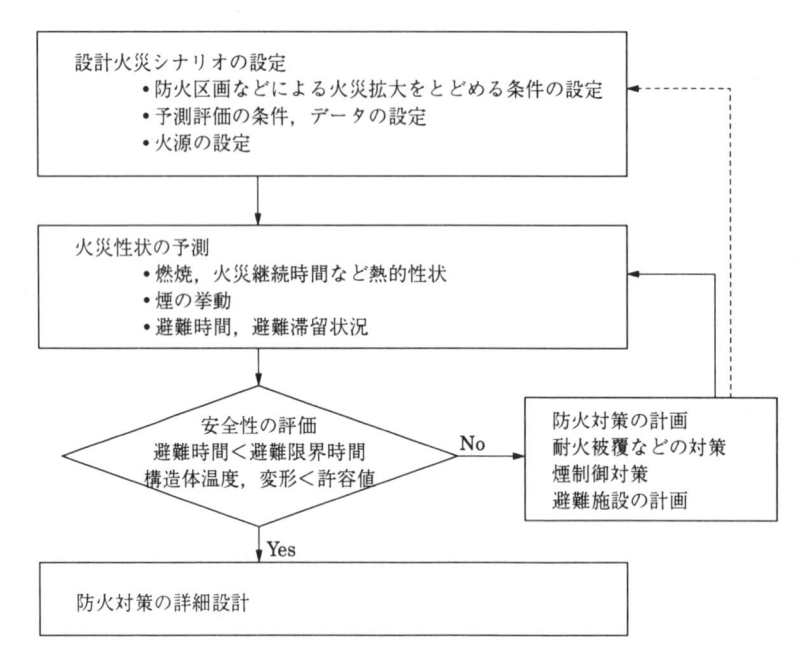

```
┌─────────────────────────────┐
│ 設計火災シナリオの設定         │
│ •防火区画などによる火災拡大を │←──┐
│  とどめる条件の設定           │   │
│ •予測評価の条件，データの設定 │   │
│ •火源の設定                   │   │
└──────────────┬──────────────┘   │
               ↓                     │
┌─────────────────────────────┐   │
│ 火災性状の予測                │   │
│ •燃焼，火災継続時間など熱的性状│←─┤
│ •煙の挙動                     │   │
│ •避難時間，避難滞留状況        │   │
└──────────────┬──────────────┘   │
               ↓                     │
      ╱安全性の評価╲      No  ┌──────────────┐
     ╱避難時間<避難限界時間╲──→│防火対策の計画 │
     ╲構造体温度，変形<許容値╱   │耐火被覆などの対策│
      ╲              ╱        │煙制御対策     │
            │ Yes              │避難施設の計画 │
            ↓                  └──────────────┘
┌─────────────────┐
│ 防火対策の詳細設計│
└─────────────────┘
```

図 13.2 火災安全性評価の流れの概念

前提になるものである．告示はその標準的なものを規定したものといえる．

13.1.3 防火設計による建築物の特徴

性能的な火災安全設計のメリットには以下のような点があげられる．

一つには，合理的な防火設計ができることである．一定の火災安全性を有しつつ，建築物の特性に対応して各種の防火対策を総合的に計画できることであり，使い勝手やレイアウトなどと相反しない防火対策を設計できることである．目標とする性能を設計することにより，建築物の性能保証に対して火災分野でも前進することになる．一方，性能設計であり，合理的であるからこそ，非常時に防火対策が確実に機能するように維持管理される建築とする必要がある．

二つには，性能的な火災安全設計により，従来の仕様書的な防災計画では制約の多かった空間が設計意図通りの実現の可能性が高くなることである．例えば，アトリウムや大規模木造建築物などがあげられる．

三つには，一定の性能を有すれば良いために，防火対策の合理化や新技術の適用が可能になる．例えば，新素材による構造体や新たな煙制御システムの設計への道が開かれる．

設計実務においては必ず必要になる防火設計は，設計の初めから検討し，性能的に設計することにより建築機能と矛盾しない合理的な設計ができる．この過程を通して建築で実現する安全性の程度と，安全性を保つ条件を明確にすることが期待される．

文　献

1) 国土開発技術研究センター編：建築物の総合防火設計法, 第2巻, 第3巻, 日本建築センター（1989）
2) 国土交通省住宅局建築指導課, 国土交通省建築研究所, 日本建築主事会議, 日本建築センター編：避難安全検証法の解説及び計算例とその解説（2001年版）, 耐火性能検証法の解説及び計算例とその解説, 井上書院（2001年版）
3) 日本火災学会編：火災便覧　第3版, 共立出版（1997）

13.2　事務所ビルの煙制御設計

13.2.1　防火設計の要点

　建築防火設計においては，避難安全の確保や延焼拡大の防止を主目的とし，設計自由度の向上，賃貸部分のフレキシビリティの向上，防火対策のコスト低減も期待されている．そのために，防火対策の設計を行い，出火防止・延焼拡大防止・避難安全性を性能的に確認する方法で防火設計が行われる．なお，ここでは基準階の煙制御計画を主として，避難安全性の評価についてのみ述べる．

A. 出火防止・延焼拡大防止[1]

　a. 出火防止・火災室内の拡大抑制　出火しても内装材の不燃化は拡大の遅延に効果がある．不燃化とともに消火によって室内拡大防止を確実にする．

　b. 火災階・上階への延焼拡大防止　開放の開口部，空調ダクトや配管の区画貫通部・開口部・壁の隙間，燃え抜け箇所等を通して隣室へ火炎は侵入する．裏面温度の上昇で隣室の可燃物に着火もある．また，床区画や竪穴の隙間・燃え抜け箇所・亀裂から上階へ火炎が侵入する．火災室窓からの噴出火炎や輻射によって外部を通して拡大することもある．

　このような延焼拡大の防止を確実なものとするために，建築的または設備的方法で区画化を行う．

B. 避難安全[1]

　a. 火災室の避難安全　煙層に避難者が暴露される前に廊下へ避難を完了させる．必要な避難時間を確保できない場合，煙層降下抑制の対策を立てる．

　b. 火災階の避難安全　廊下は，必要最小限の大きさに制限され，伝播した煙の充満は速い．火災室以外では火災覚知も遅く，廊下を経由して避難階段に避難するまでに時間を要する．したがって，火災階の避難中は廊下に煙を流出させないこと，万一，流出した煙に対しては排出する対策も必要である．

　避難階段の位置は，計画を左右するが，できるだけ離して配置する．在館者に認識しやすくする．なお，煙制御は消防隊による有効な消火でも必要となる．

　c. 非火災階の避難安全　高層建築物には，階段室・エレベータシャフト・設備シャフト等の竪シャフトが設けられる．階段室やエレベータシャフトなどの竪シャフトを通して非火災階への煙が伝播する．竪シャフトには，煙を侵入させないようにすることが事務所ビルの防火対策の第一の要件である．

　吹き抜けやアトリウム等の大空間が事務所ビルに組み込まれることも少なくない．このような場合，大空間に煙が侵入しても非火災階に煙を流出させない対策が必要である．

13.2.2 対象とするモデル建築物の概要

本モデル建築物は，主な用途を事務所とする地上11階建て（各階高約4m）のテナントビルである．基準階の平面を図13.3に示す．片コアで，事務所・廊下・非常用エレベータ乗降ロビー（以下では乗降ロビーという）・屋内避難階段・屋外避難階段・乗用エレベータなどから計画されている．

```
建築用途：貸事務所
階　　数：地上11階，地上1階
構　　造：S造
建築面積：約1,345m²
延べ面積：約13,700m²
主な防火対策：自動火災報知設備：煙感知器，総合操作盤，連動設備
　　　　　　　初期消火設備：スプリンクラー設備
　　　　　　　煙　制　御：乗降ロビー給気の加圧防煙システム
　　　　　　　避　難　対　策：屋内避難階段，屋外避難階段，非常放送設備
　　　　　　　延焼防止対策：乗降ロビー，階段室に防火区画，事務室廊下間は
　　　　　　　　　　　　　　不燃性の間仕切りによる防煙区画
平面概要：居　室　面　積：図中
　　　　　居室出入口幅：図中
　　　　　階段室入口扉幅：0.9m/カ所
```

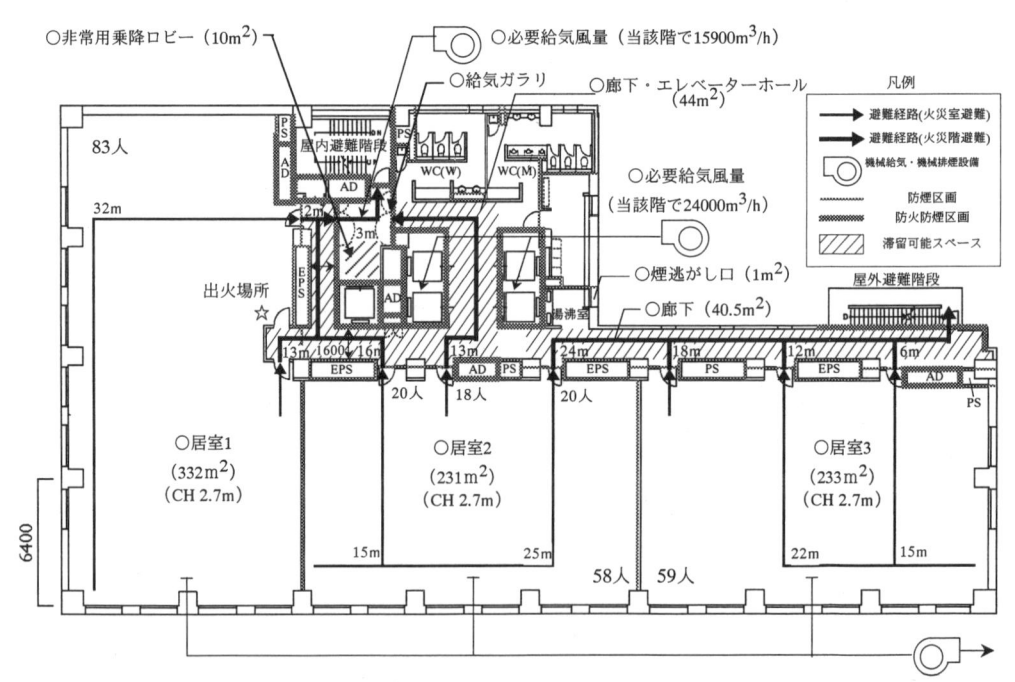

○居室出入口扉・非常用乗降ロビー入口扉・階段入口扉の幅と高さ（各0.9m×2.1m）　○必要排煙風量（当該階で10,800m³/h）
注）性能的防火設計による加圧防煙を中心とした避難安全対策の具体化を（　）内に示す．

図13.3　モデル建物における基本的な延焼拡大防止・避難安全対策の概要

13.2.3 避難安全性の確認

火災階避難と，非火災階避難（表 13.1）の避難安全設計で求めた遮煙のための必要風量から以下の最大値をとり，図 13.3 に示される避難安全対策による安全性を詳細にゾーンモデルで最終確認する．

- 乗降ロビーの給気風量　　　　　：吹出し部分 15,900（m³/h）
- 乗用エレベータシャフトの給気風量：吹出し部分 12,000（m³/h）×2 シャフト
- 居室の機械排煙風量　　　　　　：吸い込み部分 10,800（m³/h）

表 13.1 機械給気の必要風量の検討ケース（非火災階避難の段階）と計算結果

ケース	計算条件								計算結果	
	火災窓	火災室温度（℃）	火災室出口扉	廊下温度（℃）	煙逃し口（m²）	乗降ロビー給気ガラリ	乗降ロビー入口扉[2)]	屋内避難階段入口扉[2)]	乗降ロビー（m³/h）	乗用エレベータ（m³/h）
1	破壊	600	閉鎖	72	全開	全開	開放（幅0.9m）	開放（幅0.3m）	13,200	19,800
2	〃	〃	〃	〃	〃	〃	閉鎖	全開（幅0.9m）	7,500	19,200
3	〃	〃	1ケ所開	〃	閉鎖	〃	開放（幅0.9m）	開放（幅0.3m）	15,300	22,200
4	〃	〃	〃	〃	〃	〃	〃	全開（幅0.9m）	11,700	21,000
5	〃	〃	〃	300	〃	閉鎖	開放（幅0.3m）	開放（幅0.3m）	13,200	24,000
6	〃	〃	〃	〃	〃	〃	閉鎖	全開（幅0.9m）	13,800	23,400
非火災階の避難安全で竪シャフトの煙侵入防止に必要な機械給気風量の最大値									15,300	24,000

注）・圧力差確保に不利な計算条件としている．例えば，火災室窓の破壊は1スパン，火災室出口扉のみで廊下火災室間の防煙区画の破壊を代用．廊下から火災室を通して外部まで逃がし経路がある場合には煙逃がし口は閉鎖とする．
・火災室，廊下以外の内部温度は 22（℃），外気は 0（℃）とする．屋内避難階段の 1F 出口扉は全開，他の開口は閉鎖とする．

A. 2層ゾーンモデル[3)]による火災室・火災階の避難安全性の確認

a. 安全性確認の方法　火災発生後の時間経過ごとに各室について，煙層の高さや温度，圧力を予測し，火災階の避難完了までの間に避難安全性に支障がないかを評価確認する．

- 避難安全性の基準：避難中，煙層高さにより避難に支障が生じないこと

$$Hs > 1.6 + 0.1 H_c \tag{13.1)[3)]}$$

ここに，H_s は避難時間中の煙層高さ（m），H_c は天井高さ（m）
避難中，廊下に煙が侵入しないこと

$$\varDelta P > 0 \tag{13.2)[4)]}$$

ここに，$\varDelta P$ は開口上端における廊下と火災室間の圧力差

- 避難時間予測　　　　　　　：建築防災計画指針[5)]の方法
- 煙層高さと室間圧力差の予測　：多数室非定常2層ゾーンモデル

13章　火災安全設計の例

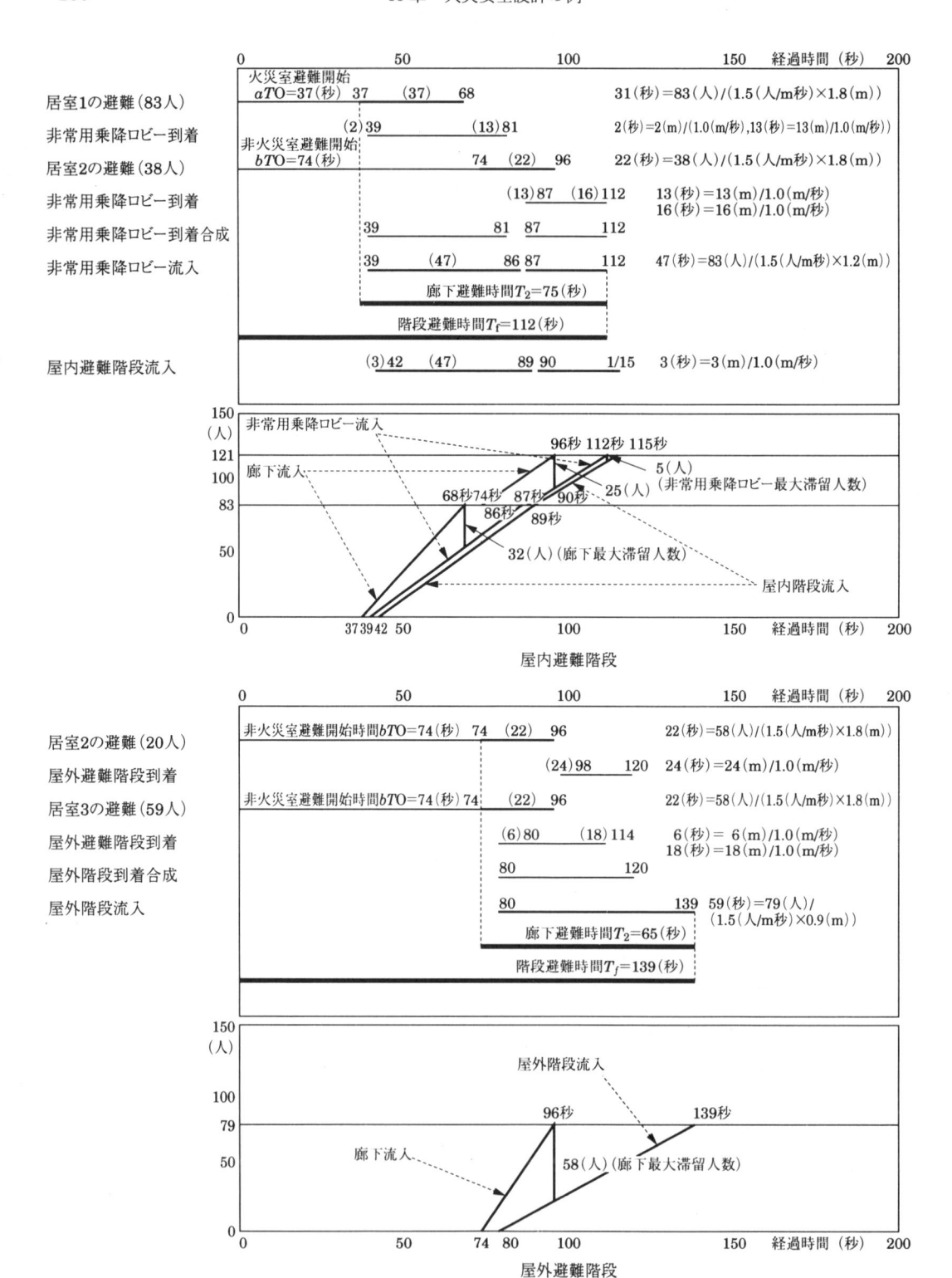

286

居室1の避難(83人)　　火災室避難開始
　　　　　　　　　　$aTO=37(秒)$　37　(37)　68　　　　31(秒)=83(人)/(1.5(人/m秒)×1.8(m))
非常用乗降ロビー到着　　　　　(2)39　　　(13)81　　　2(秒)=2(m)/(1.0(m/秒),13(秒)=13(m)/1.0(m/秒)
居室2の避難(38人)　　非火災室避難開始
　　　　　　　　　　$bTO=74(秒)$　　　74　(22)　96　　22(秒)=38(人)/(1.5(人/m秒)×1.8(m))
非常用乗降ロビー到着　　　　　　　　　　(13)87　(16)112　　13(秒)=13(m)/1.0(m/秒)
　　　　　　　　　　　　　　　　　　　　　　　　　　　　　　16(秒)=16(m)/1.0(m/秒)
非常用乗降ロビー到着合成　　　39　　　　81　87　　112
非常用乗降ロビー流入　　　　　39　(47)　86　87　　112　47(秒)=83(人)/(1.5(人/m秒)×1.2(m))
　　　　　　　　　　　　　　　　　　廊下避難時間$T_2=75(秒)$
　　　　　　　　　　　　　　　　階段避難時間$T_f=112(秒)$
屋内避難階段流入　　　　　　(3)42　(47)　89　90　　1/15　3(秒)=3(m)/1.0(m/秒)

図 13.4　屋内避難階段・屋外避難階段への避難時間経過と滞留人数

b. 避難時間の予測結果　火災室面積 332 m² とし，計算した結果を示したのが図 13.4 である．

c. 煙層高さの予測結果　2層ゾーンモデルを適用して煙流動を予測するには，階数や階高等の建物データ，面積や天井高さ等の室データ，風圧や外気温度の屋外データ，開口の幅や高さおよび室間の連結状況に関わる開口部データ，避難開始や避難行動に伴う扉開閉状況データ，必要な給気排煙風量や制御開始に関わる煙制御方法のデータをモデルに入力する．

そのシミュレーション結果の概要として，火災室温度・煙層高さ，廊下と火災室間の圧力差の計算結果を図 13.5 に示す．

(a) 火災室の煙層高さと煙層温度　　(b) 廊下と火災室間の扉上端での圧力差

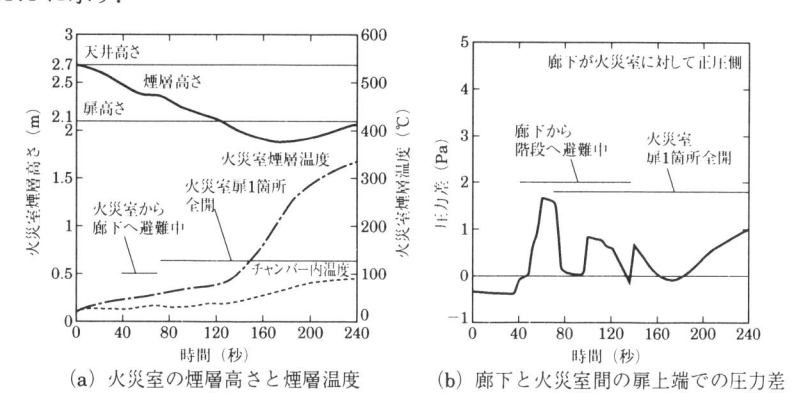

図 13.5　火災室の温度・煙層高さと廊下火災室間の圧力差の計算結果

d. 安全性の確認　図 13.4 の避難時間と，図 13.5 の煙層高さおよび廊下火災室間の圧力差を比較する．

これらの図から，火災室の避難中，煙層高さは扉高さより高く基準値を満たしている．火災階の避難中に煙層が扉高さより下になることがあるが，扉上端位置で廊下の圧力は火災室より高く，廊下に煙伝播しないことがわかる．

これによって，避難時間中，火災室と火災階の避難安全性が確保されていることが確認された．

なお，階の避難安全性に支障が生じた場合には対策を再検討する．

B. 1層ゾーンモデルによる[6] 非火災階の避難安全性の確認

a. 確認方法の概要　盛期火災時の各室間の圧力を予測し，評価基準と比較し，非火災階に煙が伝播しないかどうかという観点から避難安全性に支障がないかを確認する．

- 避難安全性の基準：堅シャフトに煙が侵入しないこと

$$\Delta P > 0 \tag{13.3}[4]$$

ここに，ΔP は開口上端における乗降ロビーおよび乗用エレベータシャフトと廊下間の圧力差（Pa）

- 室間圧力差の予測：多数室定常1層ゾーンモデル

b. 圧力差の予測結果　定常1層ゾーンモデルにより，各室間の圧力差を予測し，全館の煙流動を予測する．この詳細な計算のために，階数・階高の建物データ，内部温度等の空間データ，風圧・外気温度の屋外データ，開口の幅・高さや室間の連結状況に関わる開口部データ，必要な給気排煙風量に関わる煙制御方法のデータをモデルに入力する．

最終設定した風量で検討ケース1〜6について，乗用エレベータシャフトや乗降ロビー内に煙伝播しないことを確認する．ここでは，ケース5について，乗降ロビーと廊下間，乗用エレベータシャフトと廊下間の圧力差の計算結果を図13.6に示す．

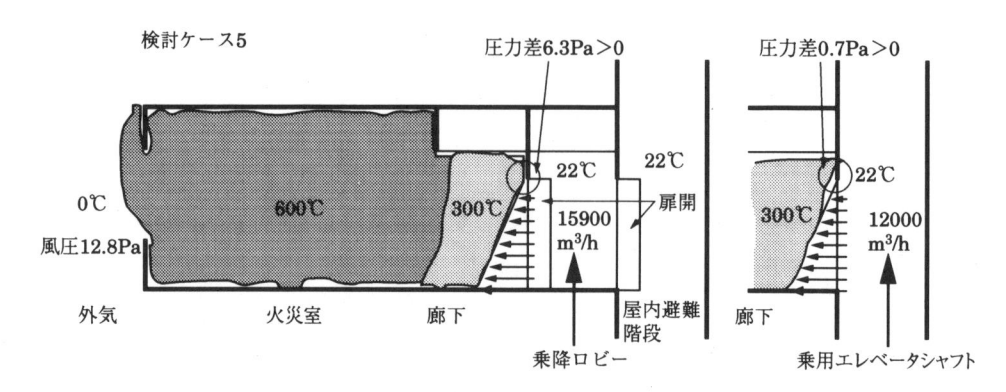

図 13.6 乗降ロビー・乗用エレベータシャフトと廊下間の圧力差の計算結果[6,7]

c. 安全性の確認 図13.6から，乗用エレベータシャフトや乗降ロビーは廊下より圧力が高い．したがって，火災盛期に高温の煙が廊下に伝播しても，乗用エレベータシャフトや乗降ロビーには煙が侵入しないことがわかる．煙が伝播しないため，非火災階の避難安全性とともに消防活動の安全性が確保されているものと判断できる．

以上から，図13.3の避難安全対策は非火災階の避難安全性や消防活動にも有効なことが示された．

文　　献

1) 田中：建築火災安全工学入門，日本建築センター（1993）
2) 東京消防庁：大規模建築物および特異建築物等の消防対策に関する調査報告書（高層・深層建築物等における排煙設備のあり方）（1999）
3) 建設省大臣官房技術調査室監修：建築物の総合防火設計法　第3巻，避難安全設計法，日本建築センター（1989）
4) 建築学会近畿支部加圧防煙システム研究会：加圧煙制御システムにおける給気量の算定方法（1999）
5) 建設省住宅局建設指導課，日本建築主事会議監修：新・建築防災計画指針，日本建築センター（1995）
6) 日本建築センター：煙流動及び避難性状予測のための実用計算プログラム解説書（1987）
7) 風工学研究所：新・ビル風の知識，鹿島出版会（1990）

13.3　大型物品販売店舗

百貨店をはじめとする大型の物品販売店舗（以下，物販店舗という）は，火災安全上，主に次のような特徴を有しており，適切な火災安全計画を行うことが特に重要な用途の一つである．

①可燃性の商品が大量に陳列されていること
②空間構成上，エスカレータ，エレベータ，階段室などの竪穴区画が多いこと
③幼児や高齢者等の避難能力の劣る人々を含む不特定多数の利用者が高密度で存在すること

特に大型物販店舗では，これら3つの特徴を合わせ持つことに特色がある．このため，一旦火災が発生すると，商品が一気に燃焼拡大し，上層階へ被害が拡がる可能性がある．また，大多数の利用者は，建物内の避難経路等の地理に不案内なため，避難施設の配置や規模が適切に計画されていないと，非常時に円滑な避難を行うことができなくなる．

ここでは，避難計画に対する安全性能評価を中心とし，物販店舗の避難計画の事例を紹介する．

13.3.1 設計事例の概要

本計画は，地下1階から地上5階に売り場を有する基準階床面積約5200 m²の物販店舗である．各階の売り場は，ほぼ正方形の平面構成で，店舗ごとの間仕切りがなく，一体として利用する計画となっている．対象施設の基準階平面図を図13.7に示す．

当物販店舗では，主に以下の3点を基本として，火災安全計画を行っている．

① 同一階での延焼拡大防止

全館にスプリンクラー設備を設置し，確実な初期消火を行う．また，店舗部分を防火シャッターで2つの区画に分割し，同一階での火災の拡大範囲を限定する．

② 非火災階への火災進展防止

階段室に前室を併設するとともに，エスカレータ昇降路にガラススクリーンを併設し，非火災

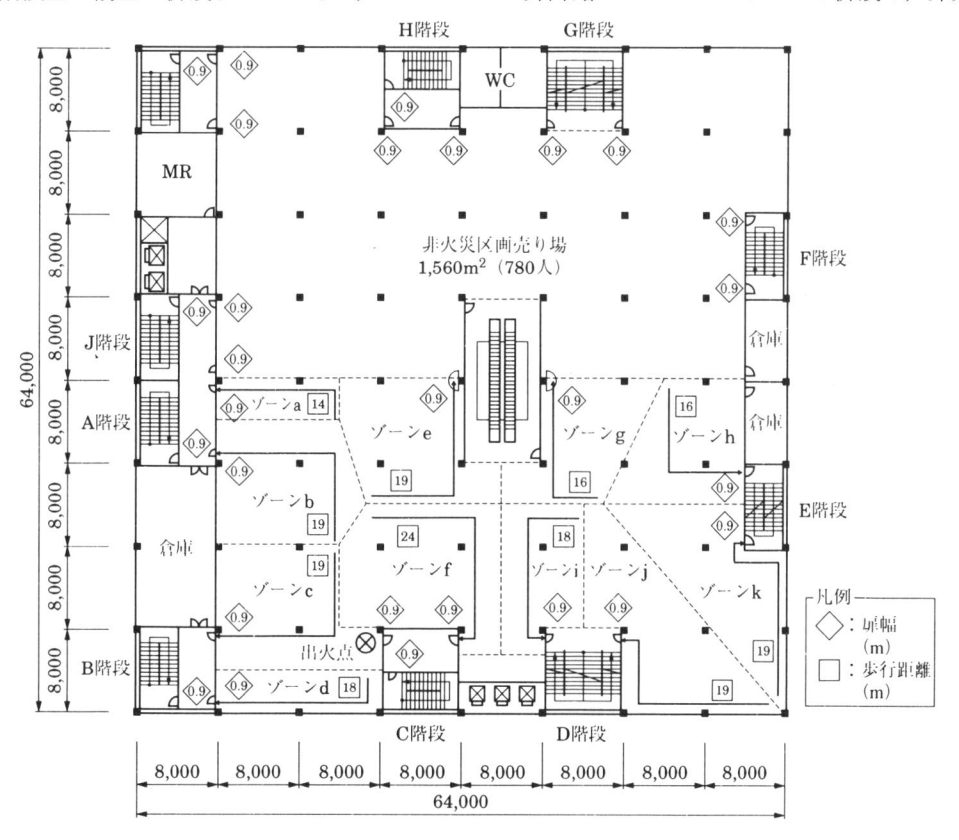

図 13.7 対象建物の基準階平面図

階への火災拡大経路となる竪穴区画の安全性を確保する.

③避難経路の確保

不特定多数の人々が利用することから,避難者が容易に認識できるように,階段を外壁周辺にほぼ均等に分散配置し,店舗売り場の各防火区画ごとに複数の避難経路を確保する.また,階段廻りに廊下や前室等の防火区画された一次安全区画を設置し,避難者が安全に滞留できるスペースを確保する.

13.3.2 避難計画に対する安全性評価の方法

A. 評価項目と評価方法

対象とする施設の避難計画に関して,避難施設の配置,出入口幅員および安全区画の滞留面積が,避難安全上問題ないことを「避難計算法」†により検証する.評価項目を表13.2に示す.

表 13.2 避難安全性の評価項目・評価基準

評価項目		評価項目の内容	評価基準	備 考
避難時間	居室避難時間 (T_1)	当該居室の避難者全員が居室からの避難を完了するまでの時間	$T_1 \leq {}_rT_1$ (${}_rT_1 = 2\sqrt{A_1}$)	${}_rT_1$:居室許容避難時間(秒) ${}_rT_2$:廊下許容避難時間(秒) ${}_rT_f$:階許容避難時間(秒) A_1:居室面積(m^2) A_{1+2}:当該階の全ての居室・廊下の面積の合計(m^2)
	廊下避難時間 (T_2)	廊下等の一次安全区画を避難者が通過するのに要する時間長さ	$T_2 \leq {}_rT_2$ (${}_rT_2 = 4\sqrt{A_{1+2}}$)	
	階避難時間 (T_f)	火災が発生してから当該階の避難者全員が階段室に避難を完了するまでの時間	$T_f \leq {}_rT_f$ (${}_rT_f = 8\sqrt{A_{1+2}}$)	
滞留面積	廊下滞留面積 (A_c)	廊下での最大滞留人数を収容するのに要する面積	$A_c \geq A_r$ ($A_r = 0.3N$)	A_r:必要滞留面積(m^2) N:廊下の最大滞留人数(人)

B. 評価の範囲・評価基準

階段室は避難場所に準ずる安全な空間とし,出火後定められた許容時間内に各階の在館者が階段まで避難できることを検証する.各評価項目に対する評価基準を表13.2示す.

C. 評価のための前提条件

①出火場所:3階店舗売り場C階段廊下前(図13.7参照)とする.

②在館者数:在館者は,売り場および店舗内通路に均等に分布しているとし,売り場面積(エスカレータ昇降路を含む)に対して,在館者密度0.5(人/m^2)とする.基準階の売り場面積は,エスカレータ昇降路を含めて3120 m^2,在館者数は1560人である.

③避難者の歩行速度:避難者の歩行速度は,一律1.0(m/s)とする.

④避難経路の設定:出火場所近傍の扉1箇所は,避難に利用できないものとする.建物の計画段階

---

† 「避難計算法」は,従来建築防災計画評定等で用いられてきた評価方法で,「新・建築防災計画指針」[1]に評価の具体的方法が示されている.平成10年6月の改正建築基準法では,ルートBを対象とした避難安全性の検証方法として,「階避難安全検証法(建設省告示第1441号)」「全館避難安全検証法(建設省告示第1442号)」が定められている[2].

なお,ここに示す評価事例は,建築防災計画評定を前提としたもので,告示に示された避難安全検証法とは内容の異なることに注意されたい.

では店舗内通路を考慮せず，最短距離でも最も近い階段に避難者が向かうこととし，各々の避難扉ごとの負担領域を設定する．なお，出火した売り場から避難する場合，一部の避難者は面積区画の防火シャッターくぐり戸を利用して，一旦非出火ゾーンに水平避難した後に，階段へ向かうものとした（ゾーンe, g）．非出火区画の避難者は，階段ごとの負担領域を設定せず，各避難扉を同数の避難者が利用するとした．

13.3.3 避難安全性の評価結果
A. 出火区画の居室避難時間の評価

出火区画の居室避難時間の評価結果を表13.3に示す．ゾーンごとの避難対象人数は，各ゾーンの床面積に基づき設定した．居室避難時間（T_1）は，以下の式に基づき算出した．

$$T_1 = \max(t_{11}, t_{12}) \tag{13.2}$$

$$t_{11} = \frac{P}{\Sigma(1.5 \times W)} \tag{13.3}$$

$$t_{12} = \frac{L}{v} \tag{13.4}$$

ここで，t_{11}は各ゾーンの避難者が避難扉を通過するのに要する時間（秒），t_{12}はゾーン内の最遠の避難者が避難扉に到達するのに要する時間（秒），Pは各ゾーンの避難者数（人），Wはゾーン内の避難扉の幅（m），Lはゾーン内の最大歩行距離（m），vは避難者の歩行速度（m/秒）である．

なお，(13.3)式の係数1.5は流動係数といい，避難扉の単位時間・単位幅員当たりの通過人数を示している．

表13.3 居室避難時間の評価

		ゾーンa	ゾーンb	ゾーンc	ゾーンd	ゾーンe	ゾーンf	ゾーンg	ゾーンh	ゾーンi	ゾーンj	ゾーンk
ゾーン床面積	A(m²)	48	159	160	64	182	199	156	132	108	180	172
避難対象人数	P(人)	24	80	80	32	91	100	78	66	54	90	86
避難扉幅	W(m)	0.9	0.9	0.9	0.9	0.9	0.9	0.9	0.9	0.9	0.9	0.9
扉通過時間	t_{11}(秒)	17.8	59.3	59.3	23.7	67.4	74.1	57.8	48.9	40.0	66.7	63.7
室内歩行時間	t_{12}(秒)	13	19	19	18	19	24	16	16	18	19	19
居室避難時間	T_1(秒)	17.8	59.3	59.3	23.7	67.4	74.1	57.8	48.9	40.0	66.7	63.7
居室許容避難時間	$_rT_1$(秒)	$2\sqrt{1560}=79.0$										
評価	$T_1 \leq {_rT_1}$	OK	OK	OK	OK	OK	OK	OK	OK	OK	OK	OK

本計画では，階段，避難扉等の避難施設が比較的均等に配置されているため，各ゾーンごとの避難対象人数のばらつきが少なくなっている．居室避難時間は，避難扉部分での滞留時間が支配的であり，最も時間を要するのは，ゾーンf（居室避難時間74.1秒）であることがわかる．これは，C階段前室前に出火点を想定したために，ゾーンfの負担領域面積が大きくなったことが影響している．

居室避難時間の評価結果より，最も条件の厳しいゾーン f においても，避難時間は，居室避難許容時間（79秒）以内であり，出火区画では，避難許容時間内に避難が可能であることが検証された．

B. 出火階の階避難時間の評価

出火階の廊下避難時間，階避難時間の評価結果を表 13.4 に示す．売り場から直接階段室に避難可能な部分については，居室避難の評価のみでよいため，階避難の評価は，A 階段，B 階段，C 階段，H 階段，I 階段，J 階段を対象とした．非火災区画の階段の避難対象人数は，非火災区画全体の在館者数（780人）に，出火区画から防火シャッターのくぐり戸を介して非火災区画へ避難する人数（169人）を加えた上で，各避難扉に均等に配分して設定した（避難扉1箇所当たり 95 人）．

表 13.4 階避難時間の評価

		A 階段	J 階段	B 階段	C 階段	H 階段	I 階段
避難対象人数	P（人）	104	112	224	100	190	190
廊下避難時間	T_2（秒）	77	223	83	74	143	143
廊下許容避難時間	$_rT_2$（秒）	\multicolumn{6}{c}{$4\sqrt{3312}=230.2$}
評価	$T_2 \leq {}_rT_2$	OK	OK	OK	OK	OK	OK
階避難時間	T_f（秒）	157	203	163	156	303	303
階許容避難時間	$_rT_f$（秒）	\multicolumn{6}{c}{$8\sqrt{3312}=460.4$}
評価	$T_f \leq {}_rT_f$	OK	OK	OK	OK	OK	OK

階避難時の算出にあたって，出火区画売り場の避難開始時間（$_aT_0$），非出火区画売り場の避難開始時間（$_bT_0$）を各々次式に従って設定した．

$$_aT_0 = 2\sqrt{A_1} \tag{13.5}$$

$$_bT_0 = 2\,{}_aT_0 = 4\sqrt{A_1} \tag{13.6}$$

ここで，A_1 は出火区画売り場床面積（m²）である．

（13.5），（13.6）式より，$_aT_0$ は 80 秒，$_bT_0$ は 160 秒となる．

階避難の評価のうち，代表的な例として，B 階段，H 階段，A・J 階段の避難の状況をバーチャート形式で示した結果を図 13.8〜13.10 に示す．図では，避難者の流動人数をグラフ化した結果も併せて示している．A・J 階段は，廊下が一体となっており，出火区画売り場，非出火区画売り場の両方の避難者が利用するため，J 階段の廊下避難時間が最も長い．J 階段の廊下避難時間は，廊下許容避難時間よりも短く，基準値内に収まっていることが確認できる．

避難時間は非出火区画売り場に面する階段（H, I, J 階段）で最も長く 303 秒となる．階避難時間についても，廊下避難時間と同様，許容時間内に収まっている．

C. 廊下滞留面積の評価

廊下滞留面積の評価結果を表 13.5 に示す．各廊下の最大滞留人数は，図 13.8〜13.10 の避難者数の流動グラフの結果に基づき算出した．なお，避難者一人当たりの必要滞在人数は 0.3 m²/人とした（表 13.2 参照）

13.3 大型物品販売店舗

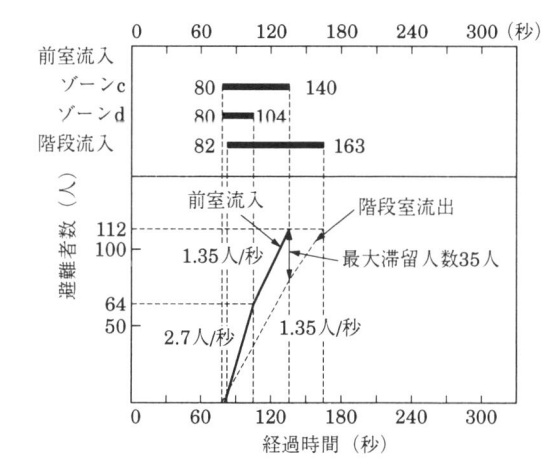

図 13.8 B階段における階避難の状況

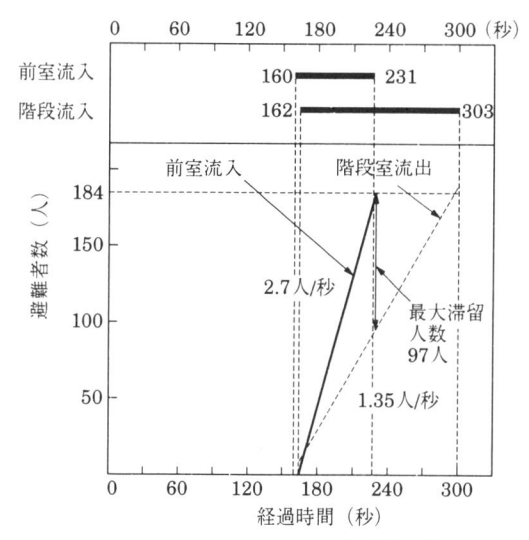

図 13.9 H階段における階避難の状況

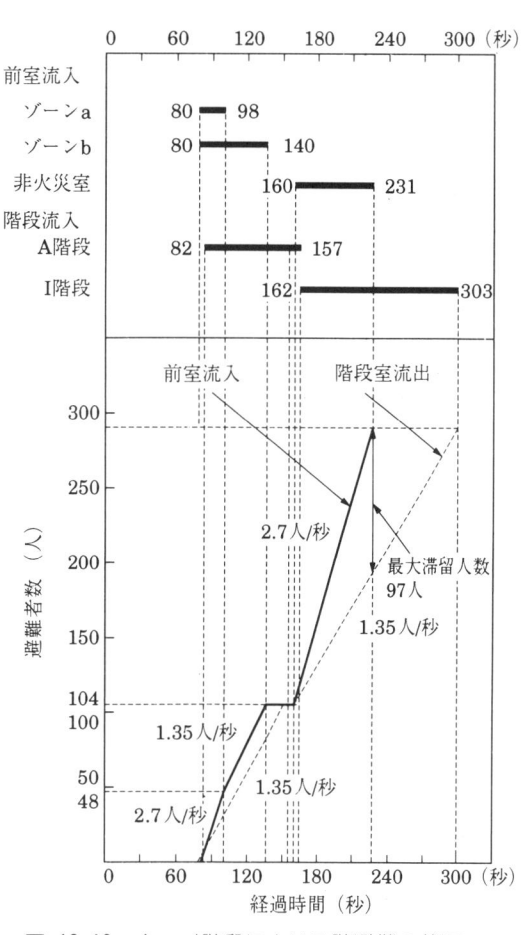

図 13.10 A・J階段における階避難の状況

表 13.5 廊下滞留面積の評価

		A 階段	J 階段	B 階段	C 階段	H 階段	I 階段
最大滞留人数	P' (人)	97	35	11	97	97	
必要滞留面積	A_r (m²)	29.1	10.5	3.3	29.1	29.1	
計 画 面 積	A_c (m²)	64.0	32.0	32.0	32.0	32.0	
評 価	$A_c \geqq A_r$	OK	OK	OK	OK	OK	

すべての廊下において，計画された廊下面積は，必要滞留面積の算出結果より，大きくなっており，最大滞留人数を収容可能であることが確認された．非火災区画に面する階段（A・J，H，I階段）は，出火区画から水平避難した避難者の分だけ，各階段で受け持つ避難者数が多くなるため，最大滞留人数も多くなっていることがわかる．

以上 A.～C. の評価結果より，居室避難時間，階避難時間，廊下滞留面積とも評価基準以内に収まっており，避難上安全性が確保されていることが確認された．

13.3.4 物販店舗の避難計画・安全性評価に関する今後の課題

前節の例にみられるように，避難安全性の定量的評価を行うことで，避難施設の配置，避難口の幅員の適切さを検証することができた．こうした指標は避難安全を示す代表的な指標といえるが，あくまでも避難安全性の一側面を示しているにすぎないことに注意が必要である．

物販店舗の避難計画および安全性評価に関連して，今後解決すべき主な課題は以下の通りである．

①避難経路の明快さの定量的評価

　　大型物販店舗は，不特定多数の人々が利用するため，建物に不案内な人が多く，避難経路が認知しやすいことが避難安全上重要である．売り場部分では，商品の陳列により避難経路がわかりにくくなる場合があり，避難施設が有効に活用されない可能性がある．こうしたことから，避難経路の明快さの観点から，避難計画を検証することが必要である．

②避難能力の異なる人々が混在した場合の避難計画・安全性評価

　　現状の避難安全性評価では，避難者は一様と仮定しているが，実際には高齢者や幼児などの避難行動能力の異なる人々が混在して利用している．現状では，避難能力の異なる人々が混在した状況下での避難安全性の評価は手法が確立していない．また，高齢者や幼児は，階段を利用して円滑に避難できない等の問題があり，避難計画の観点からは，地上階まで避難するのが遅れても十分な安全性が確保できるような配慮が必要である．

文　　献

1) 建設省住宅局建築指導課，日本建築主事会議監修：新・建築防災計画指針，pp. 128 – 161，日本建築センター（1995）
2) 国土交通省住宅局建築指導課，国土交通省建築研究所，日本建築主事会議，日本建築センター編：2001年版避難安全検証法の解説及び計算例とその解説，井上書院（2001）

13.4　アトリウムなどの大空間

アトリウムは，日本においては1980年代から1990年代にかけて，建築物の大規模化，複合化の動きに合わせるように多く建設されるようになった．数階層吹き抜けの比較的小規模なものから数十階層を貫き高さが100 mを超えるような大規模なものまで，また，縦長形状のもの，横長形状のもの，上下左右の空間が複雑に繋がりあっているものなどいろいろの規模，形態のアトリウムが実現されて

いる（図 13.11 参照）．

アトリウムは，採光や通風などの自然環境をうまく取り込むとともに機械的な環境制御を行うことによって良好な内部環境を実現し，併せて緑などを空間に配し，人々を引き付ける魅力的な空間として建物の中心的存在となっている場合が多い．事務所ビル，ホテル，物販店舗などいろいろな用途の建物に設けられており，アトリウム自体も通路，ロビーなど人や可燃物が比較的少ない用途から，喫茶，飲食，物販，展示など人や可燃物が多い用途まで多様である．

アトリウム空間は，何階層にもわたる吹き抜け空間と吹き抜けに面する各階の諸室，通路等から構成されている．アトリウム底部および各階の周辺諸室は吹き抜けを介して空間的に繋がっているため，いったんアトリウム内のどこかで火災が発生すると吹き

図 13.11 大規模アトリウムの例

抜け部が火炎や煙の伝播経路となりアトリウム全体に火災の危険が及ぶことが懸念される．

そこで，アトリウムの防災計画に当たっては，このようなアトリウムの空間特性を十分に考慮して次のように防災計画を進めていくことが重要である．

①火災を起こさない（可燃物の設置量や持ち込み量を制限する．大空間に適した消火システムを設置する．防火管理を徹底する）．
②火災を早期に発見する（大空間における燃焼性状や煙流動性状を考慮した最適な火災感知システムを設置する）．
③火災を出火場所にとどめ上階など他の場所に延焼させない．
④煙に影響されることなく安全に避難できるように区画，避難施設，排煙設備等を設計する．
⑤アトリウム内の構造体や区画に火災の影響を及ぼさない．

13.4.1　工学的手法に基づく防災設計

A. 検討対象とするアトリウムの概要

一般に，建築物の防災計画を行う場合，以下の2つの方法がある．

①建築基準法などの法規に定められた区画方法，排煙方法などの仕様的な基準に従って設計を行う（仕様設計）．
②避難，煙流動，延焼などの火災時の状況を数値計算，シミュレーション，実験などを用いた工学的手法により予測し，その結果に基づいて安全性を評価し，避難，煙制御，延焼防止，耐火などの設計を行う（性能設計）．

（注）2000年6月施行の建築基準法改正では，告示に規定される比較的簡易な計算により性能検証を行うもの（ルートB性能設計），設計者が工夫した高度なシミュレーションや実験を用いて性能検証を行うもの（ルートC性能設計）の2つの性能設計ルートが示された．これに対し，仕様設計はルートAと呼ばれてい

る.

　ここに示す設計例は，これまでの建築基準法第38条（今回の改正で38条は廃止された）に基づく建設大臣認定で実績を重ねてきた性能検証法をもとに，ルートCによる性能設計を念頭においたものとした．

　②の工学的手法に基づく性能評価による設計は，設計の手間はかかるが自由度の高い合理的な設計が可能であるといえる．すなわち，アトリウムは大きな気積を有する大空間であるという空間特性を有効に活用し，煙の早期降下を抑制し，上階への延焼を防止するように設計することが可能である．併せて，アトリウム廻りの避難計画を工夫して避難時間を短縮することによって，法規にとらわれない開放的なアトリウム空間を設計することができる．

　設計例のアトリウムは，図13.12（基準階平面図），図13.13（断面図）に示す11階建ての中層事務

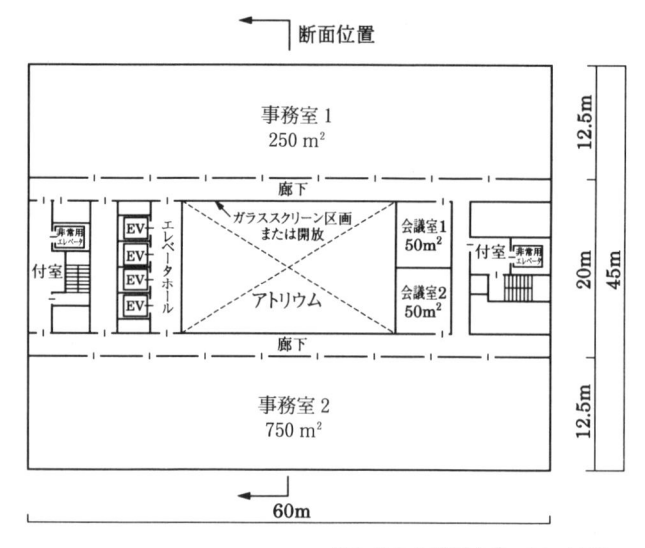

図 13.12　基準平面図

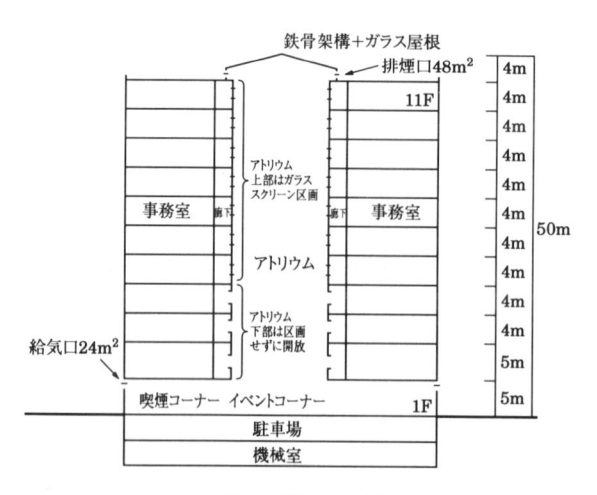

図 13.13　断面図

所ビルを想定した．アトリウムは，平面中央部に位置し，1階から11階まで吹き抜けている．最上部には鉄骨を耐火被覆なしで用いた構造のガラス屋根を架けている．アトリウム1階には，中央吹き抜け下部にイベントコーナー，周囲に喫茶コーナーを設けている．2階以上は吹き抜けに面して各階事務所の廊下が設置されている．仕様設計によれば，吹き抜け部と廊下との間は防火防煙シャッターなどにより防火区画することになるが，ここでは，アトリウム上部はガラススクリーンによる固定間仕切り，アトリウム下部は間仕切りなしで開放する計画とし，その設置範囲は安全性の評価に基づいて決定する．事務室と廊下との間は不燃間仕切りとした．アトリウムの排煙は自然排煙とし，屋根部分に48 m²の自然排煙口を，1階部分に24 m²の自然給気口を設けている（表13.6）.

表 13.6 アトリウムの諸特性

建物用途	事務所
アトリウム底部の用途	イベントコーナーおよび喫茶コーナー（1階）
アトリウムに面する各階の用途	事務室の廊下（2階〜11階）
吹き抜け部平面寸法	24 m×15 m
吹き抜け部最高高さ	50 m
アトリウムの気積	約 29,700 m³
煙制御	自然排煙方式（アトリウム頂部に排煙口 48 m²，1階に給気口 24 m² を設置）
消火設備	壁付きスプリンクラー設備（1階床面） スプリンクラー設備（各階廊下部分）
火災感知設備	光電式分離型煙感知器（アトリウム上部に設置） 炎感知器（アトリウム壁面に設置）
内 装	不燃材使用

B. 火災発生場所の想定

アトリウム1階の喫茶コーナーおよびイベントコーナーを出火場所として想定した．2階から11階までは事務室の廊下であり，火気，可燃物ともなく，火災発生の危険はないと想定した．

① 1階喫茶コーナー：客用の椅子の燃焼を想定し，その火源は「建築物の総合防火設計法」における標準火源 No. 1 とした．最大発熱速度は 3000 kW，最大火源面積は 1.7 m² である．

② 1階イベントコーナー：イベント用の物品の燃焼を想定し，想定火源は「建築物の総合防火設計法」における標準火源 No. 2 とした．最大発熱速度は 25000 kW，最大火源面積は 17.0 m² である．

表 13.7 火源の燃焼状況

	時 間 （秒）		発熱速度 （kW）		火源面積 （m²）	
	t_1	t_2	Q_1	Q_2	A_1	A_2
1階喫茶コーナー（標準火源 No. 1）	120	240	300	3,000	1.7	1.7
1階イベントコーナー（標準火源 No. 2）	120	320	750	25,000	0.5	17.0

（Q_1, A_1 は t_1 時，Q_2, A_2 は t_2 時の値．0時はともに0．t_2 時以降は一定．その他は直線補完とする.）

どちらの場所も自動消火設備としてスプリンクラーが設置されており，火災が発生しても小規模のうちに消火されることが期待されるが，ここでは何らかの理由でスプリンクラーが作動せず火災が継続したものと仮定する．ただし，安全性評価の例示は喫茶コーナー火災のみを示した．

C．安全性の評価項目と評価方法
以下の項目について火災性状を予測し，安全性を確認する必要がある．

① 上階延焼しないこと
　ⅰ．上階への火炎が可燃物に接しないこと　：火炎長＜上階可燃物までの高さ
　ⅱ．火炎からの輻射で着火しないこと　　　：火炎からの輻射受熱量＜許容受熱量

② 避難安全が保たれること
　ⅰ．階避難終了まで煙に曝されないこと　　：階避難終了時間＜許容高さまでの煙降下時間

③ 上階の区画，屋根の構造体が破壊しないこと
　ⅰ．アトリウムのガラス区画が破壊しない　：ガラス部位の煙層温度＜許容温度
　　　　　　　　　　　　　　　　　　　　　　ガラス部位の輻射受熱温度＜許容受熱量
　ⅱ．アトリウム屋根が破壊しない　　　　　：火炎長＜屋根の構造部位までの高さ
　　　　　　　　　　　　　　　　　　　　　　屋根の輻射受熱量＜許容受熱量
　　　　　　　　　　　　　　　　　　　　　　屋根の構造体の温度＜許容温度

13.4.2 安全性の検証
A．上階延焼の検討

a．1階喫茶コーナー火災による上階への延焼の検討　アトリウム吹き抜け部の内壁直下で客用の椅子が燃焼したことを想定した．

① 火炎の高さの予測

面火源に対する火炎の高さの予測式は以下のように示される．

$$L_f = \gamma \cdot Q^{*n} \cdot D \tag{13.7}$$

ここで，L_f は火炎の高さ (m)，γ は定数（$\gamma=1.8$（連続火炎高さ），$\gamma=3.5$（火炎片高さ）），Q^* は無次元発熱速度（$Q^*=Q/\rho_\infty C_p T_0 \sqrt{gD^5}$，一般に $\rho_\infty C_p T_0 \sqrt{g} = 1100$），$Q$ は火源の発熱速度 (kW)，D は火源の代表長さ (m)，n は定数（$Q^*<1$ のとき $n=2/3$，$Q^*\geq1$ のとき $n=2/5$）である．

$Q=3000$ kW，$D=1.30$ m より，

$$Q^* = 3000/1100 \times 1.30^{5/2} = 1.415 \tag{13.8}$$

$Q^*>1$ より，$n=2/5$ となるから，

$$L_{f1}（連続火炎高さ）=1.8 \times 1.415^{2/5} \times 1.30 = 2.69 \text{ m} \tag{13.9}$$

$$L_{f2}（火炎片高さ）=3.5 \times 1.415^{2/5} \times 1.30 = 5.23 \text{ m} \tag{13.10}$$

② 火源直上の上階への延焼の検討

火源の高さを床上 0.5 m（椅子の座の高さ）とすると，火炎片の到達高さは1階床面から，0.5

13.4 アトリウムなどの大空間

+5.23＝5.73 m となる．一方，1階の階高は5.0 mであるから，2階廊下部分に高さ1.2 mの耐火的な手摺壁を設ければ，火炎が手摺壁上端まで届かず，上階への延焼の危険はないと判断できる（図13.14）．

$$5.0+1.2=6.2 \text{ m} > 5.73 \text{ m} \quad (13.11)$$

②火源対面の上階への延焼の検討

　火源対面の上階へは火源からの輻射熱により延焼することが懸念される．火源からR(m)離れた地点での輻射受熱強度は以下の式で示される．

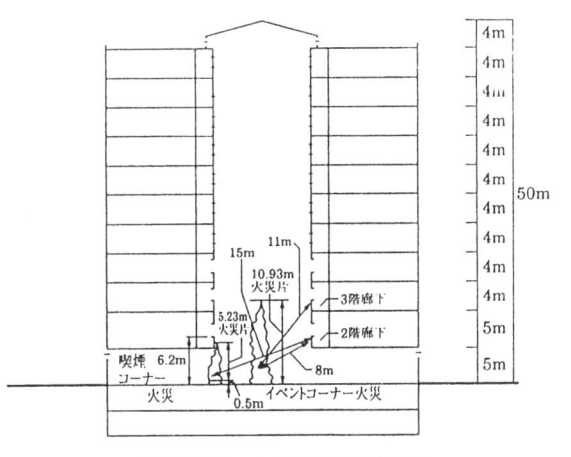

図 13.14 上階延焼の検討図

$$q = X_f * Q/4\pi R^2 \quad (13.12)$$

ここで，qは輻射受熱量（kW/m²），X_fは火源における発熱量のうち輻射として放出される割合，Qは火源の発熱速度（kW），Rは火源からの距離（m）である．火源における発熱量のうち輻射として放出される割合を40％と想定する．連続火炎中心部から火源対面の2階廊下部分までの最短距離は15 mであるから，2階廊下部分の最大輻射受熱量は，以下のようになる．

$$q = 0.4 \times 3000/4 \times 3.14 \times 15.0^2 = 0.424 \text{ (kW/m}^2) \quad (13.13)$$

木質材料の着火限界と考えられる10 kW/m²に比べて十分に小さいので，上階への延焼の危険はないと判断できる．人間の輻射許容限界を3 kW/m²（1分間程度）とすれば，この値に対しても十分に小さいので，喫茶コーナー火災時に2階廊下部分を避難経路として使用できることもわかる．

b. 1階イベントコーナー火災による上階への延焼の検討　アトリウム底部のイベント用の物品が燃焼したことを想定し，火炎長の予測に基づいて安全性を確認する．火炎長は自由燃焼の場合の乱流火炎モデルを使って予測する．

　なお，イベントコーナー火災の場合，輻射による延焼の可能性から2階は防火区画することが必要となった．ただし，ここでは検討経過を省略する．

B. 避難安全性の検討

a. 基準階の避難所要時間

①在館者人数

　基準階は図13.6に示すように2箇所の事務室および会議室から構成されている．すべての部屋に人がいるものと想定して，避難対象となる在館者人数を表13.8のように設定した．

②避難エリア，避難経路の想定

表 13.8 基準階の在館者人数

	面　積	人口密度	在館者人数
事務室1	750 m²	0.125 人/m²	94 人
事務室2	750 m²	0.125 人/m²	94 人
会議室1	50 m²	0.6 人/m²	20 人
会議室2	50 m²	0.6 人/m²	30 人

在館者は最も近い避難出口に向かって避難するものとして，図 13.15 に示すように避難エリアを 4 つに分けてそれぞれの避難経路を設定した．

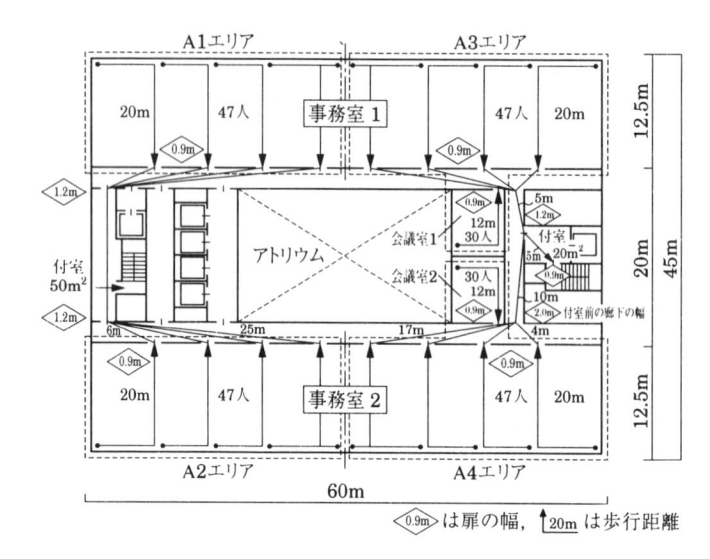

図 13.15　避難エリア・避難経路図

③避難開始時間

　アトリウム火災により発生した煙がアトリウム天井高さの上部 10% まで蓄積されたときに火災感知器が発報し全館に非常放送が行われて一斉に避難開始するものとした．煙がアトリウムの上部 10% まで蓄積される時間は後述の煙流動シミュレーション結果より算出する．

④避難所要時間

　各居室において全員が一斉に避難開始する時点からアトリウム火災の煙や熱に影響されない安全な区画である階段付室に全員が流入する時点までの時間を避難所要時間とする．避難歩行速度は一律 1.0 m/sec とした．

　ここで A3，A4 エリアの避難時間を例示する．

　ⅰ．事務室から廊下までの避難時間

　　事務室避難扉を通過するのに要する時間：$t_1 = 47/(0.9 \times 4 \times 1.5) = 8.7$ 秒

　　扉までの最大歩行時間　　　　　　　　：$t_2 = 20/1.0 = 20$ 秒

　したがって，避難者が廊下に出るまでの時間は，避難開始後 0 秒目から 20 秒目までとなる．

　ⅱ．会議室から廊下までの避難時間

　　会議室避難扉を通過するのに要する時間：$t_1 = 30/(0.9 \times 1.5) = 22.2$ 秒

　　会議室避難扉までの最大歩行時間　　　：$t_2 = 12/1.0 = 12$ 秒

　したがって，避難者が廊下に出るまでの時間は，避難開始後 0 秒目から 22 秒目までとなる．

　ⅲ．付室前の廊下入り口までの到達時間と流入時間

　　会議室から付室前の廊下入り口までは 2 m，事務室からは 4 m〜17 m である．付室前廊下

の幅は2mである．これらから，

　　　廊下入り口までの到着時間　　　　　　：避難開始後0秒＋2秒＝2秒目から

　　　　　　　　　　　　　　　　　　　　　　　　20秒＋17秒＝37秒目までとなる．

　　　廊下入り口を通過するのに要する時間：$t_3 = 77/(2.0 \times 1.5) = 25.7$ 秒

　　したがって，ここへの流入時間は，避難開始後2秒目から37秒目までとなる．

　iv．付室入り口までの到着時間と流入時間

　　　廊下入り口から付室入り口までは，A3エリアが5m，A4エリアが10mである．

　　　付室入り口への到着時間　　　　　　：避難開始後2秒＋5秒＝7秒目から

　　　　　　　　　　　　　　　　　　　　　　　　37秒＋10秒＝47秒目までとなる．

　　　付室入り口の扉幅1.2mを通過する時間：$t_4 = 154/(1.2 \times 1.5) = 85.6$ 秒

　　したがって，付室入り口流入時間は避難開始後7秒目から7秒＋86秒＝93秒目までとなる．

　v．付室の滞留面積の検討

　　　付室入り口から階段入り口までは5mであるから，階段入り口への到達は避難開始後12秒目から98秒目までとなる．付室の最大滞留は，付室の流入が完了する93秒目に発生すると考えられるので，そのときの滞留人数を算定すると，

$$N = 154 - 0.9 \times 1.5 \times (93 - 12) = 44.7 \text{人} \tag{13.14}$$

となり，

　　　　　　　　　付室の最大滞留人数＝45人

1人当たりの必要滞留面積を0.2 m^2/人とすると，

　　　　　　　必要な滞留面積＝0.2 m^2/人×45人＝9.0 m^2

となる．一方，付室2の面積は20 m^2であるから最大滞留時でも全員を付室内に収容することができ，滞留により避難が滞ることはないと判断される．

　vi．階避難所要時間

　　　上記の検討結果より，A3エリア，A4エリアの避難所要時間は93秒となる．同様にA1エリア，A2エリアを計算するとA1，A2エリアの避難所要時間は45秒となる．

ゆえに，上記検討結果より，基準階の避難所要時間はそれぞれのエリアの避難所要時間の長い方をとって93秒となる．

b．アトリウムの煙層降下と煙層温度上昇　アトリウムの煙層降下と煙層温度上昇を非定常2層ゾーンモデルによる煙流動シミュレーションを用いて予測する．

火災発生場所は，アトリウム1階の喫茶コーナーおよびイベントコーナーの2箇所とした．自然排煙口および給気口は，最初は閉鎖しているが，煙がアトリウム天井高さの上部10％まで蓄積された時点で火災感知器が発報し，それに合わせて開放するものとした．アトリウム内外の空気温度は20℃とした．

シミュレーションにより求められたアトリウム内の煙層下端高さおよび煙層温度の時間変化を図

(a) 煙層高さ　　　　　　　　　　(b) 煙層温度

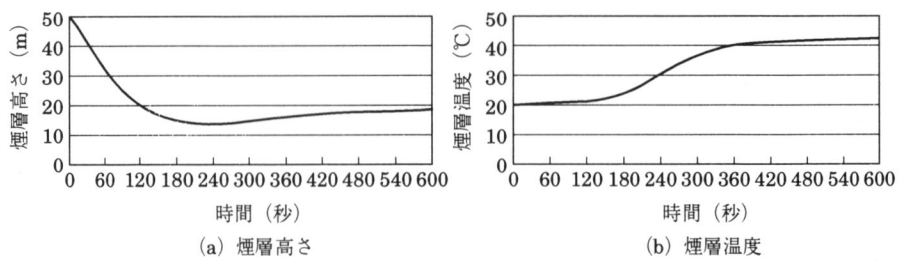

図 13.16 喫茶コーナー火災時のアトリウムの煙性状シミュレーション結果

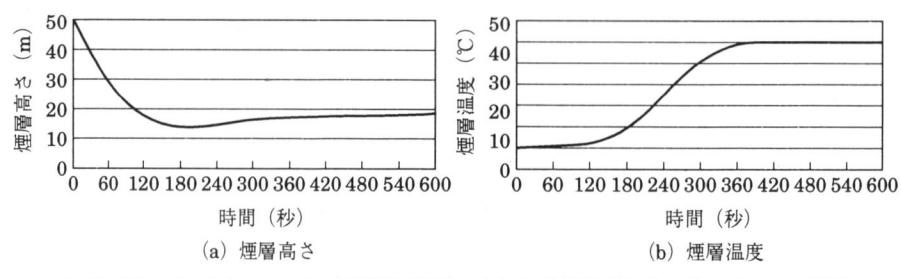

(a) 煙層高さ　　　　　　　　　　(b) 煙層温度

図 13.17 イベントコーナー火災時のアトリウムの煙性状シミュレーション結果

13.16 および図 13.17 に示す．

c. 避難安全性の検討

①避難安全の評価基準

　各階の避難者が安全区画である階段付室まで煙に曝されずに避難できる（煙層が許容高さまで降下してくる時間以内に避難を終了する，あるいは避難中に避難経路に煙が侵入しないようにする）ことを避難安全の評価基準とした．

　各階における煙層の許容高さを下式の右辺に示す．避難終了まで下式が満足されることが安全に避難できることの評価基準となる．

　また，廊下をガラススクリーンなどにより吹き抜け部と遮煙区画して避難経路への煙の侵入を防止すればアトリウムの煙降下状況に関係なく安全に避難できることになる．

$$s > 1.6 + 0.1(H-h) + h \tag{13.15}$$

ここで，s は煙層下端の 1 階からの高さ（m），H はアトリウムの天井高さ（m），h は各階床面の 1 階からの高さ（m）である．

②各階の許容避難時間

　各階の廊下がアトリウムに開放されているとして，各階における煙層の許容高さを算定した．次にシミュレーション結果から喫茶コーナー火災，イベントコーナー火災それぞれにおいて許容高さまで煙層が降下する時間を求め，各階の許容避難時間を表 13.9 に示す．

③避難安全性の検討

　基準階の避難所要時間は，前述（p.301）の検討結果より 93 秒である．避難開始時間（煙がアトリウム天井高さの 10% まで蓄積されたとき）は煙流動シミュレーション結果から喫茶コーナー

表 13.9 アトリウムの煙降下から算出した各階の許容避難時間

	床面の1階からの高さ (m)	煙層の許容高さ (m)	許容避難時間（秒）	
			喫茶コーナー火災	イベントコーナー火災
11階	42.0	44.4	20	16
10階	38.0	40.8	31	24
9階	34.0	37.2	42	33
8階	30.0	33.6	54	43
7階	26.0	30.0	67	54
6階	22.0	26.4	83	67
5階	18.0	22.8	103	84
4階	14.0	19.2	129	108
3階	10.0	15.6	160	138
2階	5.0	14.5	176	148

火災では19秒，イベントコーナー火災では15秒となる．

したがって，

　　喫茶コーナー火災　　：　　各階の避難終了時間＝19秒＋93秒＝112秒

　　イベントコーナー火災：　　各階の避難終了時間＝15秒＋93秒＝108秒

これを上記の避難許容時間と比較すると，喫茶コーナー火災，イベントコーナー火災とも2階から4階までは（避難終了時間≦許容避難時間）となり，安全に避難可能である．しかし，5階以上は（避難終了時間＞許容避難時間）となり，煙にまかれて避難できなくなると評価される．

したがって，2階から4階までは廊下をアトリウムに開放できるが，5階以上の階は廊下とアトリウムとの間にガラススクリーンを設けて避難中に煙が廊下に侵入しなような設計にすることが必要である．

C. 廊下のガラススクリーン区画および屋根の構造体に関する検討

発熱量の大きいイベントコーナー火災を対象として廊下のガラススクリーン区画および屋根の鉄骨構造体に対する熱的影響を検討する．

a. 廊下のガラススクリーン区画の検討　上部階に設置されるガラススクリーンは高温の煙と火炎からの輻射に曝されることになるため，避難中に熱的影響によりガラスが破壊しないことを確認する．

避難が終了する108秒後における煙層温度はシミュレーション結果より22.4℃となる．

また，そのときの発熱速度は750kW，火炎の中心から5階のガラススクリーン最下部までの最短距離は18mであるので5階廊下ガラススクリーン部分の最大輻射受熱量は以下のようになる．

$$q = 0.4 \times 750 / 4 \times 3.14 \times 18.0^2 = 0.074 \, (\text{kW}/\text{m}^2) \qquad (13.16)$$

煙層温度，輻射強度とも十分に小さいので，ガラススクリーンが避難中に破壊する危険はなく，避難安全に支障はないと判断できる．

b. 屋根の構造体の検討　屋根の構造体は，火炎からのプルームと高温の煙に曝されることとなる．こ

こでは，天井高さが 50 m と十分に高いためプルーム軸上の温度上昇は考慮せず，煙層の温度上昇により屋根の鉄骨構造体の耐火性を検討する．

煙流動シミュレーションの結果から，煙層温度は 440 秒後には約 120℃ になり，ほぼ定常状態に達する．したがって，屋根の構造体は最高 120℃ までしか温度上昇せず，無耐火被覆の鉄骨構造でも支障ないと判断できる．

屋根の構造体に対しては，最上階で火災が起こったときの噴出火炎による影響も検討する必要があるが，ここでは省略した．

文　　献

1) 国土開発技術研究センター編：建築物の総合防火設計法　第 2 巻，第 3 巻，日本建築センター（1989）
2) 国土交通省住宅局建築指導課，国土交通省建築研究所，日本建築主事会議，日本建築センター編：避難安全検証法の解説及び計算例とその解説（2001）

13.5　耐火設計

13.5.1　耐火設計の概要

A. 耐火設計の対象

耐火設計は通常，耐火建築物を対象として実施される．建築基準法第 27 条第 1 項では耐火建築物としなければならない特殊建築物を規定している．これに該当する建築物には劇場や映画館等のように多くの人が集まる建築物，ホテルや病院等のように多くの人が宿泊する建築物，学校等の教育文化施設，百貨店や遊戯場等の商業施設，倉庫，工場等がある．また，建築基準法第 61 条では防火地域内の建築物，第 62 条第 1 項では，準防火地域内の建築物で一定規模以上の建築物を耐火建築物とすることを規定している．防火地域や準防火地域は都市計画法により，市街地における火災の危険を防除するために定められた地域である．

B. 耐火設計の目的

耐火建築物は建築基準法第 2 条 9 号の二で規定されており，その概要は表 13.10 のとうりである．すなわち，耐火建築物の主要構造部は表 13.10 に示す(1)か(2)のいずれかに該当するように設計されなければならない．表中(1)は仕様規定に基づく設計であり，建築物の階と主要構造部の部分に応じて，すでに耐火構造として指定または認定を受けた構造を選択することになる．表中(2)は性能規定に基づく設計であり，一般に耐火設計と呼ばれている．この場合は建築物の屋内で発生する火災を予測し，主要構造部がそれに耐えるように設計する．また，建築物の周囲で発生する火災に対して外壁が耐えるように設計する．

火災に耐えるとは，火災時に荷重を支持する主要構造部（柱，梁，床，耐力壁等）の破壊を防止すること，火災区画を構成する主要構造部（床，主要な間仕切り壁，外壁等）を介しての延焼を防止することである．

13.5 耐火設計

表 13.10 耐火建築物の定義

イ) 主要構造	ロ) 外壁の開口部で延焼のおそれのある部分
（1）耐火構造であること．	防火戸その他の政令で定める防火設備（その構造が遮炎性能に関して政令で定める技術的基準に適合するもので，国土交通大臣が定めた構造方式を用いるもの又は国土交通大臣の認定を受けたものに限る）を有すること． 遮炎性能：通常の火災時における火炎を有効に遮るために必要とされる性能をいう．
（2）次に掲げる性能に関して政令で定める技術的基準（令第108条の3第1項）に適合するものであること． （Ⅰ）当該建築物の構造，建築設備及び用途に応じて屋内において発生が予測される火災による火熱に当該火災が終了するまで耐えること． （Ⅱ）外壁にあっては当該建築物の周囲において発生する通常の火災による火熱に当該火災が終了するまで耐えること．	

C. 耐火設計法の種類

ここでは，同じ鋼構造建築物に対して2種類の耐火設計法を適用した事例を示す．始めの一つは，建築基準法施行令第108条の3第2項および建設省告示第1433号（平成12年5月）に規定された「耐火性能検証法」による耐火設計の例である．もう一方は，解析的手法や実験データ等を用いたより詳細な設計法である．後者は，より自由度の高い設計法であるが国土交通大臣の認定が必要である．

13.5.2 対象建築物の概要

A. 建築物の概要

耐火設計の対象とする建築物は防火地域に建つ事務所ビルとし，規模，主体構造は以下のように想定する．

規　　模：建築面積　1488.0 m²
　　　　　延床面積　13699.2 m²
　　　　　軒　高　　GL+35.7 m
　　　　　階　数　　地上9階，地下1階，ペントハウス1階
主体構造：地上部分　構造形式―純ラーメン構造
　　　　　　　　　　構造種別―鋼構造
　　　　　　　　　　床　―鉄筋コンクリート構造
　　　　　　　　　　外　壁―プレキャストコンクリート板（非耐力）
　　　　　　　　　　内　壁―乾式耐火間仕切り壁（非耐力）
　　　　　地下部分　構造種別―鉄骨鉄筋コンクリート造
　　　　　基　礎　　構造種別―鉄筋コンクリート造

対象建築物の1階平面図を図13.18に，基準階平面図を図13.19に示す．3階から9階までが基準階であり，中央にコアを設け，南北に2つの事務室を配置している．1階の北側には，高さが2階分のエントランスホールがあり，一部に喫茶コーナーを設けている．東側立面図を図13.20に，④通り軸組図を図13.21に示す．また，基準階梁伏図を図13.22に示す．

306　　13章　火災安全設計の例

図 13.18　1階平面図

図 13.19　基準階平面図

図 13.20　東側立面図

図 13.21　④通り軸組図

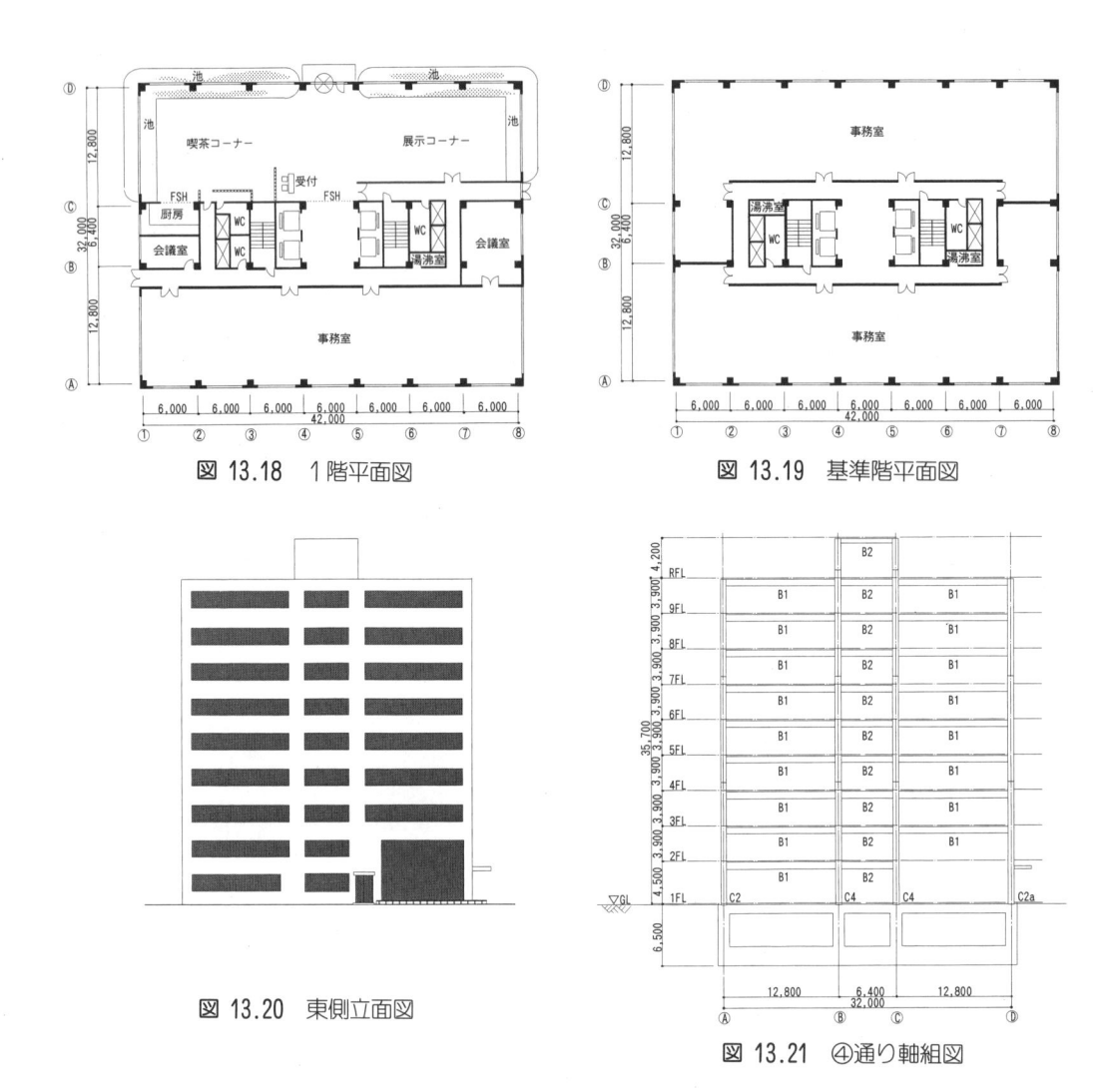

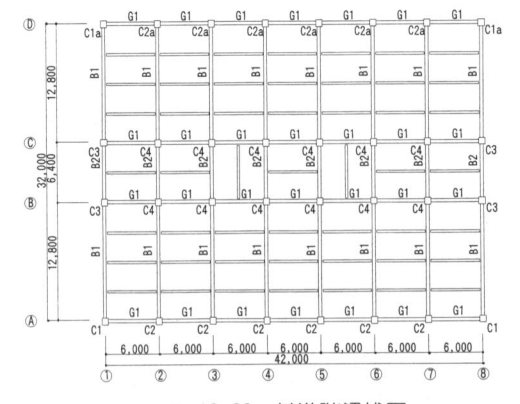

図 13.22　基準階梁伏図

B. 部材仕様と荷重

柱や梁の部材断面は構造設計により決定されたものを用いる．柱には外径 500 mm の角形鋼管が使用され，作用応力に応じて板厚が変化している．梁には H 形鋼が使用され，G 1 は H−500×250（一部 200），また B 1 および B 2 は H−700×300（一部は 250 または 200）である．フランジおよびウェブの板厚は作用応力に応じて変化している．鋼材種別は柱，梁とも SN 490 B である．

床は設計基準強度が 21(N/mm²) の普通コンクリートを用いた鉄筋コンクリート構造である．寸法はコア内の一部を除き，短辺方向 3.2 (m)，長辺方向 6.0 (m)，厚さ 150 (mm) である．鉄筋の種類は SD 295 A であり，配筋は短辺方向の中央部で LD 10 と LD 13 を 200 mm ピッチで交互とし，短辺方向両端と長辺方向中央および両端は LD 13 を 200 mm ピッチとしている．鉄筋に対するコンクリートの最小かぶり厚は 30 mm である．

外壁を構成するプレキャストコンクリート板（非耐力）には普通コンクリートを用い，厚さは 180 (mm) である．

事務室と廊下との区画等に用いる内壁（非耐力）は両面繊維混入けい酸カルシウム板（厚さ 8 mm）2 枚貼り中空間仕切り壁である．この壁は建築基準法第 2 条七号に基づいて，1 時間耐火の認定を取得した構造である．また，これらの内壁に設けられた開口部（出入口）には特定防火設備が設置されている．

火災時に作用する荷重は建築基準法施行令第 82 条に規定されている「長期に生ずる力」の算定用荷重とし，これに基づいて柱，梁，床に生じる応力を算定する．

13.5.3 耐火性能検証法による耐火設計

建築基準法施行令第 108 条の 3 第 2 項および建設省告示第 1433 号「耐火性能検証法に関する算出方法等を定める件」（平成 12 年 5 月）（以下告示第 1433 号と呼ぶ）に規定された耐火性能検証法に従って耐火設計を行う．

耐火性能検証法では，耐火建築物を構成するすべての室について火災の継続時間を算定し，その火災により加熱を受けるすべての主要構造部の保有耐火時間を算定して，両者を比較することにより耐火性能検証を行うことを原則としている．しかし，ここでは紙面の制約により基準階事務室を対象とし，代表的な柱および梁の耐火性能検証方法と検証結果について述べるにとどめる．

A. 基準階事務室の火災の継続時間の算定

基準階（3 階）南側事務室の火災を耐火設計の対象とする．火災の継続時間 (t_f) は下式のように，その室内の可燃物の発熱量 (Q_r) をその室で可燃物が燃焼したときの 1 秒間当たりの発熱量 (q_b) で除することにより求められる．

$$t_f = \frac{Q_r}{60 q_b} \text{（分）} \tag{13.17}$$

$$Q_r = q_l \cdot A_r + \Sigma (q_r \cdot A_f \cdot d_f) + \Sigma f_a \{q_{la} \cdot A_{ra} + \Sigma (q_{fa} \cdot A_{fa} \cdot d_{fa})\} \tag{13.18}$$

また，Q_r は式 (13.18) のように規定されている．右辺第 1 項は収納可燃物による発熱量，第 2 項は

内装材料による発熱量，第3項は隣接室からの侵入熱量である．ここでは事務室と廊下の間は耐火構造の壁で仕切られ，その開口部には特定防火設備に該当する扉が設置されているため，熱侵入係数（$f_a=0$）により，第3項は0となる．

第1項の収納可燃物による発熱量は，収納可燃物の床面積 1 m² 当たりの発熱量（q_l）と室の床面積（A_r）の積である．q_l は室の用途に応じて告示第1433号により規定されており，ここでは事務室に対する 560（MJ/m²）を採用する．これに床面積（$A_r=516$ m²）を乗ずると収納可燃物による発熱量は288960（MJ）となる．

内装材料による発熱量は内装材料の種類ごとに求めた発熱量の和で示される．式（13.18）中の q_f は内装材料の表面積 1 m² 当たり厚さ 1 mm 当たりの発熱量（MJ/m²/mm），A_f は内装材料の表面積（m²），d_f は内装材料の厚さ（mm）である．事務室の床，壁，天井の内装を下地とともに表13.11に示す．q_f と後で必要な酸素消費係数（ϕ）は内装材料の種類に応じて告示第1433号に規定されている．それらの値も表13.11に示しておく．

表 13.11 内装材料の仕様と発熱量等

部　位		材料の名称	厚さ：d_f (mm)	内装材料の種類	発熱量：q_f (MJ/m²/mm)	酸素消費係数：ϕ
床	仕上げ	タイルカーペット	7	木材同等	8.0	1.0
	下　地	普通コンクリート	150	不 燃 材	—	—
壁	外　壁 仕上げ	せっこうボード（化粧）	9.5	準不燃材	1.6	0.2
	外　壁 下　地	PC版（普通コンクリート）	180	不 燃 材	—	—
	間仕切 下　地（仕上げ込）	両面けい酸カルシウム板2枚(8+8)貼り中空間仕切り壁	(8+8)=16	不 燃 材	0.8	0.1
天　井	仕上げ	ロックウール吸音材（化粧）	9	準不燃材	1.6	0.2
	下　地	普通コンクリート	150	不 燃 材	—	—

床と天井の面積は各々 516（m²），外壁の面積は 31.5（m²），間仕切り壁の面積は 207.2（m²）であり，これと表13.11に示した各々の内装材料の厚さと発熱量から，内装材料全体の発熱量を求めると 39870（MJ）となる．したがって，事務室の発熱量（Q_r）は 328830（MJ）となる．

この室において可燃物が燃焼したときの1秒当たりの発熱量（q_b）は燃焼型支配因子（χ）により算定式が異なり，χ は式（13.19）のように規定されている．

$$\chi = \max[\Sigma(A_{op}\sqrt{H_{op}})/A_{fuel},\quad A_r\sqrt{H_r}/(70A_{fuel})] \tag{13.19}$$

ここで，A_{op} は各開口部の面積，H_{op} はその上端から下端までの垂直距離である．

廊下側の出入口に設置されている特定防火設備は火災時にはすべて閉鎖されるため，開口部は外壁のガラス窓のみとなる．外壁開口部の形状寸法を表13.12に示す．A_r は床面積，H_r は天井高であり，各々 516（m²）と 2.8（m）である．

A_{fuel} は可燃物表面積（m²）で式（13.20）のように規定されている．

13.5 耐火設計

表 13.12 外壁開口部の形状寸法

開口部の位置		H_{op}(m)	B_{op}(m)	A_{op}(m²)
A通り	①〜⑧通り間	1.80	5.0×7	63.00
①通り	A〜B通り間		11.8	21.24
⑧通り間	A〜B通り間		11.8	21.24
	C〜D通り間		5.4	9.72

注）B_{op}：開口部の幅

$$A_{fuel} = 0.26 \cdot q_l^{1/3} \cdot A_r + \Sigma \phi \cdot A_f \tag{13.20}$$

前述のように，$q_l = 560 (\text{MJ/m}^2)$，$A_r = 516 (\text{m}^2)$ であり，ϕ は表 13.11 に示した内装材料の酸素消費係数である．また，A_f は内装材料の表面積であり，前述の床，天井，外壁，間仕切り壁の面積を用いる．これらの値を用いて A_{fuel} は 1752（m²）と算定される．さらに，燃焼型支配因子（χ）は 0.088 と算定される．このとき，可燃物が燃焼したときの 1 秒当たりの発熱量（q_b）は式（13.21）のように表され 227.8（MJ/s）となる．

$0.081 < \chi \leq 0.1$ のとき

$$q_b = 0.13 \times A_{fuel} = 227.8 (\text{MJ/s}) \tag{13.21}$$

Q_r と q_b から事務室の火災の継続時間（t_f）は式（13.22）のように求められる．

$$t_f = \frac{Q_r}{60 q_b} = \frac{328830}{60 \times 227.8} = 24.1 \text{（分）} \tag{13.22}$$

次に火災温度の高低を表す火災温度上昇係数（α）を算定する．α は式（13.23）のように規定されている．

$$\alpha = 1280 \{ q_b / (\sqrt{\Sigma A_c I_h} \cdot \sqrt{f_{op}}) \}^{2/3} \tag{13.23}$$

ここで，A_c は壁，床等の部分ごとの表面積（m²），I_h は壁，床等の部分ごとの熱慣性（kW・$\sqrt{S}$/m²/K）である．

壁，床等の仕様は表 13.11 に示したように，床と外壁は普通コンクリートであり，間仕切り壁は繊維混入けい酸カルシウム板で構成されている．これらの材料で造られたものに対して I_h は告示第 1433 号により，それぞれ 1.75 および 1.20 と規定されている．また，壁，床の表面積は前述の値を用いる．f_{op} は有効開口因子であり，式（13.24）のように表される．

$$f_{op} = \max \{ \Sigma (A_{op} \sqrt{H_{op}}), \quad A_r \sqrt{H_r}/70 \} \tag{13.24}$$

式（13.24）の開口部面積（A_{op}）等に前述の値を代入すると f_{op} は 154.6(m$^{5/2}$) となる．q_b，$A_c I_h$，f_{op} の値から，α は 712.2 となる．この α を用いてこの室の火災温度（T）が式（13.25）のように表される．

$$T(t) = \alpha \cdot t^{1/6} + 20 = 712.2 \cdot t^{1/6} + 20 (\text{℃}) \tag{13.25}$$

ここで，t は経過時間（分）である．

この室の火災温度は式（13.25）に従って，火災の継続時間（$t_f = 24.1$ 分）まで推移することになる．$\alpha = 460$ のとき，ISO-834「建築構造部分の耐火試験方法」に規定された標準加熱温度曲線に近い値と

なることから，この室の火災温度は比較的高いといえる．この室の火災継続時間を熱的に等価な標準加熱温度曲線上の等価火災時間（t_{eq}）に置き換えると，式（13.26）のように 46.4（分）となる．

$$t_{eq}=t_f(\alpha/460)^{3/2}=46.4 \text{ (分)} \tag{13.26}$$

B. 基準階事務室の主要構造部（柱および梁）の屋内火災保有耐火時間の算定

a. 被覆鋼構造柱の屋内火災保有耐火時間 柱の耐火被覆は吹付けロックウールとし，被覆厚および比重は告示第 1433 号に規定された最低被覆厚（25 mm）および 0.28 とする．また，対象とする柱は基準階（3 階）南側事務室の中で軸力比の大きな C2 柱（④通り−A 通り）とする．鋼構造柱の断面寸法等，部材データは以下のとうりである．

断面寸法：□−500×500×25（mm）

鋼　　種：SN 490 B

鋼管種類：冷間成形部材

柱の長さ：3900（mm）

作用軸力：2385（kN）

屋内火災保有耐火時間の算定に必要な変数である柱の無次元化有効細長比（λ）は柱の長さ（l_e）が 3900（mm），断面 2 次半径（i）が 194（mm），鋼材（SN 490 B）の常温時の弾性係数（E）が 210（kN/mm^2），基準強度（F）が 0.33（kN/mm^2）であり，式（13.27）のように求められる．

$$\lambda=\frac{l_e/i}{3.14(E/F)^{1/2}}=0.253 \tag{13.27}$$

柱の軸力比（p）は作用軸力（P）が 2385（kN），柱の断面積（A_s）が 47500（mm^2），鋼材の基準強度（F）が 0.33（kN/mm^2）であり，0.152 となる．柱の限界部材温度（T_{cr}）を式（13.28）により算定する．

$$T_{cr}=\min\{T_B, T_{LB}, T_{DP}, 550\} \tag{13.28}$$

式（13.28）の T_B は全体座屈に対する上限温度（℃）であり，式（13.29）で表される．

$$T_B=\max\{700-375p-55.8(p+30p^2)(\lambda-0.1),\quad 500(1-p(1+0.267\lambda^2)/(1-0.24\lambda^2))^{1/2}\} \tag{13.29}$$

これに，$\lambda=0.253$，$p=0.152$ を代入すると全体座屈に対する上限温度（T_B）は 636（℃）となる．次に T_{LB} は局部座屈に対する上限温度（℃）であり，式（13.30）で表される．

$$T_{LB}=700-375p/\{\min(R_{LBO}, 0.75)\} \tag{13.30}$$

R_{LBO} は冷間成形された正方形中空断面では式（13.31）により求められる．鋼管の板厚（t）は 25 (mm)，外径（B）は 500（mm）であるから，R_{LBO} は式（13.31）のように 0.85 となる．

$$R_{LBO}=17t/B=0.85 \tag{13.31}$$

これと軸力比（p）から T_{LB} は 624（℃）となる．

T_{DP} は柱の熱変形に対する上限温度（℃）であり，式（13.32）で表される．事務室の床面積（S）は 516（m^2）であるから，T_{DP} は 812（℃）となる．

$$T_{DP}=20+18000/\sqrt{S}=812(℃) \tag{13.32}$$

13.5 耐火設計

以上の計算結果から柱の限界部材温度（T_{cr}）は式（13.33）のように 550（℃）となる．

$$T_{cr} = \min\{636, 625, 812, 550\} = 550(℃) \tag{13.33}$$

被覆鋼構造柱の屋内保有耐火時間は式（13.34）で表される．

$$t_{fr} = \max[9866\{2/(h(\log_e(h^{1/6}(T_{cr}-20)/1250))^2) + a_w/(H_i/A_i)^2\}/\alpha^{3/2}, \quad \{(T_{cr}-20)/\alpha\}^6] \tag{13.34}$$

ここに，α は火災温度上昇係数で，前項で求めたように 712.2 である．h は部材温度上昇係数であり，式（13.35）のように表される．

$$h = \frac{\phi K_0(H_s/A_s)}{\{1+\phi R/(H_iA_i)\} \times \{1+\phi C(H_s/A_s)/(2H_i/A_i)\}} \tag{13.35}$$

各変数の説明と対象としている柱に関して求めた数値を以下に示す．

　　H_s：部材の加熱周長（2.0 m）

　　A_s：部材の断面積（0.0475 m²）

　　H_i：被覆材の加熱周長（2.2 m）

　　A_i：被覆材の断面積（0.0525 m²）

　　ϕ：加熱周長比（$H_i/H_s=1.10$）

K_0 は基本温度上昇係数で角形鋼管の場合，0.00116 と規定されている．また，R は熱抵抗係数であり，被覆材が吹付けロックウールで部材が角形鋼管の場合，390 と規定されている．さらに C は熱容量比であり，被覆材が吹付けロックウールの場合 0.081 と規定されている．これらの値を用いて h を求めると 0.00458 となる．

a_w は温度上昇遅延時間係数であり，被覆材が吹付けロックウールで部材が角形鋼管の場合は 19600 と規定されている．これらの値と限界部材温度（550℃）から柱の屋内保有耐火時間は 79.4（分）と計算される．

b. 被覆鋼構造梁の屋内火災保有耐火時間　梁の耐火被覆は柱と同様に吹付けロックウール（厚さ 25 mm）とする．対象とする梁は 3 階の A 通りおよび④通りの梁とする．鋼構造梁の断面寸法，部材データは表 13.13 に示す．

鋼構造梁の限界部材温度（T_{cr}）は式（13.36）のように規定されている．

$$T_{cr} = \min\{T_{Bcr}, T_{DP}, 550\} \tag{13.36}$$

T_{Bcr} は梁の高温耐力によって定まる上限温度（℃）であり，式（13.37）により表される．

$$T_{Bcr} = 700 - \frac{750\,l^2(w_1+w_2)}{M_{pB}(\sqrt{R_{B1}+R_{B3}}+\sqrt{R_{B2}+R_{B3}})^2} \tag{13.37}$$

ここで，l は梁スパンの 1/2，w_1 は梁に作用している分布荷重と同等な効果を与える梁の長さ当りの荷重（N/m），w_2 は梁に作用している集中荷重と同等な効果を与える梁の長さ当りの荷重，R_{B1}，R_{B2} は端部の接合条件により定まる数値（両端剛接の場合，$R_{B1}=R_{B2}=1$），R_{B3} はスラブとの接合条件により定まる数値（緊結の場合，$R_{B3}=1$），M_{pB} は梁の全塑性モーメント（N・m）である．

T_{DP} は熱変形に対する上限温度（℃）であり，柱の場合と同様な式が用いられ，812（℃）となる．表 13.14 の値や諸条件に基づき T_{Bcr} や T_{DP} を求め，限界部材温度を求めると式（13.38），（13.39）の

表 13.13 梁の断面寸法と部材データ

部　材　名	B1（④通り）	G1（A通り）
部材断面	H-700×300×14×25	H-500×250×12×22
鋼　種	SN490B	SN490B
F 値（kN/mm²）	0.33	0.33
塑性断面係数（強軸）Z_{pBx}（mm³）	6541250	3252808
塑性断面係数（弱軸）Z_{pBy}（mm³）	1156850	703916
全塑性モーメント M_{pB}（kN·m）	2158.6	1073.4
スパン（m）	12.8	6.0
分布荷重（kN/m）	45.0	19.0
端部接合条件	両端剛接	両端剛接
スラブとの接合条件	緊　結	緊　結

ようになる．

梁B1（④通り）の場合

$$T_{cr}=\min\{T_{Bcr}, T_{DP}, 550\}=\min\{620, 812, 550\}=550(℃) \tag{13.38}$$

梁G1（A通り）の場合

$$T_{cr}=\min\{T_{Bcr}, T_{DP}, 550\}=\min\{685, 812, 550\}=550(℃) \tag{13.39}$$

限界部材温度（T_{cr}）が決まると，屋内火災保有耐火時間は被覆鋼構造柱の場合と同じ式により求めることができる．しかし，部材の温度上昇に影響する変数が異なるので，それらを表13.14に示す．

表 13.14 温度上昇に影響する変数

	変　　数	B1（④通り）	G1（A通り）
部材データー	断面積：A_s(m²)	0.0241	0.0165
	加熱周長：H_s(m)	1.27	1.73
被覆材データー	断面積：A_i(m²)	0.0581	0.0444
	加熱周長：H_i(m)	2.37	1.83
	加熱周長比：ϕ	1.04	1.06

また，被覆材と鋼材の区分により決まる変数はB1，G1とも上フランジが床スラブに密着したH形鋼梁であり3面加熱を受けるため共通となり，以下の値を用いる．

温度上昇遅延係数：$a_w=26000$

基本温度上昇速度：$K_0=0.00067$（m/分）

熱抵抗係数　　　：$R=235$

熱容量比　　　：$C=0.081$

以上の値を用いて梁の屋内火災保有耐火時間を求めると梁B1が52.5（分），梁G1が48.9（分）と

c. 耐火性能の検証 耐火性能の検証は，主要構造部の屋内火災保有耐火時間が，それが面する室の火災の継続時間以上であることを確認することにより行われる．また，外壁については，その屋外火災保有耐火時間が延焼の恐れのある部分で60（分）以上，それ以外の部分で30（分）以上であることを確認することにより行われる．

基準階（3階）南側事務室の火災の継続時間は 13.5.3，A．項で算定した．前項では代表的な柱と梁について，屋内火災保有耐火時間を算定した．これらとともに，基準階南側事務室に面する他の主要構造部の保有耐火時間を表 13.15 に示す．すべての主要構造部が上記の判定基準を満足しており，耐火性能が検証された．

表 13.15 耐火性能の検証

火災の種類	火災の継続時間（分）	保有耐火時間		判 定
		部 位	時間(分)	
屋内火災	24.1	鋼構造柱：C 1	79.4	OK
		鋼構造梁 B1	52.5	OK
		鋼構造梁 G1	48.9	OK
		鋼構造小梁：b 1	32.0	OK
		床（RC 造）	71.0	OK
		間仕切り壁（乾式）	32.2	OK
		外壁（PC 板）	201.8	OK
屋外火災	30.0*	外壁（PC 板）	388.8	OK

＊ 南側外壁は延焼の恐れのある部分以外の部分

13.5.4 詳細な耐火設計

前項の耐火性能検証法で対象とした鋼構造建築物を，11章に示されている設計法に類似した，より詳細な方法を用いて耐火設計した例を以下に示す．

ここで用いた耐火設計法は，まず，対象とした火災区画で火災が発生した場合の，火災温度の時間変化を算定する．算定方法は基本的に 11.3 節で示した方法と同じである．次に鋼構造骨組の熱変形解析を行い，その応力・変形性状から部材許容温度を決定する．熱変形解析の方法は 11.7 節の方法と同じである．最後に，部材温度を許容温度以下に制限するために必要な耐火被覆の厚さを算定する．部材温度の算定法は基本的には 11.4 節に示した方法と同じである．

この手順は図 11.1 に示した耐火設計の手順とは異なるが，鋼構造骨組の熱変形性状が部材温度の時間変化に大きく影響されないとすると，すなわち，鋼材のクリープ等の影響が少ないとすると実用的な方法である．

A. 火災温度の予測

　基準階事務室の火災温度の時間変化を予測する．室の面積や高さ等の空間条件，外壁開口部の開口条件，壁や床の仕様，可燃物発熱量等は 13.5.3 項で設定した条件と同じである．予測結果を図 13.23 に示す．火災の継続時間は 24.1（分）であり，前節と同じであるが，火災温度がやや高い値となっている．

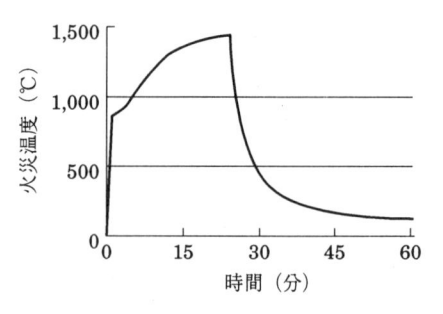

図 13.23 火災温度の時間変化

B. 鋼構造骨組の熱変形解析と許容部材温度の設定

　3 階（基準階）南側事務室で火災が発生したことを想定し，鋼構造骨組の熱変形解析を行う．解析の対象は④通りとA 通りとし，平面骨組として解析した．④通りの解析のモデルを図 13.24 に示す．南側事務室での火災により加熱を受ける部材は④通りの場合，3 階 A 通りの柱（C 2）と A 通り B 通り間の梁（B 1）である（B 通りから A 通り方向に 2.0 m の位置に耐火構造の壁があり，この間は実際には加熱を受けないが，ここでは前節と同様に B 1 梁全体が加熱されるものとした）．A 通りの場合は 3 階平面図からわかるように柱と梁が全スパンにわたり加熱を受け，対称であるため半分を解析の対象とした．部材断面や荷重条件は 13.5.2 項に示したとうりであり，

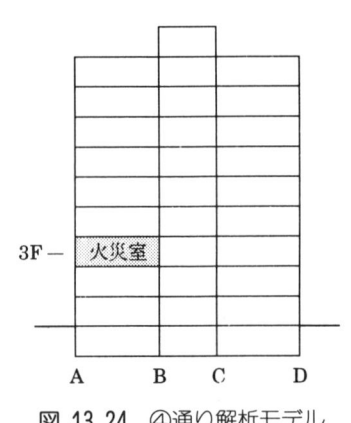

図 13.24 ④通り解析モデル

13.5.3 項で用いた条件と同じである．部材のモデル化では，火災階（3 階）と上階の柱および火災階の梁を小部材・小切片に分割し，その他の柱，梁は 1 部材として扱った．また，床スラブの影響は考慮していない．

　加熱を受ける部材の温度上昇はすべて同一とした．鋼材の高温時の応力 - ひずみ曲線は「ユーロコード 4：合成構造の設計，パート 1-2：耐火設計」に示されている曲線を用いた．

　④通りの架構の変形図を図 13.25 に示す．加熱を受けた 3 階 A 通りの柱の柱頭は梁の熱膨張により外側に押し出されるとともに，上方への伸びを示している．また，加熱を受けた梁は 600℃ から 700℃ の間で急激なたわみを示している．図 13.26 に柱頭変位を図 13.27 に梁の中央たわみを示す．柱の伸びは 640℃ で最大となり，それ以降は収縮に転じている．柱頭は温度上昇とともに建物の外側に変形するが，同様に 640℃ で最大となっている．このときの柱の部材角は 1/48 に到達している．その後，水平変位は建物の内側に戻る方向に変わっている．梁のたわみは 500℃ までわずかであるが，その後温度上昇につれて増大し，柱が収縮に転じた後の 680℃ 以降，急激な増大を示している．

　A 通りの架構の変形は，②通りから④通りの柱が④通りの解析結果と同様に 640℃ 前後から収縮変形を示すのに対して，①通りの柱は軸力比が小さいため，700℃ まで伸び変形を示している．また，①通りの柱の柱頭は梁の伸び出しにより外側に水平変位するが，520℃ で最大となり，それ以降は変位が徐々に内側に戻る．これは柱の拘束により梁が塑性化したためである．梁のたわみは中央スパンで

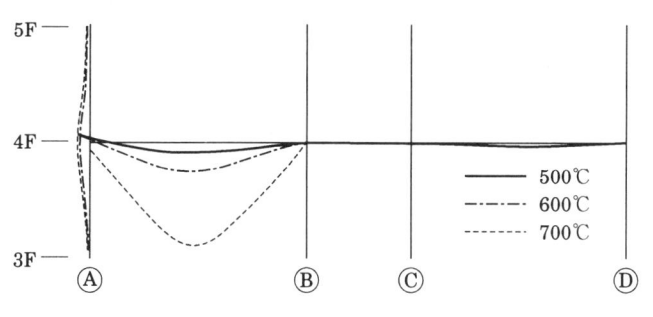

図 13.25 ④通り架構の変形図

図 13.26 ④通り柱頭変位

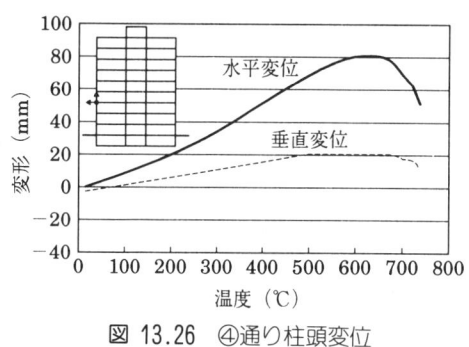

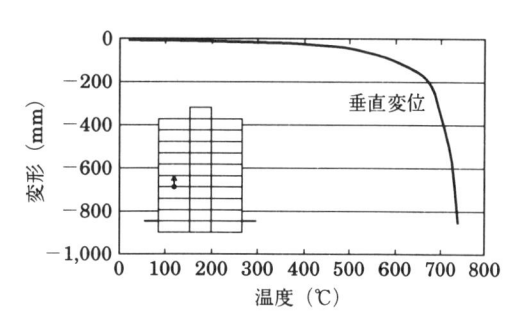

図 13.27 ④通り梁中央たわみ

ある④通りと⑤通り間において，比較的部材温度が低い段階から生じるが，作用荷重が小さいために急激に増大することはない．A通りの架構の変形は部材温度の上昇過程で生じる熱応力の影響を示しているが650℃を超えるまで，全体として安定した性状を示している．

④通りとA通りの熱変形解析の結果，柱の伸びが収縮に転じる部材温度650℃までは鋼構造骨組の火災時の構造安定性は確保されると考えられるが，多少の余裕をみて，ここでは許容部材温度を600℃に設定する．なお，接合部に高力ボルト摩擦接合を用いる場合には滑りの発生を防止するために，接合部の温度を400℃程度に抑える必要がある．

C. 部材温度の予測と耐火被覆厚の設定

耐火被覆材を吹付けロックウールとし，図13.23に示した火災温度曲線に従って加熱を受けたときの各部材の鋼材温度を予測する．柱は角形鋼管であり周囲4面から加熱を受けるものとした．梁はH形鋼であり，断面形状に沿って吹付ロックウールが施され，下面および両側面の3面から加熱を受けるものとした．ここで用いた吹付けロックウールの熱特性を以下に示す．

密　度：360（kg/m^3）

熱伝導率：0.136（W/m・K）

比　熱：1.256（kJ/kg・K）

含水率：5.0（％）

梁（B1）の温度算定結果を図13.28に示す．加熱時間は24.1（分）であるが，加熱中止後も鋼材温度は上昇し，ある時点で最高温度に到達する．最高温度に到達する時間は耐火被覆厚が厚いほど遅くなる傾向がみられる．各部材の耐火被覆厚と最高温度の関係を表13.16に示す．

表 13.16 耐火被覆厚と最高鋼材温度との関係（単位：℃）

部 材 名	耐火被覆厚（mm）				
	20	15	10	7.5	5
柱C2（④通り・A通り）	172	214	288	351	455
梁B1 （④通り）	296	368	486	577	713
梁G1 （A通り）	319	395	518	612	759

断面寸法，柱C2：□-500×500×25
　　　　　梁B1：H-700×300×14×25
　　　　　梁G1：H-500×250×12×22

前項で設定したように許容部材温度を600℃とすると，必要耐火被覆厚は表13.16に基づき，柱C2は5mm：梁B1は7.5（mm），梁G1は10（mm）と設定できる．また，梁の高力ボルト摩擦接合部では滑りを防止するために耐火被覆厚を15（mm）に増大する必要がある．しかし，吹付けロックウールがこのような厚さで施工可能か，また品質確保に問題はないかについて別途，十分な検討が必要である．

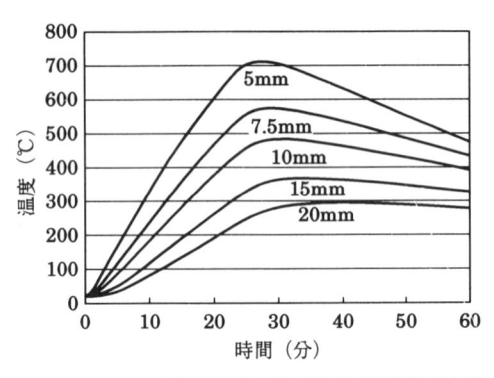

図 13.28 耐火被覆厚と梁（B1）温度算定結果

13.5.5 まとめ

同一の建物に対して「耐火性能検証法」と「詳細な耐火設計法」を適用した例を示した．両者の間には計算過程の種々の段階で違いが生じている．紙面の制約により割愛したが，対象建築物1階のエントランスホールの耐火設計では鉄骨架構を無耐火被覆とできる範囲が大きく異なっている．

前者が一般的な検証法であり，後者が個別の条件に基づいた設計法であることを考慮すると，違いが生じること，すなわち，後者は前者に比べより実際の現象を捉え，より合理的な結果を導きうることは当然といえる．

耐火性能検証法は現在の段階では一部に仕様規定的な制限事項が残れているが，今後より性能規定に対応した内容に改訂されるものと思われる．また，詳細な耐火設計法は，より高度な解析法の導入や使用すべき定数等の整備が進められるものと思われる．今後はこれらの改善とともに，各々の特徴を活かした耐火設計の適用事例が増大するものと期待される．

ここに示した耐火設計の例は，何れも建築基準法の性能規定化に対応したものではあるが，性能設計法とはいい難い．これは目標性能が13.5.1項に示したように法律に基づく画一的目標であるためである．今後は目標性能を建築主などの要求や建築物の重要度などに応じて設定し，これを具体化するための手順を示す性能設計法の開発が望まれる．

付録1　単位と単位換算

1.1　SI（国際単位系）

　4つの基本量，長さ，質量，時間，電流の単位をそれぞれ，メートル（m），キログラム（kg），秒（s），アンペア（A）とし，これに，熱力学的温度の単位ケルビン（K），物質量を与える単位モル（mol），光度の単位カンデラ（cd）を加えた7個を基本単位とし，平面角ラジアン（rad），立体角ステラジアン（sr）の2個を補助単位とした単位系．基本単位と補助単位の乗除で表される組立単位（誘導単位）には固有の名称をもつものがある．

SIの構成

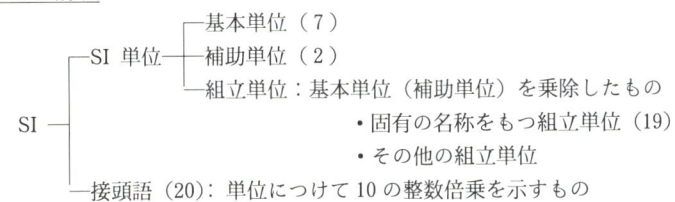

```
          ┌─ SI単位 ┬─ 基本単位（7）
          │        ├─ 補助単位（2）
SI ──────┤        └─ 組立単位：基本単位（補助単位）を乗除したもの
          │              ・固有の名称をもつ組立単位（19）
          │              ・その他の組立単位
          └─ 接頭語（20）：単位につけて10の整数倍乗を示すもの
```

（1）基本単位

量	単位	単位記号
長さ	メートル（meter）	m
質量	キログラム（kilogram）	kg
時間	秒（second）	s
電流	アンペア（ampere）	A
熱力学温度	ケルビン（kelvin）	K
物質量	モル（mole）	mol
光度	カンデラ（candela）	cd

（2）補助単位

量	単位	単位記号
平面角	ラジアン（radian）	rad
立体角	ステラジアン（steradian）	sr

（3）固有の名称をもつ組立単位

量	単位	単位記号	他のSI単位による表し方	SI基本単位による表し方
周波数	ヘルツ（hertz）	Hz		s^{-1}
力	ニュートン（newton）	N	J/m	$m \cdot kg \cdot s^{-2}$
圧力，応力	パスカル（pascal）	Pa	N/m²	$m^{-1} \cdot kg \cdot s^{-2}$
エネルギー，仕事，熱量	ジュール（joule）	J	N·m	$m^2 \cdot kg \cdot s^{-2}$
仕事率，電力，動力	ワット（watt）	W	J/s	$m^2 \cdot kg \cdot s^{-3}$
電気量，電荷	クーロン（coulomb）	C	A·s	$s \cdot A$
電圧，電位差，起電力	ボルト（volt）	V	J/C	$m^2 \cdot kg \cdot s^{-3} \cdot A^{-1}$
静電容量，キャパシタンス	ファラド（farad）	F	C/V	$m^{-2} \cdot kg^{-1} \cdot s^4 \cdot A^2$
電気抵抗，インピーダンス	オーム（ohm）	Ω	V/A	$m^2 \cdot kg \cdot s^{-3} \cdot A^{-2}$
コンダクタンス	ジーメンス（siemens）	S	A/V	$m^{-2} \cdot kg^{-1} \cdot s^3 \cdot A^2$

量	単位	単位記号	他のSI単位による表し方	SI基本単位による表し方
磁束	ウエーバー (weber)	Wb	V·s	$m^2 \cdot kg \cdot s^{-2} \cdot A^{-1}$
磁束密度,磁気誘導	テスラ (tesla)	T	Wb/m²	$kg \cdot s^{-2} \cdot A^{-1}$
インダクタンス	ヘンリー (henry)	H	Wb/A	$m^2 \cdot kg \cdot s^{-2} \cdot A^{-2}$
セルシウス温度	セルシウス度または度 (degree Celsius)	℃	K*	K
光束	ルーメン (lumen)	lm	cd·sr	
照度	ルクス (lux)	lx	lm/m²	
放射能	ベクレル (becquerel)	Bq		s^{-1}
吸収線量	グレイ (gray)	Gy	J/kg	$m^2 \cdot s^{-2}$
線量当量	シーベルト (sievert)	Sv	J/kg	$m^2 \cdot s^{-2}$

* $t℃ = (273.15+t)$K (t は任意の数値)

(4) 固有の名称を持たない主な組立単位

量	単位	単位記号*	SI基本(補助)単位による表し方
面積	平方メートル	m²	
体積	立方メートル	m³	
密度,濃度	キログラム/立方メートル	kg/m³	
速度(速さ)	メートル/秒	m/s	
加速度	メートル/(秒)²	m/s²	
角速度	ラジアン/秒	rad/s	
回転数	1/秒	s^{-1}	
運動量	キログラム・メートル/秒	kg·m/s	
運動量のモーメント,角運動量	キログラム・平方メートル/秒	kg·m²/s	
慣性モーメント	キログラム・平方メートル	kg·m²	
力のモーメント	ニュートン・メートル	N·m	$m^2 \cdot kg \cdot s^{-2}$
粘度	パスカル・秒	Pa·s	$m^{-1} \cdot kg \cdot s^{-1}$
動粘度	平方メートル/秒	m²/s	
表面張力	ニュートン/メートル	N/m	$kg \cdot s^{-2}$
熱容量,エントロピー	ジュール/ケルビン	J/K	$m^2 \cdot kg \cdot s^{-2} \cdot K^{-1}$
比熱,質量エントロピー	ジュール/(キログラム・ケルビン)	J/kg·K	$m^2 \cdot s^{-2} \cdot K^{-1}$
熱流密度	ワット/平方メートル	W/m²	$kg \cdot s^{-3}$
熱伝導率	ワット/(メートル・ケルビン)	W/m·K	$m \cdot kg \cdot s^{-3} \cdot K^{-1}$
熱拡散係数(温度伝導率)	平方メートル/秒	m²/s	
熱伝達係数	ワット/(平方メートル・ケルビン)	W/m²·K	$kg \cdot s^{-3} \cdot K^{-1}$
電界の強さ	ボルト/メートル	V/m	$m \cdot kg \cdot s^{-3} \cdot A^{-1}$
電束密度,電気変位,電気分極	クーロン/平方メートル	C/m²	$m^{-2} \cdot s \cdot A$
誘電率	ファラド/メートル	F/m	$m^{-3} \cdot kg^{-1} \cdot s^4 \cdot A^2$
電流密度	アンペア/平方メートル	A/m²	
磁界の強さ,磁化	アンペア/メートル	A/m	
透磁率	ヘンリー/メートル	H/m	$m \cdot kg \cdot s^{-2} \cdot A^{-2}$
抵抗率	オーム・メートル	Ω·m	$m^3 \cdot kg \cdot s^{-3} \cdot A^{-2}$

量	単位	単位記号*	SI基本(補助)単位による表し方
放射強度	ワット/ステラジアン	W/sr	$m^2 \cdot kg \cdot s^{-3} \cdot sr^{-1}$
放射輝度	ワット/(ステラジアン・平方メートル)	W/sr・m^2	$kg \cdot s^{-3} \cdot sr^{-1}$
輝度	カンデラ/平方メートル	cd/m^2	
波数	1/メートル	1/m	
音の強さ	ワット/平方メートル	W/m^2	$kg \cdot s^{-3}$
音響インピーダンス	パスカル・秒/立方メートル	Pa・s/m^3	$m^{-4} \cdot kg \cdot s^{-1}$
モル質量	キログラム/モル	kg/mol	
モル体積	立方メートル/モル	m^3/mol	
モル内部エネルギー	ジュール/モル	J/mol	$m^2 \cdot kg \cdot s^{-2} \cdot mol^{-1}$
モル比熱	ジュール/(モル・ケルビン)	J/mol・K	$m^2 \cdot kg \cdot s^{-2} \cdot K^{-1} \cdot mol^{-1}$
モル濃度	モル/立方メートル	mol/m^3	
拡散係数	平方メートル/秒	m^2/s	

* /の使用は1回以下で，その右側はすべて分母とみなす．J/mol・K は，J/molK, $J \cdot mol^{-1} \cdot K^{-1}$ とも書ける．

(5) 接頭語**

単位に乗じられる倍数	接頭語 名称	記号	単位に乗じられる倍数	接頭語 名称	記号
10^{24}	ヨタ	Y	10^{-1}	デシ	d
10^{21}	ゼタ	Z	10^{-2}	センチ	c
10^{18}	エクサ	E	10^{-3}	ミリ	m
10^{15}	ペタ	P	10^{-6}	マイクロ	μ
10^{12}	テラ	T	10^{-9}	ナノ	n
10^{9}	ギガ	G	10^{-12}	ピコ	p
10^{6}	メガ	M	10^{-15}	フェムト	f
10^{3}	キロ	k	10^{-18}	アト	a
10^{2}	ヘクト	h	10^{-21}	ゼプト	z
10	デカ	da	10^{-24}	ヨクト	y

* 通常，接頭語は数値が 0.1 と 1000 の間になるように選ぶ．

1.2 SI以外の単位

(1) SIと併用してよい単位*

量	単位	単位記号	値
時間	分	min	60 s
	時	h	60 min
	日	d	24 h
平面角	度	°	$(\pi/180)$ rad
	分	′	$(1/60)°$
	秒	″	$(1/60)′$
体積	リットル	l, l, L*	$10^{-3} m^3$

付録1. 単位と単位換算

量	単位	単位記号	値
質量	トン	t	10^3 kg
エネルギー**	電子ボルト	eV	$1.6021892 \times 10^{-19}$ J
原子質量***	原子質量単位	u	$1.6605655 \times 10^{-27}$ kg
長さ***	天文単位	AU	149597.870×10^6 m
	パーセク	pc	30857×10^{12} m

 *Lは，1が他と混同されるおそれがあるときに用いてよい．
 **接頭語を用いてもよい．
***特殊な分野に限りSI単位と併用してよいもの．

(2) SIとともに暫定的に維持される単位

量	単位	単位記号	値
長さ	オングストローム	Å	10^{-10} m
	海里		1.852×10^3 m
面積	アール	a	10^2 m²
	ヘクタール	ha	10^4 m²
速さ	ノット*	kt	0.5144 m·s⁻¹
加速度	ガル	gal, Gal	10^{-2} m·s⁻²
圧力	バール	bar	10^5 Pa
	気圧	atm	1.01325×10^5 Pa
放射能	キュリー	Ci	3.7×10^{10} Bq
照射線量	レントゲン	R	2.58×10^{-4} C·kg⁻¹
吸収線量	ラド	rad	10^{-2} Gy

*1ノット＝1時間につき1海里の速さ

(3) 固有の名称をもつCGS単位

量	単位	単位記号	値
エネルギー	エルグ	erg	10^{-7} J
力	ダイン	dyn	10^{-5} N
粘度	ポアズ	P	10^{-1} Pa·s
動粘度	ストークス	St	10^{-4} m²·s⁻¹
磁束密度	ガウス*	G	10^{-4} T
磁場の強さ	エルステッド*	Oe	$(10^3/4\pi)$ A·m⁻¹
磁束	マクスウェル*	Mx	10^{-8} Wb
輝度	スチルブ	sb	10^4 cd·m⁻²
照度	フォト	ph	10^4 lx

*CGS電磁単位系（CGS—emu）

1.3 単位の換算

1.3.1 長さ，面積，体積

(1) 長さ（メートル法／尺貫法）　1尺＝1/3.3m＝0.30303m

mm	cm	m	km	分	寸	尺	間	町(丁)	里
1	0.1	0.001	1×10^{-6}	0.33	0.033	0.0033			
10	1	0.01	1×10^{-5}	3.3	0.33	0.033	0.0055		
1000	100	1	0.001	330	33	3.3	0.55	0.0091667	
1×10^{6}	1×10^{5}	1000	1			3300	550	9.1667	0.25463
3.0303	0.30303			1	0.1	0.01			
30.303	3.0303	0.030303		10	1	0.1	0.016667		
303.03	30.303	0.30303		100	10	1	0.16667		
1818.2	181.82	1.8182		600	60	6	1	0.016667	
		109.09	0.10909				60	1	0.027778
		3927.3	3.9273				2160	36	1

(2) 長さ（メートル法／ヤード，ポンド法）　1インチ＝2.54cm

cm	m	km	インチ (in("))	フート (ft('))	ヤード (yd)	チェーン	マイル
1	0.01	1×10^{-5}	0.394	0.0328	0.0109		
100	1	0.001	39.4	3.28	1.09	0.0497	
1×10^{5}	1000	1		3280	1090	49.7	0.621
2.54	0.0254		1	0.0833	0.0278		
30.5	0.305		12	1	0.333	0.0152	
91.5	0.914		36	3	1	0.0455	
	20.1	0.0201		66	22	1	0.0125
	1610	1.61			1760	80	1

(3) 面積（メートル法／尺貫法）　歩（坪）＝1平方間＝3.3058m²

m²	km²	歩(坪)	畝	段(反)	町
1	1×10^{-6}	0.30250	0.01008		
1×10^{6}	1	302500	10083	1008.3	100.83
3.3058		1	0.0333		
99.174		30	1	0.1	0.01
991.74		300	10	1	0.1
9917.4	0.0099174	3000	100	10	1

(4) 面積（メートル法／ヤード，ポンド法）　平方インチ＝6.4516cm²

cm²	m²	a	ha	km²	in²	ft²	yd²	エーカー	平方マイル
1	0.0001				0.15500				
10000	1	0.01	0.0001	1×10⁻⁶	1550.0	10.764	1.1960		
	100	1	0.01	0.0001		1076.4	119.60	0.0247	
	10000	100	1	0.01		107640	11960	2.47	
	1×10⁶	10000	100	1				247	0.38610
6.4516					1	0.069444			
929.03	0.092903				144	1	0.11111		
8361.3	0.83613				1296	9	1	0.0002066	
	4046.9	40.469	0.40469				4840	1	0.0015625
		25900	259.00	2.5900				640	1

(5) 体積（メートル法／尺貫法）

cm³	m³	寸³	尺³	石（木材など）	坪³
1	1×10⁻⁶	0.035938			
1×10⁶	1	35938	35.938	3.5938	0.016638
27.826		1	0.001		
27826	0.027826	1000	1	0.1	0.00463
	0.27826		10	1	
	60.104		216		1

(6) 容積（メートル法／尺貫法）　1升＝1.8039 l

cm³	l	m³	勺	合	升	斗	石
1	0.001	1×10⁻⁶	0.055435				
1000	1	0.001	55.435	5.5435	0.55435	0.055435	
1×10⁶	1000	1	55435	5543.5	554.35	55.435	5.5435
18.039	0.018039		1	0.1	0.01	0.001	0.0001
180.39	0.18039		10	1	0.1	0.01	0.001
1803.9	1.8039		100	10	1	0.1	0.01
18039	18.039	0.018039	1000	100	10	1	0.1
	180.39	0.18039	10000	1000	100	10	1

(7) 体積（メートル法／ヤード，ポンド法）

cm³	m³	in³	ft³	yd³	容積トン
1	1×10⁻⁶	0.061028			
1×10⁶	1	61028	35.317	1.3080	0.35317
16.386		1	0.0005787		
28315	0.028315	1728	1	0.03704	0.01
	0.76451		27	1	
	2.8315		100		1

1.3 単位の換算

(8) 容積（メートル法／ヤード，ポンド法）

l	パイント	クオート	英ガロン	米ガロン	バレル
1	1.7596	0.8795	0.2200	0.2642	0.00629
0.5683	1	0.4998			
1.137	2	1	0.2501		
4.546		3.998	1	1.201	
3.785			0.8326	1	
159.0				42	1

1 パイント＝0.5683l, 1 クオート＝1.137l, 1 ガロン（英）＝4.546l, 1 ガロン（米）＝3.785l, 1 バレル＝159.0l

(9) その他

鯨尺 1 尺＝1 尺 2 寸 5 分

1 才（さい）＝1 尺^3

1.3.2 質量（メートル法／尺貫法／ヤード，ポンド法）

1 貫＝3.75kg, 1 ポンド＝453.6g

g	kg	t	匁	斤	貫	オンス (oz)	ポンド (lb)	英トン	米トン
1	0.001	1×10^{-6}	0.267			0.03527			
1000	1	0.001	267	1.67	0.267	35.27	2.205		
1×10^6	1000	1		1670	267		2205	0.9842	1.102
3.75			1	0.00625	0.001				
600	0.600		160	1					
3750	3.75	0.00375	1000		1				
28.35						1	0.0625		
453.6	0.4536					16	1	0.000446	0.0005
	1016	1.016					2240	1	
907200	907.2	0.9072					2000		1

1.3.3 力，重量

(1) 力，重量　1 kgf＝9.80665N

重量キログラム (kgf)	重量ポンド (lbf)	ダイン (dyn)	ニュートン (N)
1	2.205	9.80665×10^5	9.80665
0.4536	1	4.44830×10^5	4.44830
1.01972×10^{-6}	2.24805×10^{-6}	1	1×10^{-5}
0.101972	0.224805	1×10^5	1

(2) 単位長さ当たりの力，重量　　1 kgf＝9.80665N, 1 lbf＝0.4536kgf, 1 in＝2.54cm

kN/m, N/mm	N/cm	N/m	tf/m	kgf/cm	kgf/m	lbf/in	lbf/ft	lbf/yd
1	10	1000	0.101972	1.01972	101.972	5.71005	68.5206	205.562
0.1	1	100	0.0101972	0.101972	10.1972	0.571005	6.85206	20.5562
0.001	0.01	1			0.101972	0.00571005	0.0685206	0.205562
9.80665	98.0665	9806.65	1	10	1000	56.00	672.0	2.16
0.980665	9.80665	980.665	0.1	1	100	5.600	67.20	201.6
	0.098665	9.80665	0.001	0.01	1	0.05600	0.6720	2.016
0.175130	1.75130	175.130	0.01786	0.1786	17.86	1	12	36
0.0145941	0.145941	14.5941		0.01488	1.488	0.08333	1	3
	0.0486472	4.86472			0.4961	0.02778	0.3333	1

(3) 単位面積当たりの重量

kN/mm²	N/mm²	kN/m²	N/m²	kgf/cm²	tf/m³	kgf/m²	lbf/in³	lbf/ft²
1	1000	1.0×10⁶	1.0×10⁹	10197.2	101972	1.01972×10⁸	145035	2.0885×10⁷
0.001	1	100	1.0×10⁶	10.1972	101.972	101972	145.035	20885.1
1.0×10⁻⁶	0.001	1	1000	0.0101972	0.101972	101,972	0.145035	20.8851
1.0×10⁻⁹	1.0×10⁻⁶	0.001	1	1.01972×10⁻⁵	0.000101972	0.101972	0.000145035	0.0208851
9.80665×10⁻⁵	0.0980665	98.0665	98066.5	1	10	10000	14.22	2048
9.80665×10⁻⁶	0.00980665	9.80665	9806.65	0.1	1	1000	1.422	204.8
9.80665×10⁻⁹	9.80665×10⁻⁶	0.00980665	9.80665	0.0001	0.001	1	0.001422	0.2048
6.89487×10⁻⁶	0.00689487	0.689487	6894.87	0.07031	0.7031	703.1	1	144
	4.78811×10⁻⁵	0.0478811	47.8811			4.883	0.00694	1

(4) 単位体積当たりの重量

N/mm³	kN/m³	N/m³	kgf/cm³	tf/m³	kgf/m³	lbf/in³	lbf/ft³
1	1.0×10⁶	1.0×10⁹	101.972	101972	1.01972×10⁸	3683.90	6.36577×10⁶
1.0×10⁻⁶	1	1000	0.000101972	0.101972	101.972	0.00368390	6.36577
1.0×10⁻⁹	0.001	1	1.01972×10⁻⁷	0.000101972	0.101972	3.68390×10⁻⁶	0.00636577
0.00980665	9806.65	9806650	1	1000	1.0×10⁶	36.13	62430
9.80665×10⁻⁶	9.80665	9806.65	0.001	1	1000	0.03613	62.43
9.80665×10⁻⁹	0.00980665	9.80665	1.0×10⁻⁶	0.001	1	3.613×10⁻⁵	0.06243
0.000271452	271.452	2.71452×10⁵	0.02768	27.68	27680	1	1726
	0.157090	157.090		0.01602	16.02	0.0005787	1

(5) 圧　力

Pa(N/m²)	dyn/cm²	kgf/cm²	lbf/in²	bar	標準気圧	0℃における水銀柱の高さ	15℃における水銀柱の高さ
1	10	1.01972×10⁻⁵	1.45035×10⁻⁴	0.000010	9.86923×10⁻⁶	7.50062×10⁻⁶	0.000102063
0.1	1	1.01972×10⁻⁶	1.45035×10⁻⁵	0.000001	9.86923×10⁻⁷	7.50062×10⁻⁷	1.02063×10⁻⁵
98066.5	980665	1	14.22	0.980665	0.967841	0.735559	10.0090
6894.87	68948.7	0.07031	1	0.06895	0.068047	0.051716	0.70371
100000	1000000	1.020	14.50	1	0.986923	0.750062	10.2063
101325	1.01325×10⁶	1.03323	14.6957	1.01325	1	0.76	10.3415
133322	1.33322×10⁶	1.35951	19.336	1.33322	1.31579	1	13.6073
9797.86	97978.6	0.0999103	1.4210	0.0979786	0.0966973	0.0734900	1

(6) モーメント

kN・m	N・m	N・mm	tf・m	kgf・m	kgf・cm
1	1000	1000000	0.101972	101.972	10197.2
0.001	1	1000	0.000101972	0.101972	10.1972
0.000001	0.001	1	1.01972×10^{-7}	0.000101972	0.0101972
9.80665	9806.65	9806650	1	1000	1.0×15^5
0.00980665	9.80665	9806.65	0.001	1	100
9.80665×10^{-5}	0.0980665	98.0665	1.0×10^{-5}	0.01	1

(7) 仕事率（工率・動力）　1 W = 1 J/s

kgf・m/sec	kW	ft・lbf/sec	PS (仏馬力)	HP (英馬力)	kcal/sec (計算法カロリー/秒)
1	0.00980665	7.233	0.01333	0.01315	0.002343
101.97	1	737.6	1.3596	1.3410	0.238889
0.1382	0.001356	1	0.001843	0.001818	0.0003238
75	0.735499	542.5	1	0.9863	0.17570
76.04	0.7457	550	1.0139	1	0.17814
426.9	4.18605	3088	5.6914	5.6136	1

(8) 仕事エネルギーと熱量

J (ジュール)	kgf・m	W・h	ft・lbf	cal (計算法カロリー)	B.T.U (英熱量)
1	0.1019716	0.00027778	0.7376	0.23889	0.0009479
9.80665	1	0.002741	7.233	2.3429	0.009296
3600	367.0	1	2655	860	3.412
1.3558	0.13825	0.0003766	1	0.3239	0.001285
4.18605	0.426858	0.00116279	3.087	1	0.003968
1055	107.6	0.2930	778.1	252.0	1

1 J = 1 N・m = 1 W・s, 1 kgf = 9.80665 N・m, 1 cal = 4.1865 J（計量法）= 1/860 W・h

熱伝達率　SI から他の単位系の場合：1 W/m・K = 0.86000 kcal/m・h・deg
　　　　　SI 以外の単位系から SI の場合：1 kcal/m・h・deg = 1.16279 W/m・K
熱伝達係数　SI から他の単位系の場合：1 W/m²・K = 0.86000 kcal/m²・h・deg
　　　　　　SI 以外の単位系から SI の場合：1 kcal/m²・h・deg = 1.16279 W/m²・K

付録2　関連規格一覧

2.1　国内規格―JIS 規格

JIS　A　1302 – '94　建築物の不燃構造部分の防火試験方法
　　　A　1304 – '94　建築構造部分の耐火試験方法
　　　A　1311 – '94　建築用防火戸の防火試験方法
　　　A　1312 – '59　屋根の防火試験
　　　A　1321 – '94　建築物の内装材料および工法の難燃性試験方法
　　　A　1322 – '66　建築用薄物材料の難燃性試験方法

2.2　国外規格

　国際規格を制定している団体は多くあるが，建築火災分野ではISOが主要な団体であることから，この団体が制定しているものをとりあげることとした．また，国家規格および団体規格ににについても日本国内でなじみが深いもののみを取り上げた．

1) 規格の制定機関名

国際規格　　　ISO　International Organization for Standardization 国際標準化機構
国家規格　　　AS　Standards Association of Austtralia, AUSTRALIA
　　〃　　　　BS　British Standards Institute, THE UNITED KINGDOM (UK)
団体規格　　ASTM　American Society for Testing and Materials, USA
　　〃　　　　UL　Underwriters Laboratories, USA

2) 国際規格–ISO 規格

TC 92　　　　　　　Fire tests on building materials, components and constructures
　　　834 : '75　　Fire–resistance tests–Elements of building construction
　　　　　　　　　Ammendment 1 : 1979 to ISO 834 : 1975
　　　　　　　　　Ammendment 2 : 1980 to ISO 834 : 1975
　　TR 834/3 : '94　Fire–resistance tests–Elements of building construction–Part 3 : Commentary on test method and test data application
　　　R 1182 : '90　Fire tests–Building materials–Non–combustibility test
　　　　1716 : '73　Building materials–Determination of calorific potential

3008 : '76	Fire resistance tests–Door and shatter assemblies
3009 : '76	Fire resistance tests–Glazed elements
3261 : '75	Fire tests – Vocabulary Building edition
***TR 3814 : '89	Tests for measuring "reaction of fire" of building materials–Their development nad application
TR 3956 : '75	Principal of structual fire engineering design with special regard to the connection between real fire exposure and heating condition of the standard fire resistance tests (ISO 834)
4736 : '79	Fire tests–Small chimnneys–Testing at elevated temperatures
5657 : '97	Reaction to Fire tests–Ignititabilityy of building products using a radiant heat source
5658–1 : '97	Reaction to Fire tests–Spread of flame–Parn 1 : Guidance on flame spread
5658–2 : '97	Reaction to Fire tests–Spread of flame–Parn 2 : Lateral spread on building products in vertical configration
5660/1 : '93	Fire tests–Reaction to fire–Part 1 : Rate of heat release from building products– (Cone calorimeter method)
TR 5924 : '89	Fire tests–Reaction to fire–Smoke generated by building products (dual-chamber test)
5925/1 : '81	Fire tests–Evaluation of performance of smoke control door assemblies–Part 1 : Ambient temperature test
5925/2 : '81	Fire tests–Smoke control door and shutter assmblies–Part 2 : Commentary on test method and test data application
TR 6167 : '84	Fire–resistance tests–Contribution made by suspended ceilings to the protection of steel beams in floor and roof assmblies
6944 : '85	Fire resistance tests–Ventilation ducts
TR 9122/1 : '89	Toxicity testing of fire effluents–Part 1 : General
TR 9122/2 : '90	Toxicity testing of fire effluents–Part 2 : Guidlines for biological assays to determine the acute inhalation toxicity of fire effluents (basic principles, criteria and methodology)
TR 9122/3 : '93	Toxicity testing of fire effluents–Part 3 : Methods for the analysis of gases and vapours in fire effluents
TR 9122/4 : '93	Toxicity testing of fire effluents–Part 4 : The fire model (furnaces and combustion apparatus used in small-scale testing)
TR 9122/5 : '93	Toxicity testing of fire effluents–Part 5 : Prediction of toxic effects of fire effluents

TR 9122/6 : '94	Toxicity testing of fire effluents–Part 6 : Guidance for regulators and specialists on the assessment of toxic hazards in fires in building and transport
9705 : '93	Fire tests–Full-scale room test for surface products Technical Corrigendum 1–'93 to ISO 9705–'93
TR 10158 : '91	Principles and rationale underlying calculation methods in relation to fire resistance of structural elements
10294 –1 : '96	Fier resistance tests–fire dampers for air distribution systems–Part 1 : Test method
10295 –2 : '97	Reaction to fire tests–Ignitability of building products subjected to direct impingment of flame–Part 2 : Single flame source test
10295 –3 : '97	Reaction to fire tests–Ignitability of building products subjected to direct impingment of flame–Part 3 : Multi source test
13344 : '96	Determination of the lethal toxic potency of fire effuluents
TR 14697 : '97	Fire tests–Guidance on the choice of substrate for building products

*TC : Technical Committee
**R : Recommendation
***TR : Technical Report

3） 海外の国家規格
◇オーストラリア（AS）

AS 1530	Method for fire test on bulding materials, components and structures
part 1 – '84	Combustibility test for materials
part 2 – '93	Test for flammability of materials
part 3 – '89	Simultaneous determination of ignitability, flame propagation, heat release and smoke release
part 4 – '90	Fire resistance test of element of construction
part 4 – '97	Fire resistance test of element of construction
part 5 – '89	Test for piloted ignitability (ISO 5657)
part 7 – '98	Smoke control door and shutter assemblies–Ambient and medium temperature leakage test procedure
AS 2122	Combustion propagation characteristics of plastics
part 1 – '78	Determination of flame propergation–Surface ignition of vertically oriented specimens of cellar plastics

    part 2 – '78   Determination of minimum oxygen concentration for flame propagation following top surface ignition of vertically oriented specimens
    part 3 – '93   Determination of smoke-release-cellar polyurethanes and polyisocyanurates
    AS 2404–'80 Textile floor coverings–Fire propagation of th use–surface using a small ignition source（ISO 6925）

◇英国（BS）

BS 476   Fire test on building materials and structures
    part 3 – '75   External fire exposure roof test
    part 4 – '84   Non–combustibility test for materials（ISO 1182）
    part 6 – '89   Method of test for fire propagation for products
    part 7 – '97   Method for classification of the surface spread of flame of products
    part 10 – '83 Guides to the principles and application of fire testing
    part 11 – '82 Method for assessing the heat emission from buidling materials
    part 12 – '91 Method of test for ignitablity of products by direct flame impingment
    part 13 – '87 Method of measuring the ignitability of products subjected to thermal irradiance（ISO 5657）
    part 15 – '93 Method for measuring the rate of heat release of products（ISO 5660–1）
    part 20 – '87 Methods for determination of the fire resistance of elements of construction（general principles）
    part 21 – '87 Methods for determination of the fire resistance of non–loadbearing elements of construction
    part 22 – '87 Methods for determination of the fire resistance of loadbearing elements of construction
    part 23 – '87 Methods for determination of the contribution of components to the fire resistance of a structure
    part 24 – '87 Method for determination of the fire resistance of ventilation duct（ISO 6944）
    part 31   Methods for measuring smoke penetration through doorsets and shutter assemblies
    part 31.1 '83 Method of measurement under ambient temperature conditions（ISO 5925/1）
    part 32 – '89 Guide to full scale fire tests within buildings
    part 33 – '93 Full–scale room tests for surface products

4) 海外の団体規格

◇ASTM（アメリカ）

ASTM E 69–'95	Test method for combustible properties of treated wood by the fire tube apparatus
E 84 – '98	Test method for surface burning characteristics of building materials
E 108 – '96	Test methods for fire test of roof coverings
E 119 – '88	Test methods for Fire test of building construction and materials
E 136 – '96	Test methods for behaviour of materials in a vertical tube furnace at 750℃
E 162 – '98	Test method for surface flammability of materials using a radiant heat energy source
E 535 – '93	Practice for preparation of fire-test-responce stahdards
E 603 – '98	Guide for room fire experiments
E 800 – '95	Guide for measurement of gases presnet or generated during fires
E 814 – '97	Test method for fire test of through-penetration fire stops
E 1317 – '97	Test method for flammability of marine suraface finishes
E 1354 – '97	Test method for heat and visible smoke release rates for materials and prodocts using an oxygen consumption calorimeter
E 1355 – '97	Guide for evaluating the predicteve capability of fire models
E 1529 – '93	Test methods for determining effects of large hydrocarbon pool fires on structural members and assemblied
E 1546 – '93	Guide for development of fire-hazard-assessment standards
E 1623 – '94	Test method for determination of fire and thermal parameters of materials, products, and systems using an intermediate scale calorimeter (ICAL)
E 1678 – '97	Test method for measuring smoke toxicity for use in fire hazard analyses
E 1740 – '95	Test method for determining the heat release rate and other fire-test-response characteristics of wallcovering composites using a cone calorimeter
E 1776 – '96	Guide for development of fire-risk-assessment standards

◇UL（アメリカ）

UL 9 – '94	Fire Tests of Window Assemblies
10 A – '98	Tin-clad fire doors
10 B – '97	Fire tests of assembles
10 C – '98	Positive pressure
14 B – '93	Sliding hardware for standard, horizontally mounted tin-clad fire doors

14 C– '99	Swinging hardware for standard tin-clad fire doors mounted singly and in pairs
155– '95	Tests for fire resistance of vault and fire room doors
157– '96	Gaskets and seals
263– '97	Fire Test of building construction and materials
723– '95	Tests for surface burning characteristics of building materials
1040– '96	Fire test of insulated wall construction
1256– '98	Fire test of roof deck constructions
1715– '97	Fire test of interior finish material
2079– '98	Tests of fire resistance of building joint systems

問題解答

5章

5.1 ソファは床面から 0.6 m 上がっているので、天井高さ H は $2.7-0.6=2.1$（m）と見なせる。また火源の直上に火災感知器があるとすれば $r=0$（m）. 煙火災感知器が作動するのは煙濃度が 20%/m になったときとするから K_s は

$$K_s = 20 = 10 \cdot \left(\frac{2.1+0}{Q^{2/3}}\right)^{-3/3} \text{ だから } Q^{2/3}=4.2 \text{ より } Q=8.6 \text{ kW となる}.$$

$Q=\alpha t^2=8.6$ だから $t=(8.6/0.00293)^{1/2}=54$（s）

5.2 火災初期の状態を考えるから無限天井の取り扱いができると考える. fast fire の場合、室温を 25℃ として

$$Q=\alpha t^2 = 0.0468 \times 60 \times 60 \cong 168.5 \text{ (kW)}$$

$$\Delta T = 22 \times \left(\frac{H+r}{Q^{2/5}}\right)^{-5/3} = 22 \times \left(\frac{2.7+2}{168.5^{2/5}}\right)^{-5/3} = 51 \text{ (K)}$$

$$V = \frac{H}{H+2r}\sqrt{\frac{\Delta T}{T_\infty}\cdot g \cdot H} \cong \frac{2.7}{2.7+4}\sqrt{\frac{51}{273+25}\cdot 9.8 \cdot 2.7} = 0.85 \text{ (m/s)}$$

以下、同様に 2 min 時の発熱速度は 673.9 kW、3 min では 1516.3 kW と推定される.
天井下気流温度および速度はそれぞれ

$t=2$ min $\Delta T=128$（K）, $V=1.36$（m/s）
$t=3$ min $\Delta T=220$（K）, $V=1.78$（m/s）

slow fire の場合には α の値を 0.00293 として、同様に計算すると，

$t=1$ min $\Delta T=8.2 \approx 8$（K）, $V=0.34$（m/s）
$t=2$ min $\Delta T=20.2 \approx 20$（K）, $V=0.54$（m/s）
$t=3$ min $\Delta T=34.7 \approx 35$（K）, $V=0.7$（m/s）となる.

5.3 5.2 と同様な計算であるが、壁面による効果で熱量を 2 倍と見なせばよいから、slow fire の場合には α の値を 0.00293 として、同様に計算すると，

$t=1$ min $\Delta T \approx 13$（K）, $V=0.43$（m/s）
$t=2$ min $\Delta T \approx 32$（K）, $V=0.68$（m/s）
$t=3$ min $\Delta T \approx 55$（K）, $V=0.89$（m/s）となる.

10章

10.1

設問1 事務室 1 の避難者数は，

$$P_{\text{room1}} = 0.125 \times 900 = 112.5 \approx 113 \text{（人）}$$

事務室 2 の避難者数は，

$$P_{\text{room2}} = 0.125 \times 400 = 50 \text{（人）}$$

設問2 事務室 2 の床面積に基づいて，

$$t_{\text{start, room}} = 2\sqrt{400} = 40 \text{(s)}$$

設問3 出火階の床面積に基づいて，

$$t_{\text{start, floor}} = 2\sqrt{1600} + 180 = 80 + 180 = 260 \text{ (s)}$$

設問4 事務室 2 の出口までの歩行時間は，

$$t_{\text{travel}} = \frac{26}{1.3} = 20 \text{ (s)}$$

事務室 2 の出口からの滞留解消時間は，

$$t_{\text{queue}} = \frac{50}{1.5 \times 1.8} = 18.5 \approx 19 \text{ (s)}$$

以上より，出火室の避難行動時間は，

$$t_{\text{move, room}} = 20 + 19 = 39 \text{ (s)}$$

設問 5 事務室 1 の在館者の階段 1 の扉までの歩行時間は，

$$t_{\text{travel, floor1}} = \frac{52}{1.3} = 40 \text{ (s)}$$

階段 1 の扉での滞留解消時間は，

$$t_{\text{queue, floor1}} = \frac{113}{1.5 \times 0.9} = 83.7 \approx 84 \text{ (s)}$$

以上より，階段 1 への避難行動時間は，

$$t_{\text{move, floor1}} = 40 + 84 = 124 \text{ (s)}$$

事務室 2 の在館者の階段 2 の扉までの歩行時間は，

$$t_{\text{travel, floor2}} = \frac{39}{1.3} = 30 \text{ (s)}$$

階段 2 の扉での滞留解消時間は，

$$t_{\text{queue, floor2}} = \frac{50}{1.5 \times 0.9} = 37 \text{ (s)}$$

以上より，階段 2 への避難行動時間は，

$$t_{\text{move, floor2}} = 30 + 37 = 67 \text{ (s)}$$

よって，出火階の避難行動時間は，事務室 1 の在館者の結果より，

124 (s).

設問 6 出火室からの避難完了時間は，出火室の避難開始時間と避難行動時間の和であるので，

$$t_{\text{escape, room}} = 40 + 39 = 79 \text{ (s)}$$

出火階からの避難完了時間は，出火階の避難開始時間と避難行動時間の和であるので，

$$t_{\text{escape, floor}} = 260 + 124 = 384 \text{ (s)}.$$

索　引

ア

アトリウム	294
アルデヒド	105
安全区画	201, 209
安全性の確認	184
安全性評価	290
暗中歩行速度	108

イ・ウ

一時避難	215
一酸化炭素	205
1層ゾーンモデル	181, 287
糸井川の方法	60
移動火源	146
Event Tree	59
移流	117
引火	73
引火温度	73
引張強度	230
ウィーンの変位則	127
渦	122
運動方程式	67

エ

HFC-23 消火設備	169
HFC-227 ea 消火設備	169
SQW モデル	151, 153
江戸時代の火災	22
エネルギー方程式	67
ABC 粉末	171
エレベータ	214
塩化水素	105
塩化ビニル	105
煙化率	107

延焼拡大	40
延焼拡大防止	289
延焼拡大予測	59
延焼遮断帯	54, 60
延焼遮断予測	60
延焼速度	55
延焼動態図	55
煙突効果	181
煙霧	102

オ

応答時間指数（RTI）	162
応力—ひずみ曲線	230, 233
応力・変形性状	313
大型物品販売店舗	288
屋外避難階段	206
屋内消火栓	50, 172
屋内避難階段	206
温度因子	227
温度境界層	118
温度勾配	137
温度上昇率	159

カ

加圧給気量	191
加圧法	183, 185, 189
——における注意点	190
加圧防煙	190
加圧防排煙	189, 218
開口因子	97
外周架構	244
灰色体近似	129
外装設計	150, 151
階段	206, 214

階避難	211
階避難時間	290, 292
火炎	102
火炎帯	68
火炎伝播モデル	151
火炎長さ	80, 83
火炎柱	109
火炎片高さ	81
加害建物	150
化学種の連続式	67
化学反応式	64, 67
拡散火炎	64, 70, 80
——の構造	70
拡散燃焼	64
覚知	209
火源規模	109
火源形状	88
架構部材	222
火災	
——，江戸時代の	22
——，共同住宅の	47
——，太古の	22
——，中世の	22
——，複合用途建物の	48
——，明治以降の	23
——による死者	45
——による負傷者	47
——の継続時間	307
——の実態	31
航空機火災	32
車両火災	32
船舶火災	32
その他の火災	32
建物火災	32

索 引

林野火災	32	可視光線	127	救助活動	198
火災進展防止	289	過失責任主義	21	救助袋	207
火災安全計画	277	火事場風	52	境界層	118
火災安全性能	281	ガス系消火剤	78	強制対流	119, 121
火災安全性能評価	13	ガス系消火設備	166	共同住宅	217, 277
火災安全設計	281	ガス塊	129	――の火災	47
火災温度時間曲線	227	仮想火源法	89	局部架構	244
火災温度上昇係数	311	仮想点源	109	局部座屈	238
火災階	283	仮想点熱源位置	210	居室避難時間	290
火災階避難	181	片廊下型	206	均一燃焼	64
火災覚知	209	過渡ひずみ	234		
火災荷重	224	可燃下限界	69	**ク**	
火災感知器	102, 159	可燃上限界	69	空間圧力差の予測	285
――の種類	160	可燃性混合気	69	区画火災	93
火災感知システム	209	可燃範囲	69	区画内熱収支	96
火災継続時間	226, 227	可燃物	102	区画部材	222
火災警報器	270	――の実態	263	グラスホフ数	119, 124
火災原因		可燃物密度	209	クリープ曲線	232
――の分類	34	可燃物量	264	クリープひずみ	230
着衣着火	38	ガラススクリーン	303	群衆避難	209
天ぷら油火災	38	簡易評価法	153	群衆密度	204
火遊び	35	換気因子	97	燻焼	64, 76
放火	35	換気支配型火災	93, 99		
火災区画	304	間歇火炎	81, 87	**ケ**	
火災室	283	緩降機	207	形態係数	132
火災室避難	181	感知時間	161	警防計画	176
火災種別	32	関東大震災火災	56	煙	102, 207
火災推移	38	緩和層	122	――の発生	102
火災成長期	96			――の噴出	109
火災旋風（Fire Whirl）	52	**キ**		――の流動	102, 109
火災損害	32	機械排煙の法的条件	187	煙感知器	159
火災統計	21	排煙機能力	187	煙降下	148
――，外国の	27	排煙風量	187	煙制御	181
火災特性	175	機械排煙法の特徴	187	煙制御計画	209, 210
火災年表	25	基準階	305	煙制御設計	283
火災発生場所の想定	297	基本温度上昇係数	311	煙性状予測	208
火災保険	8	逆火	69	煙生成率	107
火災保有耐火時間	311	吸収係数	103	煙層，廊下での	96
火災リスク	8	吸収率	131	煙層温度上昇	301

煙層降下	94, 95, 109, 301	
煙層高さ	285	
——の予測	287	
煙濃度	102, 204	
煙発生能	105	
煙発生モデル	107	
煙発生量	209	
煙粒子	102	
煙流動	95	
煙流動計算プログラム	195	
減光係数	103, 164	
検出原理	163	
建設省総合技術開発プロジェクト	5, 14	
建築可能範囲	272	
建築基準法	2, 12, 198	
建築防火	2	

コ

コア	214
コアンダ効果	99
故意の侵害	12
航空機火災	32
行動特性	201, 202
高発熱量	66
降伏強度	230
黒体	127
黒体放射	127
戸建て住宅	277
固定火源	146
固定可燃物	223
コンクリート	
——の爆裂	244
——の力学的性質	233
コントラスト	104

サ

災害弱者	207
在館者	214, 215, 216, 218
在館者数	290
在館者密度	208, 209, 212
最終避難場所	199
最大滞留人数	213
最大の被害額(PML), 保険金の	8
最大歩行時間	300
材端拘束力	241
最低着火温度	72
座屈	237, 310
作動時間	161
差動式分布型感知器	159
差分法	144
酸素消費係数	308
散乱係数	103

シ

シアン化水素	45
死因	45
死因別の割合	45
市街地建築物法	54
市街地大火	52
自己責任, 火災のリスクに対する	9
地震火災	56
自然対流	119
自然排煙	185
——の法的条件	186
排煙口位置	186
排煙口面積	186
自然排煙法の特徴	186
自然排煙方式	297
自然発火	72
実大火災実験	266, 267
実大燃焼実験	113
自動火災報知設備	50, 159
自動式扉	206
自動消火装置	270
自動閉鎖式扉	206
シミュレーション手法	59

事務所	214
遮煙性能	209
社会的規制, 防火規定の	11
車両火災	32
集会施設	218
住宅火災	259
——による死者	259
住宅防火	260
住宅防火設計	257
住宅用スプリンクラー	270
集中定数法	144
周辺架構	244
重量減少速度	97
重量速度	164
重量濃度	103
受害建物	150
受害防止	150
宿泊施設	216
収納可燃物	307
出火室避難	211
出火場所	290
出火パターン	258
出火防止	146
出火予測	58
受忍限度	13
主要構造部	304
準耐火	260
準耐火構造の仕様	274, 275
準防火構造	273
消炎濃度	79
消火	77
消火活動	215
消火器	50
不活性ガス系	167
フッ素ガス系	167
消火剤	167
消火設備	
IG-55	168
IG-541	168

索　引

上昇温度	164	積載可燃物	223	第2種排煙	189
仕様書設計	5	積載可燃物量	263	対流	117
仕様書的規定	18, 280	設計火源	14	滞留解消時間	212, 213
消防活動	175, 210	設計火災時間	222	対流熱伝達	117, 142
消防活動拠点	210	セルロース系	105	対流熱伝達率	118, 141
消防活動拠点確保	149	遷移域	121	滞留面積	290, 292
消防活動支援	146	全館避難	210	濁度，煙の	103
消火活動上必要な設備	178	全館避難安全	150	建物火災	32
消防車両	177	全形態係数	134	建物間延焼防止	146
消防設備設計	157	潜熱吸収量	145	単色放射率	129
消防組織法	2	船舶火災	32	弾性係数	230
消防隊の活動	177	線膨張係数	236	断熱火炎温度	69
消防法	2, 16, 207			端部拘束部材	236
消防用設備	17, 49, 157	**ソ**		端部拘束力	246
初期火災	93	総合防火設計法	12		
初期消火	40	相互反射連立方程式	136	**チ・ツ**	
怒限度	205	想定火源	151	蓄煙法	183, 185
心理特性	201	層流	118	地区鳴動ベル	44
		層流域	124	窒素ガス消火設備	168
ス		層流燃焼速度	68	着火	72
水系消火設備	172	速度境界層	118	着火温度	72
水平避難方式	216	塑性耐力	251	着火時間	143
煤	71, 127	塑性変形	235	着火物	259
煤粒子	71	損害保険	9	中世の火災	22
ステファン―ボルツマンの法則	128	ゾーンモデル	164, 285	直通階段	206, 209
スプリンクラー設備	173			通報	40
すべり台	207	**タ**			
すべり棒	207	耐火構造住宅	260	**テ**	
スポット型感知器	159	大火事例	53	定圧比熱	117
スモークタワー方式	185	耐火性能	253	定在火炎	64
		――の検証	313	定常熱伝導	140
セ		耐火設計	222, 304	低発熱量	66
盛期火災	96, 182, 184, 222	耐火被覆	229	鉄筋コンクリート	238
製造物責任法（PL法）	21	耐火被覆厚の設定	315	デトネーション	70
性能規定化	5	大規模物販店舗	215	テーラー則	112
性能規定	11, 12, 16, 18, 280	太古の火災	22	電磁波	127
性能設計	5	滞在限界時間	147	天井チャンバー	188
赤外線	127	大数の原理	8	伝導	117
		大断面集成材	276	伝熱	117

索　引

伝熱係数	162
伝播火炎	64

ト

等価火災継続時間	227
等価可燃物量	223
透過光量	164
透過率	131
統計データ	21
動線計画	205
動粘性係数	121
当量比	69
特殊な構造の排煙	189
特別避難階段	149, 206
特別避難階段付室	218
都市火災	52
都市計画法	54
都市再開発事業	54
都市大火	51
飛び火	55

ナ・ニ・ヌ

内装設計	146
——，避難安全のための	147
内装のクラス	150, 154, 155
中廊下型	206
二酸化炭素	205
二酸化炭素消火設備	166
2層ゾーンモデル	109, 181, 285
二方向避難	199, 200, 206, 209, 217, 218
ヌッセルト数	119, 122, 123, 125

ネ・ノ

熱移動	117
熱エネルギー	127
熱煙気流量	109
熱応力	236
熱応力変形性状	238

熱拡散率	121, 141
熱慣性	142
熱感知器	159
熱気流	102
熱侵入係数	308
熱着火理論	72
熱伝達	117
熱伝導方程式	137, 140
熱伝導	117
熱伝導率	137
熱発火理論	72
熱平衡状態	131
熱変形	237, 312
熱膨張	236
燃焼	102
燃焼域	102
燃焼型支配因子	309
燃焼現象	63
燃焼速度	68, 97, 226
燃焼反応	63
燃焼率	224
粘性底層	122
燃料支配型火災	93, 98
濃度，煙の	103

ハ

排煙口	188
排煙設備	179, 209
排煙ダクト	188
排煙ファン	188
排煙法	183, 185, 189
裸鉄骨部材	229
波長帯	127
発炎着火	74
発火源	34
ガス設備機器類	34
石油設備機器類	34
その他	35
たき火	34

タバコ	34
電気設備機器類	34
花火	34
発熱速度	82
発熱量	66
浜田の延焼速度式	59
バルコニー	206, 207
バルコニー避難方式	216
ハロゲン化物消火設備	169
ハロゲン元素	78
ハロン消火設備	169
阪神・淡路大震災	57
反射率	131
反応帯	68

ヒ

火（fire）	63
比エンタルピー	118
非火災階	283
非火災報	161
ピーク濃度	79
火盛り期	226
BC粉末	171
非常コンセント設備	180
非常用エレベータ	149, 180
非常用放送設備	51
必要風量	285
避難安全	102, 146, 198
避難安全性	302
——の基準	285
避難開始時間	300
避難計画	290
避難経路の確保	290
避難経路の設定	290
避難時間	290
——の予測	285, 287
避難所要時間	300
避難安全性能	198
避難階	215

避難開始	201, 209	標識	105	防火建築帯	54
避難開始時間	210, 211	標準加熱温度曲線	309	防火シャッター	215
避難階段	206			防火総プロ	5
避難器具	207	**フ・ヘ**		防火対象物	157
避難群衆	200	フェイル・セーフ	198	防火地区	54
避難訓練	207	不活性ガス系消火設備	166	防火戸	218
避難計画	200, 208	不均一燃焼	64	防災建築街区造成事業	54
避難経路	199, 207, 209	複合用途建物の火災	48	放射	117, 127
避難行動	43, 201	輻射熱	205, 208	放射吸収係数	131
避難行動時間	210, 211, 212, 213	部材温度上昇係数	311	放射強度	131, 132
避難行動特性	209	付室	206, 210	放射熱伝達	127
避難行動能力	202	物品販売店舗	288	放射率	129
避難時間	208	フューム（fume）	102	防火設計	282
避難施設	198, 205, 206	フラッシュオーバー（F.O.）	93, 147, 222	防排煙設計	181
避難弱者	217			防排煙設計法	184
避難手段	198	プランク定数	127	防排煙設備	161
避難設計	199, 207, 208	プランクの式	127	歩行速度	107, 202, 290
——，事務所の	214	プラントル数	124	細長比	237
——，集会施設の	218	プラントルの1/7乗則	122	炎感知器	159
——，大規模物販店舗	215	フーリエの法則	137	炎（flame）	63
——，病院の	216	フルード数	82, 111, 119	保有耐火時間	310
——，共同住宅の	217	プルーム	81	堀内の式	59
——，宿泊施設の	217	プレストレスコンクリート	238		
避難タラップ	207	噴出火炎	99	**ミ・ム**	
避難動線	209, 211	噴出熱気流	99	ミスト	102
避難扉	206	粉塵	102	密閉法	183, 185
避難予測計算	210	粉末消火剤設備	171	見通し距離	103, 202
避難橋	207	平均行路長	131	無炎着火	74
避難はしご	207	平均照度	204	無次元発熱速度	82, 83
避難誘導	215, 217	ヘモグロビン飽和度	45	無次元発熱量	88
避難誘導設備	161			無窓空間	183
避難誘導体制	209	**ホ**			
避難予測計算	207, 213	放火	23	**メ・モ**	
避難余裕時間	109	防火	1	明快性	200
避難流動予測	208	崩壊温度	251, 253	明治以降の火災	23
避難ロープ	207	防火管理	47, 217	燃え拡がり	64, 74
被覆鋼構造柱	310	防火管理者	48	木質系住宅	264
病院	216	防火規定	11	木造特殊建築物	272
評価基準	151	防火区画	8, 222	目標水準	208

ユ・ヨ

有限要素法	144
有毒ガス	102
用途区分	157
余誤差関数	141
予混合火炎	64, 68, 80
——の構造	68
予混合燃焼	64
予熱帯	68

ラ・リ

ランキン則	111
乱流	118
乱流域	125
乱流境界層	122
乱流熱流束	118
リスク	1, 7
リスクエンジニアリング	7
リスクマネジメント	7
流動係数	211
理論混合気	69

ル・レ・ロ

類焼	42
ルートA	280
ルートB	280
ルートC	280
ルームコーナー試験	153, 154
レイノルズ数	119, 122
連結送水管	179
連続火炎	81, 87
連続の式	67
廊下	206
廊下滞留面積	290
廊下避難時間	290

ワ

ワーストケースシナリオ	58

火 災 と 建 築	編 者　日本火災学会　　Ⓒ 2002
2002年3月25日　　初版1刷発行	発　行　共立出版株式会社／南條光章
2005年5月25日　　初版2刷発行	東京都文京区小日向4丁目6番19号 電話　東京(03)3947-2511番　（代表） 郵便番号 112-8700 振替口座 00110-2-57035番 URL　http://www.kyoritsu-pub.co.jp/
	印　刷　科学図書
	製　本　協栄製本
検印廃止 NDC 524.94 ISBN4-320-07670-2	社団法人 自然科学書協会 会員 Printed in Japan

JCLS ＜㈱日本著作出版権管理システム委託出版物＞
本書の無断複写は著作権法上での例外を除き禁じられています．複写される場合は，そのつど事前に
㈱日本著作出版権管理システム（電話03-3817-5670, FAX 03-3815-8199）の許諾を得てください．

■建築学関連書

http://www.kyoritsu-pub.co.jp/　共立出版

沿岸域環境事典	日本沿岸域学会編	A5・282頁
現場必携 建築構造ポケットブック 第4版	建築構造ポケットブック編集委員会編	ポケット・728頁
机上版 建築構造ポケットブック 第4版	建築構造ポケットブック編集委員会編	四六・728頁
建築応用力学 改訂版	小野 薫・加藤 渉著	A5・246頁
建築応用力学演習（共立全書 37）	加藤 渉・榎並 昭著	B6・284頁
SI対応 建築構造力学	林 貞夫著	A5・288頁
詳解 建築構造力学演習	蜂巣 進・林 貞夫著	A5・312頁
分り易く図で学ぶ建築構造力学	江上外人著	A5・224頁
分り易く図で学ぶ建築構造力学演習	江上外人・山本英一・川榮眞彦著	B5・226頁
建築 基礎構造	林 貞夫著	A5・192頁
鋼構造の性能と設計	桑村 仁著	A5・472頁
建築基礎 耐震・振動・制御	太田外氣晴・安守克彦・河西良幸著	A5・354頁
分り易く図で学ぶ建築一般構造 第2版	江上外人・林 静雄著	B5・216頁
鉄骨の設計 増訂2版	若林 實著	A5・276頁
建築計画 －計画・設計課題の解き方－ 新訂版	栁澤 忠編著	A5・286頁
建築施工法 最新改訂4版	大島久次原著／池永博威・大島敏男・長内軍士共著	A5・356頁
建築設計 －設計と意図の表現－	中島 一・池 浩三・林 金之著	B5・286頁
建築気候	斎藤平蔵著	A5・302頁
分り易く図で学ぶ建築製図	江上外人・江川隆進・吉田純一著	B5・192頁
誰にもわかる音環境の話 騒音防止ガイドブック 改訂2版	前川純一・岡本圭弘著	A5・212頁
建築・環境音響学 第2版	前川純一・森本政之・阪上公博著	A5・274頁
都市計画 第3版	日笠 端・日端康雄著	A5・368頁
都市の計画と設計	小嶋勝衛監修	B5・248頁
景観のグランド デザイン	中越信和編著	A5・192頁
工場計画	中井重行・高橋輝男・金谷 孝・吉本一穂著	A5・274頁
火災便覧 第3版	日本火災学会編	A5・1704頁
都市の大火と防火計画 －その歴史と対策の歩み－	菅原進一著／(財)日本建築防災協会発行	A5・244頁
火災と建築	日本火災学会編	B5・352頁
海洋環境学 －海洋空間利用と海洋建築物－	佐久田昌昭・川西利昌・堀田健治・増田光一著	A5・184頁
環境工学辞典	環境工学辞典編集委員会編	B6・534頁
建設技術者必携 コンクリート工学ポケットブック	大島久次編著	B6・244頁
コミュニティの空間計画（市町村の都市計画 1）	日笠 端著	A5・312頁
市街化の計画的制御（市町村の都市計画 2）	日笠 端著	A5・274頁
都市基本計画と地区の都市計画（市町村の都市計画 3）	日笠 端著	A5・240頁
木質構造 第3版（建築学の基礎 1）	杉山英男編著	A5・328頁
鉄筋コンクリート構造（建築学の基礎 2）	市之瀬敏勝著	A5・240頁
西洋建築史（建築学の基礎 3）	桐敷真次郎著	A5・200頁
建築法規（建築学の基礎 4）	矢吹茂郎・加藤健三著	A5・310頁
近代建築史（建築学の基礎 5）	桐敷真次郎著	A5・326頁
日本建築史（建築学の基礎 6）	後藤 治著	A5・304頁